十年经典首次彻底修订

外汇界扛鼎之作

外汇
交易三部曲

TRIAD OF FOREX TRADING

驱动分析·心理分析·行为分析

第3版

The 3th Edition

魏强斌 / 著

经济管理出版社

ECONOMY & MANAGEMENT PUBLISHING HOUSE

图书在版编目（CIP）数据

外汇交易三部曲（第3版）：驱动分析、心理分析、行为分析/魏强斌著. —北京：经济管理出版社，
2018.12
ISBN 978-7-5096-5501-6

Ⅰ. ①外⋯　Ⅱ. ①魏⋯　Ⅲ. ①外汇交易—基本知识　Ⅳ. ①F830.92

中国版本图书馆 CIP 数据核字（2018）第 294060 号

组稿编辑：郭丽娟
责任编辑：郭丽娟　刘　宏
责任印制：黄章平
责任校对：赵天宇

出版发行：经济管理出版社
　　　　　（北京市海淀区北蜂窝 8 号中雅大厦 A 座 11 层　100038）
网　　　址：www. E-mp. com. cn
电　　　话：(010) 51915602
印　　　刷：三河市延风印装有限公司
经　　　销：新华书店
开　　　本：787mm×1092mm/16
印　　　张：34
字　　　数：590 千字
版　　　次：2019 年 4 月第 1 版　2019 年 4 月第 1 次印刷
书　　　号：ISBN 978-7-5096-5501-6
定　　　价：99.00 元

《外汇交易三部曲》（1~2版）读者赞誉

本书已经看过多次，这次是因为遗失重购又看一次。本书从个人观点的改造出发，将交易的步骤自上而下地讲述：驱动分析、心理分析、行为分析三步骤深入浅出地描述一遍，有着一言惊醒梦中人的感觉。作者的水平非常高，行为分析中的细分：势、位、态，将纷繁复杂的技术分析简单化并直观地体现，此书作为操盘手的总纲领也不为过。

——Fengyingto

通俗易懂，观点独特，实用，可操作性强。

——csj992

干货不少，国内为数不多值得一读的交易书籍。

——helen69

这是我看的此系列图书的第三部，比前两部要更加深入一些，有些内容比较深奥，需要反复看才能深入理解，不过对于外汇操作确实很有帮助。

——g***4

一看就知道是实战派高手写出来的书，强烈推荐魏强斌全系列的书。

——股 *** 宁

从交易之道到交易之术，有很多启发，不光外汇可以，只要做交易都应该认真看看。

——曾毅辉

帮助很大！帮助建立交易系统的。

——胡腾飞

之前看过免费电子版的，感觉写得不错，但电子书看起来没有纸质的舒服，看过后很难对内容有一个系统的认识，于是买了纸质的图书。书中对基本面分析方法的见解很独到，很有说服力，在国内应该是开创性的，很值得大家借鉴。比《外汇交易进阶》更有深度，适合受过基础培训且有些交易经验和心得的人看。新手看了

外汇交易三部曲（第3版）

也许会有收获，但由于缺乏交易经验，可能只是感觉有道理，而不能真正理解作者的见解。

——李威

外汇交易高级教材，适合已经超越系统交易阶段的操盘手，里面关于基本面分析和行为分析的内容可以将操盘手的思维宽度进一步提升。此书不适合初学者。

——Jiang（伦敦）

适合高手的外汇书，适合老手的外汇书，非常好的一本外汇书。

——紫冰

尤其推荐给初入外汇交易大门的人阅读！

——崔浩伦（北京）

信息量很大，最好人手一册。

——Rover（郑州）

魏强斌把自己外汇操作中的许多细节点都写了进去，所以他的书我都买了，从《外汇交易进阶》《外汇交易圣经》《外汇交易24堂课》到《黄金高胜算交易》这些书，很多想法都是对的。其中有一部分用的是作者自己的话，自己所思所想，虽然有些地方让人接受不了，感觉大而空，但是推荐做外汇的人一定要买他的书看。我刚开始买的是《外汇交易进阶》，操作半年左右开始看《外汇交易圣经》和《外汇交易24堂课》，2年后看《外汇交易三部曲》，之后自然会明白他书中的奥妙。

——叛逆的阿基拉

魏强斌的书结合自己的操作方法必有收获！

——沈勇99（上海）

此书是外汇交易书籍中的经典之作！建议购买！

——流浪之家21（福建）

这是一本有思想的书，不像其他同类的书，只是就技术谈技术没有系统的思想。

——woming1984（四川）

很有价值的外汇书！功夫在诗外，做外汇也一样，光是能分析市场，有一些秘密的交易技术很难在市场上长远盈利，市场无法改变，只有改变我们自己。这本书有很多独到之处。

——奔跑的风

遍读外汇书籍，才能做好外汇，这本书不错。

——Zoroozn（江苏）

这本外汇书较全面，虽不能百分百保证赚钱，但比其他同类外汇书管用。

——gqdj2003

刚接触贵金属及外汇，《外汇交易进阶》和《外汇交易三部曲》都不错，有我需要的内容。

——龙共舞（广东）

系列外汇图书，值得一读！热烈推荐！！

——Enbal（上海）

对我来说，的确有如醍醐灌顶，给处于混乱中的我以极大的帮助，谢谢魏强斌老师！

——x1133u（北京）

对外汇初级交易很有帮助。至于有多大，在于个人的领悟和实施策略。认真读会有很大的益处，关键在于执行。里面讲到的错误交易心理很难马上改掉，需要不断地实践，不断地总结。

——Anthonykg（山东）

支持老魏。了解了外汇，对做股票也有一定的帮助。开阔了眼界。

——jlf8848（浙江）

很好，满足需求。它是我要找的书。

——保帅（辽宁）

可以慢慢地研究,能从中学到很多东西。

——智中谋（广东）

中国外汇方面的书籍很少，这本算是其中的精品。

——phoenix33（北京）

比较适合有一定外汇操作经验的人，确实有独到之处。

——yanfeng0-5（黑龙江）

《外汇交易三部曲》，一部提纲挈领的作品。

——honda197（河北）

《外汇交易圣经》和这本《外汇交易三部曲》，确实比较好。里面的理念值得想从事股票、外汇投资的人好好学习。

——唔上唔落（广东）

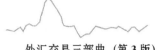

这本书真的很好，而且写的内容也很给力，推荐给想做外汇交易的初级朋友，国内这样的好书不多。

——轩玄逸风（上海）

理论与实践结合，通俗易懂。

——Thinkbb（广东）

听大家说这本书挺好的。

——lfhcn2002（广东）

系统全面的外汇交易总结系统，很有收获。

——r4（安徽）

已经看了大半,忍不住说:太好了！

——Sleepjie

每个人都能从这本书得到营养。这是一本真正把交易理论和操作讲透彻的教科书。

——缤纷

完全改变了我对交易的看法，对于胜率不再追求，潜心自修，求得自己的"圣杯"。势态位、出场、资金管理，都是此书的精华。特别是心理训练非常重要。

——云从龙

从一些基本性的假设开始，并将当前的分析方式整合成自成体系的见解，是不可多得的外汇投资分析教材，不过，书中的知识只是为我们指引出了另外的发展方向，路还是要靠自己走，千人千法，千人千路。

——Dovecat

帝娜出品，必属精品。感谢魏老师和帝娜基金给我们带来如此丰盛的知识大餐，这套已出版的丛书每本我都买了，将来出版的也会买。这是我在国内同类书中发现的第一套传授真正交易技能的好书。

——我爱读书

系统思维的一本书，讲得不是很细，需要自己去悟，但的确是有打通任督二脉的功效。

——咸鱼翻身

想做外汇黄金或者其他金融产品的人，都是可以看这本书的；这是一本很有用的书，很实在，是一本好书！

——没那么累

非常不错的一本书！在看完了《外汇交易圣经》和《外汇交易进阶》后，这本书值得一读。

——tristan_zhou

外汇交易是不可多得的一本好书，中国人的交易智慧。独特的视角，深入的讲解，值得拥有。

——Stkman

导言　成为伟大交易者的秘密

◇ 伟大并非偶然！

◇ 常人的失败在于期望用同样的方法达到不一样的效果！

◇ 如果辨别不正确的说法是件很容易的事，那么就不会存在这么多的伪真理了。

金融交易是全世界最自由的职业，每个交易者都可以为自己量身定做一套盈利模式。从市场中"提取"金钱的具体方式各异，而这却是金融市场最令人神往之处。但是，正如大千世界的诡异多变由少数几条定律支配一样，仅有的"圣杯"也为众多伟大的交易圣者所朝拜。我们就来一一细数其中的最伟大代表吧。

作为技术交易（Technical Trading）的代表性人物，理查德·丹尼斯（Richard Dannis）闻名于世，他以区区 2000 美元的资本累积了高达 10 亿美元的利润，而且持续了十数年的交易时间。更令人惊奇的是，他以技术分析方法进行商品期货买卖，也就是以价格作为分析的核心。但是，理查德·丹尼斯的伟大远不止于此，这就好比亚历山大的伟大远不止于建立地跨欧、亚、非的大帝国一样，理查德·丹尼斯的"海龟计划"使目前世界排名前十的 CTA 基金经理有六位是其门徒。"海龟交易法"从此名扬天下，纵横寰球数十载，今天中国内地也刮起了一股"海龟交易法"的超级风暴。其实，"海龟交易"的核心在于两点：一是"周规则"蕴含的趋势交易思想；二是资金管理和风险控制中蕴含的机械和系统交易思想。所谓"周规则"（Weeks' Rules），简单而言就是价格突破 N 周内高点做多（低点做空）的简单规则，"突破而做"（Trading as Breaking）彰显的就是趋势跟踪交易（Trend Following Trading）。深入下去，"周规则"其实是一个交易系统，其中首先体现了"系统交易"（Systematic Trading）的原则，其次体现了"机械交易"（Mechanical Trading）的原则。对于这两个原则，我们暂不深入，让我们看看更令人惊奇的事实。

巴菲特（Warren Buffett）和索罗斯（Georgy Soros）是基本面交易（Fundamental Investment & Speculation）的最伟大代表，前者 2007 年再次登上首富的宝座，能够时隔

多年再次登榜，实力自不待言；后者则被誉为"全世界唯一拥有独立外交政策的平民"，两位大师能够"登榜首"和"上尊号"基本上都源于他们的巨额财富。从根本上讲，是卓越的金融投资才使他们能够"坐拥天下"。巴菲特刚踏入投资大门就被信息论巨擘认定是未来的世界首富，因为这位学界巨擘认为巴菲特对概率论的实践实在是无人能出其右，巴菲特的妻子更是将巴菲特的投资秘诀和盘托出，其中不难看出巴菲特系统交易思维的"强悍"程度。套用一句时下流行的口头禅就是"很好很强大"，恐怕连那些以定量著称的技术投机客都要俯首称臣。巴菲特自称85%的思想受传于本杰明•格雷厄姆的教诲，而此君则是一个以会计精算式思维进行投资的代表，其中需要的概率性思维和系统性思维无须多言便可以看出"九分"！巴菲特精于桥牌，比尔•盖茨是其搭档，桥牌游戏需要的是严密的概率思维，也就是系统思维，难怪巴菲特首先在牌桌上征服了信息论巨擘，然后征服了整个金融世界。以此看来，巴菲特在金融王国的"加冕"早在桥牌游戏中就已经显出端倪！

索罗斯的著作很多，以《金融炼金术》最为出名，其中他尝试构建一个投机的系统。他师承卡尔•波普和哈耶克，两人都认为人的认知天生存在缺陷，所以索罗斯认为情绪和有限理性导致了市场的"盛衰周期"（Boom and Burst Cycles），而要成为一个伟大的交易者则需要避免受到此种缺陷的影响，并且进而利用这些波动。索罗斯力图构建一个系统的交易框架，其中以卡尔•波普的哲学和哈耶克的经济学思想为基础，"反身性"是这个系统的核心所在。

还可以举出太多以系统交易和机械交易为原则的金融大师们，比如，伯恩斯坦（短线交易大师）、比尔•威廉姆（混沌交易大师）等，实在无法一一述及。

那么，从抽象的角度讲，我们为什么要迈向系统交易和机械交易的道路呢？请让我们给出几条显而易见的理由吧。

第一，人的认知和行为极容易受到市场和参与群体的影响，当你处于其中超过5分钟时，你将受到环境的催眠，此后你的决策将受到非理性因素的影响，你的行为将被外界接管。机械交易和系统交易可以极大地避免这种情况的发生。

第二，任何交易都是由行情分析和仓位管理构成的，其中涉及的不仅是进场，还涉及出场，而出场则涉及盈利状态下的出场和亏损状态下的出场，进场和出场之间还涉及加仓和减仓等问题，这些都涉及多次决策，在短线交易中更是如此。复杂和高频率的决策任务使带有情绪且精力有限的人脑无法胜任。疲累和焦虑下的决策会导致失误，对此想必每个外汇和黄金短线客都是深有体会的。系统交易和机械交易可以流程化地反复管理这些过程，省去了不少人力成本。

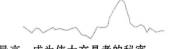

第三，人的决策行为随意性较强，更为重要的是每次交易中使用的策略都有某种程度上的不一致，这使绩效很难评价，因为不清楚 N 次交易中特定因素的作用到底如何。由于交易绩效很难评价，所以也就谈不上提高。这也是国内很多炒股者十年无长进的根本原因。任何交易技术和策略的评价都要基于足够多的交易样本，而随意决策下的交易则无法做到这一点，因为每次交易其实都运用了存在某些差异的策略，样本实际上来自不同的总体，无法用于统计分析。机械交易和系统交易由于每次使用的策略一致，这样得到的样本也能用于绩效统计，所以很快就能发现问题。例如，一个交易者很可能在 1, 2, 3, …, 21 次交易中，混杂使用 A、B、C、D 四种策略，21 次交易下来，他无法对四种策略的效率做出有效评价，因为这 21 次交易中四种策略的使用程度并不一致。机械交易和系统交易则完全可以解决这一问题。所以，要想客观评价交易策略的绩效，更快提高交易水平，应该以系统交易和机械交易为原则。

第四，目前金融市场飞速发展，股票、外汇、黄金、商品期货、股指期货、利率期货、期权等品种不断翻新，这使得交易机会大量涌现，如果仅依靠人的随机决策能力来把握市场机会无异于杯水车薪。而且大型基金的不断涌现，使得单靠基金经理临场判断的压力和风险大大提高。机械交易和系统交易借助编程技术"上位"已成为这个时代的既定趋势。况且，期权类衍生品根本离不开系统交易和机械交易，因为其中牵涉大量的数理模型运用，靠人工是应付不了的。

中国人相信人脑胜过电脑，这绝对没有错，但也不完全对。毕竟人脑的功能在于创造性地解决新问题，而且人脑的特点还在于容易受到情绪和经验的影响。在现代的金融交易中，交易者的主要作用不是盯盘和执行交易，这些都是交易系统的责任，交易者的主要作用是设计交易系统，定期统计交易系统的绩效，并做出改进。这一流程利用了人的创造性和机器的一致性。交易者的成功，离不开灵机一动，也离不开严守纪律。当交易者参与交易执行时，纪律成了最大问题；当既有交易系统让后来者放弃思考时，创新成了最大问题。但是，如果让交易者和交易系统各司其职，需要的仅仅是从市场中提取利润！

作为内地最早倡导机械交易和系统交易的理念提供商（Trading Ideas Provider），希望我们策划出版的书籍能够为你带来最快的进步。当然，金融市场没有白拿的利润，长期的生存不可能夹杂任何的侥幸，请一定努力！高超的技能、完善的心智、卓越的眼光、坚韧的意志、广博的知识，这些都是一个至高无上的交易者应该具备的素质。请允许我们助你跻身于 21 世纪最伟大的交易者行列！

Introduction　Secret to Become a Great Trader!

◇ Greatness does not derive from mere luck!

◇ The reason that an ordinary man fails is that he hopes to achieve different outcome using the same old way!

◇ There would not be so plenty fake truths if it was an easy thing to distinguish correct sayings from incorrect ones.

Financial trading is the freest occupation in the world, for every trader can develop a set of profit–making methods tailored exclusively for himself. There are various specific methods of soliciting money from market; while this is the very reason that why financial market is so fascinating. However, just like the ever–changing world is indeed dictated by a few rules, the only "Holy Grail" is worshipped by numerous great traders as well. In the following, we will examine the greatest representatives among them one by one.

As a representative of Techincal Trading, Richard Dannis is known worldwide. He has accumulated a profit as staggering as 1 billion dollar while the cost was merely 2000 bucks! He has been a trader for more than a decade. The inspiring thing about him is that he conducted commodity futures trading with a technical analysis method which in essence is price acting as the core of such analysis. Nevertheless, the greatness of Richard Dannis is far beyond this which is like the greatness of Alexander was more than the great empire across both Europe and Asia built by him. Thanks to his "Turtle Plan", 6 out of the world top 10 CTA fund managers are his adherents. And the Turtle Trading Method is frantically well–known ever since for a couple of decades. Today in mainland China, a storm of "Turtle Trading Method" is sweeping across the entire country. The core of Turtle Trading Method lies in two factors: first, the philosophy of trendy trading implied in "Weeks' Rules"; second, the philosophy of mechanical trading and systematic trading implied in fund

management and risk control. The so-called "Weeks' Rules" can be simplified as simples rules that going long at high and short at low within N weeks since price breakthrough. While Trading as breaking illustrates trend following trading. If we go deeper, we will find that "Weeks' Rules" is a trading system in nature. It tells us the principle of systematic trading and the principle of mechanical trading. Well, let's just put these two principles aside and look at some amazing facts in the first place.

The greatest representatives of fundamental investment and speculation are undoubtedly Warren Buffett and George Soros. The former claimed the title of richest man in the world in 2007 again. You can imagine how powerful he is; the latter is accredited as "the only civilian who has independent diplomatic policies in the world". The two masters win these glamorous titles because of their possession of enormous wealth. In essence, it is due to unparalleled financial trading that makes them admired by the whole world. Fresh with his feet in the field of investment, Buffett was regarded by the guru of Information Theory as the richest man in the future world for this guru considered that the practice by Buffett of Probability Theory is unparallel by anyone; Buffett' wife even made his investment secrets public. It is not hard to see that the trading system of Buffett is really powerful that even those technical speculators famous for quantity theory have to bow before him. Buffet said himself that 85% of his ideas are inherited from Benjamin Graham who is a representative of investing in a accountant's actuarial method which requires probability and systematic thinking. The interesting thing is that Buffett is a good player of bridge and his partner is Bill Gates! Playing bridge requires mentality of strict probability which is systematic thinking, no wonder that Buffett conquered the guru of Information Theory on bridge table and then conquered the whole financial world. From these facts we can see that even in his early plays of bridge, Buffett had shown his ambition to become king of the financial world.

Soros has written a large bucket of books among which the most famous is *The Alchemy of Finance*. In this book he tried to build a system of speculation. His teachers are Karl Popper and Hayek. The two thought that human perception has some inherent flaws, so their students Soros consequently deems that emotion and limited rationality lead to "Boom and Burst Cycles" of market; while if a man wants to become a great trader, he must overcome influences of such flaws and furthermore take advantage of them. Soros tried to build a systematic framework for trading based on economic ideas of Hayek and philosophic thoughts

of Karl Popper. Reflexivity is the very core of this system.

I may still tell you so many financial gurus taking systematic trading and mechanical trading as their principles, for instance, Bernstein (master of short line trading), Bill Williams (master of Chaos Trading), etc. Too many. Let's just forget about them.

Well, from the abstract perspective, why shall we take the road to systematic trading and mechanical trading? Please let me show you some very obvious reasons.

First, a man's perception and action are easily affected by market and participating groups. When you are staying in market or a group for more than 5 minutes, you will be hypnotized by ambient setting and ever since that your decisions will be affected by irrational elements.

Second, any trading is composed of situation analysis and account management. It involves not only entrance but exit which may be either exit at profit or exit at a loss, and there are problems such as selling out and buying in. All these require multiple decision-makings, particularly in short line trading. Complicated and frequent decision-making is beyond the average brain of emotional and busy people. I bet every short line player of forex or gold knows it well that decision-making in fatigue and anxiety usually leads to failure. Well, systematic trading and machanical trading are able to manage these procedures repeatedly in a process and thus can save lots of time and energy.

Third, people make decisions in a quite casual manner. A more important factor is that people use different strategies in varying degrees in trading. This makes it difficult to evaluate the performance of such trading because in that way you will not know how much a specific factor plays in the N tradings. And the player can not improve his skills consequently. This is the very reason that many domestic retail investors make no progress at all for many years. Evaluation of trading techniques and strategies shall be based on plenty enough trading samples while it's simply impossible for tradings casually made for every trading adopts a variant strategy and samples accordingly derive from a different totality which can not be used for calculating and analysis. On the contrary, systematic trading and mechanical trading adopt the same strategy every time so they have applicable samples for performance evaluation and it's easier to pinpoint problems, for instance, a player may in first, second...twenty-first tradings used strategies A, B, C, D. He himself could not make effective evaluation of each strategy for he used them in varying degrees in these tradings,

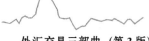

but systematic trading and mechanical trading can shoot this trouble completely. Therefore, if you want to evaluate your trading strategies rationally and make quicker progress, you have to take systematic trading and mechanical trading as principles.

Fourth, currently the financial market is developing at a staggering speed. Stock, forex, gold, commodity, index futures, interest rate futures, options, etc, everything new is coming out. So many opportunities! Well, if we just rely on human mind in grasping these opportunities, it is absolutely not enough. The emergence of large-scale funds makes the risk of personal judgment of fund managers pretty high. Take it easy, anyway, because we now have mechanical trading and systematic trading which has become an irrevocable trend of this age. Furthermore, derivatives such as options can not live without systematic trading and mechanical trading for it involves usage of large amount of mathematic and physical models which are simply beyond the reach of human strength.

Chinese people believe that human mind is superior to computer. Well, this is not wrong, but it is not completely right either. The greatness of human mind is its creativity; while its weakness is that it's vulnerable to emotion and past experiences. In modern financial trading, the main function of a trader is not looking at the board and executing deals—these are the responsibilities of the trading system—instead, his main function is to design the trading system and examine the performance of it and make according improvements. This process unifies human creativity and mechanical uniformity. The success of a trader is derived from tow factors: smart idea and discipline. When the trader is executing deals, discipline becomes a problem; when existing trading system makes newcomers give up thinking, creativity becomes dead. If, we let the trader and the trading system do their respective jobs well, what we need to do is soliciting profit from market only!

As the earliest Trading Ideas Provider who advocates mechanical trading and systematic trading in the mainland, we hope that our books will bring real progress to you. Of course, there is no free lunch. Long-term existence does not merely rely on luck. Please make some efforts! Superb skill, perfect mind, excellent eyesight, strong will, rich knowledge—all these are merits that a great trader shall have to command. Finally, please allow us to help you squeeze into the queue of the greatest traders of this century!

第二次修订版序
从理论到落地你需要做什么

本书的第 1 版于 2010 年上市，但框架和内容大部分是此前数年形成的。第二版则是在 2015 年上市。第 2 版的主体内容与第一版一致，只是在个别地方做了一些修改，附录部分做了较为深入的增补。与《外汇交易进阶》和《外汇交易圣经》比起来，《外汇交易三部曲》其实更加接近我个人以及团队的交易过程。

过了许多年，现在有很多声音督促我们对这本书进行全面深入的修订。第一是应广大读者的要求，许多读者来信要求对《外汇交易三部曲》进行更加细致的解读和与时俱进的案例增补；第二是出版社编辑希望延续经典图书出版的强烈愿望；第三是我们教学相长的习惯。

在第 3 版的修订过程中，我们想得最多的是如何帮助读者将本书的理论落地于实践当中。借着写这篇修订版序的机会，我就谈一下如何完成从理论到实践的落地过程。

第一，先建立一个最简单的交易策略，但至少要包括清晰的进出场定义。很多人步入金融市场的时候，其实缺乏一个完整的交易策略。或许你看了一本 K 线或者技术分析的书，然后就开始着手买卖了。新手一上来往往只有一个模糊的建仓条件，基本没有定义离场条件。

当你阅读了本书或者其他外汇教程后，第一步应在纸上写下一个完整的交易策略，这个策略刚开始时一定要简单，但是要完整，至少有一个进场条件和一个出场条件。

本书介绍了外汇交易分析和操作的许多方法，你要盈利不是说要将所有的方法和条件都罗列到自己的策略中。本书实际上提供了工具箱和策略的框架，具体的策略肯定是在框架的基础上选择较少的工具来构建。

第二，以 30 笔左右的交易为一个样本收集周期，进行统计和分析，诊断策略的优劣处。绝大部分交易者往往都是东试一下，西试一下，被海量的技术指标和策略给淹没了。

　　毫无章法的实践只会让人越来越迷茫，实际上是原地打转。只有在同一策略上累积到足够的样本才能让你看清前进的方向。很多人往往是拿着一个策略用两天，然后就完全放弃，很少从中总结出一些东西来。

　　第三，每次完善策略时只增加或者修改一个策略要件，但是保持其他条件不变。控制其他因素，改变一个因素，这样你才能搞清楚这种改变是否有价值。

　　如果你老是换新的策略或者交易系统，那么永远也搞不清楚到底什么要件和因素在发挥作用，什么要件和因素其实根本没有用。你要真正建立起能够持续盈利的交易系统，必须排除掉那些"滥竽充数"的要件和指标。

　　第四，心理分析和技术分析的要件要尽量简单。心理分析这块大家很少有意识去运用。但是，也不能在本书介绍了心理分析工具之后，你就全部加入自己的策略中。指标和工具的选择要坚守最大差异化的原理，也就是说纳入策略的指标和工具之间的差异性越大越好，而不是越多越好。如果你的策略没有心理分析指标，那么加入一个可以提高效力。但如果你的策略当中有四五个心理分析指标，那就是累赘。

　　技术分析一般用三个指标就行：第一个负责确认趋势，第二个负责分析位置，第三个用来确认位置有效性。简而言之，"势位态"三要素各有一个技术指标就差不多了。如果你的策略有十几个技术指标，那就完全多余了。

　　第五，最好采用复合式出场法，避免单一出场策略。大多数交易者容易构筑过多的入场信号，过少的出场信号。交易大众往往重视建仓条件的要件和扩展，却忽视了离场条件的多样化。

　　第六，小资金投入，随着绩效显现逐步增加投入规模。在持续盈利策略未建立起来之前，交易者的目的不是挣大钱，而是挣经验，这个时候应该小资金投入。如果你有1亿元，那么100万元做本金算小资金；如果你有50万元，那么1万元做本金算小资金……这是个大概的举例，关键看你能轻易"消化"的亏损是多大，那么你就可以用这么大的资金规模来交易。挣经验的时候，少投入；挣钱的时候，多投入。

　　重大驱动事件的出现，带来金融市场的大行情。交易者能否把握住这些行情，就要看是否建立起了科学有效的交易体系。要做到这点，必然需要将理论经由实践变成自己的经验。从2008年到2018年，外汇市场又一次迎来了新兴市场的波诡云谲，时代的弄潮者们从来都会从大危机中寻找大机会！

魏强斌

2018年9月于哈瓦那　国宾馆

第一次修订版序
看长做短，顺势而为

  《外汇交易三部曲》的修订对于我们的作品是一个极大的肯定，这本书应该算得上是我们外汇系列作品中最为系统的一本，明确给出了外汇操作的路线图。这个路线图的价值并不局限于外汇市场，对于贵金属、股票和商品市场也有很好的借鉴作用。现在很多业界人士都在模仿三部曲的思想体系和策略，其中不乏剽窃的身影，比如某些白银贵金属的书就完全照搬了其中的思想和流程，这也从侧面证实了这个系统的生命力。

  交易本身就是一个系统，只有系统的方法才能够取胜。借着修订的机会，我们想系统地谈一个观点，关于"看长做短"的理由。搞清楚了这点，才能够在任何交易领域中占据主动，不被市场和情绪所误导；搞清楚了这点，一切让你无所适从和茫然的做法都会变得各得其所。这个"看长做短"，其实是交易界高手们的"不传之秘"，也是中庸之道在交易中的具体体现。

  这个市场上存在四种分析和操作策略，它们分别是："看长做短""看长做长""看短做短"和"看短做长"。最优的策略是"看长做短"，最差的策略是"看短做长"。"看长"就是顺势，"看短"就是不顾趋势。什么情况下收益是最高的？那当然是市场单边大幅运动的时候，就学院派的资产配置理论而言，这就是收益最高的情况。没有趋势就没有暴利，无论你是做短线还是中线、长线，只有趋势才能带来最大的利润。所以，"看长做短"和"看长做长"两种策略的收益是最高的。2008年次贷危机中的保尔森，前几年棉花市场中的林广袤和傅海棠都是"看长"而收获暴利的人。"看短"只能把握住小的波动，所以收益远远低于"看长"的策略。绝大多数操作者都是以"看短"为主，而这个市场上赚钱的是极少数，你可以去仔细观察那些赚取丰厚利润的赢家们，他们是"看长"还是"看短"。

  从"看长"还是"看短"的角度，将四种策略分为两个台阶，这就是收益率的分水岭，"看长"意味着"高收益"！所以，就收益率而言，"看长做短"和"看长做

长"要明显优于"看短做短"和"看短做长"，这叫高下立判。所以，如果你想要从任何市场中挣大钱，那么一定要"看长"，"看长"就是"顺势"的表现。

"做短"和"做长"是另外一个范畴的二分法。"做长"意味着止损点相对于"做短"而言更大，意味着平均止损幅度要增加。"做长"要容忍更大的市场回撤，要面临丰厚利润短期化为灰烬的可能，这就意味着权益净值的"离差"很大。离差是衡量策略风险的一个重要指标，这意味着"做长"风险更大，"做短"风险更小。德国股神老托曾经说过"小鸟啄米"策略：进攻的时间相对较短，那么停留在地上的时间就越短，因而风险就越小，其实这就是一种"做短"的策略。这里有必要谈一下林广袤的例子，此君只做棉花期货，从一年600万元左右做到20亿元，然后据说又亏掉7亿元。此君的策略属于典型的"看长做长"，所以收益最高，风险也最大，权益起伏很大。

"顺势"要求"看长"，"而为"则分为"做短"和"做长"。越大的资金就越偏向于"做长"，越小的资金就越偏向于"做短"。因为大资金进出场必然影响盘面，流动性肯定没有小单那么灵活，自然就会偏向于更大一点的时间框架，而小资金承受风险能力有限，自然就会偏向更小一点的时间框架。对于本书的读者而言，要根据自己资金的情况选择"做短"还是"做长"。另外，选择进场点的水平也决定了"做短"和"做长"的选择。进场点选择水平越高，加上恰当的止损，则权益回撤幅度越小。只有进场水平很高的人才能做出胜算率很高的短线操作。

"看长做短"收益最高，风险最小，除了要求交易者具有很高的趋势研判能力，还要求极高的进出点把握能力。

"看长做长"收益最高，风险最大，你要做好"要么上天堂，要么下地狱"的准备。如果趋势判断失误，亏损很大；如果趋势判断正确，则往往可以获得最大的利润。

"看短做短"则属于小亏小赚为主的策略，因为没注意大势，所以在日内做来做去，没有一个趋势的概念在里面。因为做短，所以亏损往往限制得较好，权益不会大幅回撤。因为看短，所有单子很难分清楚顺势还是逆势，往往赚了钱又给反向亏出去了。胜率不高，报酬率也不高，小亏小赚，不活不死。很多做了多年交易的老手，就属于这种类型，火中取栗的高手，但往往赚不了大钱，基本上属于经纪商手续费的供体，长期下来赚小钱。

"看短做长"则完全是不怕死的那类，偶有一两个碰对大行情的，马上暴利发家。但是行情一转向，马上就亏光。即使侥幸躲过反转，此后在其他行情中亏光也

是必然。这类交易者是市场中的肉鸡，没有趋势的概念，为最近的走势和消息所影响。不看长，所以没有趋势的概念在操作中；不做短，所以亏损了往往不止损，反而逆势不断加仓。这类交易者往往是爆仓才会收手，所以是风险最大，平均收益最低的那类。

外汇日线走势有相当显著的趋势，而日内则波动不息。做日内没有错，错在没有一个趋势的概念在里面，这个趋势肯定是要"看长"才能看得出来的。如何"顺势而为"？简单而言，可以这样理解和操作，那就是"看长做短"。如何看长做短？如果将本书与《顺势而为：外汇交易中的道氏理论》结合起来理解和操作，一定会取得最佳的效果。

那么，如何结合呢？本书主要从流程和手段的角度介绍了顺势可以用到的各种工具，从驱动分析中可以甄别出潜在的趋势，然后再结合心理分析确认某些主力资金认可的趋势，最后利用行为分析的三板斧——"势位态"抉择进出场的时机。这是一个普遍的模式，适合于任何市场，比如贵金属、外汇、期货、股票等，大家可能会觉得缺乏重点思维，用起来不知道如何搭配和组合，这方面就可以参考《顺势而为：外汇交易中的道氏理论》一书的大意了。

具体分析的时候，可以丢开任何条条框框，但是有两样思维不能丢，第一是系统思维，第二是博弈思维。这两点也是本书的根本，学习本书和根据本书操作的时候，要随时关注自己是否运用系统思维和博弈思维，只有这两点是必须恪守的，其他都是细枝末节，随着市场的差异和发展会有变化，但是这两点绝对是不变的。

魏强斌

2014 年 3 月 10 日于莫干山

前言　整体观念助你决胜外汇战场

外汇作为全世界最大的交易市场，其展开的空间范围，其涉及的交易主体，其延续的交易时间都是世界第一。全球外汇交易量和全球股票交易量的比较如图 0-1 所示，可以看见外汇的日交易量大约为证券的 20 倍，发达国家的外汇交易额和股票交易额比率一般在这个水平附近，中国作为全球最大的外汇持有国，在逐步开放资本市场的大趋势下，势必在未来十年内接近这一比率。

图 0-1　全球外汇日交易量和全球股票日交易量的比较

同时，中国政府逐步提高了银行外汇交易的杠杆比率，逐步放开了外汇保证金交易的管制；香港人民币债券和外汇交易中心逐步树立；地下炒汇逐渐走向阳光化，国外的外汇交易商逐步与国内银行合作提供个人保证金交易服务；中国成立国家外汇投资公司；政府转向"藏汇于民"的政策，逐步放松外汇管制，开放私人资本项目。

外汇市场在 30 年内从无到有，并成为全球最大的金融交易市场。在中国正在上演这种局面，2001 年国家正式放开个人外汇买卖之后，汇民以每年翻一番以上的速度增加；在此平台上，你可以与全世界的顶尖好手一同竞技。吉姆·罗杰斯曾经

对索罗斯说："我就喜欢我们两个对抗整个世界的感觉，这确实很酷！"在外汇市场上，无论你身处世界哪个角落，无论你出身何等卑微，无论你学历是否源自名校，这一切都不重要。外汇市场是全世界最公平的竞技场，你要出道世界，挑起万丈风云，外汇交易正是一个最佳的舞台。索罗斯的主要交易对象就是外汇，他是当代吕不韦，为了全球开放社会而战。外汇交易就是他实践金融炼金术的法场，也是他积累财富以动员全球智力和政治力量的源泉。

金融交易是一场战争，也是一种博弈，外汇交易是金融交易中最难从事的一类，博弈思维要求考虑的因素很多，包括博弈支付矩阵、参与者以及均衡结果。如何在外汇等金融市场中取得成功，本书认为应该以系统性博弈思维为主展开交易流程。

著名的混沌交易大师比尔·威廉姆认为金融交易是促进个人心智开发和身心平衡的最好良药，因为市场可以纠正人类天性中的很多弱点，市场可以让你的缺点变得如此显而易见。不进入金融市场，你也许永远不知道自己是多么地脆弱，多么地盲从，多么地缺乏自制，多么地疏忽大意。对于一个人而言，最为重要的是知道顺应社会和经济发展的趋势，而第二重要的则是凡事考虑最坏的情况，做好防备措施，找好退路。而这两条人生法则，在金融市场的修炼中，你将很快学会。

记得一位顺势交易的外汇好手曾经告诉我，他在做人做事，乃至对政治的看法上也是顺势而为，不为局部的现象所迷惑。长期居住在中国香港的国际交易大师克罗，极为推崇墨菲定律和孙子兵法，其实金融交易就是让你在一次完整的进出场中体会一次完整的人生，所以，交易如人生，人生如战场，交易所遵循的原理与人生，与战争都是内在相通的。

正心诚意，格物致知，修身，齐家，治国，平天下。这是中国士大夫精神的最伟大写照，通过外汇交易，我们可以让自己的心魄更加坚韧不拔，让自己的眼界更加宽广，让自己的见识更加深邃，积累财富，有助于天下人民。

所以，我们真诚地邀请你加入外汇交易者的行列，这是21世纪最伟大的竞技场。其交易量20倍于全球证券市场，其30年的发展速度远快于证券市场300年的发展速度。发达国家的个人交易者已经转向外汇市场，因为这里更加透明，更加公平，交易时间更加灵活，交易手段更加便捷。

但是，外汇交易并不容易，因为外汇交易需要的是整体智慧。为什么一些交易者可以在经过一段时期的研习之后达到一个很高的绩效水平，同时还能不断提高自己的交易水平，而绝大多数外汇交易者基本上在步入外汇交易界之后就一直处于徘徊状态？这里面的区别就在于是否具有整体思维。

外汇交易是一个系统过程，如果我们不能以系统思维来驾驭外汇交易过程就基本不可能取得持续的高水平绩效。本书将外汇交易分为四个关键步骤，其中前三步是外汇分析，也是我们通常所谓的三部曲，如表0-1所示。

表0-1 外汇交易四步骤

第一步	第二步	第三步	第四步
驱动分析	心理分析	行为分析	仓位管理
重要因素确定性结构变化	市场新兴焦点	分形和R/S	凯利公式
博弈的支付矩阵	博弈主体	博弈的行为分析	寻找占优策略
寻找潜在最强劲的单边市场和品种		确认单边市场和品种	把握单边市场和品种

外汇交易之所以难做，除了不具有系统思维之外，还因为市场具有随机强化特性，同时也因为交易者具有倾向效应，而本书要介绍的"3+1"步骤则是解决这两大问题的有力武器，如图0-2所示。

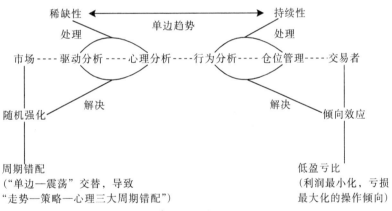

图0-2 帝娜交易机理图

系列丛书使用说明

本书是外汇实战丛书中的一本，是一本涉及外汇交易流程的专著。本书与《外汇交易进阶》和《外汇交易圣经》的根本区别在于，本书提供的是超越传统单纯技术层面的外汇分析和交易流程。本书提供的"3+1"步骤能够极有效率地提升你整个交易的效率，其具体作用是帮助你整合既有的分析和交易工具，同时融入新的更有效的手段。本丛书的架构如表0-2所示。

表0-2　外汇交易全面研习进阶课程

级别	综合性教程	专门性教程	个人经验教程
初级	外汇交易进阶		5分钟动量交易系统
中级	外汇交易圣经	顺势而为：外汇交易中的道氏理论	
中高级	外汇交易三部曲	斐波那契高级交易法：外汇交易中的波浪理论和实践	外汇狙击手
高级	外汇短线交易的24堂精品课		

首先，《外汇交易进阶》是一本现存外汇交易理论下建构的进阶式书籍，以初学者的实际交易学习和实践历程为主线，虽然在书后增加了我们自己的一些具体交易策略，但是它仍旧是传统的外汇交易理论模式。而《外汇交易圣经》应该说是我们根据自己的外汇交易实践重新构建、组织和发展的交易理论体系，使原本支离破碎的外汇交易技术形成一个有机的整体。这个体系包括了驱动分析（基本面）和行为分析（技术分析）。下面又有完整互斥的子类，比如驱动分析下面的经济、地缘、货币三个子目录，对于货币的协同原理和货币与各大股指的互动，这都是国内所有外汇书籍所没有的，在《外汇交易进阶》中也没有。《外汇交易三部曲》则在《外汇交易圣经》的基础上，将外汇投机交易的流程归纳为"3+1"个环节，并将每个环节的工具和指导思想一一列出。如果说《外汇交易圣经》是对《外汇交易进阶》在知识和工具上的突破，《外汇交易三部曲》则是对交易指导思想和流程的突破。在《外汇交易进阶》和《外汇交易圣经》中，我们看到的还仅仅是按照知识和工具范畴

罗列的理论，在《外汇交易三部曲》中我们看到的则完全是真实交易的分析和决策流程。

其次，《外汇交易进阶》主要是针对初学者，是既有知识的继承，而《外汇交易圣经》则是我们对外汇理论创新和再造的结果。目前世界范围内的外汇交易理论和实践以英国和日本的交易员为最高代表，即便如此他们也没有超越既有的西方技术分析和蜡烛图分析传统。在《外汇交易圣经》中，我们把基本分析和技术分析统一到交易理念下，将基本分析细化为三个方面，技术分析则分为空间分析和时间分析。空间分析中的要素分析虽然也包括了蜡烛图理论，但是已经将蜡烛图的上百种形态归纳为几种，这也不属于《外汇交易进阶》中介绍的传统蜡烛图形态。

而且"势位态"这一空间要素分析体系是在《外汇交易圣经》中首次提出的，并不是简单地将西方技术指标和蜡烛图放在一起。《外汇交易圣经》提到了《外汇交易三部曲》的知识内容。但是，其中很多知识对当前外汇交易界工具和思想的归纳和总结，还算不上我们自己交易的真实写照，而《外汇交易三部曲》却是我们交易中共同步骤的最详细介绍。虽然在第三步的行为分析层面，每个策略师和交易员依据的技术系统存在差别，但是基本是按照"势位态"三要素组合起来的，比如"斐波那契高级交易法""四度斐波那契操作法""神奇 N 结构盘口操作法"、关天豪的"5 分钟动量交易系统"以及欧阳傲杰的"黄金 4 小时交易策略"等。

最后，《外汇交易进阶》中的知识基本上是基础，虽然也有传统技术分析中的高级策略，比如波浪理论，但是我们认为这也属于"旧大陆"的范畴，像 Gartley 这类新的技术还没有进入该书的内容中，所以《外汇交易圣经》引进了一些新的高级技术分析。但是，《外汇交易圣经》中的这些高级技术未必能够为我们所使用，未必能够适应于高速的日内交易要求，而《外汇交易三部曲》中所写和所用，《外汇短线交易的 24 堂精品课》中提倡的许多"反大众盲点"理论在本书中都有具体的方法和策略。比如，纯技术分析不能预测趋势是单边还是震荡，需要超越技术分析，如果你是纯技术分析者则在交易中只能依靠仓位管理策略来规避这方面的弱点。如果你学会本书的方法，则可以超越这一点。

总体而言，三本书的整体定位和区别如下：

第一，《外汇交易进阶》是对传统外汇交易理论的全面继承，而《外汇交易圣经》则是对外汇交易理论的全面重构，《外汇交易三部曲》是对外汇交易实践的全面重构。

第二，《外汇交易进阶》局限于 20 世纪 80 年代以前的技术分析和基本分析，而

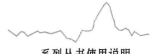

《外汇交易圣经》则将最近 5 年的基本面统计和新的交易技术引入,《外汇交易三部曲》是对我们外汇交易实践所用工具和流程作的迄今为止最全面的总结和披露。

第三,《外汇交易进阶》是学习教程,针对学习者;《外汇交易圣经》是技术手册,针对现有的交易者;《外汇交易三部曲》是操作指南,针对想要进一步提高效率的高级交易者。

第四,《外汇交易进阶》是按照初学者登堂入室步骤展开的,《外汇交易圣经》是按照知识体系的范畴展开的,而《外汇交易三部曲》是按照交易实践的流程展开的。

对于初学者而言,建议从阅读《外汇交易进阶》开始,对于有一定经验的外汇交易者,则可以从阅读《外汇交易圣经》和《外汇交易三部曲》开始。

目　录

　　我们的交易面临内外两重干扰：第一重干扰是我们的一些偏见，最大的偏见是"我们倾向于认为盈利的头寸应该尽快了结，亏损的头寸应该继续持有"。这就是所谓的"截短利润，让亏损奔腾"的倾向性心理效应。这个效应也是行为经济学的主题之一。第二重干扰是市场短期内随机强化的特点，这使得我们短期内无法分辨出何谓有效的行为，何谓无效的行为。通过遵循完整的流程，我们可以克服任何交易中的心理偏见和市场随机强化。

　　交易界的生态金字塔下层的交易者怎么才能往顶端走？提升自己的见地，见地有多高、多深、多广，你的交易绩效水平就有多高。见地不足，你的水平也到不那里去。外汇交易可不是通关系，走后门，会几招人情世故的表面功夫就能敷衍过去的事情。你是人才还是废物，外汇市场绝不含糊地回答你。

第三章　功夫在外汇之外：神经语言程式学和孙子兵法的交融 ……… 059

　　交易涉及两方面的因素，一是市场，二是交易者本身。市场的研究不能停留在已有的层面和领域，要找到大家和自己的盲点加以努力。交易者本身的完善也不能停留在简单的方法和工具上，不能停留在"器物革新"的层面上，这就要求全面提升和改善交易者的观念和习惯等深层次心理结构。

上　部　外汇驱动分析的精髓——大处着眼预测

第四章　驱动分析和基本分析的区别 ……………………………………… 095

　　基本分析往往被等同于听消息：听到和看到好消息做多，听到和看到坏消息做空，这怎么可以叫作分析呢？基本分析的结论必须具有一定的前瞻性，同时还必须以历史的视角来看待某一特定的数据。否则，孤立来看你怎么能够轻易地下结论呢？将基本分析等同于看看新闻、看看数据预期值，这就好比知道价格的现值就叫技术分析一样。

第五章　驱动分析的利器之一——外汇逻辑层次分析矩阵

> 每段行情的走势总有一到两个关键货币，同时有一个热点在主宰它们的走势。通过归类和理出主线发展轴，你就可以把握到单边大行情，知道一段时间内做什么货币。再用具体的心理分析去把握节点，利用技术分析去把握具体的仓位和进出场时机，这就是伟大的外汇交易员的特点。

第六章　驱动分析的利器之二——宏观预测经济金融学

> 经济繁荣的进程中，债券市场最先上涨，接着是股票市场，最后是期货市场。而在经济步入下降走势的过程中，债券市场也是最先下跌的，接着是股票市场，最后是期货市场。当我们处在一个债券和股票下跌，而商品期货市场上涨的环境中时，我们就应该推断繁荣实际上已经结束了。

第七章　外汇驱动分析的明天

> 利用逻辑层次矩阵分析完驱动面情况之后，就要关注汇评中的焦点题

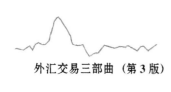

材，这个题材往往也是驱动面中的一个因素或者是多个因素的主题，而这个焦点题材对于外汇短线交易可以发挥直接作用。一般而言，外汇驱动分析直接用于指导短线交易存在制约，但是用市场焦点来连接驱动因素和价格走势则是非常必要的。

中　部　外汇心理分析的精髓——承上启下的关键

行为金融学更多地关心价格背后的行为，而不是价格本身。作为投机者，价格似乎与我们的盈亏直接相关，但是成交量才是导致我们盈亏的真正原因，因为其他人的行为才是导致我们盈亏的真正原因。行为金融将价格背后的行为和决策者当作研究的主要对象，它的一些概念对于我们从事投机交易相当有用。

现有的机械交易系统基本都是基于技术分析的，它们不考虑驱动因素和心理因素，所以长期很难获得暴利。毕竟市场有周期性的变化和结构性的变化，周期性变化源于心理因素，它使得震荡和单边交替。而结构性变化源于驱动因素，这两种变化会让基于纯技术分析的交易者回吐大部分利润，甚至失败。

一个好的心理分析工具应该表示出市场的涨跌情绪，而且最好能够给出涨跌情绪涉及的参与群体，但是目前的心理工具一般很难满足上述这些要求，也很难具备上述的特征，现在的心理工具一般只是告诉交易者们看涨和看跌倾向，所以我们还需要利用这些心理工具进一步挖掘，只有回答了有关"题材"（焦点）的问题才能实现心理分析的真正目的。

下　部　外汇行为分析的精髓——小处着手跟随

技术分析的圣杯归结为一点就是：区分单边走势和震荡走势。但是，这个圣杯却是技术分析本身所不能追求到的，所以说"技术分析的最高功夫在技术分析之外"。但是，要做到较好地控制和管理风险，同时最大化利润，则必须在技术分析上下功夫。

对于单边走势而言，"设定止损，不设定止盈"为最优策略。对于区间走势而言，"不设定止损，设定止盈"为最优策略。如果你能预先区分出这两种走势，则最佳的做法就是采用相应的最优策略，不过更为实际的情况是绝大多数时候，特别是采用纯技术分析策略进行交易的时候，我们无法预先区分两种走势，那么只能寻求占优策略，也就是整体上能够取得最高期望值的策略，这就是"设定止损，不设定止盈"的策略。如果加上"试探—加仓"策略，则可以进一步提高期望值，所以"跟进止损+试探加仓"策略是非常有效的一个古典策略。

位置分析之所以重要，是因为市场走势运用都不是直线式发展的，市场体现出一定的随机扰动性，这就要求交易者需要应对噪声风险。同时，交易者还要防止交易方向与趋势不符合。这两点要求交易者必须控制风险，设定交易的持仓临界点，或者说证伪点，而这需要借助于一系列关键位置。要找出关键位置，就必须进行位置分析。

第十四章　形态分析 ………………………………………………………… 451

趋势分析找出交易的方向，位置分析找出交易进出场的位置，而形态分析则是要确认交易方向和位置有效。趋势分析属于宏观分析，位置分析属于中观分析，而形态分析属于微观分析。形态分析经常被乱用，特别是 K 线技术，因为很多交易者都倾向于根据 K 线来预测趋势和交易进出场点，这其实犯了交易的大忌。

总 论
外汇交易的终极哲学
——我的"交易圣杯"

并不是现象迷惑了你，迷惑你的是对现象的执着！

——宗萨钦哲仁波切

第一章　外汇交易的终极合理流程：应对随机强化和一致强化的武器

外汇市场对于投机者而言无疑是最大的乐园，因为这里的流动性和波动幅度（杠杆融资后提升了获利和亏损的潜力）远远超过了其他投机品种。同时，这个品种也将交易者的许多缺陷放大，外汇交易就像一面镜子，能够将你身上隐藏的所有弱点都显露出来。

为什么会这样呢？因为在日常生活中，错误的决策带来的消极后果往往是我们没有觉察到的。比如，一次人生抉择本来是错误的，如果采取真正明智的决策你会做得更好，然而现在你却因为眼前的一些小成果而沾沾自喜。

在日常生活和工作中，我们行事的结果不是那么容易被观察到和意识到，才导致我们认为自己的行为很少犯错，因为相比交易而言我们更容易对自己持积极的看法和宽容的态度。然而，金融市场是截然不同的，它绝对是一面毫不含糊的镜子，一个效率极高的反馈装置，它能让你很容易观察到自己的失误，更清晰地看到行为的结果，自然也让我们看到了日常生活和工作中看不到的"真正自我"，而这个自我并不像我们通常认为的那样优秀，毕竟在非交易场合我们的弱点很容易被隐藏起来。有些人会说自己在日常工作和交往中显然很成功，其实他应该认识到自己本来可以更成功的。

> 金融市场其实是在对你的综合素质打分。

> 在我们的眼前被隐藏，而不是真的不发挥作用了。

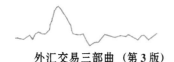

金融市场绝不允许在整体上有任何一个环节缺失——即使某个环节可以薄弱一些。一旦你在某个环节上缺失了，你一定无法建立持续的优良业绩。

金融市场中错误的行为带来获利是很正常的事情，但是要持续做到这一点是不容易的；金融市场中正确的行为带来亏损也是很正常的事情，但是要持续做到这一点也是不可能的。凡是能够盈利的交易者必然按照交易的所有流程环节进行操作，而那些最优秀的交易者则必然在每个环节都处于平均水平以上。

交易，乃至一切博弈和竞争，其实都是流程的竞争。

现实生活中，你缺失某些环节也绝对会对你的交往和感情造成影响，只是你没有觉察到而已。工作中也是如此，但是交易中一旦你缺失某个环节，则长期下来你一定处于整体亏损的状态。

短板效应！

为什么我们会缺失这些环节呢？或者说为什么我们会忽略交易的关键环节呢？因为我们本身的观念上存在某些漏洞。观念好比放映机，一旦它们存在瑕疵，则投射出来的影像，也就是交易行为和结果必然是失败的。

金融市场的迷幻之处有两点：第一，能够让你清楚地看到行为的结果；第二，短期内你看到的结果未必表明你的行为是正确的，而长期累积的结果则倾向于对你的行为作出正确的反馈。金融市场对人的行为产生"随机强化"而非"一致性强化"，准确地说应该是局部和短期内产生"随机强化"。

风物长宜放眼量，莫为浮云遮望眼。

整体和长期而言，产生"一致性强化"。所谓的"随机强化"也就是"正确的行为未必得到正确的结果，错误的行为未必得到错误的结果"，"一致性强化"则是"正确的行为一定得到正确的结果，错误的行为一定得到错误的结果"。强化是行为心理学学习理论的重要观点和手段，斯金纳（见图1-1）对此有很深入的研究，而强化也是金融市场对交易者学习能力作用的过程。

没有原则的家长，其实就是在对孩子进行"随机强化"。

图1-1 行为心理学巨擘——斯金纳

　　一致强化有助于技能的迅速提高，托尔曼和杭齐克（1930）设计了由14个单元的复合T形通道构成的迷津。在每一单元中有不通的终端（被锁着的门）和可以通过的终端（可以通过的门）。白鼠进入这段迷津后，如果选择错误，就会在锁着的门前碰壁，即犯错误一次；如果选择了可以通过的门，就可以进入下一个单元。如此，通过14个单元，而最后到达终点。在每一单元中，白鼠要做的事就是选择可以通过的门，走进下一个单元。

　　托尔曼和杭齐克将走迷津的白鼠分为三组：其中一组每天都受到奖励，称为"有食物奖励组"；另一组一直得不到食物奖励，称为"无食物奖励组"；第三组是实验组，实验组的待遇是前11天同无食物奖励组一样，一直得不到食物奖励，而从第12天开始同有食物奖励组一样，得到食物奖励。

　　实验开始后，有食物奖励组与无食物奖励组相比，犯错误（即在锁着的门前碰壁）的次数和通过迷津的时间显著下降，而无食物奖励组的被试犯错误的次数和所

用的时间降幅很小。

在前 11 天的实验中，实验组的白鼠由于其待遇同无食物奖励组一样，所以，该组被试的犯错次数和时间也同无食物奖励组一样，下降得很缓慢。从第 12 天开始，实验组得到了有食物奖励组同样的待遇。学习成绩突飞猛进，犯错误次数和时间急剧下降，几乎赶上并超过有食物奖励组的学习成绩，如图 1-2 所示。

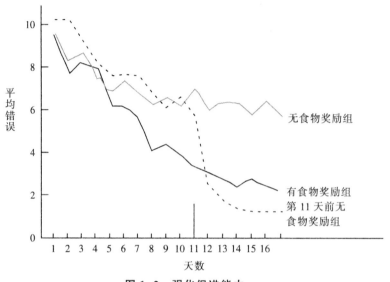

图 1-2　强化促进能力

面对实验组所表现出来的这种现象，托尔曼认为，实验组的白鼠在无食物奖励的情况下每天仍然在进行学习，它们在走迷津的过程中熟悉了可通过迷津的路径，在头脑中形成了关于迷津的"认知地图"，形成了对路径的认知性期待。只不过在无奖励的情况下，这种学习效果没有表现出来。故这种学习称为潜伏学习。

当实验组的被试得到食物强化后，这种潜伏学习的效果即刻表现于外。按照托尔曼的观点，潜伏学习实验的结果不仅对"无强化就没有联想学习"的假说提供了有力的批评证据，而且更说明，白鼠走迷津重要的是学会对通道的认知，形成对路径的"认知地图"，而不在于白鼠在学习过程中的外显反应。动物的外显反应受内部认知变量的调节，它对动物的外显行为起中介调节作用。学习的效果不全部表现于外，而重要的是引起内部认知期待的变化。

但是，金融市场提供的强化却并不是一致强化，至少从局部来看是随机强化。所以，其对学习主体的影响比上述白鼠实验复杂得多，对主体的思维能力和眼界要求要高许多。

人类具有短视倾向，容易受到近期结果的影响，而这恰恰中了市场的"奸计"。市场短期内的"随机强化"要么导致交易者陷入错误的行为，要么导致交易者无法辨认出正确的行为。

为了摆脱市场的这种"迷雾"，我们需要能够确定一个完善而确定的交易框架和流程，从而使得我们的观念和行为可以在长期和整体上得到评估。这样就可以摆脱"随机强化"的制约，最终获得交易上的持久成功。一旦你有意识地按照一个完整的流程去操作，你可以克服人性的弱点，同时克服市场随机强化的干扰。

总而言之，我们的交易面临内外两重干扰：第一重干扰是我们的一些偏见，最大的偏见是"我们倾向于认为盈利的头寸应该尽快了结，亏损的头寸应该继续持有"。这就是所谓的"截短利润，让亏损奔腾"的倾向性心理效应。这个效应也是行为经济学的主题之一。第二重干扰是市场短期内随机强化的特点，这使我们短期内无法分辨出何谓有效的行为，何谓无效的行为。通过遵循完整的流程，我们可以克服任何交易中的心理偏见和市场随机强化。

流程可以迭代升级。

第一节　为什么绝大多数人都无法学会交易：局部随机强化的困境

关于随机强化，这是一个人类一致忽视的主题。不知道大家是否看过国外一部类似主题的片子，叫《杀人矩阵》，里面就反映了人类在面对随机强化时存在的困境。

当我们接受理科教育时，几乎所有试题的答案都算得上是一致强化的典范。而文科教育则未必，特别是作文题，这类型题目的答案往往不是那么一致。因此，一个人在理科成绩上更容易快速地取得显著进步，而在语文和英语水

如何让学习过程最大限度地接近一致强化？

平上却往往不太容易"短期崛起"。文科的试题和答案更像是随机强化，而理科的试题和答案更像是一致强化。

当然，金融交易与文科试题和答案还是存在很多差别的，但这并不妨碍我们通过后者来理解前者的某些特点。我们刚刚步入外汇等金融交易领域的时候，往往没有认清这一点。

量化交易和程序化交易能够让人快速进步。

想当初进入交易界之前，我们也隐约将交易看成是做中学的数学题，似乎只要按照某些固定的知识点和解题秘诀就能得到正确的答案，正是这种观念害了我们，害了所有的交易者。

当我们学习开车的时候，每一次驾驶行为产生的信号都指向唯一的最理想的驾驶动作，但是这并不符合交易学习的情况。开车面对的是一个不变的牛顿物理世界，而交易则涉及一个混沌世界，所以学驾驶也许一天就能真正上路，而学交易也许一辈子都"上不了路"。

市场波动具有周期性，震荡走势与单边走势交替，回撤与反转交替出现，这就使得交易变得非常难以掌握。市场周期与交易者的心理周期因此发生错配，交易者倾向于按照市场的上一个周期阶段进行当前的交易。

如果我们将自己的眼光放在最近几笔交易上，或者是最近一波走势上，我们就步入了一个随机强化的陷阱。当你最近几笔交易赚钱的时候，你就认为正在使用的交易策略正确，甚至认为自己很聪明，那接下来的业绩表现一定击垮你的认知和自信；当你在最近一波走势中感觉良好的时候，在接下来的一波走势中你的感觉将变得相当糟糕，这就是牛市中股民将要经历的情况。

市场在短期内呈现的随机强化特性利用我们的因果观念让我们徘徊在有效交易方法的大门之外：若 B 紧随 A 发生的话，我们倾向于认为 A 是 B 的原因，当一个交易结果 B 紧随一个行为 A 发生的话，我们倾向于认为交易结果 B 是由交易行为 A 导致的。其实，真正的因果关系未必这么简单。

金融市场最大的特点就是局部和短期内的随机强化，也可以认为是市场噪声波动。

请看图 1-3，交易绩效是由市场和交易行为两者共同决定的，市场是我们所不能影响的——对于流动性充分高的外汇市场确实如此。所以，我们只能适应市场的走势和

特点，同时调整自己的交易行为。由于交易行为受到交易态度的影响，而交易态度又受到交易观念的影响，所以交易行为能不能适应市场，进而产生高水平的交易绩效，最终取决于交易观念。

交易观念并不像大家认为的那样是完全抽象的东西，因为观念必然表现为一定的流程和环节。心理偏差会通过交易行为干扰交易绩效提高，这是大家在后面小节会明白的道理。而市场随机强化会利用心理偏差来干扰交易绩效的提高，使得交易者适应市场走势的想法导致悖逆市场走势的行为。

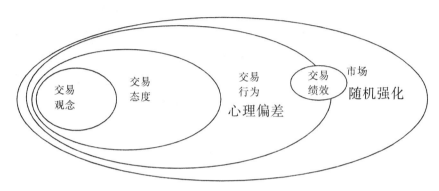

图 1-3　交易绩效提高的根本干扰因素：心理偏差和随机强化

我们的敌人是自己——一句大白话！你可能觉得是老生常谈，但如果你从图 1-3 中去仔细斟酌就会发现真相未尝不是如此。如果交易者不存在心理偏差，市场的随机强化特性也就无法单独发挥作用，即所谓外因通过内因发挥作用。不过，要改善内因之前，必须认清市场的特性。因为这种特性恰好告诉了我们应该如何调整自己去适应市场，应该调整自己的哪些方面去适应市场的哪些特点。

你炒股炒了十年，或许你做外汇也做了快一年了，但你真的明白自己现在的交易处在什么样的水平吗？你知道市场是怎么回事吗？市场是如何利用你自己来欺骗和误导你的？如果你对这些问题的答案不清楚，则你的交易绩效也只能是空中楼阁。

通常而言，越是短线的交易越容易受到心理偏差和随机强化的误导，因为交易者对价格接触得越频繁越容易感情用事，心理偏差就越严重，而交易的框架越短则越容易遭受市场随机强化的干扰。所以，拉长交易框架可以同时克服心理偏差和随机强化的负面影响。

对抗心理偏差和随机强化干扰的最简单方法之一就是拉长你的交易时间框架，而最有效的方法则是基于原则去交易，而最好的原则无疑是完善的交易流程。

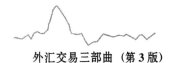

第二节　如何走出困境：整体观念和系统性交易

流程是相对不变的，长期也需要迭代升级！

　　如果我们像墙头草一样来适应市场短期变化的话，很容易踏入持续亏损的快车道。"以不变应万变"，不变的是原则和流程，而不是具体的策略和计划，万变的是市场走势，也是我们基于不变原则和流程适应市场走势的策略和计划。

　　市场随机强化，而我们自己却因为心理偏差而甘愿沦为被市场剥削的奴隶。要从根本上克服这种情况就必须具备整体观念，同时采纳系统性交易的原则和流程。

　　整体就是统一性和完整性。中医学非常重视人体本身的统一性、完整性及其与自然界的相互关系，认为人体是一个有机的整体，构成人体的各个组成部分之间在结构上不可分割，在功能上相互协调、互为补充，在病理上则相互影响。而且人体与自然界也是密不可分的，自然界的变化随时影响着人体，人类在能动地适应自然和改造自然的过程中维持着正常的生命活动。这种机体自身整体性和内环境统一性的思想即整体观念。

　　整体观念是辩证思想在中医学中的体现；它贯穿于中医学的生理、病理、诊法、辨证和治疗等各个方面。整体观念可以说是中医学的最根本核心，这个精髓应该为我们外汇交易者所汲取。"同病异治和异病同治"表明中医也面临着随机强化的问题，而整体观念恰好是治疗随机强化的一剂良药。人是一个复杂系统，外汇市场也是一个复杂系统，整体观念是处理复杂系统的强大工具。而且，中医的立体诊断法——四种诊断途径互相参验特别值得我们外汇交易者借鉴，比如将震荡指标与趋势指标相互参验，将价格与指标互相参验，将基本面和技术面相互参验，等等。

交易整体性的基本要求是一个系统必须包括开仓和平仓的清晰条件。

与整体观念和复杂系统关系最密切的现代学术领域是控制论，控制论的诞生是20世纪最伟大的科学成就之一。现代社会的许多新概念和新技术都与控制论有密切联系。控制论是自动控制、电子技术、无线电通信、计算机技术、神经生理学、数理逻辑、语言等多种学科相互渗透的产物，它以各类系统所共同具有的通信和控制方面的特征为研究对象，不论是机器还是生物体，甚或是社会，尽管各自属于不同性质的系统，但它们都是根据周围环境的某些变化来调整和决定自己的运动。控制论的创始人是美国数学家罗伯特·维纳（见图1-4）。

图1-4 罗伯特·维纳——控制论创始人

现在，控制论已有了许多重大发展，但维纳用吉布斯统计力学处理某些数学模型的思想仍处于中心地位。他定义控制论为：设有两个状态变量，其中一个是能由我们进行调节的，而另一个则不能控制。这时我们面临的问题是如何根据那个不可控制变量从过去到现在的信息来适当地确定可以调节的变量的最优值，以实现对于我们最为合适、最有利的状态。

在交易中，我们能够控制的变量是"持有的仓位"，而不能控制的变量则是"金融标的的价格"，比如外汇报价。当你学会利用控制论的思维去思考自己与外汇市场的关系时，你必将在外汇交易中迈向一个新的台阶，整体观念由此获得。

整体观念告诉我们要将交易者与市场看成一个整体，正如我们前面谈到的交易绩效的决定因素是交易者观念主导下的行为以及市场本身的运动。如果仅仅看到外汇市场的变化而忽视了交易者本身观念对交易绩效的甚深影响则违背了整体观念。

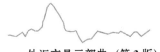

同样，市场本身也是一个整体，不管是其中的参与者，还是汇价运动机制作用的各个环节，都是一个整体。

从基本面事件的逐步驱动到交易者心理层面的吸收和预期，资金的进出聚散，最终呈现出汇价的变化，而汇价的变化反过来又影响较小资金交易者的判断，进一步加速了汇价的当下走势，依此循环往复。但是，最终决定汇价主流趋势的还是驱动因素，也就是基本面，而主流趋势的直接导致者就是大资金交易者和实体经济。上述这一连串的外汇波动机制和触发环节，如果你单单拆开来看，偏见于一隅，就在某种程度上悖逆了整体观念，而本书的最大目的就是让你能够贯穿外汇交易的所有环节。

单就技术分析而言，这里面也涉及很多具体运用整体观念的地方，一些看起来微不足道的细节，但对你的交易却起到至关重要的影响。

在外汇日内交易中，我们专注的是汇价近期和当下的走势，如图1-5所示，我们称之为"近视图"。一旦你的目光缩小到当下近期的汇价走势，则无疑违背了整体观念，换个角度来说你也就是丧失了把握"势"的优势角度。当下汇价的起起伏伏已经完全俘获了你的思维，你已经在不知不觉中步入市场设定的陷阱中。

如果你能遵守整体观念的要求，则应该不时地在放大图和缩小图之间轮换观察，这样你既能站在全局的高度看行情发展趋势，又能着手于局部把握当下的进出机会，这就是杰出外汇日内交易者的共性所在。单单看"近视图"我们会变得近视，单单看"远视图"（见图1-6）我们会变得远视。如果结合起来看，我们就能弥补两者的缺陷，获得两者的优势。"不落两边，秉持中观"，我们就需要这样的观察策略，但是更多交易者倾向于看局部，看近期，所以"远视"是需要我们刻意培养才能形成的习惯。

心外求法，皆是邪法。

较小资金交易者以技术分析为主。

即便是日内交易者，也应该坚持观察日线走势。

图1-5　放大的"近视图"

　　光看图1-5，英镑兑美元似乎上升趋势强劲，但是如果你能够看看更大的"场面"，如图1-6所示，你就会发现目前英镑兑美元的走势更像是下跌趋势中的0.5回撤。也就是说，如果你放弃了更大的背景，你往往就站错了趋势的阵营，十分可怕。

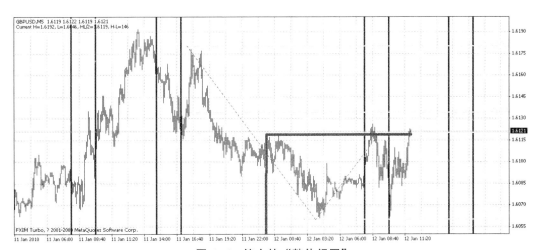

图1-6　缩小的"整体视图"

　　为了让整体观能够发挥更大的作用，我们应该采用多屏系统，一般是三屏系统，将高于实际进出场两个时间层级的行情走势同时放在一个界面上，如图1-7所示。在图1-7中，最左边的是日走势，中间的是4小时走势，最右边的是1小时走势，三者一起呈现出来，英镑兑美元的各

顺其自然，"然"是规律和趋势。

层次走势的关系一目了然。所谓的"亚当理论"的核心工具之一也就是让我们从更大的范围内看行情的发展。

图1-7　三屏图与整体观念

整体观念在外汇交易中的具体实践有很多表现形式，三屏系统只是其中较为简单而重要的一个，它最根本的表现还是系统性交易。交易的系统性并不等于机械性，这是下一节要讲到的问题，交易的系统性就是整个交易的环节要齐备要流畅要优化，交易流程的各个环节要相互兼顾。

很多外汇交易者的方法都谈不上最基本的完整：大部分只有行情分析而没有仓位管理步骤；剩下的一部分人只有进场计划而没有出场计划；有一部分人有出场计划，但是出场策略和方式非常单一，不系统和完备。

一个能够取得持续成功的外汇交易者必然具备系统性交易的能力，一个长期失败、偶尔成功的外汇交易者必然不具备系统性交易的能力。交易的方法有很多，但是归结起来无非是"进出加减"四个字的落实，如何更好地落实它们就又要牵涉到行情分析和仓位管理步骤。

"进出"是最简单的系统性思维，大部分股民和汇民根

行情分析与仓位管理是两回事。

本没有"进出"的系统性思维，少部分具有"进"的思维而没有"出"的思维。这里的"进"不是进场那么简单，而是指具体的进场条件或者说进场点；这里的"出"不是出场那么简单，而是指具体的出场条件或者说出场点。稍微高级一点的交易系统则涉及 "进出加减"，除了进场和出场的充分必要条件之外，还要考虑中间的加仓和减仓问题。关于整体观念、系统性交易的关系，我们用图1-8来表示。

对于日内交易者而言，减仓非常重要；对于趋势交易者而言，加仓非常重要。

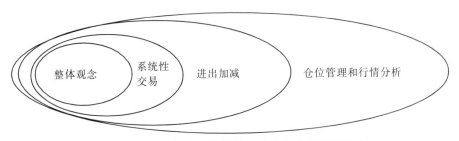

图1-8 整体观念的外化和系统性交易的具体化

第三节 机械交易是个人的爱好，系统交易是成功的前提

机械交易严格来讲应该是完全定量化的交易，涉及进场和出场以及头寸的确定。系统交易的完全定量化交易就是机械交易，机械交易的完全自动化则是智能交易或者说自动化交易。

熟练地利用Python，是新一代交易者的必备素质。

系统交易的定性化模式一般是系统交易中的初级模式，也是能够适应市场背景结构化变化的形式，但是存在主观化和受情绪影响的弱点。请看图1-9，交易方法首先分为非系统性交易和系统性交易两种，非系统性交易是长期下

来绝对失败的方法，不管你是采用定性还是定量的方式展开，不管你用形态来分析还是用指标来判断，只要你不具备系统交易的要求最终结果就是失败。

系统性交易分为定性交易和定量交易，定性交易比非系统交易的主观随意性要弱，比定量交易的主观随意性要强。非系统性交易比定性交易更容易受到情绪的冲击，而定性系统比定量系统更容易受到情绪的冲击。但是定性系统的适应性一般比定量系统强，因为定性系统交易可以考虑到市场特性或者说交易背景的结构性变化，而定量系统交易特别是其中的自动化机械交易则很难识别和适应背景的结构性变化，这点一般不为大多数定量交易者所认识。

定量交易系统分为自动化机械交易和非自动化机械交易，差别在于最终仓位管理权在软件手上还是在交易者手上。自动化的机械交易能够更好地克服交易者的情绪影响，当然也容易为统计上的"胖尾"事件所"击中"。本书倡导的是定性系统交易，因为某些对于市场趋势特性很有效的分析方法目前很难完全采用定量化来处理，下面我们来看一些系统性交易的简单实例。

如果有足够多的资金，能够按照要求收集所需要的信息，那么一切策略都是可以完全量化的。

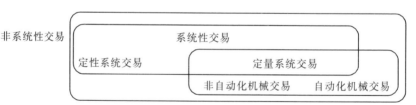

图1-9　交易方法的分类

理查德·丹尼斯关于海龟交易法的传奇为整个技术交易界所熟知，他和徒弟们能够一直称雄整个期货交易界，靠的就是系统交易思维，透露出的海龟交易法则里是这样介绍交易的系统性要求的：

一个完整的交易系统包含了成功的交易所需的每项决策：

● 市场——买卖什么

● 头寸规模——买卖多少

- 入市——何时买卖
- 止损——何时退出亏损的头寸
- 离市——何时退出赢利的头寸
- 策略——如何买卖

市场——买卖什么。第一项决策是买卖什么，或者本质上在何种市场进行交易。如果你只在很少的几个市场中进行交易，你就大大减少了赶上趋势的机会。同时，你不想在交易量太少或者趋势不明朗的市场中进行交易。

头寸规模——买卖多少。有关买卖多少的决策绝对是基本的，然而，通常又是被大多数交易员曲解或错误对待的。买卖多少既影响多样化，又影响资金管理。多样化就是努力在诸多投资工具上分散风险，并且通过增加抓住成功交易的机会而增加赢利的机会。

正确的多样化要求在多种不同的投资工具上进行类似的（如果不是同样的话）下注。资金管理实际上是关于通过不下注过多以至于在良好的趋势到来之前就用完自己的资金来控制风险。买卖多少是交易中最重要的一个方面。大多数交易新手在单项交易中冒太大的风险，即使他们拥有在其他方面有效的交易风格，这也大大增加了他们破产的机会。

入市——何时买卖。何时买卖的决策通常称为入市决策。自动运行的系统产生入市信号，这些信号说明了进入市场买卖的明确的价位和市场条件。

止损——何时退出亏损的头寸。长期来看，不会止住亏损的交易员不会取得成功。关于止亏，最重要的是在你建立头寸之前预先设定退出的点位。

离市——何时退出赢利的头寸。许多当作完整的交易系统出售的"交易系统"并没有明确说明赢利头寸的离市。但是，何时退出赢利头寸的问题对于系统的收益性是至关重要的。任何不说明赢利头寸的离市的交易系统都不是一个完整的交易系统。

> 合理分散是趋势跟踪交易的原则；相对集中是价值投资的原则。

> 人生当中任何一件事情都可以看作是一笔交易或者投资，如果你没有设定相应的止损点，则后果不堪设想。你的关系需要止损吗？你的事业需要止损吗？你的爱好需要止损吗？你的习惯和做法需要止损吗？没有止损，意味着恶性循环的可能性！最终就是人生破产。

> 如果你在 2011 年买入了比特币，那么你是否思考过退出条件或者说离场信号？

策略——如何买卖。信号一旦产生，关于执行的机械化方面的策略考虑就变得重要起来。这对于规模较大的账户来说尤其是个实际问题，因为其头寸的进退可能会导致显著的反向价格波动或市场影响。

在理查德·丹尼斯淡出交易界之后，他的徒弟们一直是期货交易界的标杆，其凭借的最大优势就是遵守上述系统交易的基本原则和步骤。除了理查德·丹尼斯之外，保罗·琼斯和艾迪·塞柯塔也是非常出色的短线交易者，琼斯倾向于定性系统交易，其掌控的资金远远超过现在广为人知的马丁·舒华茨。

保罗·琼斯在《外汇交易圣经》中有一定的介绍，大家可以上网搜下其经历，我们这里主要介绍下艾迪·塞柯塔，他可以被认为是自动化交易的祖师爷之一。

20世纪70年代初，艾迪·塞柯塔在一家大型经纪商公司工作，自行设计及发展了一套电脑买卖的程序系统。因为管理层的多番打扰，成绩并不理想。艾迪对自己满怀信心决定自行创业，为自己交易，同时管理小量的基金，根据自己设计的电脑买卖程序系统作出买卖的决策。

后来，艾迪凭借自己的机械交易系创造了上千倍的资金增长，算得上是自动化交易界的奇迹。在艾迪之后，比较著名的定量化交易大师是詹姆斯·西蒙斯，如图1-10所示。詹姆斯·西蒙斯所领导的大奖章基金，在1989年到2006年，平均年收益率达到了惊人的38.5%。而股神巴菲特过去20年的平均年回报率也不过才20%。詹姆斯·西蒙斯也因此被誉为"最赚钱的基金经理""最聪明的亿万富翁"。

与美国众多基金公司迥然不同，西蒙斯的公司里少有商学院高才生、华尔街投资分析老手，而是充斥着大量数学、统计学和自然科学博士。就连西蒙斯本人，在投身华尔街之前，也是一名享誉学术界的数学家。西蒙斯将他的数学理论背景巧妙地运用于股票投资实战中。他通过计算

我们绝不以"市场恢复正常"作为赌注投入资金，有一天市场终于会正常的，但谁知道是哪一天。——詹姆斯·西蒙斯

机模型，大量筛选数十亿计单个数据资料，从中挑选出中意的证券买进、卖出。通过统计信息分析判断外汇和债券短期的价格变化，加入风险控制模型与统计套利，高速交易大量股票；引入统计套利的变种，低速交易股票；继续引入其他模型，分析不太常用的数据来源——这就是大奖章。

　　人们将西蒙斯的这种交易方式称为"定量交易"。通过计算机实现交易，可以有效地排除人为因素的干扰。西蒙斯这种交易方式更多集中于短线套利、频繁交易。他所掌管的大奖章基金从成立开始，年均回报率高达38.5%，十几年来资产从未减少过。 从1988年到2009年，巴菲特管理的伯克希尔，年化收益率为17.4%；而同一时期，西蒙斯管理的大奖章，年化收益率为40.68%。你能从中得出什么结论呢？不过，你不要忘记一点，那就是西蒙斯管理的资金规模要远小于巴菲特，而且西蒙斯认为大奖章运作的资金不宜超过1000亿美元，否则无法获得足够的头寸流动性。

图1-10　詹姆斯·西蒙斯

　　定量交易与所谓的"宽客"有密切的关系，宽客（Quant）是金融工程师，其职业范畴与机械交易有很大的重合。1991年国际金融工程师学会（International Association of Financial Engineers）成立，既代表着金融工程学的正式问世，也代表着金融工程师这一特殊的群体已为社会所公认。

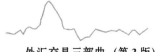
由于金融工程要广泛涉及公司财务、证券投资、外汇交易、金融衍生品交易等诸多领域，要求金融工程师必须具备与其所承担的金融工程职责相符的理论、知识和技能。

2007年伊曼纽尔·德曼（见图1–11）出版的《宽客人生》一书获评《商业周刊》十大好书。他在书中这样写"宽客"："受过严格科学训练的数量金融师，正是这些模型的创建者，他们是华尔街舞台上未来的明星。"伊曼纽尔·德曼现任美国哥伦比亚大学金融工程学系主任、《风险》杂志专栏作家、投资风险管理顾问。

德曼早年毕业于哥伦比亚大学，获理论物理学博士学位。在AT&T公司贝尔实验室任职后，他跟随华尔街当时正在兴起的衍生产品革命大潮，自1985年起先后加入著名投资银行高盛集团和所罗门兄弟公司。德曼在金融产品创新领域颇有建树，他参与创作了业界广为采用的布莱克—德曼—托伊利率模型和德曼—卡尼局部波动率模型，于2000年当选为国际金融工程师协会年度金融工程师，2002年入选《风险》杂志名人堂。宽客介入外汇交易领域对于提高交易的定量化发挥了很大的作用，当然宽客也不完全属于系统交易人员，下面我们就来看看宽客的种类。

图1–11　伊曼纽尔·德曼

"宽客"细分为六类，分别是：第一类负责交易模型Quant（Desk Quant）——开发直接被交易员使用的价格模型；第二类负责模型识别Quant（Model Validating Quant）——独立开发价格模型，确定Desk Quant开发的模型的正确性；第三类负

责研发 Quant（Research Quant）——尝试发明新的价格公式和模型；第四类负责程序编写 Quant（Quant Developer）——写代码或者调试其他人的大型系统；第五类负责统计套利 Quant（Statistical Arbitrage Quant）——在数据中寻找自动交易系统的模式（就是套利系统），这种技术比起衍生物定价的技术有很大的不同，它主要用在对冲基金领域；第六类负责风险管理 Quant（Capital Quant）——建立银行的信用和资本模型（巴塞尔协议 Ⅱ）。

与交易比较密切的"宽客"是交易程序的设计和检验以及优化人员，当然也包括套利机会发现者。关于定量化系统交易的名人和概念，我们谈了很多，下面我们来看一下较为直观和具体的东西。在全球使用最广泛的 Metatrader4.0 软件上自动化交易占据了重要的位置（见图 1-12），智能交易系统列表中有很多程序可供调用，其中有一个是"MACD Sample"，我们就来剖析下这个最简单的自动交易程序。

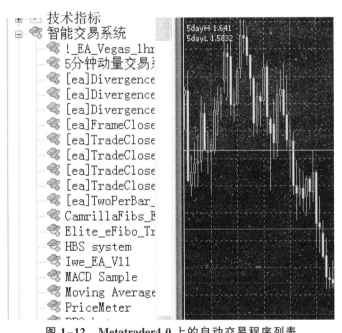

图 1-12　Metatrader4.0 上的自动交易程序列表

下面是 MACD Sample 自动交易程序的代码，汉字则是针对每行代码含义的解释，大家如果掌握了这个自动交易程序的代码，则对 MT 的自动交易程序有一个更清晰的认识。

```
//+------------------------------------------------------------+
//| MACD Sample.mq4 |
//+------------------------------------------------------------+
```

extern double TakeProfit = 50；盈利目标点数

extern double Lots = 0.1；   每单入场的手数

extern double TrailingStop = 30；追踪止损的点数

extern double MACDOpenLevel=3；MACD 开仓的参考位置

extern double MACDCloseLevel=2；MACD 出场的参考位置

extern double MATrendPeriod=26；条件中使用的 MA 均线的周期数

程序最上面以 extern 开头的这些数据都是程序参数，也就是在使用者调用的时候可以修改的部分。

这个 EA 是个常见的技术指标条件入场、条件出场，同时又移动止损功能的完成示意，很适合初学者研究。

先总结这个程序的基本条件的意思以方便大家对号入座，尽快理解。

多头入场条件：

MACD 小于 0 且小于指定的参数 MACDOpenLevel，并且 MACD 信号线下穿基准线（死叉）且 MA 为向上趋势。

多头出场条件：

MACD 大于 0 且大于指定的参数 MACDCloseLevel，并且 MACD 信号线上穿基准线（金叉）。

空头入场条件：

MACD 大于 0 且大于指定的参数 MACDOpenLevel，并且 MACD 信号线上穿基准线（金叉）且 MA 为向下趋势。

空头出场条件：

MACD 小于 0 且小于制定的参数 MACDCloseLevel，并且 MACD 信号线下穿基准线（死叉）。

==

有了以上的初步了解，下面开始进行 EA 程序基本结构的分析：

①start( )函数是最重要的执行部分，每来一个价格，此函数都自动执行一次，所以主要的逻辑结构都在这个函数里。

②程序的基本流程都是按照以下步骤进行，我们先牢牢记住这个结构，然后再对号入座去理解程序。

先判断当前自身的仓位状态，因为 start 函数是循环运行的，所以中间的每个步骤都会使用 start 函数，因此，当函数开始的时候我们首先要通过 MT4 的仓位操作函数获得当前的仓位状态，并进一步根据状态进行不同分支的计算。

程序开始的以下两个部分不重要，简单说一下：

```
if（Bars<100）
    {
    Print（"bars less than 100"）;
    return（0）;
    }
```

以上是说如果当前图形的 K 线个数少于 100 则不进行运算，直接返回。这种情况一般不会出现，所以我们自己写程序的时候可以不写这部分。

```
if（TakeProfit<10）
    {
    Print（"TakeProfit less than 10"）;
    return（0）;  // check TakeProfit
    }
```

以上这段意思是参数 TakeProfit 移动止损点数的设定如果小于 10 点，则发出报警，并返回不进行运算。这是为了防止乱设数值，引起后面计算的错误。关于这部分，如果程序只是我们自己使用，估计不会犯这种低级错误，所以写程序的时候也可以忽略不写。

下面这段：

```
MacdCurrent=iMACD（NULL，0，12，26，9，PRICE_CLOSE，MODE_MAIN，0）;
MacdPrevious=iMACD（NULL，0，12，26，9，PRICE_CLOSE，MODE_MAIN，1）;
SignalCurrent=iMACD（NULL，0，12，26，9，PRICE_CLOSE，MODE_SIGNAL，0）;
SignalPrevious=iMACD（NULL，0，12，26，9，PRICE_CLOSE，MODE_SIGNAL，1）;
MaCurrent=iMA（NULL，0，MATrendPeriod，0，MODE_EMA，PRICE_CLOSE，0）;
MaPrevious=iMA（NULL，0，MATrendPeriod，0，MODE_EMA，PRICE_CLOSE，1）;
```

这部分是变量赋值部分，等于提前计算出后面用到的当前 MACD 数值以及 MA 数值，这样提前写出来，在后面直接使用赋值后的变量就很清楚了，是一个很好的

编程习惯。

下面开始进入最主要的程序逻辑部分，首先遇到的就是我们上面说过的通过仓位函数获得当前状态的部分。

total=OrdersTotal（）；通过函数获得当前持仓单的个数，如果持仓单个数小于1，则说明是空仓状态，那么就进行多头和空头的入场条件判断，如果满足条件则进行入场。代码如下：

if（total<1）

　　{

　　// no opened orders identified

　　if（AccountFreeMargin（）<（1000*Lots））

这是判断保证金余量是否够下单，如果不够则直接返回，并不进行后续入场判断。

　　　　{

　　　　Print（"We have no money. Free Margin="，AccountFreeMargin（））；

　　　　return（0）；

　　　　}

　　　　// check for long position（BUY）possibility

　　　　if（MacdCurrent <0 && MacdCurrent >SignalCurrent && MacdPrevious < SignalPrevious &&MathAbs（MacdCurrent）>（MACDOpenLevel*Point）&& MaCurrent > MaPrevious）

这就是多头入场条件的判断，可以看到两个技巧：一是交叉的数学意思是"前面在下后面在上"或反之；二是MA向上趋势的数学意思是当前K线的MA大于上一K线的MA数值。

　　　　{

　　ticket =OrderSend（Symbol（），OP_BUY，Lots，Ask，3，0，Ask +TakeProfit* Point，"macd sample"，16384，0，Green）；

这是入场语句，记得一定要判断入场是否成功，因为很多服务器由于滑点或者服务器价格变动而不能入场成功，所以，要判断入场不成功后作出提示。ticket就是定单入场是否成功的标记。

　　　　if（ticket>0）大于0说明入场成功

　　　　　{

```
        if (OrderSelect (ticket, SELECT_BY_TICKET, MODE_TRADES))
Print ("BUY order opened:", OrderOpenPrice());
        }
        else Print ("Error opening BUY order:", GetLastError());
```

这是入场不成功，输出不成功的系统原因。

return（0）；这里使用了返回，因为一种情况是入场成功，那么直接返回等待下一个价格到来的时候再执行 start 函数；另一种情况是入场不成功，则返回也是等待下一个价格到来的时候在此执行入场操作。

```
        }
```

下面就是空单入场的判断，大家自己对照观看即可。

```
// check for short position (SELL) possibility
if (MacdCurrent>0 && MacdCurrent<SignalCurrent && MacdPrevious>SignalPrevious
&&MacdCurrent> (MACDOpenLevel*Point) && MaCurrent<MaPrevious)
        {
ticket=OrderSend (Symbol (), OP_SELL, Lots, Bid, 3, 0, Bid-Take Profit* Point,
"macd sample", 16384, 0, Red);
        if (ticket>0)
        {
        if (OrderSelect (ticket, SELECT_BY_TICKET, MODE_TRADES)) Print
("SELL order opened:", OrderOpenPrice ());
        }
        else Print ("Error opening SELL order:", GetLastError ());
        return (0);
        }
    return (0);
  }
```

上面是对自动交易代码的逐段解释，整个完整的自动交易代码如下所示：

```
//+------------------------------+
//|                                MACD Sample.mq4 |
//+------------------------------+
extern double TakeProfit = 50;
```

```
extern double Lots = 0.1;
extern double TrailingStop = 30;
extern double MACDOpenLevel=3;
extern double MACDCloseLevel=2;
extern double MATrendPeriod=26;
//+----------------------------+
//|                            |
//+----------------------------+
int start( )
    {
    double MacdCurrent, MacdPrevious, SignalCurrent;
    double SignalPrevious, MaCurrent, MaPrevious;
    int cnt, ticket, total;
// initial data checks
// it is important to make sure that the expert works with a normal
// chart and the user did not make any mistakes setting external
// variables (Lots, StopLoss, TakeProfit,
// TrailingStop) in our case, we check TakeProfit
// on a chart of less than 100 bars
if (Bars<100)
    {
Print ("bars less than 100");
return (0);
 }
if (TakeProfit<10)
{
    Print ("TakeProfit less than 10");
    return (0);  // check TakeProfit
 }
// to simplify the coding and speed up access
// data are put into internal variables
```

```
MacdCurrent=iMACD (NULL, 0, 12, 26, 9, PRICE_CLOSE, MODE_MAIN, 0);
MacdPrevious=iMACD (NULL, 0, 12, 26, 9, PRICE_CLOSE, MODE_MAIN, 1);
SignalCurrent=iMACD (NULL, 0, 12, 26, 9, PRICE_CLOSE, MODE_SIGNAL, 0);
SignalPrevious=iMACD (NULL, 0, 12, 26, 9, PRICE_CLOSE, MODE_SIGNAL, 1);
MaCurrent=iMA (NULL, 0, MATrendPeriod, 0, MODE_EMA, PRICE_CLOSE, 0);
MaPrevious=iMA (NULL, 0, MATrendPeriod, 0, MODE_EMA, PRICE_CLOSE, 1);
total=OrdersTotal ();
if (total<1)
    {
      // no opened orders identified
      if (AccountFreeMargin ()< (1000*Lots))
        {
          Print ("We have no money. Free Margin =", AccountFreeMargin ());
          return (0);
        }
      // check for long position (BUY) possibility
      if ( MacdCurrent <0 && MacdCurrent >SignalCurrent &&MacdPrevious <
SignalPrevious &&MathAbs (MacdCurrent) > (MACDOpenLevel*Point) &&MaCurrent>
MaPrevious)
        {
ticket=OrderSend (Symbol (), OP_BUY, Lots, Ask, 3, 0, Ask+TakeProfit*Point,
"macd sample", 16384, 0, Green);
          if (ticket>0)
            {
              if ( OrderSelect ( ticket, SELECT_BY_TICKET, MODE_TRADES))
Print ("BUY order opened:", OrderOpenPrice());
            }
          else Print ("Error opening BUY order:", GetLastError());
          return (0);
        }
      // check for short position (SELL) possibility
```

```
            if (MacdCurrent>0 && MacdCurrent<SignalCurrent &&MacdPrevious>
SignalPrevious &&MacdCurrent> (MACDOpenLevel*Point) && MaCurrent<MaPrevious)
          {
ticket =OrderSend (Symbol (), OP_SELL, Lots, Bid, 3, 0, Bid –TakeProfit*Point,
"macd sample", 16384, 0, Red);
            if (ticket>0)
              {
              if (OrderSelect (ticket, SELECT_BY_TICKET, MODE_TRADES))
Print ("SELL order opened:", OrderOpenPrice());
              }
            else Print ("Error opening SELL order:", GetLastError());
            return (0);
            }
          return (0);
        }
    // it is important to enter the market correctly,
    // but it is more important to exit it correctly…
    for (cnt=0; cnt<total; cnt++)
      {
      OrderSelect (cnt, SELECT_BY_POS, MODE_TRADES);
      if (OrderType()<=OP_SELL &&   // check for opened position
        OrderSymbol()==Symbol())   // check for symbol
        {
        if (OrderType()==OP_BUY)    // long position is opened
          {
          // should it be closed?
          if (MacdCurrent>0 && MacdCurrent<SignalCurrent &&MacdPrevious>
SignalPrevious &&MacdCurrent> (MACDCloseLevel*Point))
              {
              OrderClose (OrderTicket (), OrderLots (), Bid, 3, Violet); //
close position
```

```
                    return（0）; // exit
                }
            // check for trailing stop
            if（TrailingStop>0）
              {
                if（Bid−OrderOpenPrice( )>Point*TrailingStop）
                  {
                    if（OrderStopLoss( )<Bid−Point*TrailingStop）
                      {
OrderModify（OrderTicket（）, OrderOpenPrice（）, Bid−Point*TrailingStop, Order
TakeProfit（）, 0, Green）;
                        return（0）;
                      }
                  }
              }
          }
      else // go to short position
        {
          // should it be closed?
          if（MacdCurrent <0 && MacdCurrent >SignalCurrent &&MacdPrevious <
SignalPrevious &&MathAbs（MacdCurrent）>（MACDCloseLevel*Point））
            {
              OrderClose（OrderTicket（）, OrderLots（）, Ask, 3, Violet）; //
close position
              return（0）; // exit
            }
          // check for trailing stop
          if（TrailingStop>0）
            {
              if（（OrderOpenPrice( )−Ask）>（Point*TrailingStop））
                {
```

```
                              if （（ OrderStopLoss  （）>（ Ask +
Point*TrailingStop）） || （OrderStopLoss （） ==0））
                                   {
OrderModify （ OrderTicket （） , OrderOpenPrice （）,  Ask +
Point*TrailingStop , Order TakeProfit （）, 0, Red）;
                                   return （0）;
                                   }
                              }
                         }
                    }
                 }
          return （0）;
          }
// the end.
```

本书第1版的时候提到了缠论。过了十年，缠论已经成了股市的大热门理论。不过，如果你能够将缠论与驱动分析还有心理分析结合起来，则效果肯定比单独运用缠论更好。

定量系统交易的最简单例子我们见过了，下面来看一个最简单的定性系统交易的实例，图1-13是著名的"缠中说禅理论"的交易流程，用于国内 A 股买卖。整个流程中"进出加减"都有完备的条件和步骤，但是基本没有定量描述，大多是涉及形态的定性要求。

看完机械交易的实例和定性交易的实例，最终我们要回到本节的主题上：你可以不采用机械交易，但一定要采用系统交易。因为机械交易不等于系统交易，系统交易还包括定性交易，本书涉及的主要内容是系统交易，偏向于定性交易。

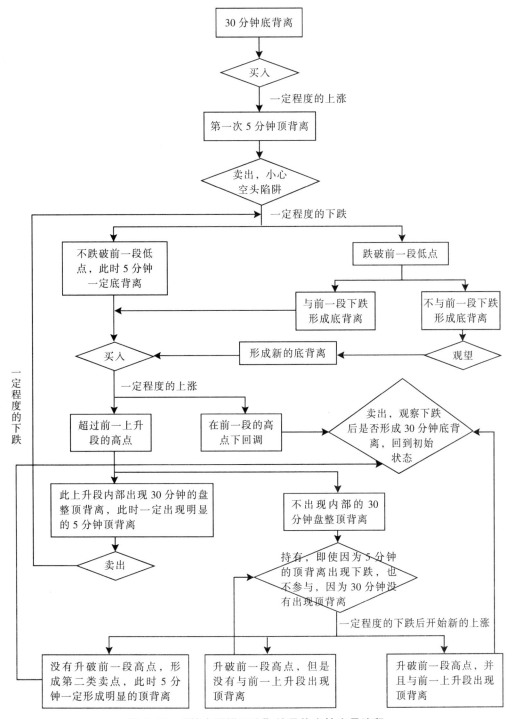

图 1-13 "缠中说禅理论"的具体定性交易流程

第四节 计划你的交易，交易你的计划：分析、计划、执行和总结

如何落地是关键！

好的环境和氛围，胜过意志力！如何与潜意识沟通，如何驯服你的潜意识为交易服务，主要是运用放松法和想象法，当然这里面有很多东西涉及具体的技术细节，可以参考《外汇短线交易的24堂精品课：面向高级交易者》的第四课"外汇交易的心理控制术"，如果想要更深入地掌握，可以学习一些瑜伽技术，另外《瞬间放松法七日通》也是非常不错的身心调整指南。通过放松，我们能够更好地顺应交易纪律，这就是柔道的艺术，顺应你的对手，你反而能驾驭它，柔道与交易的共同点很多。

交易没有计划性是绝大多数外汇交易者的特征，"计划你的交易，交易你的计划"大家嘴上都念得很熟，关于这方面的空头道理也是一套一套的，但是一旦涉及"如何"的时候，绝大多数口若悬河的人就开始支支吾吾的了。"计划你的交易"首先必须明白计划的构成部分，同时也要知道计划交易的流程，而"交易你的计划"也需要执行计划需要注意的事项。执行交易并不是像外界流传的那样只能依靠蛮力（意志力）来完成，其实我们应该学会与潜意识沟通，因为习惯植根于潜意识当中，如果光靠意志力来对抗根深蒂固的习性，你的交易将充满压力和阻力。

制定计划和执行计划是整个交易的核心，当然制定计划之前必然进行行情分析，然后基于特定的期望值结构，根据凯利公式的基本原理推算出仓位，交易计划就制定出来了，然后就是交易的执行，涉及如何在自我天性和市场特性中夹缝求生的问题。最终则是对交易前三步进行总结，有每日的总结、有一段时间的总结，最终的目的是对整个交易的流程进行监督和优化。

关于外汇的整个交易流程如图1-14所示。绝大多数交易者将交易等同于行情分析，对于谈论仓位管理和执行总结的书籍提不起兴趣，认为毫无用处，而行情分析包括三个部分，所以本书就按照大众的流行思维，将本书命名为《外汇交易三部曲》，其实外汇交易应该分为五大步骤，而第一步行情分析包括三小步，本书着墨最多的也就是这三小步。

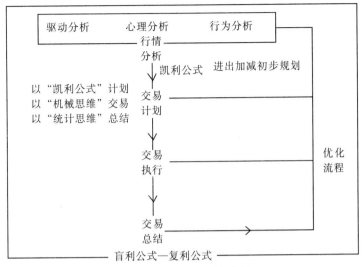

图 1-14　外汇交易的流程

　　我们这里先让读者对行情分析的内容有初步的了解，以便进一步学习后面的技巧。在从事外汇行情分析的时候，主要涉及三种类型的分析：驱动分析、心理分析和行为分析。

　　所谓驱动分析，就是找出驱动主流大资金交易者采取行动的因素，这些因素通常归入基本面分析。所谓心理分析，就是对参与外汇交易的主体思绪的分析，主要是对大资金交易者和散户心态的分析。一般而言，大资金交易者是关键的少数，而散户是次要的多数，因为散户在信息和资金乃至仓位管理策略上都处于整体下风。所谓行为分析，则是针对所有交易者行为集合达到的动态均衡价格进行剖析，这是技术分析的主要领域。就手段和内容而言，驱动分析与基本分析大致重合，而心理分析一直没有得到正式的普遍认可，但是却是波段暴利的秘密所在，这个秘密本书读者知道即可。

　　心理分析起着承上启下的作用，单纯的基本分析很难指导投机交易，而单纯的技术分析则很难走出市场周期性走势的藩篱。我曾见识过两三位真正靠小资金增长上千倍的高手，他们的特点就是善用心理分析，甚至超过了所谓的基本面分析和技术面分析本身，当然他们对于"交易的期望值"也就是风险报酬率和胜算率的分布也有独到的见解和超人的掌控，对于亏损他们是非常苛刻的。

　　下面我们来看一些大众外汇媒体上看到的三种行情分析实例（下述材料来自不同网络媒体，除了心理分析实例来自著名的 DailyFx 之外，其他的最终出处很难找到，在此对引用到材料的作者表示感谢）：

（1）基本分析实例一：前两周美元指数均维持区间震荡整理的走势，但是在本周三关键的美国经济数据出炉后，美元或突破目前的交投区间。此外，澳大利亚就业报告和欧洲央行利率决议也将给澳元和欧元指出一条明路。

（2）基本分析实例二：周一亚市美元下跌，而且整个交易日未能翻身。其中的一个原因是中国2009年12月出口增加17.7%的消息，这是14个月以来的首次增长。尽管数据给中国人民币造成升值压力，但是该消息增强了全球经济复苏的信心。此外，中国同期进口增长了55.9%，这可能意味着通胀形势正在成为问题。今日（2010年1月12日）公布的美国贸易上涨可能并不如中国的同类数据强劲。市场预期美国2009年11月贸易赤字将达到345亿美元，10月贸易赤字为329亿美元。因为11月油价基本稳定在80美元以下，所以进口方面可能变化不大，可能主要是由于出口方面减少。若数据果真如此，可能意味着美联储打压美元刺激出口的政策效果在消退，无疑将引发市场对美联储货币政策的关注。

（3）技术分析实例：从日图观察，英镑/美元上涨仍受阻于下滑通道上轨阻力。分析师指出，英镑/美元近期风险偏中性，汇价下方支撑位于1.6040水平，跌破则或将下测1.5900~1.5832。上行方向，英镑/美元阻力首先位于1.6200~1.6250，冲破则将打开至1.6700的长期上行空间（见图1-15）。

图1-15　技术分析实例

（4）心理分析实例一：英镑/美元多空比例为1.38∶1，近58%的投资者做多。昨日（2009年12月30日）该比例为2.03，近67%的投资者做多。多头比昨天减少了4.3%，一周以来增加了7.0%，空头比昨天增加了40.8%，一周以来增加了22.0%。未平仓头寸比昨天增加了10.6%，比月度均值高17.8%。投机情绪指数是一个反向指标，英镑/美元倾向下跌（见图1-16）。

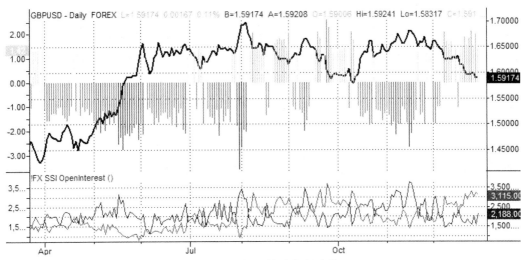

图1-16 投机情绪指数走势

（5）心理分析实例二：英镑的非商业头寸仍为净空，净空头较上周增加4089份，其中多头主动减仓449份，空头主动增仓3640份，未平仓合约增加8099份至92891份，期货头寸变化显示英镑/美元倾向看跌，但美元隐含非商业头寸转为净空可能在一定程度上限制英镑/美元跌势（见图1-17）。

上述这些分析形式特别是手段将在本书的主体部分详细地加以演示，这里大家只需要明白分析手段多样性带来的好处，这就好比中医的"望闻问切"互参一样，三大分析工具的综合使用也能起到这个作用。最终，所谓的行情分析都必须落到交易计划的制定中，而交易计划最终必须落实到执行和总结优化中，还是那句老话："计划你的交易，交易你的计划！"

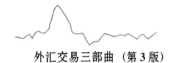

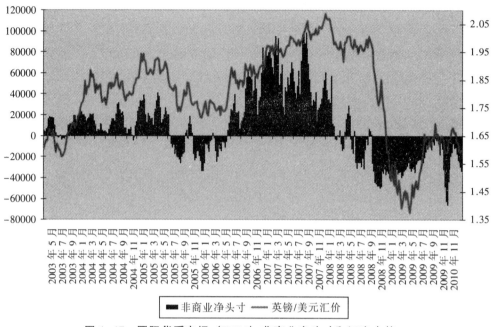

图1-17　国际货币市场（IMM）非商业净头寸和汇率走势

第五节　为什么我要错误地说外汇交易是三部曲：借力打力的苦衷

外汇交易其实有五个步骤，第一个步骤是行情分析，而它又分为三个步骤，对于交易而言，行情分析的前两个步骤不是必需的，如果你做了将对你的交易有极大的好处，但是以错误的方式去做不如不做，做一个纯粹的技术分析者，绩效虽然保守却相对稳妥。

行情分析分为三步，我们的书名将行情分析的三步"假名"为交易的三步，其实是为了借力打力。如果你对绝大多数初学者乃至大部分有经验的交易者大谈制定交易计划和执行交易计划，谈仓位管理等这些话题，会让他们觉得十分不耐烦，他们想知道的是"判断价格方向的秘诀"，比如一个神奇的指标，或者是一个百分百准确的行情分析系统。如果得不到这些，他们会退一步想哪怕一个市场预言家的小道消息也行。行情分析确实是交易中最复杂和迷人的部分，也是交易中最具个人创造力色彩的部分，但这并不意味着其他那些相对简单和死板的部分是次要的，相反

它们甚至比行情分析本身更重要。

"当机施教"，对于绝大多数初学者而言强调非行情分析的重要性是对的，对于已经具备基本盈利能力的老手而言则应该强调行情分析的重要性。当然，如果你真的想要成为一个顶尖交易高手，那么应该在交易流程的所有环节都做到最好，将个人创造性与客观规律（市场规律、资金管理规律以及心理学规律）融合起来。

失败的外汇交易者有显著的共同特点，一个交易者一张嘴就知道他的潜力如何，目前的实力大致怎样，绝大多数失败交易者的典型提问方式如下：

- 请问买入哪个货币中长线持有好？请给个建议。

- 加元现在盘中突然大跌，逼近 1.04，是否逢低做多？短线的。

- 1156 空的黄金在 1141 要了结吗？

- 我今天在 91.85 买的美元/日元涨，有机会解套吗？

- 今晚欧元估计能到 1.4420 的支撑位吗？感谢你的讲解！

- 我们的央行决定上调存款准备金率 0.5 个百分点，跟日元有没有什么关系，日元因此而受压了吗？谢谢！

- 此轮黄金反弹的 A–B–C 调整浪已完成，还能上冲到 1168 黄金分割 0.618 位吗？请问实盘的交易频率为多少较为合理？谢谢！

- 欧日交叉盘今天好像跌幅最大，今天有可能会回调到 132 以下吗？上星期也是跌到 132.3 就回头了，今天似乎又是这个走势，我下了 132 的空单，需要止损吗？空错了，本来是买，按错了键，请您解析一下。

- 中国上调存款准备金率，会影响澳元走势吗？

- 手上瑞郎现在的价位换美元可以吗？谢谢！

上述这些问法反映出一个共同的观念：只要把行情涨跌搞清楚了，交易就成了。顺着挖下去还隐藏了一个信念，那就是市场的走势是高度确定的，存在这样一种能够高效

逃避、对抗和控制，这三种人格特质会影响你的市场观念和交易策略。

预测未来涨跌的方法和掌握这一方法的权威。通常的行情分析被认为是交易流程的全部，一般人认为只要行情分析得出结论扣动扳机就是极其简单的事情，其实行情分析只是一个很浅的层次，只是交易的第一步。

汇评的发展逐渐由行情分析（分析师）向具体操作指南（交易员）靠拢，请看下面两则汇评。第一则汇评是传统的分析型的，对于如何进场和出场一般不涉及；第二则汇评则是最近几年开始出现的指南型的，给出了具体的进出场点。

卡尔·波普关于可证伪性的定义和索罗斯对于人类易错性的见解值得大家下来慢慢学习。

分析型汇评适合那些成熟的交易者参考，不太适合新手，过分地讲对新手反而有害，误导了他们，让他们徘徊在真正交易大门之外。指南型汇评比分析型汇评更容易跟踪绩效，具有可证伪性，属于科学的交易方式。新手在这些汇评的指导下容易步入真正的交易之门，即使绩效不理想，但是在交易的框架和习惯上打下了坚实的基础，这比花里胡哨的行情分析管用得多。

第一则　亚市早盘，英镑/美元延续回撤走势，同时受到中投官员讲话打压，一度跌至1.6060附近，但是英镑/日元受到强劲支持，欧市开盘前汇价反弹至1.6110，接近亚市开盘水平。欧洲时段，英国2009年11月贸易数据轻微好于预期，汇价在20日均线附近寻得支持反弹至1.6160档，目前有所下行位于1.6120档附近。从技术图形上看，英镑/美元进一步上扬空间有限，短期阻力仍位于1.6200，短期风险情绪仍将是关键主导因素。

第二则　"英镑/美元"策略：1.6050卖出；目标：1.5450；止损：1.6250。上周的阴线反转形态看上去将从1.5832的反弹终结在1.6240。只要汇价保持在上周高点1.6240下方，我认为将跌破1.6000心理关口，增加下探外在周线形态支撑1.5832以及摆动低点1.5706的风险，跌破后者将确认一个大型顶部，初步指向1.4985。另外，如果重新上涨至1.6240之上将暗示加大力度反弹至1.6271/

1.6418，不过需要首次突破阻力位 1.6515 才意味着有望回到 1.6878/1.7043，突破后将涨向 1.7442/1.7500。

行情分析只是交易的一小部分，真正的交易除去总结和绩效优化，至少包括四步，请看图 1-18。一般读者比较看重的是行情分析，而我们本书的着重点是在行情分析和仓位管理之间取得均衡。由于行情分析涉及的问题较多，所以本书的大部分篇幅都在讲行情分析，但我们会告诉大家一个不一样的行情分析，这就是"驱动分析—心理分析—行为分析"的整体分析法。

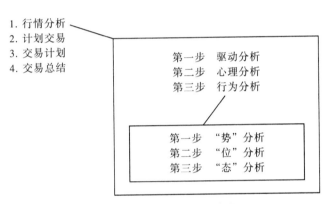

图 1-18 外汇交易的一般步骤

就个人而言，在日内短线交易中面临众多的货币对，一般会采用快速判断交易模式，步骤大致如表 1-1 所示。如果时间实在很紧张则省去第一步，从第二步开始，第三步和第四步是一定不能省略的。大家扪心自问：有几次交易真正花了时间来进行这四步？

如果日内短线同时交易其他金融品种，则交易者面临的精力短缺将十分严重。

表 1-1 我采用的快速判断交易模式

第一步	第二步	第三步	第四步
驱动分析	心理分析	行为分析	仓位管理
重要因素确定性结构变化	市场新兴焦点	分形和 R/S	凯利公式
博弈的支付矩阵	博弈主体	博弈的行为分析	寻找占优策略

第二章　找寻交易的圣杯：我的交易金字塔

交易究竟存在什么乐趣呢？交易究竟有没有秘诀呢？前一个问题的答案其实就是后面一个问题。交易绝对是一个令人终生不倦的领域，因为这个领域存在的秘诀足以让人耗费一生的时间仍旧只得到只言片语的见解。交易的圣杯交易可以说是存在的，但却是永远不能为交易者所全然认知和把握的。不少人都这样去看交易的本质，这就是为什么我们一直找不到百分之百正确的交易方法，或者说不亏损的方法为什么一直没有被自己发现。当你把交易看成是绝对性和确定性事项的时候，你就陷入了本质上的悲剧之中，这就是持续亏损之路。

在每个外汇交易论坛，神奇的指标和系统总是受到最多人的关注，如图2-1所示的暴利交易系统一直为绝大多数人所关注，这样的系统最好没有亏损，权益的增长曲线是陡直的，而且使用起来简单不要求长年的经验。不少人都一直花大量时间去搜集和测试各种类型的指标和交易方法，一会沉迷于刮头皮交易系统，一会沉迷于趋势跟踪，并且呈现出周期性转换的过程。用一个刮头皮交易系统刚开始的盈利非常可观，胜算率也高，然后遇到一波大的下跌行情，系统出问题了，一路上都在止损，痛定思痛寻找能够捕捉大单边走势的均线系统。刚用上这个均线系统没

控制、逃避、屈从与顺势而为，你秉持何种人生哲学，决定了你会选择什么样的交易策略！

多久，行情开始胶着，反复地止损和进场，最终交易者又
寻找到另外一种适合刮头皮的指标或者是策略，如此循环往复，过了很多年之后可
能才觉察到自己一直寻找的圣杯其实就是"一个圈"。

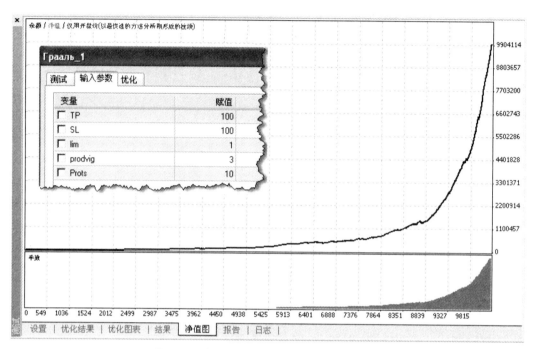

图2-1 大众魂牵梦绕的"圣杯交易系统"

在本章中我们要谈到的理念是关于最根本的交易哲学。这么多外汇交易者苦苦
寻找的东西一直寻而不见，其原因是他们心中的外汇市场和交易方法并不存在于
现实世界中。当在谬见主宰下去观察市场和交易时就会产生很多幻觉和错觉，实
施错误的行为。如果你心中没有正确圣杯的模样，也不知道真正圣杯所在的地方，
那么你就会误将一些错误的东西当作真理或者是在错误的方向上去寻找真理。本
章 就 将 告 诉 你 交 易 圣 杯 的 大 致 模 样 和 寻 找 圣 杯 的 大 致 方 向 ， 如 果
你按照这个模样和方向去寻找，那么在外汇交易的道路上势必将更加自信和富有
成效。

我给大家的交易圣杯是一种模型或者地图，它与埃及金字塔（见图2-2）的结
构类似。为什么会这样呢？因为这表明了最核心的东西和最基础的东西分别是什
么。当你反复根据自己所学和所知，并结合自己的实践经验去揣摩本章介绍的交易
哲学金字塔时，你就能获得更多的感悟，并最终实现交易上的利润。

图 2-2　古埃及的金字塔

第一节　我的圣杯不是技术指标，所以比你厉害

　　技术指标本质上是一种分析工具，与盈利没有直接关系，因为它们一般不符合交易的三要素要求。什么是工具？工具就是给人办事用的东西。谁是主人，谁是奴仆？这个都分不清楚的话，结果必然就是灾难性的。

　　你看电影《黑客帝国》里面隐藏的佛教哲学，人自己造出来的东西把自己给统治了，仆人变主人，主人变奴仆了，这是什么样的情景啊。技术指标本来是仆人，现在倒像变成了主人一般，你看现在多少人不是把技术指标当祖宗一样"供奉"起来了。如果你不知道怎样看待技术指标的作用，你就不应该贸然相信技术指标像神仙一样有奇效。技术指标堆里面有交易的秘诀，有整个交易界的圣杯，这是那些一心扑在技术指标上的股民和汇民的最大特点。曾几何时，我又何尝不是这样的人呢？那时只要见到一个指标

人的异化也是马克思探讨的主题。

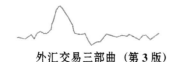
就会用本子记录下来，将其计算方法整理出来，久而久之才发现这些东西完全没有一点依据，无非就是小孩的小学数学题，与市场的本质和真理相差十万八千里。

技术指标是交易策略的基础部分，但不是全部。技术指标是行情分析的一种工具，技术指标大多针对价格建立起来，与巴菲特等采纳的财务指标存在显著的不同。财务指标的发明都是基于很强的高级会计学原理，这些指标的发明是基于公司的实际运作需要和投资的实际需要，便于经理人和股东了解公司的运营状况。技术指标的设计基本上与市场本质特征没有太多联系，其中百分之七八十都是毫无用处的，对于行情分析没有用处。而真正有用的这部分也只是行情分析中技术分析的一个可以选用的工具，技术分析是行情分析的一个子系统，而行情分析是整个交易的子系统，这样算下来技术指标在整个交易中所占的份额都到了忽略不计的程度。一些交易者到了成熟阶段除了价格什么都不看了，其原因是他们反感技术指标，特别是副图上的技术指标。

技术指标的种类很多，令人眼花缭乱，但是其根本的类型只有两种。请看下面几种你可能从来没有见过的技术指标（见图 2-3~图 2-6），这些指标的模样是不是让你觉得它们很专业。在交易界专业不等于有效，专业的指标与有效的指标完全是两码事。这么多指标其实都逃不了两种最基本的类型，即震荡指标和趋势指标，甚至江恩理论和波浪理论提出来的东西也是如此。

蜡烛图和其他价格图一样是针对价格本身的分析，这类指标严格来讲也属于震荡指标，蜡烛图反映的是局部信息，它的形态与震荡指标一样总是那么敏感，它们的"神经总是紧绷"（见图 2-7）。

> 高级会计学严格说都延伸到经济学的领域了。

> 有道理不如有效果！

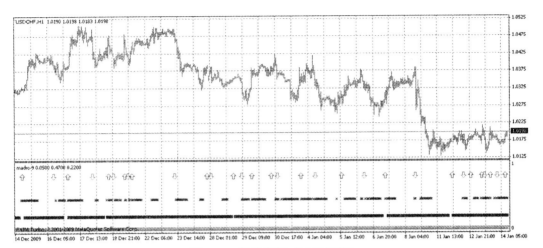

图 2-3 奇怪指标（过滤指标）

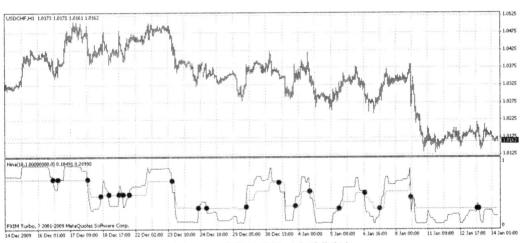

图 2-4 奇怪的指标（突破指标）

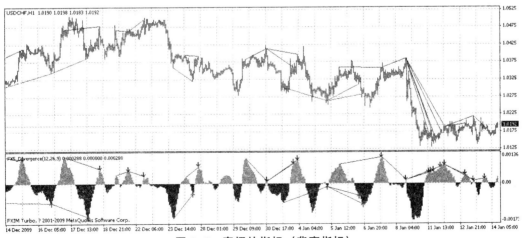

图 2-5 奇怪的指标（背离指标）

外汇交易三部曲（第3版）

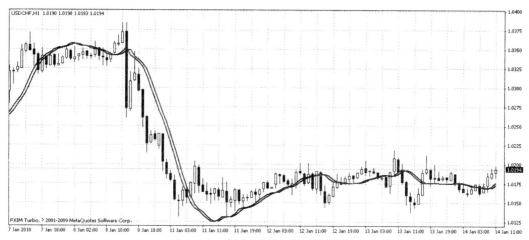

图 2-6　奇怪的指标（双线趋势）

图 2-7　在走势中随处可见的蜡烛形态

环境影响了人的视野和见识，继而影响了人的观念和行为。

　　单独谈指标认识不到指标的地位和真正作用，指标的发明与当时的市况有一定联系。当交易者处于一个反复震荡的市况时，他就会发明和采用震荡指标，这时候他进行的是区间交易；当交易者处于一个单边走势的市况时，他就会发明和采用趋势指标，这时候他进行趋势交易。当然，市况中两种情形是交替进行的，很多人恰好踏错了拍子。关于交易策略和指标以及一些附属性质，我们把它们归纳在表 2-1 中。

表 2-1　技术分析的二元对立

趋势交易	区间交易
趋势指标	震荡指标
针对单边走势	针对区间走势
针对发散行情	针对收敛行情
高盈亏比	高胜算率
低交易频率	高交易频率
出场更重要	进场更重要
无法在震荡走势中避免亏损	无法在单边走势中避免亏损

技术指标的两种类型分别对应市场走势的两类，是一一对应关系，没有真正的跨类型指标出现，也就是可以辨别当下和未来走势性质的单一指标出现。如果真的有这种指标，那么这个人一个月就可以成为世界首富。当他知道当下走势是单边的话，那么采用趋势交易策略；当他知道当下走势是震荡的话，那么采用区间交易策略。

震荡指标和趋势指标的结合并不是一种无间的结合，单纯的技术分析永远无法分清当下和未来的走势性质。有些人把均线和 RSI 放到一起就认为可以同时应付两种市场了，这是非常美好的想法，但并不现实。当遇到单边走势的时候，均线开始发挥作用，RSI 制造麻烦；当遇到震荡走势的时候，RSI 开始发挥作用，均线开始制造麻烦。这里出现的难题在于你不知道两个人谁在说谎，谁在讲真话，除非你能找到第三种指标，但在技术分析领域没有一种指标可以作为第三种指标存在。

大众眼中的梦幻圣杯恰好是一种能够分辨当下和未来走势性质的神奇系统，在技术分析范围之内这种系统是注定不存在的，即使超越了单纯的技术分析（正如本书所做），其辨别走势性质的准确率也将显著降低。所以，大家最好早点放弃追求圣杯指标的想法，踏踏实实地在自己的交易哲学和思路上下功夫，这才是真正的圣杯，从来没有成功的外汇交易员对于交易的每个环节，对于自己和市场没有专属于自己的见解，也许这就是真正的圣杯。圣杯不在外面，而在里面，"心外求法，皆是邪法"，佛祖的话在交易中照样具有至高无上的价值。

关于交易圣杯的两点结论：第一，技术分析的圣杯只能在技术分析之外的领域得到解决，这就是如何甄别当下和未来的走势性质；那么技术分析之外的领域究竟是些什么呢？主要分为两大块：第一块是行情分析中的非技术分析方法，比如心理分析和基本分析，特别是心理分析对于短线投机客而言是比较好的近期趋势性质预测工具；第二块是非行情分析的交易环节，比如仓位管理等。对于纯技术交易者而

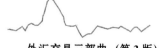

言，仓位管理也许算得上是最大的圣杯。第二，交易圣杯更多地在于超凡有效的交易哲学，而不是具体的交易指标和策略。初学者喜欢具体的东西，理念上的东西理解不了，也认识不到其真正的价值，这就好比晚清的改革，先从最具体的产业开始变革，发现不行才开始变革制度和思想。

新手真正改变自己的交易素养也是按照这个过程走的，一开始向外去寻找百战百胜的交易系统，灵活的人很快转向自己的改变，大部分人死不回头，正是他们提供了赢家的利润来源。交易的圣杯可以说是你的交易哲学，注意必须是你的交易哲学，不是流动的交易指标，也不是其他某个人的交易哲学。

第二节　交易室墙壁上的金字塔

"交易的圣杯"或者说交易的哲学是我真正的圣杯，这个圣杯是我为自己交易水平的成长和升华创造出来的。虽然不敢说一定适合你，但是其中很多共同的精髓是肯定对你有很大帮助的。下面就是贴在我交易所见之处的金字塔（见图2-8），也就是我的圣杯（不是你的圣杯），通过它也许你能找到属于自己的圣杯，每个人有每个人的圣杯。所以，我的圣杯你永远带不走。

这个金字塔的每一层对我而言都具有很高的交易价值，每一层我都可以给你讲上一天的时间，不是我啰唆而是真的有这么多的内涵和外延。最好的讲解应该将具体的行情走势结合进来，这样你就能深入掌握其中的内涵。这个金字塔省略了一些对于本书意义不大的部分，比如"反身回归"，这是与"顺势而为"并驾齐驱的一种交易方法，是价值性投资的核心，毕竟我们是针对短线投机的。

心
概率
流动性
顺势而为
势　位　态
方向　位置
驱动　心理　行为
收益率　波动率
大　小　敛　散
截短亏损　　放大利润
支撑位置　　阻力位置
报酬率　胜率　周转率
进　　出　　加　　减
见位　间位　顶位　破位
前位　进位　同位　后位
趋势市　区间市　收缩市　扩展市
提醒信号　确认信号　交易信号
开始阶段　突破阶段　持续阶段　结束阶段
增概率金字塔加仓　计划　减概率金字塔减仓
投资　价值　收益　资金　价格　投资
盲利公式　　凯利公式　　复利公式
泡沫交易　股票交易　黄金交易　外汇交易　宏观交易

图 2-8　交易室墙壁上的金字塔

第三节　如何读懂我的圣杯：金字塔解析指南

我的交易金字塔已经给出来了，这里需要将金字塔里面的核心思想跟大家一起分享，"心"位于整个金字塔的顶端，这表明交易者应该凡事回到自己的这颗心上，很多外在看起来糟糕的行为其实都从这颗心问题开始。为什么你最近下单老是犹豫，为什么你总愿意让亏损留着而不愿让利润奔跑，为什么你喜欢听某某汇评大师的指令，这里面都是你自己内在的问题。当然我们这里讲"心"，不是抽象的"贪婪和恐惧"，不是大而化之和空而不当的"心理素质"，我们讲的是很具体的"心"。如何改善你这颗心，我们的书有具体的方法，你可以从本书乃至其他书籍学会如何从行为入手改变交易心理。改变交易者这颗"心"的最根本两种方式是：一是融汇了具体技巧的交易哲学；二是

行为是观念和想法的投射，结果是观念与环境的交融。

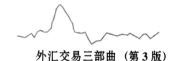

外汇交易三部曲（第3版）

静坐/立禅，或者说禅定。禅定很简单，每天抽一小会儿时间来做即可，而交易哲学的学习则不简单了，因为学习什么，到哪里去学这些都是你完全不清楚的问题。其实，你可以把本书看成一个初步的指南，在此基础上你再寻求超越。

金字塔尖下来一点是"概率"。外汇交易是一种概率游戏，所有的交易都是一种概率游戏，人生也是一种概率"游戏"。《外汇交易圣经》里面我们提到了概率意识对于交易的巨大意义，不知道你放到"心"上没有，不知道你怎么结合到交易操作中去的。

技术分析的核心要素是三个，其实就是提高交易绩效的三类型技术工具，"势位态"就是这三个要素。而交易绩效其实与期望值密切相关，期望值最终可以分解为胜算率和盈亏比（风险报酬率，简称报酬率），你看这也涉及金字塔下方的东西。胜算率是不是具体的东西，盈亏比是不是具体的东西？那么，"势"分析怎么个具体法，"位"分析怎么个具体法，"态"分析怎么个具体法？这些都是本书后面要浓墨重彩分析的内容，本书绝不是哲学书籍，也不是金融研究室里面搞出来的纯理论，本书字句包含实践的心得。总而言之，因为交易是个概率问题，所以我们要用概率的思维去考虑。

我们要明白交易结果取决于期望值，而期望值取决于胜算率和报酬率两项的分布，一般人认为只要胜算率高就行了，殊不知胜算率高，期望值未必高，往往还是负值。概率思维的关键还是注意从期望值的角度去思考，这也是凯利公式对于实际操作的价值。有些人说凯利公式没用，其实那是不懂，只要不硬套公式每个人都会受惠。

金字塔尖下来第三层是"流动性"。为什么谈流动性？有流动性才有可交易性，才有热点，也才有风险可控性。为什么外汇市场比商品期货更适于大资金？一是外汇市场流动性高，大资金进出不受影响，容得下；二是外汇

这里提禅定不是让大家觉得交易多么玄乎，而是禅定本身对放松自己和促进理性决策有很好的作用。

凯利公式的思维和原则要重视，具体的数值则并不重要。

的流动性高，价格缺口小，频率低，风险可控性高。另外，炒股者要通过资金流向找板块热点，要让自己的投机收益最大化，流动性也在其中起作用，索罗斯的搭档吉姆·罗杰斯就是资金流分析的高手。

流动性牵一发而动全身。

"流动性"下来是"顺势而为"，这是菜鸟视为高深、熟手视为废话、老手看作真理的一句话。其实，顺势而为是投机交易的根本要求，这个要求怎么来的，还是要从概率上去说。这里有两个问题：第一个问题是为什么要顺势而为？第二个问题是如何顺势而为？之所以要做到顺势而为，最为关键的原因是概率上如果你想占有优势的话就需要这么做。如果你悖逆市场的主要趋势，而从调整走势上赚钱，则不仅胜算率低，而且报酬率也低。为什么呢？第一，调整走势出现的概率比主要走势低。假如趋势向下，那么下跌走势的出现频率就比上升走势的出现频率高，假如前者出现频率是 5，后者出现频率是 3，则做空的胜率就是 5/8，而做多的胜率是 3/8。第二，调整走势的幅度远小于主流走势。还是以下跌趋势为例，下跌走势的幅度为 5，上涨走势的幅度为 3，假如止损一样，那么做空的盈亏比就比做多的盈亏比高。由此看来，"顺势而为"是概率上取得优势的必然要求，只有这样才能提高胜算率和报酬率，进而提高期望值。这就是顺势而为的原因，估计大家以前看的书没有一本把顺势而为的原因解释清楚的，只是看到"顺势而为"这四个字就认为理所当然应该这样做了。

知道了为什么要顺势而为你已经很不简单了，比起那些稀里糊涂大谈顺势而为的人你确实进步不小，但这还不够，你还需要知道如何做到顺势而为。势位态三要素是一个非常好的顺势而为的分析工具，但这只是行情分析部分，真正的关键在仓位管理上，具体而言就是"进出加减"。"顺势而为"推广开来，其实就是"截短亏损，赢足利润"（通俗版是"截短亏损，让利润奔跑"），说白了就是获得一个较好的盈亏比。纯技术交易者肯定要利用"出场"来作

为顺势的工具，顺势则不出，不顺势则出。怎么知道顺势与否呢？这就涉及转势的判断，主流走势幅度比调整走势大，这往往是判断趋势转折的关键，当然这里面很多问题还有待解决，总而言之，顺势而为的具体实践就是个"如何出场"的问题。

> 跟进止损是顺势而为的具体化。

"势位态"是接下来的一层，趋势在格子里面发展，这个格子就是位置，比如支撑位置、阻力位置等，趋势是由具体的价格形态构成的，这些特定的价格形态就是"态"。任何一个行情分析，在步入计划制定之前都必须进行这三个方面的分析，否则期望值将大打折扣。

这个交易哲学的金字塔里面还有太多东西，这里就不再详细介绍，大家可以自己去琢磨。

第四节　我的经验是免费的，获得我的经验不是免费的

我的经验是免费的，因为除去这本书可以忽略不计的价格，你得到了我交易哲学的绝大部分精髓。曾经有位吉林的资深外汇独立交易者告诉我：不少业余外汇交易者经常一笔交易亏几百美元，而面对几十元人民币的学习资料却感到太贵，花了十儿大的功夫到处寻找你们书籍的电子版，为了节约几十元钱花了这么大的精力，要是做交易有这么认真就好了。所以，与你亏损的上千上万美元相比，本书的支出对你而言确实是小数一笔，况且你还可能用的是未经授权的电子版，那更是分文不出。

既然你几乎以免费的成本获得了本书讲述的经验，想必你多半都不太会去珍惜它们。正是因为人的这种特性，不少营销学大师和宗教大师都会将获得的成本故意抬高，这样人们反而认为其价值很高。几十块钱一本的书往往比

你花几千元获得的汇评有用，因为书武装了你，而给钱买汇评相当于是你出资帮助分析师成长，你的钱在武装他的头脑。不过，撇开你的懒惰来讲，我的经验一旦呈现为书，就相当于零成本存在于大众的眼前。

但是，获得我的经验却不是免费的，不是我要向你收费，而是市场和你的内心世界会向你索取进步的成本。首先，市场不会将一个掌握了某些哲学的理论家放在眼里，市场只对行为和资金敬重。这意味着如果你不能将本书的纸面内容转化成为你的交易行为，那么市场根本无视你有多么地聪明和具有多大的能力，你的哲学就算比索罗斯强一倍也无济于事。对于初学者而言，实践应该占三分，七分用来学习和总结别人的经验，所以博览群书未必是坏事，更准确地讲应该是好事，这样你可以少走弯路，更快地成长。"兼听则明，偏信则暗"，接触书越多，你就越容易知道真正的交易该怎么做。但是，即使知道真正的交易该怎么做，你也未必做得好，这就是间接经验转化为利润面临的最大问题。我的经验放在这里，你却需要付出持续的努力才能真正体悟到它们，真正利用它们赚到钱。

小成本接受市场教育！

另外，你的内心最根深蒂固的习性会阻挠你的真实进步，它会批驳这本书的理论，它会以种种借口阻碍你去实践本书的理论，它会让你专注于我陈述中的漏洞，它会让你完全臣服于情感而不是理性，它会让你很快放弃理论的实践甚至放弃交易本身。为什么不少人看起来非常好学但是却没有什么大的成就，较少的情况是他的机会还没有来，更多的情况是他认为头脑中的成功可以直接转化为现实中的成功，虽然书看了不少，但总觉得没有看的书比看的书好，总是在看新的书，找新的方法，长期下来没有真正用好一个方法。对所有方法都是一知半解，试了一天，不行，扔了，这就是不少外汇交易爱好者的通病。

如何克服这种"虎头蛇尾"的无果结局呢？首先，你要问自己，究竟是先要完美的外汇策略，还是要真正的钱？

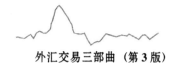

如果你想要的是纯理论，OK！你可以继续看下去而不实践；如果你想要的是利润，那么就应该马上去结合书开始实践，改善自己的策略和观念。其次，你要围绕实践制定切实可行的计划，必须有具体的完成时限和具体的步骤，要有目标，要有度量成果的指标，通常要给实践的策略以充分的时间。一个好的策略绝不是两三天就可以辨别出来的，因为外汇市场并不是两三天就能走完一个敛散走势。最后，你需要完全去了解自己与他人的共同点，努力反思这些共同点是不是自己失败的罪魁祸首，看看自己的这些特点是不是妨碍了自己采用有效的方法，是不是误导了自己采用无效的方法。孙子说"知己知彼，百战不殆；知天知地，胜乃不穷"，试问你对市场上的参与者知道多少，你对市场知道多少，博弈参与者你不知道，博弈的报酬结构你不知道，那你每战必败。老聃讲"自知者明，知他者智"，试问你知道自己多少，了解自己多少，连续小笔盈利一单全军覆没的时候，你怪运气、怪市场，你想过是自己的原因了吗？为什么你会采用高胜算率低报酬率的方法，为什么你对高胜率上瘾了？为什么你一直意识不到是对高胜算率的绝对追求害了你？你成功的最大绊脚石在你骨子里，在你心眼里，心量有多大，福报有多大，失败不要怪别人，贫穷不要怪父母和环境，唯有向内下功夫才能真正立于不败之地，外汇交易更是如此。

日程表和作息表决定了实际进步！

每个人的功课不一样，但是多难的功课代表着多大的成就。

第五节　做个有见地的交易员，而不是找寻完美指标的群氓

外汇交易界就是一个生态系统，生态金字塔形象地解释了为什么亏钱的交易者占了大部分。外汇交易界中少数盈利者占据顶端，最下层的则是绝大多数的亏损者，少数

盈利者包括经纪商，也包括经营良好的交易者和机构。

交易界的生态金字塔下层的交易者怎么才能往顶端走？只有提升自己的见地，见地有多高、多深、多广，你的交易绩效水平就有多高。见地不足，你的水平也高不到哪里去。外汇交易可不是通关系，走后门，会几招人情世故的表面功夫就能敷衍过去的事情。你是人才还是废品，外汇市场绝不含糊地回答你。

外汇交易很难！有多难，抽象的回答满足不了你的内心疑惑，请看图2-9，这是一个小型论坛进行的炒汇盈亏调查。接近一半的人是绝对亏损的，也就是说两个人当中就有一个人亏损。这个调查存在水分，因为人们总是记得自己好的一面，掩饰自己的过失，从事外汇交易这么多年，真正遇到能够赚钱的人用脚趾头加上手指头绝对能够数清，做外汇能够赚钱的人那绝对是万里挑一的顶尖人才。回到这个调查，真正能够持续赚钱的人估计在这113个参加调查的人中能有13个就不错了。不少人在生活中掩饰自己的失败和弱点，在这个调查中又何尝不是如此呢？但是，外汇市场上绝对是掩藏不住的，是骡子是马，拉出来遛遛。

真正的见地是体悟出来的。

[讨论] 大家每周赚多少点？

单选投票，共有113人参与投票 查看投票参与人

1. 1000 点以上

5.31%（6）

2. 500 到 1000 点

4.42%（5）

3. 100 到 500 点

25.66%（29）

4. 100 点以内

21.24%（24）

5. 赔钱

43.36%（49）

图 2-9　外汇交易盈亏调查

有薪水就可以生活，让很多人掩盖了自己人生的失败，其实绝大多数人的人生是失败的。外汇交易之所以让这么多人感到失败，是因为它不像生活那样让你意识不到这点，而外汇却给出了清楚的成败信号。人生中绝大多数人失败了，其关键的原因是没有眼界，洞察力不够；交易中绝大多数人也失败了，其关键的原因也是没有眼界，洞察力不够，找不到正确的道路，老是在一块地方打转，转了十几年也不明白交易为何物的大有人在，看看那些炒股十几年的老股民就知道怎么回事了。有多大和多深的见地决定了你能成为一个多高水平的外汇交易员。什么是见地？见地就是你对交易本身的了解，你觉得哪些交易原则是不能被破坏的，是必须遵守的，交易中最根本的东西是什么？当下这笔交易重要吗？诸如此类的问题。

指标属于微观层面的东西，属于战术，而不是战略，见地属于战略的范畴。很多人之所以失败，不是不够"奸猾"和"精明"，不是不够"努力"和"自信"，而是缺乏有效的见地。最有效的见地能够造就最伟大的外汇交易者，这种伟大不是理论上的，而是利润上的，我的见地肯定不是最有效的，比起读者中那些天资聪颖而又勤奋坚定的人，我的见地只是踏脚石，只是基础。

本书最有价值的部分是见地，而不是指标、策略，有些人一看《外汇短线交易的24堂精品课：面向高级交易者》就说：没啥用处。他觉得没讲指标，没讲具体的东西，没讲大家都讲的K线，RSI，MACD这些东西，没讲水平三角形是怎么定义的，怎么画趋势通道等，所以没用。你看，新手的特点出来了，追求最普遍共识的东西，别的外汇书写的是什么内容就是标准，不符合这个标准就是没用的。其实他连"24堂课"的前言也没看懂。前言是什么？"盈利者永远不会告诉你的秘密：技巧是建立在特定观念之上的"，如果你观念上不通，你想学会是学不会的，甚至就像这位读者一样，直接评价：没用！所以，即使真的交易正道摆在面前，绝大多数人也未必正眼看一下，不能不说是遗憾。所以，当时"24堂课"出来之前，有交易界的朋友找到我说，你这样不行啊，把秘诀都写进去了。我想别怕，大部分人不会买这书，买了这书的一半不会当回事，剩下的一半大多看了当时激动一下，只有那么几个人真的是看懂了又能实践的。今天看来我当初的估计不能不说是乐观了一点，"道传有缘人"，希望大家珍惜，赚钱亏钱的是你，你应该对这里的东西下苦功夫！

群氓的特点是没有见地，无头苍蝇，最终做了有见地的人的炮灰和工具，看看你跟绝大多数人的共同点吧，赶快改掉。绝大多数人都是贪小便宜，你要改掉；绝大多数人都是很在乎自己的那张小脸，你要改掉；绝大多数人都是没有原则的，你

要改掉；绝大多数人都是感情用事的，你要改掉；绝大多数人赚了一点钱心就飘上了天，你要改掉；绝大多数人亏了钱就怪别人，怪环境，你要改掉。最重要的是绝大多数人没有见地，你必须具有见地。在交易中，亏损的人都是希望从权威那里得到连傻瓜都能用都能懂的秘诀，这就是想不劳而获，在见地上不可能不劳而获。见地有多高，交易水平最终就会有多高！见地决定你的潜力水平，执行决定你的实力水平！

第三章 功夫在外汇之外：神经语言程式学和孙子兵法的交融

　　写好诗的功夫一定在写诗之外，外汇交易的功夫也在外汇之外。为什么这么多人不知道如何做好外汇交易呢？并不是他们都不努力，也不是他们不够聪明，而是他们的眼界太窄，没有从正确的地方寻找正确的东西。

　　巴菲特的搭档查理·芒格是格栅理论的提出者，他认为要做好交易就必须成为一个通才，要博才多学。中文版的《魔鬼投资学》在此基础上有所发挥，但是仍旧在讲同一个话题，这就是全方位地剖析市场走势和全方位地把握交易。

《魔鬼投资学》这本书主要是在讲投资，但是投机也是相同的道理。

　　世界上专门研究技术指标的人不少，专门研究基本面分析的人不少，专门研究技术面分析的不少，为什么没见到有几个持续盈利的人呢？提问往往是打开另一扇机会之门的钥匙，提问是后面要提到的 NLP 理论中的重要工具。提问可以将我们的注意力由肤浅的表面引入"究竟"的层面，由狭隘的视野扩展至更广大的场景，这也是格栅理论追求的境界。有多大的境界，就有多高的见地。交易涉及两方面的因素，一是市场，二是交易者本身。市场的研究不能停留在已有的层面和领域，要找到大家和自己的盲点加以努力。

为什么？如何？成为顶尖高手的不二法门。

　　交易者本身的完善也不能停留在简单的方法和工具上，不能停留在"器物革新"的层面上，这就要求全面提升和

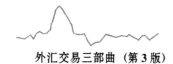
改善交易者的观念和习惯等深层次心理结构。没有交易者是偶然成功的，也没有交易者是偶然失败的，一次交易的盈亏不能说是交易者的成败。持续盈利的才是成功的交易者，持续失败的才是失败的交易者。之所以失败，是因为从内到外，从外到内都不符合交易成功的要求；之所以成功，是因为从内到外，从外到内都符合成功交易的要求。

没有失败，只有反馈。

怎么从内到外地使自己符合交易成功的客观要求呢？这就必须借助 NLP 的威力，在复制成功追求卓越方面，现在还没有几种西方心理学技术能够超越它。NLP 不是所谓肤浅的成功励志学，不是简单地让你大声喊我要成功，我很自信，而是告诉你"如何"达成目标。

NLP 是神经语言程序学（Neuro-Linguistic Programming）的英文缩写。在中国香港，也有人译为身心语法程式学。NLP 的主要发现者是约翰·格林德和理查德·班德勒。格林德是世界最负盛名的语言学家之一，班德勒是一位数学家、完形心理学家和电脑专家。他们决定集两人之力去进行一桩模仿他人的研究，对象是那些在多方面都甚有成就之人。他们两人分析了一些成功的商人、医师和其他行业中的佼佼者，试图能从他们多年尝试错误后的成功中归结出一些成功的模式。他们对下列三人的模仿经分类后所建立的诸多有效的行为介入模式，使得他们声名大噪。这三人是当代最伟大的催眠疗法学家之一的埃里克森医师，杰出的家庭医师沙提尔女士和人类学家贝特森。例如，格林德和班德勒发现沙提尔能轻易地建立人际关系，而其他的同业者却不行。所以他们找出她特有的模式，也教导学生运用，即使他们没有任何执业经验，但也做出与沙提尔相比毫不逊色的成绩来。他们播下相同的种子，收获也相同。从他们三人身上模仿所归结出基本模式的经验，帮助格林德和班德勒也建立自己的模式并传授出去，这些模式就是我们现在所熟知的 NLP。N 指的是神经系统，包括大脑和思维过程。L 是指语言，更准确地说是指肢体语言和口头语言

发现模式，运用模式，迭代模式！

等构成的信息符号。P 是指为达成某个目标和效果而要执行的一套具体程序，即指我们思维及行为上的习惯，就如同电脑中的程式，可以通过更新软件而改变。故此，NLP 也可以解释为研究我们的大脑如何工作的学问。知道大脑如何工作后，我们可以配合和提升它，从而使人生更成功快乐，当然也能用于提升外汇交易技能水平。也因此把 NLP 译为"身心语法程式学"或"神经语言程式学"。

成功是因为模式，任何采用这些模式的人，都能得到相同的结果。

NLP 是对人类主观经验的研究。更直白地说，NLP 是一种思想的技巧。NLP 就是我们用语言来改变身心状态的具体方法。它的创造人找到一些卓越的人，研究他们有一些怎样的程序，总结后教给其他人，并相信任何人只要能掌握这些程序，也可以获得成功。

任何模式都有实用的环境和前提。如果忘记了这一点，即便采用同样的模式，也未必能达到同样水平的成功。

我们如何创造出我们每一个人独特的内心世界？我们怎样选择传入脑里的资讯，我们怎样认知这些资讯，我们怎样储存这些资讯，怎样把这些资讯与其他在储存中的资讯融合，以及怎样运用它们？

NLP 相信成功是可以复制的，它的研究对象就是成功者成功的"程序"。它的核心就是怎么学习、复制、创造卓越的程序。

需要注意的是：首先，在你学习他人，复制他人之前，你要先向自己学习，总结与复制自己的成败经验。因为从自己的经验中学习，往往要比从他人身上学习来得更有针对性，当然效率也更高。其次，复制程序并不只是复制方法，更重要的是复制方法背后的信念、心态与精神。因为只复制方法，你就只得其"形"，复制精神，你就能得其"神"。而当你完全把握他人方法背后的精神时，你就可以脱离他的方法，只依据他的精神意境而创造出适合自己的方法，这就是我们所说的"得意忘形"了。

任何一个成功交易者的流程其实都是某种抽象原则的具体化。而这些抽象原则其实遵循了客观规律。

NLP 帮助我们解决交易者的问题，而"孙子兵法"则帮助我们解决交易者和市场之间、交易者和其他交易者之间的问题。孙子兵法当中最为出名的两句是"知己知彼"

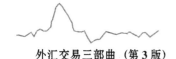

和"避实击虚"，前者讲把握交易的参与各方，把握交易者自己和市场，后者讲的其实就是"顺势而为"。有了NLP，有了孙子兵法，你的交易素养将会有极大的提升。NLP教你向内去找成功的根源，孙子兵法教你向外去把握成功，本章将解密西方精华NLP和东方瑰宝孙子兵法对于外汇交易的重大意义。

第一节　永远徘徊的绝大多数人：天性与传媒布下的"局"

我们不能在外汇交易中成功是因为我们受制于自己，进而受制于市场而不自知。当我们在外汇交易中追求自由时，我们是最不自由的人，看看账户的净值就知道多么地窘迫。当我们恪守某些"戒律"的时候，才真正跨越了必然王国，达到了自由王国，这时候账户的净值告诉了我们关于自由的一切现实。

成为一个持续盈利的外汇交易者很难，难在什么地方呢？难在自己本来就存在很多陋习，而市场上的媒体和周遭的"专家"还在不断怂恿你强化这些陋习，放大数倍，这样你不但找不到成功的大门，而且还越走越远，这就是本节要谈到的天性和媒体布下的"局"。

市场与媒体共谋了你的失败！

你自己内心深处的天性与财经传媒包括分析师和交易书籍结合起来坑骗你自己，让你的账户净值不断下降，而你采取的补救措施往往加剧了这一局面的恶化。这就好比你正在沼泽里，你为了自救不停地乱动一气，结果加速了你的下沉。

天性是百万年生存进化而来，但是今天的环境已经出现了许多变化，天性已经不适应这种新环境了。

我们的天性对我们而言并不是有利的，而是有害的。市面上的种种观点和方法论对我们而言大多也是有害的，天天受到有害观念和方法的影响，天天熏习这些有害的观

念和方法，最终你会变成什么样子？你将变得离成功更加遥远。

所以，曾经有一位年过 40 岁的老炒家对我说他锻炼孩子炒股票的方法很简单，分 10 次，每次给他 10 万元去操作，不准他看股评，不准他看证券书籍，不准他与任何人交流和讨论任何有关股票交易的话题，他就比一般人快至少 3 倍的速度找到成功的秘诀。他说的这番话正好与当时我的想法形成共鸣，人的成功之所以要在孤独和寂寞中造就，就是因为孤独和寂寞才能最大化挖掘自己的反思意识，同时最小化外部环境的干扰。

靠自己成功的人总是孤独的。

华尔街有句古老的格言："市场由两种力量推动：贪婪与恐惧。"这种说法没错，但是掩盖了一个事实，那就是情绪并不是导致市场运动的具体因素，或者说贪婪和恐惧仅仅是人类弱点的某种概括说法。人们的思想和情绪非常复杂，用"贪婪与恐惧"五个字不能概括影响人们投资决策的全部心理，如果你想要真正找到内心世界的钥匙，就必须抛开贪婪和恐惧这类大而不当、不可证伪的说法。心理偏差才是真正要处理和面对的对象，它往往会影响人们做出正确的交易决策。通过了解心理偏差，人们可以克服偏差，探寻交易大师们的心路历程，提高财富水平。这就是交易心理学想要达到的一个最主要目的。在心理偏差中有几个是比较显著的，第一个是过于自信。这个自信不是说你不能对自己的交易头寸抱有信心，而是指人们往往扭曲了自己对风险的认知，为什么华尔街的金童经常搞出种种冒险举动，最终需要美联储来收拾残局，就是因为他们要么低估了风险，要么高估了自己对风险的控制能力。一般做外汇的人都有一个通病，下单之前只看到盈利的可能，下单之后却陡然升起对亏损的警惕和恐惧，贪婪在前恐惧在后。为什么不把这个过程反过来呢？在真正进场之前，首先将风险看得很清楚，将最坏的情况考虑进来，想好对治风险的措施，将初始止损制定出来，进场之后安心地按

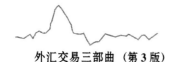

照出场的客观要求去持仓，不受市场"之"字形运动的袭扰。如果我们在交易之前恐惧一些，交易之中贪婪一点，就能完全杜绝下单时的冒失和持仓时的胆小。交易者的天性使得他们不能平衡地看待风险和潜在收益，要么眼中只有无限的获利可能，要么眼中只有令人提心吊胆的巨大风险存在。

第二个是"臭名昭著"的"倾向性效应"。什么叫"倾向性效应"？其实就是指交易者不能平等地对待潜在收益和亏损的特点。这个心理偏差会如何影响交易者的行为呢？当交易者持有的头寸处于浮动盈利的时候，交易者有强烈的兑现愿望，盈利进一步增加带给交易者的边际效用是递减的；当交易者持有的头寸处于浮动亏损的时候，交易者有强烈的继续持有头寸的愿望，亏损进一步增加对于交易者的边际效用损害是递减的。"倾向性效应"会导致什么样的操作手法和策略出现？总体而言就是"截短利润，让亏损奔跑"，长期下来盈亏比非常差，但是胜算率却非常高。为什么人们追求高胜算率，这是教育熏习使然，同时也是因为倾向性效应使得人类喜欢那些"截短利润，让亏损奔跑"的交易策略。

<aside>"倾向性效应"本质上是为了追求高胜算率，结果导致极低的盈亏比。</aside>

人类不仅受到长期进化形成习惯的影响，而且还因为人类的群居性和社会性而受到影响，这些影响也对交易产生了很大的作用。传媒往往就是通过这些机制来误导交易者的。传媒为什么要误导交易者？其一，传媒只有迎合大多数人的需要才能赚钱，而大多数人的天性对于交易而言都是失败的；其二，掌握传媒的人的天性大多也不适合做交易，对交易的深层次观点通常也是错误的，他们自然也可能好心做坏事，误导交易者；其三，掌握传媒的人有可能属于某个利益团体，而这个团体恰好参与了市场，为了完成利益输送，他们可能误导交易者。不过总体而言，交易者能够被误导最终还是自己的原因。

下面，我们就来看社会性影响机制的六种形式，这就

是所谓的"影响力6大原理"。各种各样的社会性力量和他人利用这六大原因影响我们，包括传媒对交易者的影响：

（1）互惠机制：我们应该尽量以相同的方式报答他人为我们所做的一切。简单地说，就是对他人的某种行为，我们要以一种类似的行为去回报。如果人家给了我们某种好处，我们就应该以另外一种好处来报答他人的恩惠，而不能对此无动于衷，更不能以怨报德。于是，我们身边这一最有效的影响力的武器，就被某些人利用来谋取利益了。

（2）承诺和一致机制：一旦我们做出了某个决定或选择了某种立场，就会面对来自个人和外部的压力，迫使我们的言行与它保持一致。在这个极具杀伤力、影响力的武器的作用下，我们经常会做出一些违背自己意愿的事情。为什么一个交易者一旦在公开场合表达某种意见之后就会不顾行情发展去捍卫这种观点，为自己的观念寻找各种技术面和基本面的证据？在旁人看来，这个人的证据显然根本起不到证明的作用，但是他还是执迷不悟。很多财经媒体上的评论员和分析师都将自己的观念正确与否看得比行情本身更为重要，自然也不用指望他们能够真正地"顺势而为"了，因为他们更像是社会里追求地位和声望的人，而不是交易界里面追求利润的人。

（3）社会认同机制：我们进行是非判断的标准之一就是看别人是怎么想的，尤其是当我们要决定什么是正确的行为时。如果我们看到别人在某种场合做某件事，我们就会断定这样做是有道理的。为什么那么多老年人喜欢往经纪商的交易大厅跑，因为在群体中我们觉得安全，同时我们也比较懒，跟大众在一起我们可以减去一些思考的负担，更为重要的是与大家的行动保持一致可以在失败的时候聊以自慰。交易是一项孤独的事业，你只能独自去承担，你要放弃与人群保持认同的想法，那对获得利润是有害的。做交易最好的方法就是与世隔绝。"五蕴皆空"不受外界的影响，用正见，也就是不偏不倚的心去看待行情和仓位。

让你短时间快乐的东西，往往会让你长期痛苦！

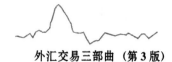

外汇交易三部曲（第3版）

一旦你起心与大众的情绪和观点相应，则你势必失去成功的基础。

（4）喜好机制：人们总是愿意答应自己认识和喜爱的人提出的要求，这应该是很自然的事，没有谁会对此感到惊讶。然而，让你始料未及的是，这条原理却被一些想要我们答应他们要求的陌生人用形形色色的方式利用了。有些交易者不是从获取利润出发去对待交易，他们有时候为声望所羁绊，有时候为自己喜好的东西所阻碍。交易就是排除一切干扰物，因为市场总会借助你喜爱的因素和事物来误导你，当你因为爱好而非符合盈利规则的因素采取行动时，你就上当了。高胜算率是我们喜欢的东西，市场就故意让很差的盈亏比隐藏在高胜算率之下，你一旦拽着这个高胜算率，低于1的盈亏比就跟着你来了。

（5）权威机制：它所具有的强大力量会影响我们的行为，即使是具有独立思考能力的成年人也会为了服从权威的命令而做出一些完全丧失理智的事情来。市面上不乏各种带着头衔的大分析师和标榜先进技术的交易系统，他们往往打着权威的幌子来招摇撞骗。其实也不能怪别人，软件也好，分析报告也罢，都只是商品，别人说好，你就相信也怪不了别人。一切证券交易书籍，特别是国内的这类书籍也是利用这点来制造影响力，这样做也没有错，出版社也需要对自己的商品进行包装，但关键是绝大多数的证券交易书籍都在宣传错误的观点。

（6）短缺："机会越少，价值就越高"的短缺原理会对我们的行为造成全面的影响，害怕失去某种东西的想法比希望得到同等价值东西的想法对人们的激励作用更大。很多时候，传媒会宣扬某种资产的价格将不断升高，买入的机会有限，或者直接就说供不应求。市场有时候也会给我们以紧迫感，仿佛此刻不下单进场就会错失最大的盈利机会。于是，我们匆忙进场，最终结果当然是后悔莫及。当你因为紧迫感而决策时，你就丧失了决策的客观性，这样

大众一致看好时，涨势反转；大众一致看跌时，跌势反转。

的决策往往是糟糕的。

我们自己的天性误导我们，传媒和市场也误导我们，天性不让我们盈利，传媒和市场也不让我们盈利，这就是天性和市场布下的"局"。能跳出这个局的人少之又少，绝大多数人落网而不自知，还以为自己过得不错，在市场中"轮回"而不"觉悟"，不自由而还以为很自由。

怎么才能从"轮回"中脱离呢？改变市场是不可能的，改变传媒也是不可能的，你只能从改变自己开始。如果单单从行为入手，你一般很难做到，因为你的观念和习惯会阻碍你改变已有的行为，除非你能够以极强的自律来做到，这就是"戒"。当然，最好的方法当然是内外同时下手，不仅按照一些经典交易书籍提出的原则进行深思和反省，同时也按照符合交易原则的具体方法进行操作。原则本书有，具体方法本书也有，剩下来的改变就需要你自己去完成了。

第二节　观念决定了你的交易层次，经验塑造了你的交易技巧

交易观念有多么重要，我们还谈得不够，因为相比市面上那些大谈技巧，特别是错误技巧的鸿篇巨制而言，我们谈交易观念的篇幅还不足以对治它们。"首先是观念"，改变了你的念头，则很多交易上的事情就都好做了。

改变观念的方法有两种，第一种是直接入手，这就是思考的价值，你要用批判性思维来打倒旧有的观念，用理性证据来支持新的观点；第二种就是间接入手，你可以改变行为，接着改变态度，最终通过态度影响观念。怎么改变行为呢？用交易规则和流程条例来改变，用新的行为替代旧有的行为。

观念不变，只能南辕北辙！

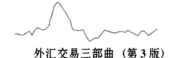
要改变你的观念光是给你方法还不行，还需要让你明白改变观念的重要性，明白了重要性，又知道了具体的途径，改变起来就有动力了。为什么改变观念这么重要，因为交易观念直接决定了你的交易层次，你是屡战屡败的输家，还是经常打出本垒打的大赢家呢？这就要看你的交易观念的层次了。

大多数的交易书籍，一上来就谈什么是外汇，什么是股票，什么是期货，外汇市场怎么回事，股票市场怎么回事，期货市场怎么回事，"早晨之星"是什么，MACD怎么用。为什么他们这么讲，因为要么是他们自己不懂，要么是为了迎合读者的需要。大家需要什么？需要的是具体的指标和技术，这些重要吗？重要，因为交易赚钱靠的是具体的操作，不是抽象的观念，观念本身不能换银子；不重要，因为你那个具体操作技巧和指标背后的原理是正确的还是错误的，是有效的还是无效的，与交易者的观念能不能对上，这些决定了技巧的根本。具体的技术是塔尖，而观念是塔基，塔尖是建立在塔基上的，你没有这个基础，再高的塔尖也搭不起来。

上乘的交易观念从哪里来？这个问题问得切中要害。交易不是做生意，也不是做事业，而是博弈。当然，遇到那些把交易看成是聪明人一看就会的草莽人士，我会告诉他：你应该把交易当成一门生意和事业来经营。

如果你经常从事交易，那你应该明白交易涉及的是博弈，这个博弈就是你与其他市场参与者的竞争。既然是博弈，那么交易的最上乘观念必然来自于最上乘的博弈理论。孙子兵法虽然没有现代博弈论的数学论证，但是它绝对是博弈的圣典。为什么国际期货大师克罗这么推崇孙子兵法，不是为了附庸风雅，而是因为这里面藏着无限的利润。

上乘的交易观念还可以从哪里找，从赌博理论里面找，比如凯利公式等，从仓位管理理论中找。国内仅有的两三本引进版的资金管理的书卖得很差，真是遗憾，这么宝贝

《外汇短线交易的24堂精品课：面向高级交易者》开篇就谈观念决定你能采用哪个水平的技巧，《外汇交易圣经》开篇就在改变你的观念，如果讲具体的技术我们不会逊于任何一个技术分析大师，但是为什么把一些人看来大而不当的东西放在最前面？

的东西大家却视而不见。上乘的交易观念从统计学中也能找到不少，当然大家看下最粗浅的期望值理论就不错了。除了上述这些上乘交易观念隐藏得很深的地方，NLP 也是一个隐藏很多关于交易者本身秘密的领域，当然如果你深入钻研体悟下去，你会发现 NLP 离佛法很近。交易成功需要修正自己的这个念头，成佛觉悟也要修炼自己的这个念头，这其中的道理是差不多的，虽然目的不一样。

道理要学，但是馒头还是要一口一口地吃，交易的观念决定了你的层次，但是你在这个层次具体能发挥出几成，还要看你的经验积累如何。经验是由对观念的实践而得，观念要经过经验的锤炼。

怎么积累有效的交易经验呢？这个很简单，就是"死板去做"，连续天天交易一个月，你得到的东西绝对比那些自称高级外汇分析师的人强几倍。就管理者而言，经验很重要，特别是各种情况下的丰富经验非常重要。

现在大学生一毕业就直接读 MBA，以为是天生的管理人才。没有经验，将没经过检验的东西直接带到实践中，这是非常草率的做法，一方面你不知道这个观念究竟正确与否，另一方面你还没有将观念的实践调整到最佳的频率上。经验积累与观念迁善是同步进行的，缺一不可，这就是本节的总结。实践这句话，你将受益无穷。"多看死练"，这就是秘诀。

第三节　我的得救：NLP 带我们出埃及记

很多年前，那时候我刚步入外汇交易界，对于如何去做日内短线交易没有很好的框架，脑袋里面也没有太多的概念。关于止损，那时候我也懂得不少，但是要说真玩转外汇日内交易，其实水平还不够。刚开始的时候也以为跟股票和期货差不多，抓住趋势，要么逢低买入，要么创新高买入，其实不难，超越人性在我当时看来已经不难。现在回头来看应验了一句话："天外有天。"其实外汇日内短线交易非常难以驾驭。股票属于典型的慢节奏，市场给你充分的思考和改错时间，期货比起外汇日内交易来也属于慢节奏，况且我一般是降低实际杠杆来做期货的，也就是小比例资金入市。

在外汇上整整徘徊了一年多之后，我才开始有点眉目，因为我发现自己在慢节奏交易中掩盖起来的一些缺点，在外汇交易中却被无限放大出来。思来想去才发

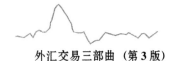

如何跳出观念的轮回？

现，自己从里到外存在如此多不符合交易原则的行为。严格来说，从概率的角度来讲，我这种操作方式不亏才怪。那段时间恰好也捡起了放弃多年的心理学，特别是 NLP，从那时起我开始对很多交易上的难题洞若明火。在一个地方打转了一段时间之后，NLP 让我重新找到了出路。

NLP 的目的在于复制成功，即将成功者获得成功的程序总结出来，精炼成一套明白可行的技术，让一般人可依之而行并获得同样卓越的成就。前面已经提到了 NLP 的创立归功于两位美国人理查德·班得勒（Richard Bandler）和约翰·格林德（John Grinder）。

美国加州圣地，告鲁仕市的加州大学校园是 NLP 的发源地。理查德在那里读大学，一次偶然的机会认识了家庭治疗（Family Therapy）大师维吉尼亚·萨提亚（Virginia Satir）。稍后，理查德受雇帮忙把维吉尼亚在加拿大为期一个月的工作坊的内容制成录音带和文字记录。这份工作花了理查德数个月的时间，在此过程中他学会了萨提亚在辅导过程中所运用的声调和行为模式。理查德也参与完形疗法（Gerstalt Therapy）始创人费兹·皮尔（Fritz Perls）的最后一批手稿的编辑工作，这批手稿成为了 *The Gerstalt Approach* 一书的内容。

另外一本关于皮尔传授技巧的书 *Eye Witness to Therapy*，其实就是由皮尔传授时录下的录像带编辑而成。理查德用了多个星期戴上耳筒去看这些录像带，因为他的工作是确保书中的文字记录正确无误。完事后，他也掌握了皮尔说话和行为特色。

掌握了这些能力，理查德在加州大学的校舍内组织了多个完形疗法研究小组。约翰·格林德——另一位 NLP 的始祖，当时在加州大学教授语言学，已经出版了几本关于语言学的书。

理查德告诉约翰他注意到潜意识的意念和构词过程，想与约翰合作发展出一套沟通上的"文法"。他们首先用维

吉尼亚的录像带做研究（这些录像带的内容后来编成 *Changing with Families* 一书出版）。他俩很快就发现维吉尼亚一些惯用的语言技巧，编成一些模式，这就是"检定语言模式"（提问模式）的前身。他俩同时也发现维吉尼亚对一些受导者用视觉型文字，一些受导者用听觉型文字，而另外一些多用感觉型文字。维吉尼亚本人听到他俩这样说才知道自己工作的模式如此。

这些资料在 1975 年编辑成两本书出版：*The Structure of Magic*，Vol. Ⅰ and Vol. Ⅱ。1976 年理查德和约翰决定采用 NLP 这个名字，于是 NLP 诞生了。两人成为了一群学生的中心，这群学生现今都是 NLP 世界中的顶级大师了，包括 David Gordon，Judith DeLozier，Robert Dilts，Steve Gilligan 等。NLP 的学问开始发展和传播开去。

经过格里高利·贝特森（Greogry Bateson）的介绍，理查德和约翰去亚利桑那州凤凰城研究米尔顿·艾瑞克森（Milton Erickson）（国内已经出版了一些有关这位大师的书籍）的催眠疗法。他们两人运用已经掌握的学习方法，很快就成为了催眠高手。米尔顿对 NLP 有很大的影响，理查德和约翰在 1975 年和 1977 年先后出版了两册名为 *Patterns of the Hypnotic Techniques of Milton H. Erickson. M.D* 的书，这些书在催眠治疗界是很有地位的学术书籍。

1981 年理查德与约翰分手，成立了自己的 NLP 组织，推广他的 DHE 概念（Designed Human Engineering）。他经常引发一些备受争议的事情，尽管他那近乎天才的才华和能力为人所公认。

约翰与朱迪·迪露西亚（Judith DeLozier）成立了"Grinder，DeLozier and Associates"公司，继续教授 NLP。他们在 1987 年出版了 *Turtles All The Way* 一书，是另一本 NLP 世界内的经典之作。1989 年约翰决定改变方向，转为专注于企业方面的顾问工作，中断了与朱迪的合作。朱迪继续她本来的方向，在 1990 年与罗伯特·迪尔茨（Robert Dilts）（国内有这位大师的相关著作出版，主要介绍检定语言模式）及托德·爱波斯坦（Todd Epstein）成立 NLP University。每年夏天，他们都在加州大学校园内举办各种 NLP 课程，在一年的其他时间，她受邀请去世界各国主持各种 NLP 活动和教学。

NLP 早期的发展受到著名的心理学家格里高利·贝特森很大的影响。贝特森研究的范围包括"神经机械学"（研究机械和动物，包括人类与信息传送及控制的科学）。"信息传送"不能脱离"系统"的概念。同时，NLP 的发展源于深入研究三位心理治疗界顶级大师的卓越所在，因而编出一套又一套的概念和技巧出来。这三位大师超越他们的同僚的理由，就是他们对"系统"有强烈的意识，其实外汇交易中

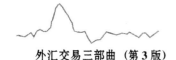

又何尝不是需要"系统"的意识存在。

学习 NLP 的人，都被那些概念和技巧深深地吸引。可是，每当使用者忽略了对"系统"的注意，便没有满意效果出现；而每当使用者注意"系统"的重要，给予应有的尊重，效果便来得强烈和圆满。这解释了为什么很多人学了 NLP 技巧，但使用技巧时效果却并不显著。

综上我们知道，NLP 的发展基础是肯定"系统"的重要性。但是，在 20 世纪 80 年代里，很多热心传播 NLP 的人，错误地认为技巧最为重要。他们以为只要掌握了技巧，便是掌握了 NLP 的精髓。他们在教授 NLP 的时候，强调每一个技巧的独立性，强调技巧中的每一步怎样做，而忽略了整体的平衡。

NLP 是一套技术，也可以说它是一套模块，也可以说它是一套方法，无论如何，NLP 能够神奇地让你的生活和交易变得更好，有如现代伟大科学的创见，或如古代先知的洞见，是的，NLP 就是那么神奇，它能给你的生活带来全面提升。

很多人问：为什么要学 NLP？无论你是想追求卓越，使自己的心灵平静，完美地表现出你的能力，或让自己更有修养，全部的解决之道就是 NLP，外汇交易者如果能够掌握 NLP 的精髓，则可以大幅提高自己的交易水平。

难道 NLP 就是全部吗？不，绝对不是，甚至 NLP 只是事物的一小部分，但是这一小部分却恰恰是钥匙，就算一个人发现了堆满金山银山的宝库，如果没有钥匙开门去拿也等于零。而这钥匙，就是 NLP。

我们常在不同的思维层级上建立与世界、他人的联系和互动。罗伯特·迪尔茨发展出一套思考模型，已经被广泛应用在 NLP 领域，它对提升外汇交易者的绩效水平非常有用。这几个层级如图 3-1 所示：

交易者的思维一定要系统！

NLP 本质上是辩证法的具体化。

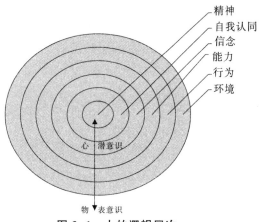

图 3-1　人的逻辑层次

- 第一层级是"环境"。环境就是我们所处的地方与所交往的人。你可能听过有人说他们占"天时地利"。那就是他们将成功归功于外部环境因素。在这个层次上，共同的环境会建立起外在和谐的感觉。比如，你去参加一个绘画艺术班，你会遇到许多与你的爱好相同者，你也会在这点上与他们接触，并建立出基本程度的亲和感。对于外汇交易者而言，我们需要探究一个高水平绩效所需的环境因素。同时，对于市场这个环境的随机强化特征有充分的理解才能真正让环境站到自己这边。

巴菲特选择在奥马哈小镇，邓普顿选择在岛国巴哈马……

- 第二层级是"行为"。这个层级是指我们具体有意识的行动——我们做什么。在 NLP 里，行为包含着思想和行动。我们所做的事情并不是随机和随兴的。虽然我们不一定清楚或知道，但我们的行为都是有目的的。比如说，我们可能想戒烟或控制脾气，但常常并不容易改变，那是因为它还与其他的层级紧密联结着。就外汇交易而言，我们需要问：究竟什么样的行为才能导致高绩效的外汇交易水平？

- 第三层级是"能力"。这是技能的层级。那些我们经常练习的行为，久了就变成持续、自动化且经常是惯性的了。这包括心理及实际的技术。我们都有很多基本的与生俱来的技巧，比如走路与讲话（当然，也要后天的引发），也有需要意识去学习才可获得的技巧，比如游泳或玩乐器等。

谈及能力，不得不提及"刻意练习"和"一万小时天才理论"。

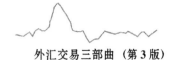

偶然的成功属于行为层级而已，因为那不可以不断重复发生，所以还不是一种能力，而外汇交易就是一种能力。

• 第四层级是"信念"。这是一个重要的层级，信念与价值观引导我们的生活并使之具有更为周详的内涵，给予我们许可与禁止。有没有一些你想要发展的技能，但你又认为自己没有办法做到？只要你认为自己无法做到，你就一定做不到。有没有一种技能你需要学习，但你又觉得它不是很重要？假如你不重视它，你就永远不会有足够的动力去取得它。冲突的信念与价值观，导致人们在行动上一直相互矛盾。外汇交易中，交易者持有的特定观念会影响交易者的行为，进而影响交易绩效。

• 第五层级是"自我认同"。你有没有听人这么说过"我不是那种人"。这就是自我认同的陈述。自我认同是一种你对自我的感知，它造就你的核心信念与价值观以及你的使命感。你的自我认同是不太有弹性的，虽然你还是可以建立、发展和改变它。交易者容易将自我认同与当下一笔交易的盈亏联系在一起，这是低效的自我认同。

• 第六层级是"精神"，国内有人翻译成"系统"的，但本来心智的所有层级才够成一个系统，怎么单个层级也成为系统了，并且随意按照自己的理解将"spirits"意译为"系统"本身就显得不太严谨，"spirits"的英文原文是"灵魂、灵性或精神"的意思。这是你与一切存在的联结，是你的潜意识与群体潜意识，乃至人类全体潜意识海洋联系在一起的联结。或者说是你将自身的"小我"与某处外在的"大我"相融合的境界，也就是人们常常提到的"使命感使然"。在这个层次里，谈到的亲和感就是东方哲学和宗教中谈到的与宇宙合二为一。这一层级将人类精神带入更高的境界，也为NLP的不断发展提供了可能性。外汇交易中的精神灵性也就是交易者与市场达到合二为一的境界，这不正是技术分析的最高要求"顺势而为"吗？

NLP的层级系统学说，为归因论以及"调试性问题和

"瑜伽"的原始意义就是小我与大我的联结。

技术性问题的区分"提供了一个视角。正统心理学在"能力"层级存在缺口，NLP
提供的程序复制和模仿部分填补了这个缺口。另外，NLP 的系统观念和层次归因与
中医的"辨证施治"和"整体观念"不谋而合。

　　想一下你在生活中要花一些精力去学习的事情，如开车、骑自行车或者学习
古琴，外汇交易作为一项技能也需要花费大量精力去学习。而学习一项技能要经过
四个阶段：第一阶段是无意识的无能力阶段。在这个阶段，你不仅没有办法做它，
也没法尝试，甚至根本都不觉得你知道它。第二阶段是有意识的无能力阶段。你开
始做了。起初，这虽然已是你行为的一部分，但你还不是很熟练。你很清楚自己还
不够好，而这也占据了你很多的注意力。在这个阶段，你不会很舒服，但也是你学
习最多的时候。第三阶段是有意识的有能力阶段。你可以做到，而且达到一种能力
的层次，但还是会耗费你很多注意力。第四阶段是无意识的有能力阶段。最后，假
如你足够坚韧的话，你可以不假思索很容易地做到时，你就进入了无意识的有能力
阶段。它变成了习惯性，是由你的潜意识在掌控。而再超越这一阶段，你就是大师
级的人物了！有些天才的学习者，可以很快地跨越第二以及第三个阶段，而在潜意
识层次学习。NLP 发掘了这些快速学习的方法。

　　你如何知道他人在哪一层级与你互动？有一个方法就是，听他们的用语。下面
有一个显示各个层级的例子：某人学习外汇交易。

- 环境：现在，许多人都在学习外汇交易。
- 行为：我在学习外汇交易。
- 能力：我会外汇交易。
- 信念与价值观：外汇交易对提高自我控制能力非常有用。
- 自我认同：外汇交易能够让我感到自己的卓越洞察天赋。

　　你可以开始注意怎么微妙地察觉出他们现在在哪个层级上。比如，当有人说：
"我无法做那件事。"当他们加强语气在第一个字时，我们知道他是谈到他的自我认
同部分。相对地，如果加强语气是在最后三个字，则是关于行为层次。如果这些层
级相互混淆了，那会怎么样呢？

　　你可能看过当一个小孩子犯了错，而大人竟然说："你真笨！"这是行为被提升
到自我层级来批评。其实写错字或算错数学题，并不表明某人是愚笨的。可怜的是
小孩子常以为就是如此。这也是我们的自尊被贬抑的最通常的方式。小孩子都很能
学习，而且相信大人们所说的话，尤其是对他们自我认同部分。如果一个小孩子相
信他是邋遢的，这信念会随着他的成长，一辈子皆邋遢，而且不只在碗盘的清理

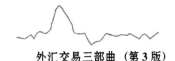

外汇交易三部曲（第3版）

上，可能随后在说话上也如此。同样的形式无论你在什么年纪都会重复着。

这里要强调的是，只是在行为层级上去批评人而不要在自我认同上。当你批评一个人的行为的时候，你仍可以尊重他的自我认同，所以我们在进行外汇交易教练的时候，尽量不要将问题归结为自我认同及以上的层级。这也意味着假如批评的确是对的，他是可以去改进的。而批评的正确意图就是去帮助他做到他力所能及的最佳程度。你有没有与人陷入过下列的争执：

- "这房子太脏了。"［环境］
- "我早上才清理过呢！"［行为］
- "可是你并没有清理得很好！"［能力］
- "我有！假如你知道这有多么困难，你就会体谅些。"［信念］
- "什么！你认为我是个不体谅人的人！"［自我认同］

所以我们很快就可以由对环境的意见，提升到对自我认同的危机。

了解这些层级，对个人改进以及个人发展（包括交易技能提升）都很有用。改变在各个层级都是有可能的。问题是，哪个层级最有借力使力"柔道战略"的效果？也就是说，用最少的努力得到最大的成果。在信念层级的改变可以大大影响行为与能力层次，在自我认同层级的改变效果当然最大。你可以由上而下，也可以由下而上，其实各个层级很系统化地关联着。这就相当于中医的整体辨证。

有这么一个人，他从小就被认为不是手巧的人，一直到长大成年。应该自己动手做的，对他而言却要找个人来帮忙做。后来，在新环境里，他有个新的信念——不去尝试之前就认为某事不会成功是愚蠢的，而他不认为自己是愚蠢的人，他以前的信念完全消失了。只要他一直认为以前的信念是真的，那就会是真的。环境的改变，促进了信念、能力及行为的改变。

我们可能判断对了困境，但是我们可能关心错了问题。
——尤瓦尔·赫拉利

要解决某一层级的问题，最好是由另外一级着手。因为问题无法在制造它的那一层级就被解决。当你遇到"死火"或感觉迷惑时，辨别一下你是在哪一层级被卡住，辨认症结所在的层级：

- 你可能需要从环境取得更多信息。[环境]
- 你可能已有了所有信息，但不知道要做什么。[行为]
- 你知道要做什么，但不知道如何做。[能力]
- 你可能会有疑惑，你是否能做到，或值不值得做，而且这么做会不会与你既有的信念或价值观冲突。[信念和价值观]
- 或做那件事与你的格调不合。[自我认同]
- 有时，有人甚至可以再上一个层级，而得到精神的归属。[精神]

NLP 的基本任务就是去揭露人类的深层结构，以及我们是如何由这看不见的结构转化到表层结构进而与世界建立互动的过程。这里所说的深层结构就是 NLP 的前提假设。假设前提是探讨 NLP 的起始点，是 NLP 最富发展性的范畴。前面所讲的各个层级，即是假设前提产生作用的依据。什么是假设前提呢？

因为 NLP 是研究主观经验的科学，它不以真假来印证信念，而是看结果产生的效用。也就是说，它假设前提是真的，并按照这些前提去行动，注意所得到的结果是什么。由于我们无法知道世界上的每一件事情，所以我们的信念常常是我们对当时事物的最佳猜测而已。

可以说假设前提贯穿 NLP 的始终，这一点与我们以往的思维方式及传统的心理学有很大的不同，也极易使人产生误解。假设前提如阿里巴巴的那句咒语，我们没有必要去探究为什么是"芝麻，开门"而不是"花生、黄豆……"什么的，只要我们喊一声，看看那宝库的大门是否打开就是可以了。

假设前提是因为你假设其为真，并以此行事，但并不表示它们是真的或者放之四海而皆准。然而研究显示，假如你据以为真地行事，你会发现，你的生命变得更有效率和满意。

所以，并没有所谓正宗或传统的 NLP 假设前提的清单。下面所挑选的是一些比较常用和重要的，现列举如下：

- 人只对他们认为现实的"地图"做出反应，而不是现实本身。
- 我们以自己的"地图"来运作沟通。NLP 是改变这些"地图"的艺术，而不是现实的艺术。
- 人类的内在外在行为都是有目的的。所有行为都有其正向意图。看起来负面

的行为，其实是因为我们不知道背后的目的。

- 潜意识的心是仁慈的，潜意识的心似乎平衡意识的心。

- 有选择机会比没有选择机会好。为自己找一幅拥有最广阔、最丰富的选择机会的"地图"。拥有最多选择机会的人，也就拥有最多的思考与行为的弹性，会在任何互动过程中，拥有最大的影响力。

在 NLP 中，有四项主要的准则，如图 3-2 所示。它们分别为：一致亲和、目标设定、感官敏锐和行为弹性。这四项准则是神经语言程式学的四根支柱，它们构建了神经语言程式学的基础框架。如果说前一部分所述的为 NLP 的世界观，那么这一部分就是 NLP 的方法论。因为这四项准则为 NLP 其他方法与技巧提供了无限发展的可能性与操作的严密性。NLP 自始至终都以这四项原则为依据，这也是使其成为卓越心理学的重要基石，在追求外汇交易成功的过程中，甚至在成功外汇交易过程中，这四项原则是非常有指导意义的，假如我们设定了外汇交易绩效提高的目标，那么我们就要通过定期定量尝试一种方法，然后对这种方法的绩效保持高度的敏锐度，当觉得这种方法达不到目标时就应该迅速转向其他方法，开始新一轮的测试。另外，在外汇交易中我们追求交易日自身的内部一致与自身和市场的一致。

图 3-2　NLP 的四项准则

（1）一致亲和。一致亲和包括内在和外在两个领域，它是一种关系，特别是相互间（潜意识与表意识，我与他者）的一种高品质的信任与责任。它可引用在你跟你自己的关系，也可以引用在你跟他人的关系上。

先从内在的一致亲和说起。在你的生活中，有时候你的内心可能总是很矛盾，觉得被两种不同方向的力量所撕扯。你是否听说过这样的自我对话："有一部分的我要做这个，但总是有什么阻挡了我？"这就是亲和感的欠缺。

你的身心也有一种亲和度。你与自己生理的亲和感越强，你就越健康与舒适，因为你生理的每一部分合作无间。你越是与自己的精神面有强烈的亲感，你就越能感觉内在的祥和，因为你心智的各个层面都是统一的。而与精神层面的亲和感更能

产生一种对更大整体的归属感，超越个人的自我认同，也依稀知道自己的使命与角色。对于外汇交易者而言，获得与市场的一致感是最为重要的，这就要求交易者将自己的观念调整到市场的频道。

（2）目标设定。在 NLP 里，目标设定是一项完整的思考程序。跟"以终为始"和"明晰内心"有类似和交叉的地方。你不断追问自己或者其他人"我要什么"或"你要什么"，这与光问"有什么问题"是截然不同的。许多人都以问上述问题开始，然后，开始数落谁的错，在这种情景里，他们无法得到想要的，或帮助他人得到真正想要的。

对很多人来讲，"生命的意义为何"或"我们为什么来到这人世间"这些都是很重要的疑问。但是，我们有另外一个疑问需要你回答，然后先前的疑问才会有意义。

你提出问题的最终目的是因为你想要得到答案，你想要一些东西。所以我们建议你，可把上述的终极问题改为："你想要什么？"我们的每一个行为背后皆有其原因。虽然我们并不确知我们要的是什么，但是我们总是在要一些东西。这种情况非常普遍。比如当你饿时，你的目标就是要去找些吃的；当你累时，你的目标就是去睡。因此，NLP 又有一项假设：人类的行为都是有目的性的。你现在想要什么呢？从一个较宽广的角度来看，你是在履行一些使命。

你对想要或者所需要的东西，有长短期的目标。设定目标是使你成为你生命主导力量的关键。在教练过程中，目标设定也是被教练者要被引导去做的关键步骤。而无法达成目标的原因主要有三种：

- 那些目标可能事实上无法达成。
- 那些目标可能并无足够的激励性。$[M=V \cdot E]$
- 虽然那些目标是你想要的，但从一个较宽广的观点来看，又不是那么令人欲求。

要将一个目的转换成目标，使其更实际、更可达成、更富有激励性，你必须从下面的观点来挖掘它：

- 确认它是以积极且正向的方式表达。
- 确定有哪些是你要做的，有哪些是别人要做的。
- 目标越具体越好。
- 清楚地了解目标完成的证据。
- 想一想达到目标时，会有什么不好的结果或副作用。
- 认同你目前行为的正向副产品。

- 目标如何与你更大的计划相关联的？
- 这个目标有什么部分为次要目标？
- 你感觉这目标对你而言恰当吗？

（3）感官敏锐。NLP 的第三根支柱就是敏锐的感官，即使用你的感官，警觉于你所得到的信息。构成人类行为的基本模式的基本因素，主要是通过人们对环境的知觉系统的运作，即视觉、听觉、触觉、嗅觉与味觉。NLP 模式假设所有人类关注的环境和行为差异皆能以上述方式呈现。知觉类别是构成人类知识结构性的一个决定因素。我们假设所有即将产生的经验全能被规范于感官的组合。因此，我们选择了上述 5 种感官经验的表达方式。

传统心理学中，感官系统只被视为被动的输入机器的传统模式，NLP 则具有更多功能上的重要性。感官的信息或差异皆来自每项系统的本质、系统与心智的连接以及个人行为过程在输出上的调整。这些都会形成不同的表象系统。

"行为"在 NLP 中是任何与表象系统在任何阶段下之固定观念有关的活动。各种可以看到、听到或者感觉到的动作皆是行为。所有若分析"思考"的组成部分将包括感官特点的过程，如用"心"看、倾听内在的听话、对事物有感觉等。所有的输出当然也是行为——其所涵盖的细微行为输出，包括眼睛向旁侧移动、音调上的提高、呼吸频率，甚至争辩、生病，及踢足球等。

我们的表象系统构成我们自身行为模式的结构要素。人类的行为"词汇"组成所有经验内容，而次内容的来源不论是内在或外在，皆通过生活中的感官频道产生。

你用你的感官去看、听或觉察到底发生什么事情。只有这样，你才能确知你还在朝向目标的方向上。如果必要时，你可借助这回馈去调整你所做的事情。在我们的文化里，以这样子去注意信息是不平常的，但小孩子就是这么做的。其实我们可以像我们小时候一样，重新获得好奇心与敏锐度。

行情分析要求敏锐的感官。

敏锐的感官是愉悦的关键。因为愉快来自于完全使用你的感官，如品尝美食、聆听音乐、发现身边的美好等。你的感官越不敏锐，你对量的依赖就越会大于质。你的感官越敏锐，愉悦的可能性就越大。

（4）行为弹性。即拥有许多行动的选择。你有的选择性越高，你的成功率也越高。当你从感官得来的回馈告诉你，你不能得到你要的，你就改变行为。持续改变所做的事情，直到取得所要的结果。这听起来简单甚至是明显的，但有多少次我们所做的不与这刚好相反？

人们常常不会改变，只是继续做着更多相同的事情。这会出现许多结果，但都不是你所要的。或许，我们可以用更基本的方式来陈述沟通原则：如果你的做法无法获得预设的结果，就换另一种方式去尝试。如果你已经证明采用的方法行不通，则使用新的方法是比较好的策略。虽然这些原则听起来非常容易，却有许多人一次又一次受限于一两种技巧。

NLP 建议固定你的结果，使用你力所能及的所有变通的方法来朝着结果前进。这对你所要的任何结果都是有效的。对于你要如何达成结果，使用你的感官作为回馈来让你知道，什么让你更接近或更远离结果。如果你所做的事情没有发生作用，就做别的事情。

> 如果你一直做日内交易，但是十年下来都未成功，那么你为什么不尝试一下趋势跟踪交易或者价值投资呢？反之亦然。

我们对自己的经验是有选择性的。那些被删减掉的经验，不是不吻合我们要的，就是我们自认为不重要的。要完成一张地图，必先有所删减不可，因为你不可能巨细靡遗地完整叙述所有的经验。因此，你必须开始删减一些事情。

NLP 的主要知识就是上述的逻辑层级和四项原则，这两样工具帮助我们理解外汇交易的难点和要点，这些难点和要点在外汇交易中同时存在，而我们在前言中给出的那张图正是 NLP 带来的出埃及地图。

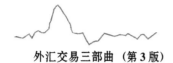
第四节　上善若水：NLP 和道家哲学

　　交易者追寻成功和维持高水平绩效的秘诀就是 NLP 四根支柱，这四项原则结合起来就能让你较其他学习者更快地提升自己的交易哲学和交易技能，最终提高自己的交易绩效。NLP 的四项基本原则在交易中的具体价值我们在上一节已经详细地介绍了，这里我们扼要地介绍它们与道家哲学以及两者与交易哲学的共同关系。本节的东西虽然抽象，但是你搞懂之后，对你的交易的最终层次将有很大的提升。

　　无论是 NLP 的四项基本原则还是道家哲学，其核心思想都可以利用水来表征。所谓"上善若水"（见图 3-3），不仅是道家顺其自然思想的总结，更是 NLP 基本思想和所有策略的总结。

图 3-3　上善若水

"上善若水"源自《道德经》第8章。水善利万物而不争，处众人之所恶，故几于道。居善地，心善渊，与善仁，言善信，政善治，事善能，动善时。夫唯不争，故无尤。宋王安石《老子注》说："水之性善利万物，万物因水而生。然水之性至柔至弱，故曰不争。众人好高而恶卑，而水处众人之所恶也。"元吴澄《道德真经注》说："上善，谓第一等至极之善，有道者之善也……盖水之善，以其灌溉浣灌，有利万物之功，而不争处高洁，乃处众人所恶卑污之地。"清王夫之《老子衍》说："五行之体，水为最微。善居道者，为其微，不为其著；处众之后，而常德众之先。"

水体现了道家顺其自然的哲学要求，所谓"道"与"德"都可以在水身上得到体现，交易讲求顺势而为，水就是顺势而为的典型。孙子兵法讲水因地制流，兵因敌制胜，避实而击虚，水寻找阻力最小路径，而市场也是按照市场阻力最小路径前进的，以最省力和最高效率方式来吸收基本面的信息，这就是外汇市场波动的一个根本特征。所以，上善若水，你要贴近市场操作，顺应市场，这样你才能以最小的代价前往你的目的地。

阻力最小路径如果简单地从技术上来讲，体现在均线上。

资金流如水，如果要想看出最大的趋势运动，则必须分析资金流的去向，一旦找到资金流的去向，交易就变成简单的事情了。水会逐渐流向低洼的地方，而资金流也会流向价值洼地，或者说收益最高风险最低的地方。资金汇聚的地方也就是单边走势最强劲的地方，单边走势在单位时间内较震荡走势运动幅度更大，这就使得单边走势提供的交易机会比震荡走势具有更高的风险报酬率（幅度更大）。另外，单边走势的确定性较好，震荡走势的随机性太强，容易出现扩散形状的N字，如图3-4所示。这就使得震荡走势不太容易为分析方法和仓位管理方法所驾驭。为什么这样说呢？因为震荡走势很可能在创出新高后马上创出新低，然后再反抽，这就使得无论是突破交易者还是区间交易者都处于两难困境中，止损很容易被打掉。有人会

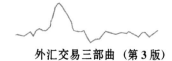
讲可以不设定止损啊？但是，你怎么知道行情不会突破你的账户承受能力，事前谁敢百分之百地肯定它是扩散性震荡还是不规则震荡。

规则性的震荡走势主要是逐步收敛型，比如水平三角形等，或者是区间规则震荡，比如矩形等宽幅规则震荡走势。而不规则震荡的随机性很强，风险不容易控制，利润却又少得可怜。面对这样的行情，你去做又有什么意思呢？即使那些风险容易控制的规则性震荡走势，其利润幅度也很小，盈亏比或者说风险报酬率很低。资金是有时间成本的，单位时间内实现最大化的利润增值就要求我们把资金投放在风险报酬率高和胜算率高的品种上，这种品种必然是单边走势的。

怎么找到单边走势？分析资金流很重要，上善若水嘛，资金流善于找到和创造真正的单边走势。外汇市场存在阶段性热点，这些热点持续时间长则几个月，短则几天，一段时间内必定有那么一两个外汇品种是热点。交易者不去新兴热点上下功夫，那么就很容易被随机震荡走势耗死，被规则震荡走势降低绩效。

单边并不是直线走势，而是说有显著的推动浪。

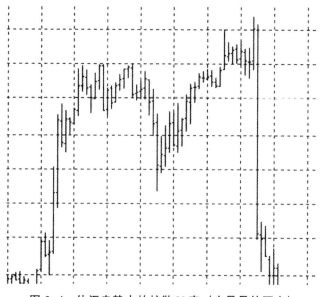

图 3-4　外汇走势中的扩散 N 字（交易员的死穴）

资金流是水，你就要学习资金流的特性，跟随它一起走，而且不能落在太后面。要紧跟资金流，就必须具备一点预见性，比如中国持续加息后商品货币下跌，而且一跌就是趋势性的，单边下跌。这是多么好的机会！单边走势胜算率高，利润幅度很大，而止损也不用像随机震荡走势那么大。

上善若水是道家的"图腾"，NLP也可以用这个图腾，为什么呢？NLP讲目标设定，水是目标性非常强的，比如河流绕来绕去都是往海平面走。交易者也是这样，目标要明确，很多交易者没啥目标，没有一个明确的计划，几年下来水平还是那样。

NLP讲行为的弹性，水因地制流就是弹性的最好表现。很多交易者经年累月学习外汇，但是都在一个死胡同里打转。典型的是把各种技术指标都把玩个遍，找不着北，接着回去还是在技术指标上琢磨，希望找到宝贝，这真的成了执迷不悟。

所谓"执迷不悟"，其实就是典型的行为缺乏弹性，思想行为缺乏弹性，念头转不过来。NLP讲敏锐的感官，水对障碍物是非常敏感的，交易者对自己交易策略的绩效必须敏感，对于交易策略各个部分起到的作用必须敏感，对于市场大环境的变化必须敏感。如果市场大热点都转换了，由套息交易转向避险交易，你还在高息货币上天天操作，你就是睁眼瞎了。NLP讲一致和亲和力，道家讲天人合一，儒家讲仁，交易界讲跟随市场，水是最具亲和力的，这是它们的共同点。

所以，一个最伟大的交易员应该向水学习，顺势而为，避实击虚，跟着热点转换走，多反省多总结，保持对市场和自己的敏锐观察力。

第五节　我们不应忽略了最好的交易哲学，华人交易员的瑰宝：孙子兵法

西方人研究战争，从战争研究到广义的博弈论。博弈论的发展不断贴近现实，什么演化博弈、信息不完全的博弈等。其实在博弈当中，环境（支付矩阵）、参与者和参与者可以选择的行为都在发生变化，包括博弈当中的信息都是动态的，信息离不开参与者的干扰。博弈论现在还无法完全将博弈中的各个要素复杂化和动态化，交互作用更是难以做到符合现实。但是，孙子兵法却用最朴素的语言告诉了我们如何直接去应对最复杂的博弈环境。

金融交易与战争差不多，战争失误直接导致重大伤亡和战略损失，而金融交易失误直接导致重大金钱损失和信心丧失。一般人爱把金融交易看成聪明人两天就能学会的数字游戏，稍微有点经验的人则把金融交易看成是做生意，其实这些都不对，做生意还能共赢，还能靠意志、靠炒作和关系经营起来，交易那绝对是一个人的战争。

所以，一个明智的人应该将交易看成是参与博弈，而不是做生意和解答有唯一答案的数学题。交易是一种概率游戏，这是我们在《外汇交易圣经》当中讲的一句话，其实深层地讲交易与 3D 彩票绝对是两码事，它是一个"零和博弈"的问题。

零和博弈听起来很学术化，其实你照着孙子兵法的方针加上对期望值的了解，你就能比其他人更快地掌握如何取胜。当然，几个月就想掌握是不可能的。将孙子兵法牵强附会地逐字逐句与交易契合是不可取的，其实把握到孙子兵法中的几个关键内核，落实到交易的全过程就非常不错了。下面我们将结合孙子兵法的部分原文讲解一些对于外汇交易有实际意义的内容。

在利用孙子兵法方面，西方有一大批杰出人士，比如《间接战略》的作者利得·哈特、期货交易大师克罗等。而在国内，所谓孙子兵法的研究实际上停留在训诂和例证的层次，无非就是用白话文对孙子兵法解释一遍，或者以唯物主义辩证法批判一下，或者是为兵法条文找一些古今中外的实例，基本没有著作是从学术超越的角度去分析孙子兵法的，这不能不说是糟蹋了祖宗的宝贵遗产。下面我们就转入正题，看看孙子兵法为当代外汇交易者指示的战胜不复之路。

"夫未战而庙算胜者，得算多也"，这句条文基本上现有的训诂解释都是错误的，得算多的算不是计划，不是说你计划得多你就能取胜，这句条文出现在"计篇"，这里的"计"不是谋划而是计算和衡量，看自己取胜的条件有多

价值性投资可能出现非零和博弈吗？严格来讲如果信息对称，大家又是足够理性的，那么价值投资毫无利润可言，正是因为多数人的信息不对称和认知偏差才给了巴菲特和约翰·内夫以及彼得·林奇以获胜的机会，说白了就是他人因为愚昧短视而失去的正是价值投资者获得的。

少，得算多也就是讲取胜的条件很多。孙子兵法认为"胜可知，不可为"，不是说你主动去谋划就能强求来胜利，因为"不可胜在己，可胜在敌"，要对方给你机会你才能战胜对方。所以，国内那种普遍将"计篇"的"计"解释为谋划是错误的，计就是统计和权衡的意思，看看自己条件怎么样，如果取胜基础不错，那么就可以谋划了，这就是接下来"作战篇"和"谋攻篇"要解决的问题。

"计利以听，乃为其势，以佐其外"，就是说取胜的有利条件和资源已经知晓，就需要将这些条件和资源充分调动和积极优化，以便形成一种主动的态势来进行战争。孙子兵法从来没有说过谋划得周密就能取胜，不少训诂派的人都把"计"和"算"看成是谋划，认为谋划得多就会胜利，不谋划就会失败。其实，孙武是顺势而为的大师，"胜于易胜者"，"昔之善战者，先为不可胜，以待敌之可胜。不可胜在己，可胜在敌。故善战者，能为不可胜，不能使敌之可胜。故曰：胜可知而不可为。"

怎么可能认为谋划就能改变整个战事的局面呢？谋划是取胜的必要条件而不是充分条件，交易也是如此，能不能赚钱不是你说了算，还要看市场。交易者能够做的就是对盈利的市场条件进行及时的评估，抓住那些风险报酬率和胜算率都比较理想的机会，然后设定好止损，先让自己立于不败之地，然后才是等待市场让自己赚钱。

无论你计划得多么周密，与你最终能不能赚钱都没有直接确定的关系，只能说你计划得越周密，越能让自己立于不败之地。交易的行情分析就是评估自己"得算"如何，也就是胜算率多少，盈亏比多少，如果盈亏比高，胜算率高，就符合孙武说的"得算多也"，那接下来就通过仓位调整来创造一种实际的态势以便自己获利。这就是"计利以听，乃为其势，以佐其外"。

"知己知彼，百战不殆"讲求的是内外都要明白，一个好的交易者不仅对市场非常清楚，而且对于自己的状态也

"非赢不可"和"一点也输不起"的人都有"胜利强迫症"。

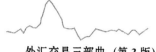

要非常清楚，否则是做不好交易的。在真正开始交易之前需要进行行情分析，知道市场和其他参与者的情况，这是知彼。行情分析只要按照系统的思维展开，就不会有太大的失误，因为系统性思维已经放置了你的"失察"。但是，好的交易往往需要建立在交易者的内心世界之上，你如果对自己不了解，对自己的风险偏好、自己的交易观念和习性不了解，那么你随时都可能在进行行情分析和仓位管理时为自己打开例外的大门。所以，一个交易者对外要看到市场随机强化的一面，对内要看到自己倾向性偏好的一面，这样才能防止"内鬼开门揖盗"。

"知可以战与不可以战者胜"，什么时候可以交易，什么时候不能交易。当这笔交易的期望值很小甚至为负的时候，就不能进场；当这笔交易的期望值是正的而且比较合理时，就应该进场。也就是说，当剖析了取胜的条件之后，需要在此基础上决定是不是参与到战争中或者说是不是发动战争。外汇交易者的行情分析就相当于"校之以计而索其情"——以度量的方式找出取胜条件的实际情况，而"知可以战与不可以战者胜"则是在行情分析的基础上，根据凯利公式（或者说期望值）的原理分析在目前的行情走势下是不是能够进场交易。

这句条文其实就是在讲仓位规划：仓位可以是负的，那就是了结此前的头寸；也可以是零，那就不新建头寸；也可以是正的，那就进场建立新的头寸。

"合于利而动，不合于利而止"。这句话其实是说符合有利原则的就可以采取行动，不符合的就应该放弃。交易当中的有利原则是什么，主要是凯利公式隐藏的原理，当然也包括复利公式。符合这些公式原理的行情，我就进场买卖，不符合我就放弃这个机会。

"识众寡之用"说白了就是资金配置和仓位管理的问题，如何配置兵力与如何配置资金具有异曲同工之妙。打仗要分配兵力，这个很重要，直接关系"避实击虚"，大家都懂，那为什么做交易要分配资金和分仓操作却没有几个人在乎呢？既然兵力配置能决定战事的最终结果，那么资金配置不能决定交易的最终结果吗？

"激水之疾，至于漂石者，势也。"从高处飞流而下的水，力量之大可以推动石头，这是势的作用。可见，不是水本身具有推动石头的力量，而是势，水只是借用了这样的势而已。

"故善战人之势，如转圆石于千仞之山者，势也。"他为什么要在高山上转圆石，不在平地上转？平地上没有势能啊！"故善战者，求之于势。"所以，懂得运用势的人，是善于借用势的力量的人。在外汇交易中我们要顺势而为，这就回到了上善若水的境界，水是最具韧性的东西，世界上最硬的东西也抵抗不了水的侵袭。

孙子兵法讲的是什么，我看讲的是交易，打仗也是交易，用我多少兵力资源来换他多少兵力资源，如果损失我1/4兵力可以消灭他3/4的兵力，那么这就是好的交易。为什么呢？因为这是一笔盈亏比为3∶1的交易，况且胜算率还很高，超过了80%。

孙子兵法讲了行情分析的重要性，讲了仓位管理的重要性，讲了如何进行行情分析，如何进行仓位管理，如何针对不同的行情走势（"九地"）做出有针对性的仓位管理策略，这就是高明的交易大师。

杰西·利弗莫尔的思想比起孙武也差远了，首先一句"昔之善战者，先为不可胜，以待敌之可胜"，就把杰西·利弗莫尔比下去了。杰西·利弗莫尔几起几落，最终结局也很悲惨。为什么会这样？因为他违背了孙武的这句良言。

孙子兵法的内涵很深很广，如果你能够从充分运用行情分析和仓位管理的角度去看待它的条文，加上你比我聪明的大脑，最后将收获远胜过于我的感悟，而这些感悟最终将变成真金白银的利润。

第六节　我所认识的顺势交易者和水：给未来最伟大交易员们的忠告

交易是一件很严肃的事情，不是光凭"门萨国际"的智商就能搞定的，如果你不去改变自己，捅破市场的面纱并顺应趋势，则你永远都找不着北。

要想成为一个伟大的交易员，就必须在去掉"我执"方面下功夫，不要为了证明自己是最优秀和最聪明、最有尊严的人而交易，那样你永远找不到真正的交易盈利之路。

放下"自我"这个沉重包袱，这样你才能取下有色的眼镜，然后看清楚市场的本质和交易的本质。其实，交易

成败得失荣辱生死，根基皆在我执。

并不复杂，无非就是一个"期望值"，为什么你从来看不透这点，为什么你看到的是另外的东西呢？

你所执着的是像机械系统一般精密准确的市场和交易策略，但这恰恰步入了死胡同，因为一旦你想要把交易变成确定性的事务，最终的失败就注定了。艾略特波浪理论、江恩理论为什么葬送了这么多新手的前途，不是这些理论本身的问题，而是新手很容易认为市场真的会按照这些理论精确地运行。学会顺应市场的混沌特征，学会顺应交易的概率本质，这才是伟大交易员的成长之路。

伟大的交易员必须具备水的韧性，进入交易这个行当最终留下来能够持续获利的未必是最聪明的人，具有多强的韧性才是决定一个人能不能在交易界立足的关键。交易学习是一项技能，就跟学滑雪一样，理论上你搞得再怎么清楚，也必须在实践中运用一回才行，而运用这么一回你才发现很多理论上的东西自己还没有搞清楚，稀里糊涂就把单子给下了。

在真正开始盈利之前，百折不挠是最重要的精神，心里装着持续盈利的目标，不停地做，不停地思考，当所有的关口过了你才能真正地开始盈利。所以，在真正达到目标之前，你可能一直看不到自己的实践成果，很多时候是一种精神上的豁然开朗。

如果你没有韧性，对自己又抱有很高的期望，几周做下来，放弃交易就成了必然的选择。我看到过的最优秀的交易员头脑肯定不笨，而且算得上聪明，但是他却告诉我当初一起入行的有几十个人，他头脑不算最聪明的，最聪明的人早就放弃了交易后来回到大学读博士，现在在学校任教，自己是这几十个人里面唯一成为靠交易为生并且收入最高的人。当初一起进入这行的人半年之内基本上就退出了，因为远远达不到当初的期望，没想到交易就像无底洞，付出了很多就是看不到起色，结果就他坚持下来了，整整五六年才有了正果。现在他是这几十个人当中收入最高也是最自由的一个人，但是当初的那些付出谁又能够做到呢？从这个故事可以看出，交易这项技能的掌握靠的是韧性，而不是投机取巧的聪明。踏踏实实地一路走过来才能成就最后的胜利。

伟大的交易员必须具备水一样的敏锐，及时地看清自己和看清市场。人习惯往外看，但是往往看不明白还自以为很明白。为什么会这样呢？因为你自己戴着的有色眼镜一直在发挥作用，所以要想看清楚外面，首先要看清楚自己，把自己搞定了才能搞定外界。

在采纳一个新的交易系统时，开始的注意力往往集中于有效的方面，这就是人的特点。这个特点你注意到没有呢？没有的话，你就会被它控制，刚见到一个系统觉得这个系统特别好，过了好久才发现其实根本没用，这就是人的内在特点阻碍了你去把握外在的真相。内省的能力对于一个人非常重要，伟大的交易员必须养成内省的习惯，自己都看不明白，你怎么可能看懂市场，怎么可能搞懂交易是怎么回事呢？

阻碍你盈利的不是市场，甚至不是对手盘，而是你自己！

伟大的交易员必须像水一样变动不居，为了达到目标可以不停地调试行为。目标只有一个，那就是持续获利。那么行为呢？行为需要挑选，调试行为看它能不能达到最终目标。

一个交易策略能不能持续盈利，怎么挑选，这就是一个挑选交易行为的过程，其实你看这个交易策略的交易期望值就知道了。你分析下它一段时间的胜算率和风险报酬率，然后简单计算一下就知道期望值是多少了。很多人老是固执于某一种特定的方法，比如蜡烛图什么的，但是他却从来没有统计过自己固执的这项技术究竟有多高的盈利期望值。其实，统计自己交易方法盈利期望值的人可以说是凤毛麟角，少之又少。别人不做的，你做了，你就是赢家，这就是交易界的最大规律。当然违法和不道德的事情可不能去做，那是在用自己的前程和良心做本钱去套利。

上 部
外汇驱动分析的精髓
——大处着眼预测

基本面分析在确定价格目标方面明显优于技术分析。

——范·K. 萨普

第四章　驱动分析和基本分析的区别

从本章开始，我们就进入了行情分析的部分，这是大家喜欢听的部分。但是基本面分析在投机交易者这里很不吃香，他们认为这些东西没有什么用处。"价格包含吸收了一切"，如果把基本面掺和进来只能使结果变得更糟糕。

我不知道最初谁在说技术分析者不能采纳基本分析，不能结合起来使用，也许是约翰·墨菲吧，但是他是理论家不是实际操作的人，你看他靠交易赚了几个钱，没有吧？我认识的至少两个以上非常成功的日内交易者都是将技术分析与基本分析结合起来使用的，当然主要还是中篇要介绍的心理分析与技术分析的结合。外汇交易中不看基本分析，纯粹看价格走势，那你能在重大数据公布前做好风险控制准备吗？知道基本面你还能知道最近有没有行情可做，如果连着几天各大市场都在放假，消息面清淡，你还死守着技术面有什么意义呢？

基本分析往往被等同于听消息：听到和看到好消息做多，听到和看到坏消息做空，这怎么可以叫作分析呢？基本分析的结论必须具有一定的前瞻性，同时还必须以历史的视角来看待某一特定的数据，否则，孤立来看你怎么能够轻易地下结论呢？将基本分析等同于看看新闻，看看数据预期值，这就好比知道价格的现值就叫技术分析一样。

基本分析是如此地被人误解和误用，将一些乱七八糟

对短线交易者而言，极少数非常重要的消息是要求空仓或者轻仓的。

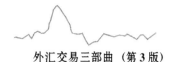

的非价格因素的东西都划了进来，然后加上一些子虚乌有的"罪名"。为了让大家知道基本分析的真正意义和对市场的真正作用，我重新以"驱动分析"来命名它。这个驱动分析可不像基本分析那样定义不清、界限含糊，驱动分析要告诉你的是如何先于大众找到主流资金的动作，毕竟主流资金不可能来玩日内交易，资金量决定了它们的进出需要一定的时间，同时它们也不敢与大趋势对着干，而最大的趋势来自于基本经济状况。

英国政府当年不顾经济状况维持英镑高利率，最终还是失败了就是这样一回事，对冲基金不可能说因为某个技术形态好就敢把资金投进去而对抗基本面的严重恶化。价格虽然吸收了一些东西，那也是大众和主流基金意识到了一些信息，说吸收了一切，这完全是自欺欺人。

不知道当初是谁总结了这些害人的东西，既然价格吸收了一切信息，那么金融市场就是完全有效的了，那你还能赚什么钱啊？吸收了一切则价格随时都是合理的，既然是合理的，那就不存在观念分歧，没有分歧，哪里来的买卖，估计只有那些急需现金的人才会买卖了。下面，我们就来展开本章正式的部分。

第一节　为什么我们的基本分析如此无能

关于外汇交易的基本分析，国内做得好的还是有一些，当然我们这里就不好帮别人做软广告了，大家自己会辨别出来的。但是大多数基本分析都很差，不光是效果差，连内容和形式都让人认为与技术分析简直不是一个水平。为什么会有这样的情况发生呢？原因是多方面的。

第一个原因是很多分析师就不是搞宏观经济学出身的。很多分析师可能都是半路上加入这个职业的。当然现在有

基本分析难学，技术分析难精。

不少经济学专业毕业的人来做外汇分析师，这是非常好的趋势。

不过，主流的这批外汇分析师并不精于宏观经济学，很难对汇率走势做出深刻的分析和独到的见解，所以汇评大多是把所有金融市场的涨跌报道一遍，把市场的利空利多消息陈述一遍，然后给几个技术价格，向上突破做多，向下跌破做空，就完了。往往你看完汇评后，自己也没有搞清楚到底结论是什么，这就叫看得越多越茫然。

好的外汇分析师会让你围绕一个观点展开，这就是汇评的中心思想，其他的材料都围绕这个观念，为什么他能做到这点？因为他把东西看得透彻，其来龙去脉一清二楚，所谓纲举目张嘛。差的外汇分析师就像消化不良的人一样，他看了很多东西也没有怎么看明白，然后直接吐出来了，所以他不能起到一个转化的作用。什么是转化？就是将散乱的事实和数据组织一下，让我们看得明白。

技术分析就简单了，就算你只会用趋势线和 MACD 这两样，你也能有模有样地对行情分析一番，别人看起来也觉得挺清晰的。正因为基本分析比较考功力，所以大部分分析师做不好。自然基本分析也就为人所诟病了。其实，只能说基本分析确实不差，只是能做好的人不多。技术分析就像廉价商品一样，谁都能买，基本分析就要看个人的条件了。不过，有效的技术分析也并不简单，只是技术分析更容易比基本分析装得专业些。

第二个原因是基本分析一直被认为不能与技术分析结合。这种说法还挺流行的，把这个当真理一样在我面前坚持的人，好像没有一个是能够持续赚钱的。技术分析就应该纯粹，这个不能算错。曾经有人完全靠技术分析"发家致富"，但是不能以此断定它与基本分析结合起来就会搞糟。

其实，按照查理·芒格的格栅理论，多一个视角交易者的优势便增加一些，怎么可能会搞糟呢？毕竟，基本分析和技术分析都属于行情分析，相当于中医里面的望闻问切之分，相互之间是补充作用。分析就是信息获取手段，不存在多一种手段就坏事的。中医和西医不能相互扭曲对方的体系，这个没错，但是这不排除西医为中医提供一些诊病信息。

第三个原因是很多炒汇的人没有这个功底去解读经济状况。做基本分析的分析师可能曲高和寡，为什么呢？因为受众可能不太看得懂你在写什么，而且受众可能也觉得基本分析没有技术分析离价格近，因为越近意味着可以直接参考下单。

第四个原因是基本分析往往缺乏统计性和历史连贯性。就事论事，缺乏背景，一个数据单独放在那里，不讲环比，不给出过去的走势，有点像瞎子摸象。现在这

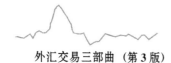

种情况已有了一定改观，因为有个别比较好的网站开始对经济数据制图，这样你就看得出经济数据的技术走势了。

其实，基本面可以定量化，定量化了就可以用技术分析的手段，这也表明两者并不互斥。经济数据的走势也存在趋势，技术分析的工具完全可以用上，比如移动平均线、周期性分析工具等。我就曾经利用技术分析的双底来分析中国 GDP 数据走势。

第五个原因是基本分析侧重于报道已经发生了什么，侧重于对已经发生的价格走势给出解释，前瞻性的部分不够。技术分析师胆子很大，希望预测，其实技术分析的预测价值不大，其价值在于为分析市场的交易结构提供解剖工具，重点是提供支撑阻力线。

基本分析的预测价值很大，不然保尔森和索罗斯也不可能赚这么多钱。但是，目前外汇市场上，特别是国内外汇分析师的基本分析侧重于讲过去发生了什么，或者就是简单地列一下财经日历表。前瞻性不够，把握不到近期的主流趋势和可能的新兴热点，当然也就找不到最大的单边走势。

第六个原因是面向散户的外汇基本分析的发展长期落后于技术分析，缺乏能够为散户方便采用的基本分析策略，现在的基本分析更像是无招无式的乱打，难听一点叫"乱弹琴"。

把一些发言和数据报道出来，这就是基本分析了，好的加上几句利多利空的分析，或者对比一下期望值和实际值。外汇基本分析的发展基本上还停留在一堆文字的叙述上，其实基本分析完全可以和技术分析一样形成一定的工具和模式，甚至定量化也不是什么难题，但是很少有人愿意这样去操作，主要是动起手来比技术分析有障碍得多。

第七个原因是现在的基本分析缺乏系统性和全局性，东列一条消息西列一条消息，没有中心，没有组织逻辑，什么因素影响大一些、长远一些，我们无从得知，看完之后，感

不懂题材，不可投机。

觉是一半在说利多，一半在说利空。看完汇评的结果就是不了了之，最终什么也没有得到，感觉不如技术分析那么言简意赅，单刀直入，缺乏明确性和唯一性。

要解决上述这些问题，关键还在于要让纷繁复杂的信息经过一个模型的处理，最终得到一个明确有指导性的答案，这个答案要告诉我们资金流向的品种，最可能出现单边走势的货币对，这才是基本分析的要诀。

在一段时间内，国际外汇市场与股票市场一样，肯定存在一个阶段性的热点。你要学会在热点的初段和中段介入，如果你等热点都广为人知的时候才介入肯定就是接最后一棒的人了。

基本分析可以为你深谋远虑，心理分析可以为你解近忧，技术分析可以照顾当下，当你这样去看待三种相互衔接的行情分析技术时，你就能做到最好。

问题是不是这样的呢？相信你看了我们整本教材之后就能看到这个问题的确切答案。当然，见解决定层次，本书不少读者的见地在我们之上，所以最终找到超越我们见地的答案也是很正常的，只是希望大家能够超越既有的基本分析，更重要的是超越一般人对技术分析的成见。

第二节　系统思维的关键：来自 NLP 的智慧
——外汇逻辑层次分析矩阵

基本分析缺乏系统性，当然这里的基本分析专门指外汇市场的基本分析，股票的基本分析严格来讲已经具有很高的系统性了。格雷厄姆的《证券分析》初步奠定股票基本分析的基础。

但是，外汇市场的基本面分析一直没有很好的基础，这使得不少外汇交易者面对纷繁复杂的消息面时无从下手，

抓不住主要矛盾，不可轻举妄动。

同时自己也不知道如何看一些既有的汇评。对于外汇基本面分析，著名的基本分析行家凯西·莲恩在这方面有卓越的建树，但是很可惜她的这方面工作还没有人继续开展下去。她的主要贡献是归纳出了影响外汇波动的五项因素：地缘政治、经济增长、利率变化、贸易和资本流动以及商业并购活动。但是，这五项因素并不具有同等重要性，所以我们引入 NLP 的逻辑层次，将重要性进行了排定，请看图 4-1。

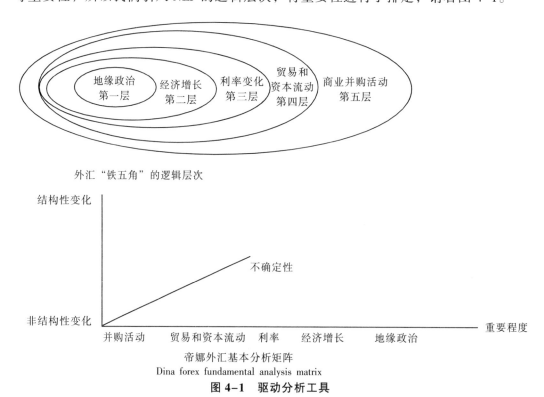

图 4-1　驱动分析工具

越是重要的驱动因素越是靠近里层，第一层地缘政治是最核心的因素，第二层则是经济增长。当然，知道要素的重要性还不行，我们还要知道某个重要的因素发生了结构性变化没有。比如你知道利率升高了，但是利率如果进入了长期加息的通道则代表发生了结构性的变化，也就是说对汇率变化的影响是持续的。

非结构性变化对汇率的影响是暂时的，比如英国伦敦恐怖袭击，虽然属于地缘政治层面，当时引起了汇率的剧烈波动，但是由于英国的国内安全并没有发生结构性的变化，所以此后汇率很快恢复到此前的走势中去。

所以，我们在分析五个驱动因素的时候需要在结构性变化和重要程度两个维度上展开，一个基本事件属于非常重要的一类，但是由于属于非结构性变化，所以在当时引起剧烈的汇价移动；一个基本事件属于非常重要的一类，但是由于属于结构性变化，所以会在当年一段时间内持续引起汇价的波动。比如单次加息属于非结构性变化，进入加息周期属于结构性变化，前者引起汇率的暂时波动，后者将引起汇率的持续运动；比如一个季节 GDP 数据公布出乎意料属于非结构性变化，但是如果连续多个季度 GDP 数据显示经济在复苏，则属于结构性变化，前者引起汇率的暂时运动，后者将引起汇率的结构性变化。

当然，也可能存在一种情况，就是我们在《外汇狙击手》当中介绍的"投机—趋势"结构，一个消息公布后，汇价快速上升（下跌），形成一波上扬走势（下跌走势）之后开始下挫（上扬），底部企稳（顶部受压）后开始一波很长的上涨走势（下跌走势）。这种情况就是兼具了结构性变化和非结构性变化两种作用力，投机客短线获利后利用消息利好迅速了结，而趋势交易者解读出结构性变化于是进场买入，一直将汇价推升到合理位置才退出。

驱动分析的逻辑层次仅仅表明了五种驱动因素的重要程度差异，而"帝娜外汇基本分析矩阵"却增加了两个维度，一个是上面谈到的结构性变化维度，另一个是确定性—不确定性维度。当一项重要的数据不确定性越强的时候，其影响力越大。

汇价会在重要数据和事件之前运动，其实是汇价在根据不完全信息走预期行情。不确定性强，汇率容易出现炒作空间，自然也容易导致汇率走出较大的预期行情。不确定性意味着想象空间，想象空间越大，行情越大，当没有进一步想象空间的时候，行情也就完结了，这时候通常都是因为数据的实际值公布击碎了期望值。

从图 4-1 中我们可以看到，驱动分析矩阵包括三个维度"结构变化—重要程度—确定程度"，其中最为重要的维度是"重要程度"，上面分布着五个层次的驱动因素。当你进行驱动分析时，通常是快速浏览已经发布的一些信息和分析，这时候你要有意识地把它们归到"帝娜外汇基本分

预期行情和预期修正行情是怎么划分的？

析矩阵"当中，在这个三维坐标中，一个点构筑的体积越大，则最终的综合影响力就越大，就越值得我们跟踪，看它处于大众视野的什么位置，是潜在热点，还是新兴热点或成熟热点，这样就把驱动分析推进到了心理分析这一步。

下面，我们来看一些具体的归类，主要是在重要程度上归纳，慢慢熟练后可以兼顾确定性程度和结构性变化程度的归位。下面是我们阅读一些即时新闻和汇评后做出的快速归位：

地缘政治：【新闻A】法国巴黎银行（BNP Paribas SA）本周表示，由于英国财政状况不断恶化，使英国主权债信评级遭下调的风险不断上升，加之近期英国政局动荡打压了外国投资者的投资热情，预计英镑/美元2010年将下滑12%。花旗集团（Citigroup）指出，在未来数月内主导英镑命运的，很有可能是市场对该国公共财政的担忧情绪以及该国2010年大选结果的不确定性。

【新闻B】上周五欧元遭受里拉崩跌、美元走强双面夹击的"池鱼之殃"，在盘内下跌约120点，从上周五开盘时1.1527的高位，层层下跌到盘尾交投于1.1400上方。国际清算银行的数据显示，土耳其借款人在西班牙银行欠款高达833亿美元，法国银行384亿美元，意大利银行170亿美元，不仅投资者对于这些欧洲银行持有的里拉的风险敞口感到担忧，欧洲还面临着是否对土耳其伸出援手以免引发地缘政治危机的风险。这些担忧令上周五欧洲地区的主要银行股价都经历了约3%的下跌，全线拉低欧洲地区股指。

经济增长：【新闻A】白宫经济顾问罗默（Christina Romer）表示，虽然12月就业数据相对11月来说是个"倒退"，但大趋势仍是积极的。美国劳工部发布的12月失业人数高于预期，索利斯表示，恢复就业的相关立法已经令美国避免了可能发生的巨大失业灾难。

【新闻B】2008年金融危机之前，中国经济增长率和劳动生产率增长均大大高于美国，人民币汇率升值压力很大。金融危机以来，特别是2012年之后，中国经济增长率呈现下降趋势，劳动生产率增长放缓，人民币贬值压力出现。

利率变化：【新闻A】英国央行决策者暗示，或许至少2010年2月前都将按兵不动。届时将得到新的经济增长和通胀预估数据，且资产购买计划也将到期。多数分析师预计，量化宽松规模不会进一步扩大，意味着下月就将结束该计划。但离决策者对经济增长抱有足够的信心并开始加息还有一段时间。周五（8日）非农数据公布之后，美国联邦基金利率期货暗示，美联储在2010年年中加息的概率有所减小。数据显示，美联储2010年6月加息的概率为22%，上周四的概率为30%。

【新闻 B】欧元区经济增长相对平稳，通胀有所回升，但近两个月以来通胀波动明显，是否形成回升趋势仍需进一步观察。欧央行 7 月会议明确了 QE 将于年底结束，但并不坚决，表示如有需要，仍将进行到期债券再投资，德拉吉表示贸易不确定性仍然存在，同时预计下半年经济增长，通胀不确定性会消退。（在笔者看来，欧央行这一判断是否成真仍需继续观察）

资本流动：【新闻 A】美国财政部最新公布的国际资本流动（TIC）报告显示，截至 2009 年 7 月，各国官方持有美国国库券与长期债券净增 299 亿美元。中国共持有美国国债 5187 亿美元，较 6 月大幅增持 149 亿美元，中国仍是美国国债第二大持有国。同期，日本持有美国国债最多，为 5934 亿美元，较上月增持 96 亿美元；英国为第三大持有国。各国央行增持乃是形势所迫，不得不然，否则，美元下挫，亏损更大。

【新闻 B】7 月银行结售汇逆差 630 亿元，其中，银行代客和自身结售汇逆差分别为 29 亿元和 601 亿元。可见，银行自身结售汇逆差规模较大是整体逆差的主要原因。7 月结售汇重回逆差与人民币连续贬值下市场主体推迟结汇、加大购汇有关，但代客结售汇逆差规模并不大，加之当月外汇储备和外汇占款环比上升，说明跨境资金流动形势总体仍较平稳。

跨国并购：【新闻 A】8 月发生的与澳元有关的最大并购案，是中国华东地区最大煤炭生产企业兖州煤业对澳大利亚 Felix 资源公司的收购。德意志银行（Deutsche Bank）驻纽约货币策略师 Adam Boyton 表示，"并购属于利好"，这有助于乐观情绪，但目前这场并购潮可能已经接近了尾声。他同时指出，并购潮更有可能体现为澳元和加元此前上涨原因的解释，而非未来趋势。巴克莱资本的 Aroop Chatterjee 表示，"当我们关注加元时，应对其外商直接投资（FDI）流入感兴趣。"自上个月以来，巴克莱资本就注意到了加元的强势上升和瑞郎的持续走弱。瑞士龙沙集团（Lonza Group AG）通过借入瑞郎这个融资货币，在化工和生物实施科技领域积极并购。值得注意的是，8 月加元在即期市场上兑美元走弱，不过分析师把这视为获利回吐。巴克莱驻东京分析师 Yuki Sakasai 在一份研究报告中写道，"另一方面，由于这些并购交易很少由美国和欧元区公司发起，因此对美元和欧元没有什么影响。"美元指数在 8 月出现反弹，但这主要来自于美国公司出售其海外资产。

【新闻 B】中国富豪李嘉诚旗下财团以 45 亿欧元的价格收购了德国的计量和能源管理集团依斯塔（Ista），这是德国 2009 年规模最大的收购案之一。

你一定要养成一种习惯，就是将看到的新闻迅速归入五类中的一类，最好用一句话概括它们，然后写在纸上。当所有信息被迅速归类之后，你就可以从最重要的信息开始评估，一直到外围信息，最终确定综合的驱动力是单边还是震荡，如果是单边的话，是上涨还是下跌为主？同时，你还可以为心理分析做一些准备，看一下哪些驱动因素是潜在的热点，哪些驱动因素是新兴的热点，哪些驱动因素是成熟的热点，这样你就知道提前关注特定大行情的来临，观察的方法是看潜在热点是否在参与者中出现，汇评和新闻会告诉我们潜在热点是否开始传播，同时查看价格表现是否有所动作。

下面我们来看一个不完整的驱动分析范本，这是 2009 年 12 月 22 日的外汇驱动分析不完全范本（见图 4-2），当时分析并没有完成。但是，你可以看到我们将当前的一些有关英镑和美元的重要驱动面因素放在了相应的驱动层次上。同时，我们还把一些重要因素在矩阵上标示了出来，比如"英国第三季度 GDP……"分析矩阵没有构建确定性这一维度，是为了让大家先感受下简单版的驱动分析。

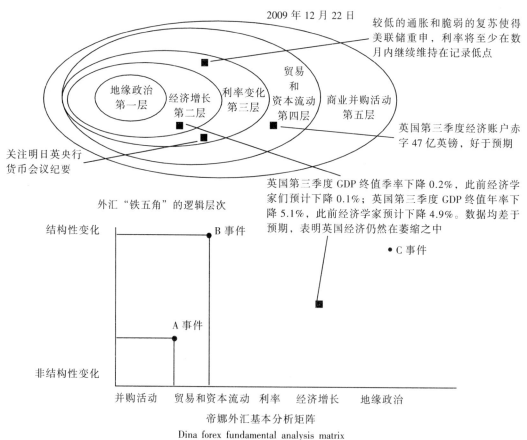

图 4-2　帝娜外汇分析矩阵使用简单示范

当然，你也可以根据自己的情况来构建你的驱动分析矩阵，不过我们在这里还是应该给出一个中肯的建议：一定要让你的驱动分析变得系统化，而系统化的关键就是利用我们给出的外汇驱动逻辑层次和分析矩阵，这样你的整个分析思维就变得清晰了，自然行情走势也就清晰了。

外汇的驱动逻辑层次和黄金的驱动逻辑层次有什么区别？

第三节　前瞻思维的关键：宏观预测经济金融学

经济预测与外汇走势密切相关，好的宏观经济预测可以大幅提升交易的利润幅度，同时提高胜算率。但是，经济预测的现状又是怎样的呢？2009 年末彭博对 65 位经济预言人员及机构作出排名，高盛（Goldman Sachs Group Inc.）及其首席经济学家哈祖斯（Jan Hatzius）居首位。当经济预言家回顾过去两年内击垮美国经济的一系列指标时，其中一项非常突出：失业率。

哈祖斯曾表示，他从 2008 年 1 月的政府就业报告中得知，当时美国房市的低迷将导致经济全面衰退，并将促使 2007 年 12 月失业率由前一个月的 4.7% 涨至 5%。就此他曾告知客户：美国经济将步入完全衰退时期。而官方经济衰退仲裁机构——美国国家经济研究局（National Bureau of Economic Research）一年后才得出相同结论。彭博数据显示，哈祖斯及其团队对经济预言的准确性最高，排名第一。此外，哈祖斯在美国 GDP 预言中也排名第一，并在失业率和美联储利率动向预言中排名第二。

哈祖斯表示，2010 年之后，美国失业率仍将保持高位，为经济复苏添加阻力。他和他的团队 2008 年 10 月初曾预言 2009 年末美国失业率将达 10%，2010 年全年平均失业率将达 10.3%。11 月，美国政府就发布数据表示，失业率已达 10.2%。

早在 2008 年末金融危机时期，哈祖斯及其团队就曾预言，美国经济将在 2009 年第三季度恢复增长。预言是正确的，该季度增 2.8%。2009 年 8 月，他们预计当年下半年经济增长幅度达 3%，2010 年全年平均增长 2.1%。

新加坡大华银行集团资深国债分析师 Thomas Lam 总体排名第二，在 GDP 预言中也排名第二。瑞士再保险公司首席美国经济学家 Kurt Karl 在对美国消费者价格指数和美联储资金利率的预测中排名第一，总体排名第三。

对失业率做出最准确预言的经济学家是摩根士丹利的 Richard Berner 和 David Greenlaw。尽管他们和哈祖斯都未能全面指出经济崩溃对失业的影响。2009 年 1 月，Berner 和 Greenlaw 预计当年前两个季度的失业率分别为 8% 和 8.8%，实际数据分别为 8.5% 和 9.5%。高盛和摩根士丹利经济学家满足感有所增强，因为 2008 年金融系统崩溃后，销售人员、交易员和客户比之前更加需要他们。Greenlaw 表示："实时交互更加频繁。"他现在基本都待在交易部门，为同事解答利率对经济走势产生何种影响等方面的问题。彭博对 65 位预言家的排名是基于他们对截至 2009 年 6 月 4 个季度中的 GDP、失业率、美联储目标资金利率和美国消费者价格指数等预言的准确性做出的。

汇率是宏观经济的综合体现，不仅是体现债券、股票、期货三大金融市场的综合走势，而且也体现了房地产，乃至整个国民经济的走势状况。有些人说我去预测汇率重大走势干什么？答案很简单，因为一是震荡走势的交易更加频繁，手续费支出很大；二是震荡走势的利润幅度很小，单位时间内的空间有限；三是震荡走势的确定性差，不好控制风险。

而大行情则相反，具有很大的优势，所以在每波大行情中，都有暴利奇迹出现，因为一旦做对方向，傻子都能挣钱。人的心理会与市场一样出现周期性的变化，一段时期偏向于单边交易策略，一段时期偏向于区间交易策略，

当然，如果你缺乏相应的风险控制能力，在接下来的震荡走势和反向单边走势中将很快赔光此前的利润。

而市场往往与人的交易心理是错配的，这在《外汇狙击手》有更加详细的说明，这里就不再赘述了。

技术分析本身只能跟随市场，市场走震荡，技术分析绝不会主动告诉你现在应该以区间交易策略为主，运用震荡指标为主，而此时你的交易心理还处于单边走势的陶醉之中，所以你的心理会偏向单边交易策略，而分析的市场却是以震荡指标为主，当然你就败下阵来。

市场走了一段时间震荡开始走单边了，你的技术分析也很难确认单边走势的开始，于是你还沉浸在震荡走势中，说不定你刚吃了震荡走势的亏，所以刚开始运用区间交易和震荡指标，这下你又吃亏了。

技术分析不会主动告诉你现在的市场是单边还是震荡，它只能告诉你走过的市场是单边还是震荡，所以技术分析永远不可能告诉你未来是怎么样的。波浪理论也不行，因为波浪理论有两个前提：集体行为和驱动因素。如果缺乏驱动因素的话，行情就会一直处于不断的调整走势中；如果驱动因素很强的话，那么5浪是绝对打不住的，可以一直延伸下去，你的5浪终结理论就被否定掉了。技术分析（行为分析）着重于战术层面，基本分析（驱动分析）着重于战略层面，战术上以跟随为主，战略上以预测为主。战略上要选择最大单边走势的品种来交易，而战术上则是选择何时以多少仓位来交易。大处着眼预测，中间着力博弈，小处着手跟随，这才勾勒出了整个交易的大格局策略。

技术分析只能跟随，所以你在单边市赚的钱在震荡市消耗掉了，你在震荡市赚的钱在单边市消耗掉了，市场最后让你一分钱也拿不走。有些人会说：将单边走势技术分析指标和震荡走势技术分析指标综合起来使用。其实，技术分析本身无法告诉你当下的走势和即将来的走势究竟是单边还是震荡，这就是技术分析的最大困境。拿均线来讲吧，你想捕捉大行情，那么就要过滤掉噪声，这得把参数调大一些，结果你大行情捕捉到了，但是出场却迟了，于是你想调得敏锐一些，将小一些的波动也包括进来，于是你又失去了捕捉大行情的能力，这个东西是没法折中的，一折中就成了大行情抓不到，小行情也捞不着的两难局面。

所以，前瞻思维对于赢取超凡利润是很重要的，这个江恩那套不行，艾略特那套不行，现有的技术分析做不到，但是宏观对冲基金能做到，这就属于宏观预测经济金融学的领域了。

这个领域其实要说复杂也复杂，要说简单也简单，不在于工具多么复杂，而在于你是否抓到关键。对于汇率走势而言，我们的预测不是看它从购买力平价的角度

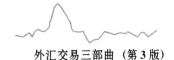

来预测具体的数字，我们要的仅仅是它走大行情的可能时间和行情终结的可能时间。技术分析不能告诉你这波能走多远，只让你走着瞧，基本分析告诉你这波能走多远，不过却不告诉你如何下手。

做好外汇要有前瞻思维，前瞻思维要在宏观预测经济金融学里面去寻找，我们也在这个寻找过程中摸索了很久，经过实践得到了一些比较好的分析工具，这里介绍给大家。后面两章就会详细地介绍其中的一些工具，当然这些工具一一介绍仔细恐怕十本书都不够，只能简明扼要。如果你精力有限，将外汇逻辑层次分析矩阵用好即可，其他的以后根据自己的需要再说。

博览群书，广泛实践，去粗存精，去伪存真，做减法，才是大赢家！

第四节　驱动分析大师：索罗斯和保尔森的思维魔方

驱动分析真的是一个展露智慧和勤奋的好地方，不少人都能在这个领域中取得非凡的成就，驱动分析是一项真正让智慧超凡的工作，它不像心理分析那样回报难测，也不像技术分析那样简单但是缺乏效果，当然更不像仓位管理那样机械。所以如果你能够多花点心思在这上面则可以产生奇效。当然，如果你泛泛地看所谓的新闻报道，看看一则新闻是利空还是利多，这样去进行所谓的基本分析是毫无意义的。

驱动分析大师在这个世界上没有技术分析大师出名，在2006年之前知道国内某某分析师的人比巴菲特多，至少比索罗斯多。经过2007年的股市疯狂，巴、索两人的大名才成为大街小巷的话题。技术分析非常热门，价值投资的书一般没几个人看，能算得上看的人是想把炒股当职业来对待的专家。图表一摆上来，指标叠加上去，一看各种五花八门的统计计算我们就觉得神奇，了不起，高科技，厉害！其实，真正厉害不厉害是看能不能鉴别出大行情的端倪，技术分析不会告诉你现在是不是大行情，它会说："让市场来告诉你吧。"可是市场的语言是最为晦涩的。

下面我们介绍一下驱动分析当中两位厉害的人物，约翰·保尔森和乔治·索罗斯。2007 年对冲基金业界收入前十位的基金经理分别为（依次为收入、姓名与公司）：

（1）37 亿美元，约翰·保尔森，保尔森公司；

（2）29 亿美元，乔治·索罗斯，索罗斯基金管理；

（3）28 亿美元，詹姆斯·西蒙斯，文艺复兴科技公司；

（4）17 亿美元，菲利普·法尔科恩（Philip Falcone），先驱资本伙伴（Harbinger Capital Partners）；

（5）15 亿美元，肯尼斯·格里芬（Kenneth Griffin），大本营投资集团（Citadel Investment Group）；

（6）9 亿美元，史蒂文·科恩（Steven Cohen），SAC 资本顾问（SAC Capital Advisors）；

（7）7.5 亿美元，蒂莫西·巴拉凯特（Timothy Barakett），Atticus 资本（Atticus Capital）；

（8）7.1 亿美元，斯蒂芬·曼德尔（Stephen Mandel），孤松资本（Lone Pine Capital）；

（9）6.25 亿美元，约翰·格里芬（John Griffin），蓝岭资本公司（Blue Ridge Capital）；

（10）5.2 亿美元，安德里亚斯·哈尔沃森（Andreas Halvorsen），北欧海盗全球投资者（Viking Global Investors）。

在华尔街，2008 年次贷危机中，房地产市场垮台产生了大批输家。但不乏成功做空者，最大的赢家是一位 2007 年前还鲜为人知的美国对冲基金经理约翰·保尔森。在纽约昆斯区长大的保尔森比索罗斯年轻多了。2005 年，他就敏锐地嗅到了房市泡沫的味道。

由于美国房价大跌，2007 年他成功下注做空楼市，他管理的基金狂赚 150 亿美元，年薪因此达到 30 多亿美元。这可能是华尔街史上最大的一笔个人收入。

约翰·保尔森也曾经成功地做空千禧年的互联网泡沫。2001 年互联网泡沫破灭，这一灾难带给他绝佳的机会。他当时的判断是，很多在虚高股价支撑下的并购案会"黄"掉，因此他大举做空。

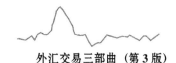

不少市场人士认为，保尔森看空次债所持有的次债空头头寸，大概是华尔街历史上最大的单向赌注。保尔森大获全胜，关键是相信独立分析调研，能先于市场几步看空次债市场，在执行上的诀窍则是成功地利用了 ABX 与 CDS 这两种新生的金融衍生工具。

"他一直都知道自己的判断是正确的，即便在市场逆行的时候，从头到尾他都很清楚自己在干什么。"保尔森基金的发言人阿米尔莱斯利这样介绍保尔森的风格。

保尔森基金的投资人都对基金管理者的投资行为充满信心，而且基金有锁定期。所以当市场逆行、账面浮亏巨大时，协议要求投资人不能施压要求撤出基金。这位发言人进一步解释说，保尔森基金的投资人都充分信任他和他的团队。

保尔森基金是一家成立于 1994 年的中等规模对冲基金，基金发起人保尔森早年曾为华尔街传奇投资家奥得塞公司的里恩·列维工作，后加入贝尔斯登的并购部门。保尔森基金原本专注于并购套利，即在并购消息出炉后，寻求资产价格波动带来的套利机会。

早在 2005 年，保尔森本人感觉到，正在变得疯狂的次级抵押贷款的风险并没有被市场正确理解，在大量廉价资金的刺激下，偏好风险的投资者们将风险溢价压得非常低，而评级机构却没有根据利率变化及时调高风险最高的次级贷款的违约风险，一时间似乎投资风险一旦被现代金融工具"切片打包"之后就不存在了。

同"股神"沃伦·巴菲特和"破产重组之王"威尔伯·罗斯一样，保尔森的成功靠的是非常规思维。2006 年初，人们普遍认为，房价决不会在全美国范围内下跌，楼市和住房抵押市场不该有大麻烦。华尔街许多"大腕"也持同样论调。但保尔森的独到见解是：房价不可能只涨不跌，不会有永远的牛市。从 2005 年下半年至 2006 年，保尔森和他的研究人员开始了独立调研，选择了成千个次债个案，

当然，如果交易者有技术分析和心理分析，可以比他更好地选择时机进场，不会因为太早进场而承受过大的压力。

最后一个空头放弃离场时，反转就开始了。资产负债表是分析泡沫与危机的利器！

110

进而分析由其演化出的证券衍生产品的真实价值。他们研究发现，美国全国范围内还不起贷款的次债贷款人的违约行为正在增加，次债资产的内在价值远低于市场认可的价值。

就像沙里淘金一样，当次级房屋贷款被中介机构打包证券化后，从成千的原始贷款信息库里研究分析数据着实不是一件容易的事。但保尔森非常重视独立研究，花了大笔资金购置先进的研究工具，与团队长时间专注研究原始数据。

2006 年夏天，当市场仍然普遍认为有评级机构资信保证的次债资产价格将保持稳定，持有次债相关债券资产的投资者还觉得高枕无忧的时候，保尔森已经开始为他新成立的一只看空次债资产的对冲基金募集资金，这只基金的名字叫做"信用机会"。

保尔森为新基金筹资 1.5 亿美元，他的投资策略是，买入信贷违约掉期，做空房屋抵押贷款债务。但楼市行情一度依然看好，保尔森的基金因此在赔钱。当时，为减轻压力，保尔森每天在号称纽约"后花园"的中央公园跑步 5 英里，告诉妻子，自己在等待成功。

有经验的人会为减少损失全身而退，但亏损让保尔森意志坚定。2006 年底，新开创的信贷机遇基金升值 20%。接着，他开创了第二只同类基金。2007 年 2 月 7 日，一位交易商拿着一条新闻稿跑到保尔森的办公室，美国第二大次级抵押贷款企业新世纪金融公司预报季度亏损。后来，美国第五大投资银行贝尔斯登公司投资次债的两只对冲基金也垮了。

2007 年，保尔森的第一只信贷基金升值 590%，第二只基金也升值 350%。由于美国房价大跌，2007 年保尔森下注做空楼市，他管理的基金狂赚 150 亿美元，年薪因而也达到 30 多亿美元。

接着，我们聊聊索罗斯。技术分析者不把索罗斯看成是他们的同类，而基本面分析者又认为索罗斯注重心理和

保尔森最喜欢的一句名言是丘吉尔说的——"永远不要放弃。永远不要放弃。永远不要放弃。"

哲学的投资理念与他们格格不入。索罗斯陷入了一个非驴非马的境地，不过这恰好是一个交易者必然具备的特点，那就是不落俗套。很多人误以为索罗斯的哲学投资法与巴菲特的价值投资法毫无关系，其实索罗斯的老师卡尔·波普与巴菲特的老师本杰明·格雷厄姆具有一种共同的思想。

卡尔·波普认为人的认知能力是存在缺陷的，所以人类的决策和行为存在非理性的一面，而格雷厄姆则认为人是非理性的，特别是在短期内如此，所以格雷厄姆认为需要通过定量分析和安全空间规避由人认知不全带来的风险。索罗斯认为，"我们对世界的理解天生就不完整，在参与者的看法、期望和事情的实际状态之间，总是有差距"。也就是说，不可能有谁掌握了终极真理，人类对世界和事物实际状态的认识都是不全面和不周延的。"历史是由参与者的错误、偏见和误解造成的"。由此可以推知，由众多参与者基于自己的偏见所推动的市场大多是错误的。市场是混乱的，无理性和秩序可言。我们自己对市场的观点也极有可能错误，必须接受市场的检验。

乔治·索罗斯是天生的大行情甄别大师。索罗斯认为，社会科学与自然科学不同的根本在于研究对象的不同，因为参与者的思想会影响事件本身。参与者的思想和事件本身不具有独立性。二者之间相互作用、互相决定。具体而言，"反身性有两层含义：目前的偏向会影响价格；在某种情形下，目前的偏向会影响基本面，而且市场价格的变化进而会导致市场价格的进一步变化"。

索罗斯在卡尔·波普的基础上更进了一步，他认为人的完备认知会影响金融市场，而金融市场的运动反过来又会进一步推动人的心理偏差，这一论述非常像格雷厄姆讲述的投资者与市场先生的关系。

更为重要的是索罗斯认为任何不完备导致的自强化运动最后都会衰竭，进行回归均衡的运动，索罗斯往往选择在市场走向极端点的时候采取行动，比如1992年英镑被严

泡沫破灭的条件是什么？流动性衰竭？去杠杆？故事证伪？供给变得弹性？

重高估，1997 年泰铢被严重高估时，索罗斯就趁机入市。这与格雷厄姆的进场方法非常类似，在巴菲特身上看得更清楚，巴菲特总是在那些平时经营良好的公司出现紧急危机而市场反应过度时入场买进。

无论是索罗斯，还是格雷厄姆，他们的分析框架具有两个要素：第一，市场与人心的相互作用使得资产的价格偏离了特定的中枢；第二，市场和人心的交互影响会使得资产价格发展到极致，此时转折点出现，价格开始回归运动。无论是巴菲特趁低价买入可口可乐，还是索罗斯趁英镑高估做空英镑，两者都认为目前的形势已经发展到了极致，回归运动早晚会来的。

从这里看索罗斯的反身性理论和格雷厄姆关于市场先生与投资相互影响论述颇为一致，况且索罗斯的交易手法案例也与一个价值投资者非常相似。价值投资者总是在价格大幅度偏离价值的时候入场，格雷厄姆如此，巴菲特如此，彼得·林奇如此，索罗斯也是如此，只不过巴菲特用均衡或者趋势中心代替了价值一词而已。

索罗斯的反身性狭义理解就是市场和投资者的相互影响，交互作用，这个与价值投资者的论述没有太大的差别。当然索罗斯的反身性理论可以直接用于其他领域比如信贷循环等，其实格雷厄姆和巴菲特有关市场与参与者交互影响的论调也可以推广到各个领域。

心理学有个皮格马利翁效应，或者说叫"自我实现"，这个大家应该都不陌生吧。自我实现就是一个个体的心理和外在表现相互促进的现象，一个人相信自己是杰出的，那么他的行为就更加积极，更容易取得成功，然后成功又反过来促进自信，如此循环，但是不可能远远无限度地偏离下去，所以最终会在走到极致后出现回归。

无论是反身性理论，还是格雷厄姆的价格围绕价值运动论，两者都强调了在可见的期限内资产的价格具有回归资产价值的规律。无论是索罗斯的"投机"还是格雷厄姆的投资，都是建立在确信回归会发生的基础上的。

波普让索罗斯认识到了人的认识具有不完备性，也就是人的理性是有限的。在对事物的认知过程中，真理是逐渐接近的，不存在对真理的完备性认识。索罗斯在此理念上开始了自己的金融交易事业，在索罗斯看来正是由于人认识的不完备性才使得资产的价格经常做远离价值中枢的运动，然后这种运动又进一步扭曲了人的认识，从而不断推动价格远离价值，但是到了某一点后价格就会出现反转，这个点就是临界点。

索罗斯认为传统的经济理论只考虑了均衡状态，却没有考虑到失衡的状态，也

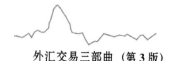

就是从均衡到失衡的这个过程，他认为人类认知的不完备性导致了失衡的出现，同时价格失衡运动又会助长人类认知的偏差。

不过，索罗斯也承认虽然偏离运动会使得失衡看起来如此普遍，最终价格的偏离运动会崩溃，然后反方向开始运动，逐渐靠近均衡。他认为促使均衡出现的机制是获利的基础，价格回归运动是他进行宏观危机交易的前提，比如预料到英镑的高估不可能持续，基本面牵制了英镑的继续升值。同时，他也认为应该加大对非均衡的机制的研究，而这是正统经济学和金融学所忽略的地方。我们站在一个旁观者的角度可以发现，索罗斯其实讲的是投资心理学或者今天行为金融学的命题，也就是市场价格与投资者情绪的相互作用使得价格偏离了价值，但是由于价值的牵制，最终价格又会进行回归运动。

反身性理论让索罗斯对于周期性的偏离有深刻的认识，他知道无论资产价格如何变化，最终都会趋向于价值中枢，价格偏离价值中枢越远则回归的可能性越大。他通过一种我们投资界称为"边缘介入"方法入市，也就是在市场处在极度不平衡时，进行临界点上的操作。

可以将资产价格运动看成是一个不规则箱体中的运动，当价格出现在箱体边缘时，重大的反转机会就来了，索罗斯能够打败英格兰银行和泰铢财政与银行部门就是利用了这一手法。索罗斯的才能集中于他能够识别那些非常可能的临界点，并且敢于对其进行交易。

这样说起来，就更觉得索罗斯像巴菲特了，两个人都是1930年出生的，两个人都喜欢进行有选择性逆向操作，所谓逆向操作就是跟大众的交易方向相反。但是，不是一切与大众行为相反的金融行为都是可获利的，所以无论是索罗斯还是巴菲特都会进行有选择的反向。

索罗斯通过反身性理论提供的工具来推断金融市场和宏观经济可能的转折点，他需要意识到金融产品价格和背后的

加杠杆过程，是均衡到失衡的过程；去杠杆过程，是失衡到均衡的过程。

负债的极限或者是利润率的极限往往就是资产价格的极限。

资产的实际价值之间是否出现了重大的背离，然后还要观察此背离是否具有减缓和回归的迹象。我们以 1992 年的英镑做空交易和 1997 年的泰铢做空交易为例来进行说明。

第一步，索罗斯发现英国的经济发展欠佳，但是英镑的汇价却非常坚挺，这使得英镑的价格已经大大背离了价值；另外一个例子中，泰国的出口能力下降，进口却大幅度增加，其经济的财富增长能力停滞不前，资金涌向了没有生产力和技术含量的房地产、奢侈品和股市等资产类行业，而此时的泰铢却保持了较高的币值。通过第一步，索罗斯找到了那些价格已经远远背离了基本面的投资对象，在 1992 年他锁定了英镑，1997 年锁定了泰铢。

第二步，索罗斯需要确认背离有收缩的极大可能，也就是价格在市场心理推动下的偏离有修正的迹象，回归具备很大的现实基础。索罗斯发现欧洲大陆实力较强的央行，比如德国中央银行，虽然具有很多储备但是却并没有意愿帮助英国捍卫英镑汇率，同时他注意到英国国内的一些消息灵通人士此前一段时间就已经开始将英镑转化为其他货币，将出口获得的外汇收入尽量滞留在海外银行。因此索罗斯断定英镑进行回归运动的现实基础已经具备，而且有迹象表明它不久将进行这样的运动，所以索罗斯以最大的仓位做空英镑，但是在他还没有来得及建立足够的仓位时，英镑已经出现了下跌。

在泰铢上，索罗斯发现了泰国依靠短期外债供给长期内债的做法，这使得泰铢稍微出现贬值就会引发泰国国内的金融危机和通货紧缩，同时他估计了泰国的央行储备，发现其央行储备不是很充足，在面临强大的汇率冲击时无法做出强有力的持久回应。另外，泰国的资本项目洞门已打开，大量投机性很强的国际游资涌入泰国，这些资金在有风吹草动时会加剧泰铢的贬值。更为重要的是他估计到东南亚其他国家也无力来应付危机的传播，更没有意愿和能力来帮助泰国，而且泰铢的贬值可以引发周围国家货币

期限错配容易导致货币危机和债务危机。

的竞相贬值，这样就可以进行一连串的获利交易。最后，他认为由于这么多连锁因素的存在，在泰铢发生最初的贬值时，市场心理和汇价相互作用进行一次深度的反身性过程，也就是自强化过程，这恰好是一次很好的反身性交易。于是索罗斯决定做空泰国股市，同时准备袭击泰铢。

从索罗斯的反身性理论中，我们得出的是与格雷厄姆等价值投资大师类似的投资体系，只是说法和用词不同而已。关于索罗斯的反身性理论在金融市场上的运用要注意两点：第一，群体心理推动下的市场价格已经远远偏离了基本面，这需要对基本面进行估值，然后与金融产品的价格进行比较，这就好比格雷厄姆对安全空间的寻找过程；第二，价格的回归运动是否具备了一些直接导火索和促成因素，最好是已经出现一些比较普遍的回归迹象。

国外有一本研究金融危机比较出名的书，它给出了一些危机的信号，通过这类体系可以使索罗斯的反身性操作理念更具可操作性，我们相信索罗斯本人一定需要这样的框架专门用于判断是否存在价格的大幅度偏离并且极可能发生回归运动。该体系主要用于找寻类似1997年泰铢崩溃这样的机会，其中包含了两个部分：一是识别严重背离的出现，二是找出识别极可能反转的证据。这一体系来自于《金融危机十大信号》一书，由两个国外学者所写，在国内好像有该书的全译本，我们这里只是将识别信号给出来：

信号1：实体部门的预警信号。

●私人部门价值受到破坏。当众多企业不能赚到足够的钱来支付它们所借款项的成本时，一场危机可能就在酝酿之中。当一个国家的大多数企业获得的投资资本回报低于它们的加权平均资本成本时，红灯就亮起来了。

●利息保障比率。如果一家公司的现金流和利息支付金额之间的比率低于2，该公司就可能面临一场流动性危机；如果一个国家顶尖上市公司的平均水平也是如此，那么一场波及面极为广泛的危机就可能正在逼近。

明斯基时刻与利息保障比率有关。

116

信号 2；金融系统的预警信号。

• 银行的盈利水平。零售银行全系统年资产回报率低于1%以及/或年净利润率低于2%经常都是危机的预警信号。

• 贷款组合迅速增长。当银行的贷款组合以每年20%以上的速度增长且时间超过两年时，许多贷款就会变成坏账，可能引发金融危机。

• 存款萎缩或存款利率飞速上升。当存款人开始将钱从当地银行中提取出来，特别是这样做连续超过两个季度时，此举常常被看作是危机迫近的信号。当单个银行争相抬高存款利率以吸引资金用于发放风险更大的贷款或者支付运营费用时，警灯也会亮起来。

• 不良贷款。贷款发放不当最终会带来不断膨胀的不良贷款组合。当实际不良贷款超过银行资产总额的5%时，警灯也会闪起红光。

• 银行同业利率、资本市场拆借利率。如果一家零售银行长期短缺资金，在银行同业市场拆借，或者提供高于市场水平的利率来获得资金时，市场实际上就给这家银行投下了一张不信任票。

信号 3：国际货币和国际资本流动。

• 外国银行贷款的期限结构。新兴市场中的许多公司从外国银行借入美元、欧元或日元以降低利率。银行发放给这些公司的贷款通常期限都较短。这对债务人而言就产生了货币和期限错配的问题。当某国接受的外国贷款中有25%以上短于一年期限时，警灯就应当亮起来。

• 国际货币和资本流动的猛增或骤减。当外国投资者通过股票、债券和银行贷款把大量资金投入一个生产力低下而又管理不善的国家时，会出现信贷过热。当这种资金流入的增长比经济增长快三倍时，危机的发生条件可能就成熟了。

信号 4：资产价格泡沫。

• 资产价格泡沫。要注意在房地产和证券市场的泡沫，

无论是做股票债券还是外汇，都需要关注 Libor 和 Shibor。

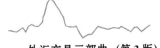

外汇交易三部曲（第3版）

但也不要忘记其他奢侈品：轿车、餐厅、服装，甚至是表面上看起来微不足道的服务，如高档理发费用。作为一项经验法则，当我们发现任何种类的资产价格已经连续几年以每年20%以上的速度增长时，我们就看到了泡沫产生的迹象了。

我们验证过上述体系的历史表现，基本上可以推出布雷顿森林体系瓦解后的大部分大反转交易机会，对于1992年的英镑崩溃和1997年的泰铢崩溃也能做出与索罗斯一致的预测，我们希望这一基于价值和价格二元运动的投资体系可以为那些喜欢索罗斯却又不知道如何运用其反身性理论的人提供帮助。

在索罗斯的整个体系中，价格对价值背离和回归是交易哲学的主体，这就好比格雷厄姆将安全空间作为投资体系的主体，巴菲特把市场专利作为投资体系的主体，林奇将成长性作为投资体系主体一样。反身也就是运动自己推动自己的现象，是价格背离价值运动的动力，而价格对价值的反应则是回归运动。所以，索罗斯的"反身回归"理论就是"反身"推动价格和价值背离，而"回归"则推动价格和价值一致，索罗斯就在此动态的均衡过程中，利用失衡创造的机会。

无论是保尔森还是索罗斯，他们对于如何将现实的纷繁复杂化为自己框架内的因素都有超人的表现，他们是宏观对冲基金的代表，以基本分析为根本，甚至全部。

从索罗斯的著作和言论中可以得到关于其宏观交易的些许线索。总体而言，他非常注重经济发展的平稳性和外汇币值是否相符合，所以他的交易方式基本是以国家和货币为对象的，国家的基本经济状况和社会稳定程度可以说是货币的内在价值，而货币的价格则表现为汇率，他的交易体系比较关键的部分在于信贷周期，也就是货币供应和信贷供应。这与他受到哈耶克的影响应该有密切关系，他当年在伦敦政治经济学院读书时，正是哈耶克发挥其影响力的时候。

哈耶克对于货币的研究非常深入，对于货币的非中性有过惊人的论断。他认为产业中消费、生产和资本支出的周期不同促成了萧条，而且还认为货币供给和信贷的过度扩展为经济的通缩埋下了伏笔。如果大家想深入研究索罗斯的交易策略，可以从《金融炼金术》和奥地利学派的主要经典著作入手，奥地利学派也称维也纳学派，与芝加哥学派既是盟友又是对手。另外，最好读一下卡尔·波普的相关著作，这有助于理解索罗斯的"反身性理论"。

在这里我们简要介绍一下自己使用的一个宏观分析和交易体系，以便让读者对宏观交易策略有具体的了解。这个体系分为三个步骤，请参看下面的体系结构：

步骤一，提醒信号：收益率分析。

（1）信用供给分析：联邦基金期货。

（2）信用需求分析：收益曲线。

步骤二，确认信号。

（1）金属期货分析：铜期货。

（2）房地产分析：新屋开工率。

（3）能源分析：原油期货。

（4）农作物分析：玉米期货。

（5）世界稳定分析：黄金期货。

步骤三，交易信号：波动率分析。

现在我们对上面三个步骤进行大致的说明。第一步，首先查看一些重要的收益率，由于美联储实际上充当着准世界央行的作用，而且美国经济关系欧洲和亚洲的出口，所以我们需要关注美国经济中主要收益率的变化，收益率的变化会影响资金的流动，从而引起汇率、宏观经济乃至政治的波动。

在这个框架中，我们通过第二步各步骤中的黄金期货来考察世界经济和政治的稳定性。收益率的分析需要抓住货币和信贷的供求，因为这决定了基准性的收益率，进而引起整个收益率体系的变化，信用和货币供给由美联储的联邦基金利率确定，通过观察联邦基金期货的价格我们可以大致确定未来的利率是上涨还是下跌，然后再结合步骤二来确认利率涨跌的判断。联邦基金期货价格存在期限结构，如果期限越往后的期货价格高，则说明未来联邦基金期货降息的可能性大，查看联邦基金期货价格的网址可以参看我们给出的一个网址：http：//www.cbot.com/cbot/pub/page/0，3181，1563，00.html。

当我们判断利率将持续走低时，意味着货币和信贷的供给将增加，这通常对经济有利，但是会逐渐推高物价，然后形成一个反向的运动。

分析完了信用供给，接着分析需求，这个分析主要是

可以通过联邦基金期货把握市场的加息预期，具体登录Fedwatch这个网站。

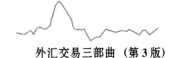

收益曲线，准确来讲是收益率曲线，其实反映了经济体所处的经济周期阶段。

基于收益曲线，如果你不明白什么是收益曲线的话，请到百度或者维基百科查询，收益曲线是将债券按照收益率和期限两个维度标注在直角坐标系中，横轴是期限，纵轴是收益率。期限越长的债券收益率越高则表明经济处于正常的状态，当经济进入过热状态时，收益曲线将变得水平，这是由于对资金的需求增加，使得短期内的资金成本也就是短期利率上升了。当经济萧条时，短期利率就会变得比中期甚至长期利率更高，这就是利率曲线倒置。查看收益曲线可以到此网站：http：//www.bloomberg.com/markets/ rates/index.html。

这个网站分析联邦基金期货的价格，通过该网站我们可以得出信用的供给走向，通过收益曲线我们知道了信用的需求，结合起来我们就能对美国的经济乃至世界的经济提出一个初步的观点，而这个观点对于宏观交易是非常重要的。

在第二个步骤中，我们将要进行确认，验证第一个步骤提出来的宏观看法，我们通常是利用期货来验证的，对于黄金也可以使用现货，因为现货黄金本来就是一个先行指标。

对于全球的工业经济而言，铜是很好的先行指标，有人甚至认为铜是最好的经济学家，所以我们要观察铜期货的期限结构，看看是不是期限越长的铜期货价格越高，如果是则表明经济往上看，铜期货的价格在很多网站和行情软件上都可以看到。

接着我们要分析房地产，毕竟股市和房市都是经济中比较先行的部门，而新屋开工率则是一个很好的先行指标，美国的新屋开工率可以在外汇信息类网站上及时查到，你也可以到美国政府或者经济资讯机构的网站上查到，比如NBER的网站就提供了自动邮件提示服务，会将第二天要公布的重要经济数据发到你的邮箱中。对于新屋开工率而言，应该结合历史进行同比和环比，不能单独看一个数字。

新屋开工率持续上升一般是一个良好的经济走好的象征。

现代的经济建立在石油之上，经济萧条而物价水平猛增一般是由原油或者农产品价格上涨引发的，所以关注原油期货非常重要。而且原油的走势与黄金走势相关性高，因为两者都与地缘政治的变化有密切关系，而且与经济稳定也有密切的关系，原油价格上涨使经济变得不稳定，这会增加对黄金的需求，从而推动金价上涨，所以原油和黄金呈现出很强的同步性。

玉米是饲料的主要成分，也是人类的主食之一，其价格变化足以引起物价水平变化。黄金则是一个良好的地缘政治或者说国际政治的先行指标。这个体系唯一的缺点就是对气候的考虑要依赖于玉米期货，如果能更早预测到气候的大趋势则更好，毕竟对人类活动影响最大的还是气候。

通过第一个步骤和第二个步骤，我们可以把握大多数的宏观走向，接下来就是选择具体的交易品种和选择进场时机了。证券和外汇以及贵金属是比较好的选择，其流动性大，而且可以长期持有。通过证券可以投资那些从宏观角度看来有利的行业，通过外汇可以投资那些从宏观角度看来较好的国家和地区。

如果选定了一个品种，何时进场呢？我们的意见是观察蜡烛线或者是布林线，这是两个技术分析上常用的工具，当蜡烛线连续缩短，而布林线收口时，通常是市场选择方向的前夜，这时候价格波动较慢，易于进场和控制风险。大体而言，我们就是经过这三步进入宏观交易中。至于出场的办法，就是再用一次上述步骤。宏观交易以大行情交易为主，其分析思维完全可以引入外汇交易中，当然我们可以给它加上两个新的雷达，这就是心理分析和技术分析（行为分析）。

第五章 驱动分析的利器之一
——外汇逻辑层次分析矩阵

本章将全面介绍最常用和简单外汇驱动分析工具——外汇逻辑层次分析矩阵，相比于下一章介绍的工具，本章的工具更简单，更能直接发挥作用，所以大家可以以这个工具为核心，随着自己分析水平的提高逐步将下一章的分析工具囊括过来。

外汇逻辑层次是一个优良的工具，这个工具可以为绝大多数本书的读者所掌握，不需要你有多么专业的经济学知识作为基础，也不需要你的逻辑推理多么高明。

外汇逻辑层次是最容易上手和落地的外汇驱动分析工具。

很多时候，你只需要将重要的消息按照类别和时间顺序排列即可，在这个过程中你必须逐渐理出阶段性的主线，这很关键。因为每段行情的走势总有一到两个关键货币，同时有一个热点在主宰它们的走势。通过归类和理出主线发展轴，你就可以把握到单边大行情，知道一段时间内做什么货币。再用具体的心理分析去把握节点，利用技术分析去把握具体的仓位和进出场时机，这就是伟大的外汇交易员的特点。

事件驱动和题材主导其实是同一个意思，外汇市场从来不缺乏事件和题材。

驱动分析中，地缘政治能带来很大的汇市行情。当然如果地缘政治发生了结构性变化，那么持续的大行情就可以期待了。一波单边的强劲上涨或者下跌也就出现了。

仅次于地缘政治因素变化的是经济增长变化。一个国

家就像一家上市公司，其自由兑换的货币就好比一只上市股票。公司搞得好，自然股票价格就会上涨。当经济出现持续好转，或者是经济增长空间可期的时候，对应的货币也就处于持续的上涨过程中。

一国的经济好，自然利率就走高。好比公司经营得好，股息就走高一样。当利率存在持续走高的空间时，追逐高利息的套息交易者就会大举介入这一货币，这样汇率就上涨了，所以利率的持续变化是导致货币单边走势的第三个关键因素。

而资本流动和跨国并购是直接导致汇率变化的因素，其影响往往是短暂的，除非也出现持续性的变化方向。

本章中，我们将详细解释一下外汇五大驱动因素的里里外外，让大家知道如何用最傻瓜的方式去追踪它们的变化。学会了这一招，你就明白了当下哪个货币对最可能发生持续性的大行情。技术分析不能告诉你大行情来了，当然你可以说波动率下降之后一段时间内出现单边走势。但是波动率可以连续好几天处于较低水平，也许你还没有等到真正的大行情到来时就亏损了一大笔钱。还有一种情况就是波动率下降后出现了波动率的放大，但是也不是大行情，所以你苦苦等来的说不定是令人恼火的发散三角行情。

利率差与风险偏好决定了市场进入套息交易还是避险交易。

可以通过布林带观察波动率。

第一节　地缘政治与外汇走势分析

地缘政治（Geopolitics）是西方近代提出的一门独立学科，如果从最早的学科发展来讲，古希腊的海权陆权理论和中国春秋战国的合纵术都代表地缘政治发展的一个阶段高峰。中国战国时代的纵横论是中国古老的地缘政治学。"地缘政治"发端于瑞典地理学家克节伦，意指国家所处的地理环境与国际政治的关系。它是政治地理学中的一种理论，地缘政治学是一种探讨个人、组织或团体因为空间分布等地理因素而经营政治的手段及方法。

这一学科目前用于军事、外交等战略分析领域较多。常常以地理因素为基础，经济、社会、军事、外交、历史、政治等为涵盖面进行分析。它根据各种地理要素和政治格局的地域形式，分析和预测世界或地区范围的战略形势和有关国家的政治行为。它把地理因素视为影响甚至决定国家政治行为的一个基本因素。

20 世纪，由于全球的政治、经济和军事的发展，出现了各种地缘政治理论。马汉强调海权对国际政治的影响，认为谁能控制海洋，谁就能成为世界强国，而控制海洋的关键在于对世界重要海道和海峡的控制。他的理论被称为海权论。

麦金德则提出陆心说，认为随着陆上交通工具的发展，欧亚大陆的心脏地带成为最重要的战略地区。他的理论被称为陆权论，对世界政治的影响很大。

20 世纪 40 年代，斯皮克曼强调边缘地带的重要性，提出陆缘说，为陆权论中的另一派地缘政治理论。

20 世纪 50 年代，塞维尔斯基根据空军在战略中的重要作用和美国、苏联空军控制范围重叠的地区，提出北极地区对美国争夺制空权十分重要的理论，被称为空权论。

1973 年科恩提出地缘政治战略模型，将世界分为海洋贸易区和欧亚大陆区两个地缘战略区。

地缘政治已经成为各国制定国防和外交等政策的一项重要依据。各种地缘政治理论的研究虽然都是以地理环境作为基础，但依据重点有所不同。过去多从历史、政治、军事等方面考虑，而近年来对经济、社会等方面的作用日益重视。

威廉·恩道尔，著名经济学家、地缘政治学家。在他的《石油战争》和《粮食危机》两本书中指出，因为地缘自古

> 新加坡是一个海权国家，由此不难理解其一些行动的根本出发点。

就是种族的延续，其实质就是种族清洗的理论变形。目前是美英后代的霸权时代。

国内关于地缘政治比较出名的著作是《布局天下：中国古代军事地理大势》和《地缘政治学：二分论及其超越》，这两本书分别代表了中国春秋战国以来地缘政治发展水平的最高峰以及西方古希腊以来地缘政治发展水平的最高峰。当然，这两本书都是中国人写的，除此之外布热津斯基的《大棋局》也是一本不错的书。国内的铁血网也是不错的地缘政治分析网站，有一些原创文章：http://data.tiexue.net/events/dyzz15497/。

外汇走势需要具备地缘分析的能力，国内有一股潮流，发展所谓"币缘政治"分析，其实是将货币纳入地缘政治的研究中。其兴起大致在美国20世纪末21世纪初的几场战争中。币缘政治家们认为美国这几场战争是为了捍卫美元的霸主地位，同时打击欧元。

外汇分析的大行情与地缘政治有密切关系，其实凡是涉及政治，都具有地缘特征。比如某地区的政治危机、军事冲突等都可能导致所谓的地缘政治问题。纸币是主权本位制，当一个国家的政权因为军事、政治或者财政等问题而出现危机时，对外汇市场将有重大的影响。下面我们来看希腊因赤字可能退出欧元区这个地缘政治事件对外汇走势的影响实例，请结合图5-1理解。

北京时间2010年1月8日18：06瑞银集团（UBS）表示，诸如希腊财政等问题将仍持续困扰欧元。希腊计划将于1月20日向欧盟递交赤字缩减计划。该行指出，希腊在其预算具体规模上不太可能有太大的改变。希腊财政官员隔夜曾表示，没有必要延长退休年龄的期限，目前更为关注的问题是财政赤字缩减远不及预期。

2010年第一周（1月4日至8日），欧元/美元开于1.4320附近，因欧洲各国债务危机不断恶化，欧元/美元已经远离1.5000，但因美国经济数据亦表现不佳，欧元/美元

金融危机，无论是货币危机还是债务危机，都会对相关货币造成剧烈波动，往往是外汇交易者的机会。

以盘整为主，基本在 1.4413 附近。因担心财政状况的不断恶化将导致债务危机升级，全球三大评级机构均在 2011 年 12 月调降希腊评级。而惠誉在 1 月 5 日再次将冰岛评级下调至"BB+/BBB+"，前景为负面，进一步打压欧元下行。随后欧洲央行管理委员会成员斯塔克（Juergen Stark）在接受意大利《24 小时太阳报》采访时表示，市场认为在某一时点上欧盟成员国将向希腊提供资金援助拯救其债务危机，这是在自欺欺人。渣打银行（Standard Chartered）分析师 Callum Henderson 表示，上述报道与市场的预期背道而驰，市场原先认为欧盟最终会采取措施帮助希腊，他分析指出，这可能是欧盟对希腊当局失去耐心而发出的严厉警告。欧元/美元当时最低跌破 1.4300。

北京时间 2010 年 1 月 13 日 16：36 德国经济数据显示，德国 2009 年 GDP 下降 5.0%，差于预期的下降 4.8%。穆迪周三表示，2010 年欧洲主权信用风险状况可能严峻。

北京时间 2010 年 1 月 13 日 23：54 希腊总理 Papandreou 称希腊不会离开欧元区，也不会向国际货币基金组织 IMF 寻求帮助以降低预算赤字。

北京时间 2010 年 1 月 15 日 8：32 亚市早盘，欧元/美元开于 1.4501，并在该整数水平附近徘徊。欧元/美元周四（1 月 14 日）收于阴十字星，本周连续 4 个交易日企图收复 1.4550 水平宣告失败。

有市场分析师表示，欧元/美元隔夜表现动荡，在欧洲央行（ECB）利率会议结果公布之初，欧元/美元一度反弹至 1.4519。但随后欧洲央行行长特里谢（Trichet）的言论拖累欧元，令其从 1.4500 上方跌至 1.4448 的低点。好在欧美股市全面收高，欧元/美元自低点顽强反弹，保持在 1.4500 附近。特里谢隔夜声称，欧元区 2010 年经济料将温和增长，但前景不确定，支持复苏的一些因素是暂时的。他还强调，强势美元至关重要。希腊不会受到特殊照顾。

北京时间 2010 年 1 月 15 日 17：46 欧洲交易时段，欧元/英镑全线下挫且触及四个月低位，因对希腊债务状况的担忧及德国总理默克尔将辞职的传言令欧元承压下挫。此外，英镑兑欧元上涨推助英镑/美元上扬，一度升至 1.6357 的 2009 年 9 月中旬以来的最高水准，但随后汇价冲高破败回落。欧洲央行行长特里谢表示，希腊在解决财政问题上还有很多工作要做。特里谢在记者会上曾强调希腊在财政上面临诸多挑战。Calyon 外汇策略师 Stuart Bennett 表示，"如果不能阻止的话，未来几周财政忧虑可能将继续限制欧元上升势头。"

北京时间 2010 年 1 月 15 日 20：52 欧洲汇市周五午盘，外汇市场掀起的新一轮

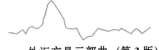

避险情绪推动美元和日元双双走高，并导致欧元大幅下挫。市场人气在周四纽约交易时段开始下滑，因美国12月零售额数据不及预期，导致围绕经济复苏的担忧情绪再度升温。欧洲央行行长特里谢在早些时候的一席讲话就已经令市场忧心忡忡。他明确表示，欧洲央行不会帮助希腊解决其债务问题。在欧洲央行最新一次政策会议结束后，特里谢在新闻发布会上表示，该行不会对任何一个陷入危机的国家予以特殊对待。上述言论再度引发市场对希腊出现债务违约的担忧，从而推动希腊债券的保险成本进一步走高。有关德国总理默克尔可能辞职的传闻导致市场人气进一步恶化。德国政府官员此后对上述传言予以否认，但这仍未能提振欧元走势。此外，全球经济论坛（World Economic Forum）发布的一份报告也令欧元承压；报告称，全球再度出现资产泡沫破灭的可能性为20%，这可能会导致世界经济再损失1万亿美元。欧洲市场开盘时，欧元汇率全线下挫，日元兑美元上涨，因投资者纷纷寻求避险。

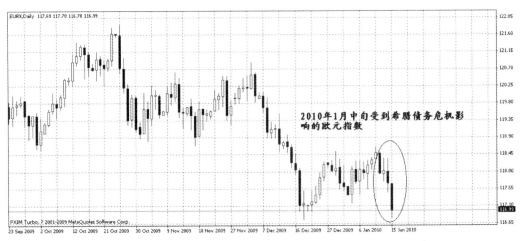

图5-1　2010年1月12日开始的欧元大跌（欧元指数日线图）

当然，地缘政治引发货币持续单边走势还有很多例子，比如"9·11"事件等，这些可以从《外汇交易圣经》上了解，这里不再赘述。其实，进行地缘政治分析不必亲力亲为，可以利用别人的分析获取有益的信息，不过第一步是识别出那些涉及地缘政治分析的汇评，比如标题为《对欧洲主权债务危机是美国对付欧元的阳谋》（叶檀）的文章就是涉及地缘政治的货币分析类文章。这篇文章写道：

根据去年9月《经济学人》杂志设立的"全球政府债务钟"，截至2010年2月，全球各国负债总额突破36万亿美元；2011年全球债务将超40万亿美元。"债务钟"显示，美国、加拿大、日本以及欧元区是负债状况最糟糕的国家。据美国政府预测，2010年财年赤字将达1.6万亿美元，占GDP的10.6%，这是自"二战"以来的最高比例。一向最关注通货膨胀的欧盟，27 个国家就有 20 个国家出现赤字超标（超过 GDP 的 3%），希腊 2009 年政府赤字占 GDP 比例超过 12.7%，爱尔兰 2009 年政府赤字占 GDP 比例约为 10.75%，西班牙 2009 年政府赤字占 GDP 比例也超 10%，位居欧元区赤字前 3 位。虽然美国与欧洲都处于巨大的债务之中，但令人奇怪的是，这场危机只指向欧洲，并未指向美国。最明显的标志是，美元强劲上涨，而欧元处于弱势。

一开始，我们可以说，欧元下跌是欧洲为促进出口有意为之的结果。自从爆发希腊、西班牙等国的债务危机之后，欧盟坚持不会拯救希腊等国，德国财长朔伊布勒同时警告希腊长期负债超标，是付出沉重代价的时候了，但坚拒寻求外援。而欧元区的核心国家德国和法国，迄今为止没有为挽救希腊等国的债务危机做出实质性的动作。

一旦主权债务危机过了临界点，则是欧元的巨大灾难。

……

经济软肋制约了欧元区的发展。享受惯了高福利的欧洲国家很难推出增税、降薪等政策，在希腊政府宣布新财政计划以削减赤字时，雅典由 200 万人构成的私营部门工会投票决定 2 月 10 日开始大罢工，而税收部门的工作人员也将加入罢工队伍。人们很难看到欧洲经济的前景在哪里，经济运作成本过高、福利过高而创新能力不足。垂垂老矣的欧洲经济自顾不暇，难以成为全球经济火车头。

反观美国，虽然困难重重，但经济数据有向好趋势。虽然美国 1 月非农业就业人口减少 2 万人，但 1 月失业率意外地由上月的 10% 下降至 9.7%，而零售业数据可能继续向好。美国经济学家预测，2010 年 1 月的消费者开支数额，将延续 2009 年 12 月的增长势头，促使零售业收入继续增长，进而带动经济增长。借助金融危机，搞垮欧元或者降低欧元信用，使之无法与美元竞争，对于美国而言是意外之喜……

索罗斯、达里奥和保尔森都擅长分析财政和国际收支的顶尖大势。

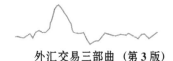

可以发现这篇文章中的地缘政治味道非常重，并且有着"币缘分析"的痕迹，大家在汇评中经常会看到这样的文章，只要将其归类为地缘政治分析即可，然后在驱动分析矩阵中排定位置，就可以推断其对外汇市场走势的影响了。

第二节　经济增长与外汇走势分析

GDP 季度值和 PMI 月度值，以及就业数据和通胀数据是最为重要的宏观经济数据。

经济增长（Economic Growth）通常是指在一个较长的时间跨度上，一个国家人均产出（或人均收入）水平的持续增加。较早的文献中是指一个国家或地区在一定时期内的总产出与前期相比实现的增长。总产出通常用国内生产总值（GDP）来衡量。对一国经济增长速度的度量，通常用经济增长率来表示。设 $\triangle Y_t$ 为本年度经济总量的增量，Y_{t-1} 为上年所实现的经济总量，则经济增长率（G）就可以用下面公式来表示：

$$G=\triangle Y_t/Y_{t-1}$$

由于 GDP 中包含了产品或服务的价格因素，所以在计算 GDP 时，就可以分为用现价计算的 GDP 和用不变价格计算的 GDP。用现价计算的 GDP，可以反映一个国家或地区的经济发展规模；用不变价格计算的 GDP 可以用来计算经济增长的速度。

经济增长率的高低体现了一个国家或地区在一定时期内经济总量的增长速度，也是衡量一个国家或地区总体经济实力增长速度的标志。

决定经济增长的直接因素包括：一是投资量。一般情况下，投资量与经济增长成正比。二是劳动量。在劳动者同生产资料数量、结构相适应的条件下，劳动者数量与经济增长成正比。三是生产率。生产率是指资源（包括人力、物力、财力）利用的效率。提高生产率也对经济增长

减少制造业税收，增加"寻租"行为的成本和税收，可以极大地提升经济增长率。

直接作出贡献。

三个因素对经济增长贡献的大小，在经济发展程度不同的国家或不同的阶段是有差别的。一般来说，在经济比较发达的国家或阶段，生产率提高对经济增长的贡献较大。在经济比较落后的国家或阶段，资本投入和劳动投入增加对经济增长的贡献较大。

能够造成汇价单边走势的经济事件一般是连续出现的。比如一段时间内接连出现利多美元的经济数据和事件，与此同时往往出现利空英镑的经济数据和事件。过一段时间之后，利多美元的经济数据和事件开始停留在老话题上，而汇价也开始震荡，此时英镑开始有稍微利多数据的出现，接着大量利多英镑的数据开始接连出现，而利空美元的数据也接连出现，英镑兑美元开始走上涨单边市。这种货币交替出现热点的模式在外汇市场一直存在，大家注意去把握这种脉络。

对汇市影响比较深远的经济数据主要是 GDP 和就业以及通胀压力，当然消费者情绪、ISM 相关的指标也会影响汇市。货币就是国家发行股票，而各种经济指标反映了国家这个超级大公司经营得如何。如果经济指标整体表现不错，而且有持续向好的趋势，那么其发行的"股票"当然也就有较好的表现。

我们下面来看一段单边大行情发动时，经济面和汇率的相互关系，价格走势配合着基本面在走，如图 5-2 所示。

北京时间 2009 年 12 月 1 日 23：10 美国 ISM 制造业指数差于预期，美元指数温和回升。

北京时间 2009 年 12 月 2 日 14：23 缺乏重要的事件风险，将继续关注风险情绪，密切关注股市和商品市场动向。上周末期的风险厌恶情绪几乎已经消散，本周美元重新开始下跌。欧元/美元在 1.4800 上方守稳，并重新指向 15 个月高点 1.5143。其他各主要高息货币兑美元，如澳元/美元和纽元/美元也纷纷反弹。由于迪拜世界已经和债权人就

外汇市场需要同时考虑两个货币的题材，这跟证券市场和商品市场存在差别。在外汇市场也需要根据题材性质来理解各种事件和数据。题材按照性质可以划分为一次性利多、一次性利空、持续利多、持续利空、最后一次利多和最后一次利空等。

260 亿美元的债务重组展开积极对话，迪拜债务危机似乎已经过去，对市场的影响也消失殆尽。道指隔夜上涨，收于 14 个月新高，金价再创历史新高。但是很难判断单个因素对市场情绪的影响。虽然数据疲软，但是也不能改变美国经济正处于复苏的整体趋势。该数据此前更加受到重视，但随着其对整体经济的重要性降低，其对汇价的影响也逐渐减弱。

北京时间 2009 年 12 月 2 日 22：22 美国盈透（Interactive Brokers）分析师安德鲁·威金森（Andrew Wilkinson）表示，尽管刚公布的美国 ADP 就业人数不如预期，但逐渐向好的数据显示美国就业市场正在不断改观，只是速度比较缓慢。他指出，美国就业市场情况逐渐向好或将推动美联储（FED）加息从而助涨美元。他还表示，就业市场好转中期将影响加息预期。而长期来看，则帮助美国经济基本面向好，美联储才有可能走出超低利率政策，这将减少美元下行压力。

北京时间 2009 年 12 月 3 日 3：16 褐皮书报告显示经济温和复苏，美元反应平静。

北京时间 2009 年 12 月 3 日 22：07 北美盘初，美国公布的劳工市场数据强于预期，美元指数反弹脱离 74.33 的日内低点，攀升触及 74.62 的日内高点。美国周四公布的数据显示，美国 11 月 28 日当周初请失业金人数 45.7 万人，预期 48 万人。美国劳工部表示，美国第三季度生产力增长不及预期，但连续 4 个季度增长。第二季度非农劳动生产力增长 6.9%，单位劳工成本持平。第三季度非农劳动生产力修正后季比折年率上升 8.1%，预期增长 8.5%。单位劳动成本修正后下降 2.5%，预期为下降 4.1%。在衰退结束或复苏开始阶段，较大的生产力提高是不寻常的，但这可以以就业为代价。较高的生产力增长可使得美联储有余地将利率维持在较低水平，帮助经济复苏。

北京时间 2009 年 12 月 3 日 22：11 特里谢认为美国政府强势美元的承诺是重要的，坚信强势美元对欧洲央行很重要。

北京时间 2009 年 12 月 3 日 23：11 美联储主席伯南克认为金融市场正在企稳，经济正从衰退中走出来。

北京时间 2009 年 12 月 4 日 21：30 美国 11 月非农就业人口减少 1.1 万人，预测减少 13 万人。美国劳工部（Labor Department）部长索利斯（Hilda Solis）表示，上月失业人数的大幅下降显示，劳动力市场正趋于稳定，且工作岗位不久将重现增长趋势。美国 11 月非农就业人数仅减少 1.1 万人为 2007 年 12 月以来最强劲表现；同时，11 月失业率降至 10%，预期为 10.2%。当被问及数据是否表明就业人数不

久将开始上升时，索利斯指出："我们看到就业市场正开始企稳，我认为经济复苏正在发挥其作用。"美国非农数据好于预期，美元指数上涨触及 74.79。

债券、股票和商品在经济周期的不同阶段有不同的表现，外汇则需要同时考虑两个国家的经济周期所处阶段。收益率曲线对应不同的经济周期阶段，有国际学术论文指出可以通过比较分析两国的收益率曲线来较为准确地预判汇率大趋势。

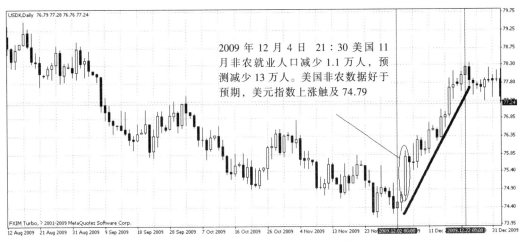

图 5-2　经济面驱动和汇率大行情走势（1）

这轮行情的反转是在什么样的经济面情况下展开的呢？经济面的情况请看下面的叙述，而汇价的行情走势则如图 5-3 所示。

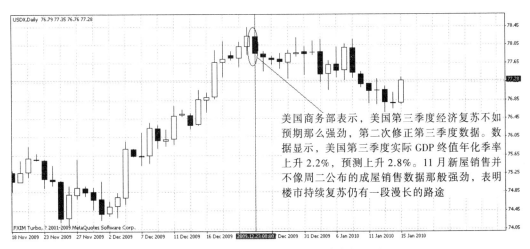

图 5-3　经济面驱动和汇率大行情走势（2）

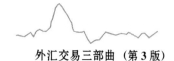
消费者支出是美国经济的领先指标。

北京时间 2009 年 12 月 22 日 22：17 美国商务部表示，美国第三季度经济复苏不如预期那么强劲，第二次修正第三季度数据。数据显示，美国第三季度实际 GDP 终值年化季率上升 2.2%，预测上升 2.8%。第三季度经济是2008 年第二季度以来首次增长，也是近 2 年来最为强劲的增长。虽然报告证实了经济增长，但数据表明非住宅类固定投资和私营库存投资下降。此外，数据显示美国第三季度消费者支出增长 2.8%，前值增长 2.9%。另有迹象表明复苏是疲弱的，美国第三季度个人消费者物价指数终值年率上升 2.6%，除去食品和能源价格之后的美国第三季度核心个人消费支出物价指数终值年率上升 1.2%，预期上升1.3%。

北京时间 2009 年 12 月 23 日 23：20 美国商务部公布的数据显示，11 月新屋销售并不像周二公布的成屋销售数据那般强劲，表明楼市持续复苏仍有一段漫长的路途。美元在数据公布之后，自 78.16 快速下滑至 77.96，于该水平附近盘整。数据显示，美国 11 月新屋销售总数年化为 35.5万户，远不及此前市场预估的 44 万户，10 月的数据也由43 万户下修至 40 万户。此外，11 月新屋销售年化月率大降 11.3%，前值为上升 6.2%。 数据令投资者对楼市回暖的信心有所降温，也打击对美联储提前升息的预计，令美元承压。

北京时间 2009 年 12 月 23 日 23：46 美国 12 月密歇根大学消费者信心指数升至 72.5 仍低于预期。

经济增长如果变得非常不稳定，比如出现危及社会稳定的恶性通胀和非常高的失业率，这时候可能驱动的层级已经由简单的经济增长上升到了地缘政治。当然，这样的状况会令汇市有非常大的单边行情。

经济增长和稳定对汇率走势有密切影响，我们要重点关注那些与经济增长和稳定相关的汇市新闻和评论，请看这篇标题为《强劲经济表现或助英镑进一步走强》的文章：

过去一周（1月11~15日）英镑在多项利好数据的支持下表现较为稳定，虽然在连续五根阳线后周五以阴线报收，但本周经过调整后如果仍有利好支撑，英镑/美元可能将进一步走强。

上周英镑始终保持了强劲的上升势头，一方面得益于美元小幅回软，另一方面得益于欧元在欧洲交叉盘市场上的全面走软。但根本因素还是英国多项经济数据的有力支持。上周初的英国12月RICS房价指数自11月的35降至30，为2009年1月以来首次下降，显示英国12月房价涨幅放缓。但同日英国零售商协会（BRC）公布的数据显示，英国2009年12月零售销售激增，为自2005年以来12月当中增幅创纪录高点的一个月，增加了2009年第四季度英国经济终于走出经济衰退的希望。英国2009年11月贸易赤字为68亿英镑，是8月以来最小的赤字额。预期中值为赤字70亿英镑。周四英国国家经济社会研究所（NIESR）表示，尽管预计2009年英国全年GDP下降4.8%，创1921年以来最大降幅，但在经过了连续六个季度的负增长后，第四季度有望将增长0.3%，这对英国来说应该是个难得的好消息。

本周一英国房产网站Rightmove发布调查显示，1月中旬英国房价月比上涨0.4%，年比上涨4.1，创一年来最大年比升幅，说明售房者对2010年提价充满信心。周二还将公布英国12月零售物价指数和CPI，预计前者年率将从0.3%上升至2.1%，后者年率从1.9%上升到2.6%，显示消费和通胀正在恢复。此外，值得关注的还有周五的12月零售销售数据。总体来看，英国近阶段经济数据有好转的趋势，如果实际公布数据能够进一步保持这个趋势，将进一步对英镑中短期汇价形成支撑。

由于房地产和原油加上金融业是英国的支柱产业，所以房地产对英国经济影响很大，房地产的变化自然对英镑影响很大。大家进行外汇驱动分析时绝大多数时候是依靠汇评，然后从众多的汇评中形成自己的意见。

一定要在阅读持有正面观点文章的同时，阅读持有反面观点的文章。

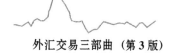

第三节　利率变化与外汇走势分析

加息属于一次性驱动，加息周期则属于持续驱动；同样，降息属于一次性驱动，降息周期则属于持续驱动。

　　利率也就是人为的利率，与"自然利率"相对。利率不属于经济增长的范畴，但是与经济增长关系密切。利率的绝对高低对于汇市没有持续的影响，关键是利率是否与经济增长匹配，以及利率处于上升趋势还是下降趋势。

　　在经济普遍不景气的时候，更快地降息反而有利于汇率走高。当经济还处于不景气的时候，货币当局就急忙提升利率，这样会使得汇率贬值。当经济开始复苏，能够承受一定的紧缩时，则进入加息通道，能够促进汇率升值。这时候套息交易也开始盛行，因为经济稳定，套息交易风险下降，另外利率逐步走高，套息交易的收益也在逐步走高。在全球经济普遍稳定增长的情况下，或者开始复苏明显的情况下，加息空间越大，进入加息周期越快，则货币升值幅度和速度也越大。

避险交易和套系交易的甄别对于黄金交易者也非常重要。

　　利率偏好与风险偏好密切相关，而风险状况与地缘政治以及经济稳定增长密切相关。当全球地缘政治动荡，经济状况恶化时，外汇市场的风险厌恶情绪上升，这时候低息货币受到追捧，其为避险交易；当全球地缘政治稳定，经济稳定增长，外汇市场的风险喜好情绪就上升，这时候高息货币就受到追捧，其为套息交易。在正常的经济环境中，息差是汇价走势的风向标，请看图5-4至图5-10，其中显示了息差和货币走势的关系，可以发现息差是货币运动的先行指标。

GBPUSD vs. Yield Spread from 2007–2010

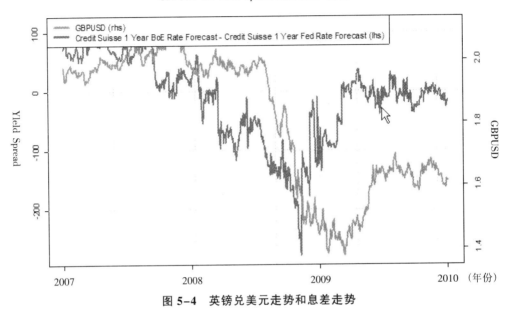

图 5-4　英镑兑美元走势和息差走势

EURUSD vs. Yield Spread from 2007–2010

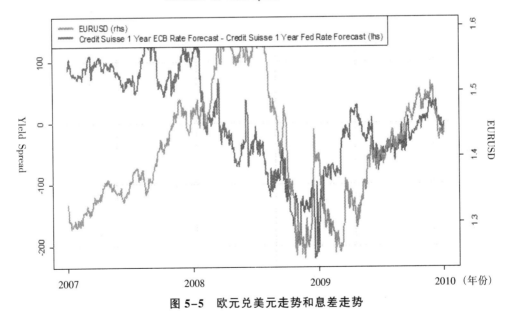

图 5-5　欧元兑美元走势和息差走势

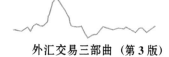

外汇交易三部曲（第3版）

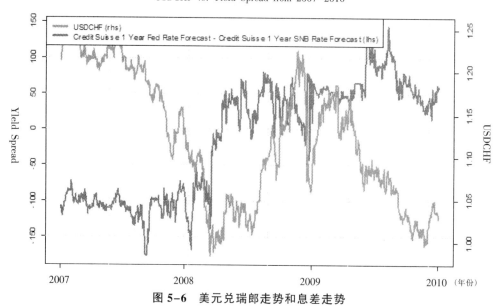

图 5-6　美元兑瑞郎走势和息差走势

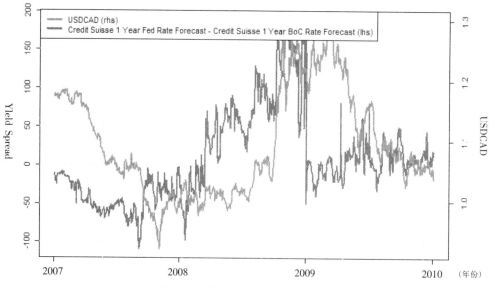

图 5-7　美元兑加元走势和息差走势

138

USDJPY vs. Yield Spread from 2007-2010

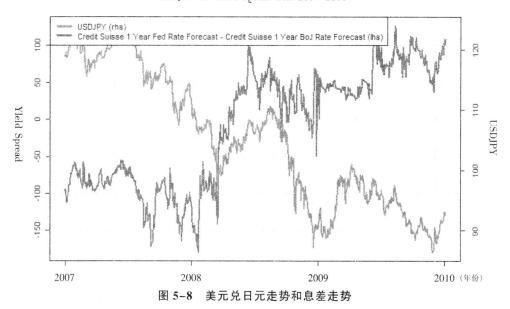

图 5-8 美元兑日元走势和息差走势

AUDUSD vs. Yield Spread from 2007-2010

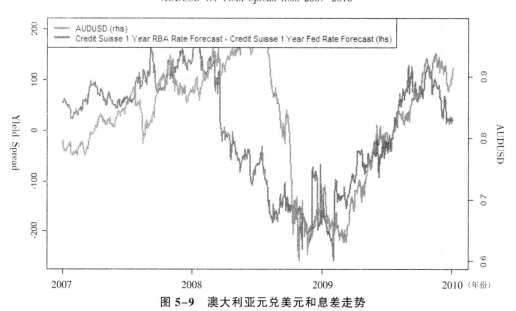

图 5-9 澳大利亚元兑美元和息差走势

NZDUSD vs. Yield Spread from 2007–2010

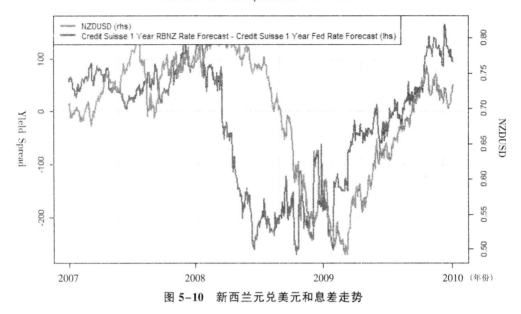

图 5-10　新西兰元兑美元和息差走势

　　利率变化关键看趋势，同时也要看当时的风险偏好变化。当风险厌恶上升的时候，汇率走势和息差容易出现逆向走势，但在绝大多数情况下，两者是正向关系。

　　我们来看一则标题为《美联储政策姿态是日元走势的重要因素》的新闻，从中可以看出央行货币政策对外汇市场的重大影响：

　　尽管日本财务大臣菅直人（Naoto Kan）刚一上任就抛出希望日元进一步贬值的观点，导致市场担心日本政府的干预威胁，然而决定日元走势更为重要的因素来源于美联储（U.S. Federal Reserve）政策姿态。

　　换句话说，一旦美国利率开始上调，日元只能再度开启弱势。这样日元也能够恢复其传统本色：交易商套利交易的融资货币。刚从藤井裕久（Hirohisa Fujii）手上接过日本财务大臣职务的菅直人周四（1月7日）明确表示，考虑到日元走势对经济的影响，希望日元进一步贬值，并将与日本央行联手稳定日元汇率，让日元汇价回到合理的区间。菅直人称，多数日本企业认为美元/日元在95.00附近比较合适。该言论被市场理解为，日本政府希望日元进一步走软。

　　鸠山由纪夫表示，"当涉及汇率问题时，稳定性是当局所希望看到的，而汇率大幅波动不受欢迎。政府基本上不应就汇率发表评论。"瑞信集团（Credit Suisse Group AG）驻纽约的外汇策略师Daniel Katzive表示，从长期角度来看，美日债券收益率差异对汇价的影响力相比几位官员讲话要大得多。

10 年期美债收益率周四收于 3.8%，美国年度通胀为 1.8%；10 年期日本政府债收益率为 1.352%，但日本目前的物价水平年率下降 1.9%。相形之下，收益率优势仍在日元这边。

但随着日本当局抗击通缩的政策上马——以免让消费物价持续下挫的势头恶化，日元将最终走软。分析师们预计，政府将引入后续财政和货币刺激举措，寻求对国内经济的支持。日本当局可能得依靠日本央行重新启动购买政府债的举措。

瑞穗实业银行（Mizuho Corporate Bank）驻纽约的资深交易员柳原弘（Hidetoshi Yanagihara）表示："只要日本经济面临通缩压力，日本央行就会提供更多货币。"他预计美元/日元年底能升上 100。

相反，美联储这边预计将启动流动性退出策略，将过去两年注入银行体系的资金抽离。即便美联储指标利率仍维持近零低位，依然将推动收益率上浮，弱化美元的融资货币角色。

有时候利率政策会影响本国的需求，进而影响到某些国家的出口，这种情况应该是利率政策影响经济增长，进而影响汇率的典型，而非利率政策影响流动性，进而影响汇率的典型，标题为《中国紧急叫停放贷 国际汇市起波澜》和《中国紧缩银根引发恐慌 风险货币大跳水》的汇评就介绍了前面一种情况：

由于对通胀预期越发急迫，中国政府近期频频出招，货币收紧方向已经确定。而接连出台的各项政策也对国际汇市产生较大影响，欧元出现大幅下挫，而美元则出现强劲反弹。中国消息公布后，欧元/美元周三（2010 年 1 月 20 日）亚市盘中大跌至四个月低点，此前触发了设于 1.4250 下方的止损单，一位交易员估计，1.4200 上方也有少量停损单被触发，使得欧元进一步走低。欧元/美元一度跌至 1.4180，为 9 月 1 日以来最低。目前在 1.4200 附近，今日下跌近 0.6%。欧元/英镑亦触及五个月低点。欧元/英镑一度跌至 0.8698，为 8 月 24 日以来最低，随后反弹至 0.8700 附近，日内跌幅为 0.2%。

……

消息传出后，市场对中国紧缩政策提前到来的恐慌心理加剧，造成中国股市大跌，并拖累风险货币集体跳水。

从中可以看到，利率紧缩除了会直接影响外汇市场的流动性，还会影响到经济增长和需要，进而影响进口和出口。

英美和欧美利差可以从以下网址查询：http://www.bloomberg.com/quote/USGG10YR-GUKG10：IND；http://www.bloomberg.com/quote/GECU10YR-USGG10YR：IND。

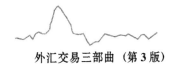
第四节　国际收支与外汇走势分析

国际收支分为狭义的国际收支和广义的国际收支。狭义的国际收支是指一国在一定时期（通常为一年）内对外收入和支出的总额。广义的国际收支不仅包括外汇收支，还包括一定时期的经济交易。国际货币基金组织对国际收支的定义为：国际收支是一种统计报表，系统地记载了在一定时期内经济主体与世界其他地方的交易，大部分交易在居民与非居民之间进行。国际收支是一个流量概念，所反映的内容是经济交易，包括商品和劳务的买卖、物物交换、金融资产之间的交换、无偿的单向商品和劳务的转移、无偿的单向金融资产的转移，记载的经济交易是居民与非居民之间发生的。

国际收支平衡表是指根据经济分析的需要，将国际收支按照复式记账原理和特定账户分类编制出来的一种统计报表。它集中反映了一国国际收支的结构和总体状况。

编制国际收支平衡表时，需要对各个项目进行归类，分成若干个账户，并按照需要进行排列，即所谓的账户分类。国际货币基金组织出版的《国际收支手册》(第五版) 提供了国际收支平衡表的账户分类标准，即分为经常账户、资本和金融账户两大账户，各国可以根据本国具体情况对其进行必要的调整。

经常账户记录实际资源的流动，包括货物和服务、收益、经常转移三项。货物是指通过海关的进出口货物，以海关的进出口统计资料为基础，载货物所有权发生变化是被记录下来，进出口均采用离岸价格（FOB）计价。服务包括运输、旅游、通信、建筑、保险、金融服务、计算机和信息服务、专有权使用费和特许费、各种商业服务、个

要想抓住大行情，不能不研究国际收支平衡表和财政。

142

人文化娱乐服务以及政府服务。收益包括职工报酬和投资收益两类。职工报酬是指本国居民在国外工作（一年以内）而得到并汇回的收入以及支付外籍员工（一年以内）的工资福利。投资收益包括直接投资项下的利润利息收支和再投资收益、证券投资收益（股息、利息等）和其他投资收益（利息）。经常转移主要包括侨汇、无偿捐赠和赔偿等项目，包括实物和资金形式。

资本和金融账户记录资本的国际流动，包括资本账户和金融账户。资本账户包括资本转移和非生产、非金融资产交易。资本转移主要包括固定资产转移、债务减免、移民转移和投资捐赠等。非生产、非金融资产交易是指不是生产出来的有形资产（土地和地下资源）和有形资产（专利、版权、商标和经销权等）的所有权转移。

金融账户记录的是一经济体对外资产负债变更的交易，包括直接投资、证券投资、其他投资和储备资产四类。直接投资是投资者以获取在本国以外经营企业的有效发言权为目的的投资。证券投资包括股本证券和债务证券两大类证券投资形式。债务证券又可以细分为中长期债券、货币市场工具和其他衍生金融工具。其他投资是指直接投资和证券投资外的所有金融交易，分为贸易信贷、贷款、货币和存款、其他资产负债思想。储备资产是指中央银行等货币当局拥有的对外资产，包括货币黄金、外汇、特别提款权和在国际货币基金组织的储备头寸。

此外，国际收支平衡表还设置了净误差和遗漏一项。净误差和遗漏是基于会计上的需要，在国际收支平衡表中借贷双方出现不平衡时，设置的用以抵销统计偏差的项目。下面看几则外电新闻就知道国际收支对汇率的大致影响了：

第一则　2006 年 6 月 21 日　预计新西兰经常账赤字将涨至记录高点，经济增长也将放缓，纽元这一去年表现最差货币无疑将再受重创。调查显示，经济学家预计至 2007 年 3 月 31 日的一年新西兰经常账赤字将扩大至 140.6 亿纽元，赤字扩大将随之引发更多的纽元抛盘。上年纽元累积跌幅高达 14%。新西兰当局将于明日公布经常账报告。

第二则　2008 年 3 月 26 日　国央行货币政策委员会（MPC）委员宾恩周三称，英国经常账部位的恶化将让英镑币值进一步承压。英国央行总裁金恩亦指出英镑所面临的风险，英镑贸易加权指数过去一年来已下跌约 10%。"我当然会说，各种风险总体而言偏向下档，"宾恩在议会金融委员会称。"金融市场面临的风险无疑偏于下档，鉴于经常账赤字的规模，我也同意这种观点。"金恩指出，英镑的跌势对出口商来说是利好消息。英镑在上述讲话之后下跌，因交易商将其解读为央行对英镑近

期的跌势并不感到惊慌。

第三则　2010年1月12日　日本财务省周二（12日）公布，日本2009年11月未经季调经常账盈余年率增长76.9%至1.103万亿日元。此前经济学家预计日本11月未经季调经常账盈余较2008年同期扩大64.96%至1.029万亿日元。日本10月经常账盈余年率增长42.7%至1.398万亿日元。 同期日本出口年率下降7%至4.704万亿日元，低于10月24.6%的降幅。进口年率下降18.2%至4.214万亿日元，10月降幅为37.7%。日本11月国内企业所持海外证券收入年率下降13.3%至7328亿日元，因各国央行利率较2008年同期皆维持在低位。

第四则　（2018年）6月中旬以来，人民币对美元汇率经历了一波幅度较大的贬值。其主要原因不是我国国际收支状况不好，而是由人民币贬值预期引导……2018年以来，宏观经济政策也有调整的迹象，使得人民币贬值预期升温，一些市场主体在即期或远期市场主动购入美元，推动了美元对人民币升值。但是，由于中国央行在过去几年展现了维护人民币汇率稳定的强大能力，而且中国国际收支状况较好，目前做空人民币的力量还并不强。8月3日晚间，央行宣布将远期售汇业务的外汇风险准备金率调整为20%，人民币汇率就走出了一波升值。

国际经常项目也好，资本项目也好，出现盈余一般都利于该国货币升值。其实，国际收支反映了经济体的繁荣状况。如果一个经济体实力增强，则其要素收入也会增加，自然经常项目也就为盈余；如果一个经济体投资收益增加，则其资本流入就会增加，资本项目也就是净流入。美国的资本净流入和贸易账对美元汇率走势有较强的支持作用，所以大家应该关注它的这个数据走势，图5-11是美国贸易赤字的走势图。

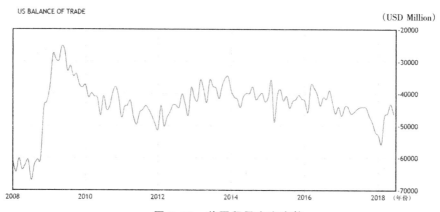

图5-11　美国贸易赤字走势

第五节 商业并购活动与外汇走势分析

并购（Mergers & Acquisition）一词包括兼并和收购（或购买）两层含义。兼并（Merge）是指公司的吸收合并，即一公司将其他一个或数个公司并入本公司，使其失去法人资格的行为。它是企业变更、终止的方式之一，也是企业竞争优胜劣汰的正常现象。在西方公司中，企业兼并可分为两类，即吸收兼并和创立兼并。收购（Acquisition）意为获取，即一个企业通过购买其他企业的资产或股权，从而实现对该公司企业的实际控制的行为。有接管（或接收）企业管理权或所有权之意。按照其内容的不同，收购可分为资产收购和股份收购两类。从经济学角度而言，企业兼并和收购的经济意义是一致的，即都使市场力量、市场份额和市场竞争结构发生了变化，对经济发展也产生相同的效益，因为企业产权的经营管理权最终都控制在一个法人手中。正是在这个意义上，西方国家把 Mergers 和 Acquisition 连在一起，统称 M&A。

对于外汇走势具有直接快速影响的商业并购活动是跨国并购（Cross-border Mergers Acquisitions）。国际并购就是指一国跨国性企业为了达到某种目的，通过一定的渠道和支付手段，将另一国企业的一定份额的股权直至整个资产收买下来。

跨国公司的国际并购涉及两个或两个以上国家的企业，两个或两个以上国家的市场和两个以上政府控制下的法律制度，其中"一国跨国性企业"是并购发出企业或并购企业，"另一国企业"是他国被并购企业，也称目标企业。这里所说的渠道，包括并购的跨国性企业直接向目标企业投资，或通过目标国所在地的子公司进行并购两种形式。这里所指的支付手段，包括支付现金、从金融机构贷款、以股换股和发行债券等形式。而跨国公司的国内并购是指某一跨国性企业在其国内以某种形式并购本国企业。

按跨国并购双方的行业关系，跨国并购可以分为横向跨国并购、纵向跨国并购和混合跨国并购。横向跨国并购是指两个以上国家生产或销售相同或相似产品的企业之间的并购。其目的是扩大世界市场的份额，增加企业的国际竞争力，直至获得世界垄断地位，以攫取高额垄断利润。在横向跨国并购中，由于并购双方有相同的行业背景和经历，所以比较容易实现并购整合。横向跨国并购是跨国并购中经常采

用的形式。纵向跨国并购是指两个或两个以上国家处于生产同一或相似产品但又处于不同生产阶段的企业之间的并购。其目的通常是稳定和扩大原材料的供应来源或产品的销售渠道，从而减少竞争对手的原材料供应或产品的销售。并购双方一般是原材料供应者或产品购买者，所以对彼此的生产状况比较熟悉，并购后容易整合。混合跨国并购是指两个以上国家处于不同行业的企业之间的并购。其目的是实现全球发展战略和多元化经营战略，减少单一行业经营的风险，增强企业在世界市场上的整体竞争实力。

从并购企业和目标企业是否接触来看，跨国并购可分为直接并购和间接并购。直接并购是指并购企业根据自己的战略规划直接向目标企业提出所有权要求，或者目标企业因经营不善以及遇到难以克服的困难而向并购企业主动提出转让所有权，并经双方磋商达成协议，完成所有权的转移。间接并购是指并购企业在没有向目标企业发出并购请求的情况下，通过在证券市场收购目标企业的股票取得对目标企业的控制权。与直接并购相比，间接并购受法律规定的制约较大，成功的概率也相对小一些。

跨国并购越来越成为国际直接投资的首选，跨国并购的浪潮一浪高过一浪。这种情况和跨国并购本身的优势密不可分。20世纪90年代以来，发达国家企业的并购规模日益增大，并购金额连创新高，诞生了许多超大型跨国公司。比如1998年德国的戴姆勒—奔驰公司和美国的克莱斯勒公司合并，成立戴姆勒—克莱斯勒汽车公司。新公司的市场资本额在世界汽车业中名列第二。

又如1999年1月15日，英国沃达丰移动电话公司宣布与美国空中火炬公司合并成立沃达丰空中火炬公司，新公司成为世界最大的移动电话公司。根据联合国贸发会发布的2002年《世界投资报告》对10亿美元以上的大宗跨国并购案的统计，世界跨国并购活动以英国、法国、美国、德国、瑞士、荷兰和加拿大这七个国家为主。特别是排在前四位国家的大宗并购额超过2000亿美元，其流出量共计12612亿美元，约占总额的73.8%。其中，尤为突出的是英国，其大宗并购额约占总流出量的36.2%。如果加上西欧各国的并购额，那么在2000年，并购额共计8267亿美元，占大宗并购总额的95.4%。从上述这些国家和地区流出的金额为8381亿美元，占世界流出总额的96.8%。其中，流入美国的并购交易额高达2554亿美元，德国为2339亿美元，英国为1400亿美元。

下面看几则跨国商业并购对汇率走势的影响：

第一则　2006年5月23日　并购传闻充斥市场，有建议称英镑正受这些并购交易支持。汇价走势却与之不完全相同，或许如果不是这些并购传闻，欧元/英镑可能走得更高。英镑对欧元走势疲软，英镑/美元在开盘后有较大跌幅。尽管受英国紧缩货币政策的预期和一系列强劲数据的支持，英镑的表现仍然较差。欧元/英镑亚市尾盘开始下跌，至伦敦早盘跌至0.6809。0.6810附近的欧元买盘被测试，支持汇价回升至0.6823，受阻于伦敦卖盘位置。

第二则　2006年8月18日　美元/加元继续波动在窄幅区间1.1167~1.1171，交易商将费城联储制造业数据迅速抛诸脑后，因为债市反应有限，债券收益率短暂上扬后缺少跟进。交易商称，Xstrata公司收购Falconbridge公司牵涉的最后结算资金流今日支持加元，尽管金价和油价走低。加元/日元从亚市低点103.00反弹到103.45，阻力在昨日高点103.00，强劲表现也支持了加元直盘表现。

第三则　2009年9月29日　由于多则企业并购消息为市场提供了上涨动力，周一美国股市大幅反弹，三大股指涨幅均超过1%。美股上涨及原油价格走强，为金价提供了支撑。近期黄金和美元的逆向关系有所加强，市场视黄金为美元贬值的替代资产。G20领导人上周末承诺将使全球经济恢复平衡，这一承诺可能令美元继续保持弱势。本周即将公布众多重要的美国经济数据，包括周二的消费者信心指数，周三的GDP终值和成屋销售数据，周四的制造业采购经理人指数和营建支出数据以及周五的非农就业报告等。若数据证明整体经济趋势仍在改善的话，市场风险偏好情绪有望进一步升温，从而对美元走势构成打压。

第四则　2010年1月19日　据悉全球第二大食品生产商卡夫食品（Kraft Foods）和英国糖果制造商吉百利（Cadbury Plc）正进行要约收购"友好"谈判，预计收购总金额将达115亿英镑。并购消息支持英镑快速反弹，尽管欧洲股市扩大跌幅，但英镑/日元自148.00档大幅反弹至148.50档，该日17：30将公布英国12月通胀数据，若通胀数据强劲，则英镑可能继续受到支持。英镑/日元日图倾向看涨，短期阻力位于149.00，上破将打开上行空间。

第五则　ACB News《澳华财经在线》报道，西太平洋银行首席市场策略师罗伯伦尼（Robert Rennie）指出，基于已知数据及大概率事件，澳大利亚市场将在明年（2016年）第一季度见证2004年以来最大股权交易资本流入。涉及外汇交易且尚未结算完成的案例包括新州电网Transgrid私有化、物流巨头Asciano资产销售、Equifax收购信用报告公司Veda，以及澳国民银行NAB向日本生命保险转让寿险业务等。

罗伯伦尼预估，海外对澳大利亚资产需求持续强劲，未来两个季度并购相关交易带来的资本流可超过 250 亿澳元，而这是在过去 12 个月的 260 亿澳元基础之上。"潜在交易管线相当充盈，明年还将会有资本持续流入"。

他认为，完成重大交易产生的买入需求是本地货币固守于 70 美分上方的原因之一。澳元与大宗商品市场的传统关系，以及全球性投资者紧密跟随中国经济形势的做法都意味着澳元本应该走低。然而事实是——澳元汇价仅在 9 月有 5 天时间低于 70 水平，随后一直获得良好支撑。

不过，整体而言，跨国并购对于汇率走势局限于一日，很少持续几日的，这个是大家需要注意的问题，所以重点还是放在前三个驱动因素上。

第六节　我不是教你汇率经济学

汇率经济学不是我们驱动分析的理论基础，这点大家需要明白，否则就可能走入纯理论道路和数理公式，而非真正的交易之路。汇率经济学涉及国际经济学领域，对于长期汇率走势有较好的效果。

从短期来看，一国的汇率由对该国货币兑换外币的需求和供给所决定。外国人购买本国商品、在本国投资以及利用本国货币进行投机会影响本国倾向的需求。本国居民想购买外国产品、向外国投资以及外汇投机影响本国货币供给。

从长期来看，汇率主要取决于商品在本国的价格与在外国的价格的对比关系。以一种商品为例，如果 1 单位商品在美国生产需要 5 美元，在中国生产需要 50 元人民币，则就这单位商品而言，美元与人民币的汇率就是 5：50，即 1 美元兑换 10 元人民币。汇率则是所有进出口商品本国价格与外国价格的相对比价。在长期中，影响汇率的因素主要有：相对价格水平、关税和限额、对本国商品相对于外国商品的偏好以及生产率。

西方汇率决定理论主要有国际借贷说、购买力平价说、汇兑心理说、货币分析说和金融资产说，它们分别从不同的角度对汇率的决定因素进行了分析。

国际借贷说是英国经济学家葛逊在 1861 年提出的，他以金本位制度为背景，较为完善地阐述了汇率与国际收支的关系。他认为，汇率的变化是由外汇的供给与需求引起的，而外汇的供求主要源于国际借贷。国际借贷可分为流动借贷和固定借

贷。流动借贷是指已经进入实际支付阶段的借贷；固定借贷是指尚未进入实际支付阶段的借贷。只有流动借贷才会影响外汇的供求。在一国进入实际支付阶段的流动借贷中，如果债权大于债务，外汇的供给就会大于外汇的需求，引起本币升值、外币贬值。相反，如果一定时期内进入实际支付阶段的债务大于债权，外汇的需求就会大于外汇的供给，最终导致本币贬值、外币升值。

购买力平价说是 20 世纪 20 年代初瑞典经济学家卡塞尔率先提出的。其理论的基本思想是：人们需要外币是因为外币在其发行国国内具有购买力，相应地人们需要本币也是因为本币在本国国内具有购买力。因此，两国货币汇率的决定基础应是两国货币所代表的购买力之比。购买力平价理论是最有影响的汇率理论，由于它是从货币基本功能的角度分析货币的交换比率，合乎逻辑，表达简洁，在计算均衡汇率和分析汇率水平时被广泛应用。图 5-12 至图 5-18 显示了主要汇率和购买力平价之间的关系，可以发现汇率经济学并不能很好地解释短期波动，所以对我们外汇交

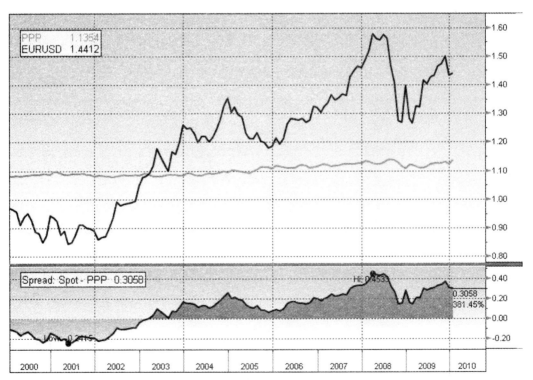

图 5-12　欧元兑美元的汇率走势和购买力平价（PPP）

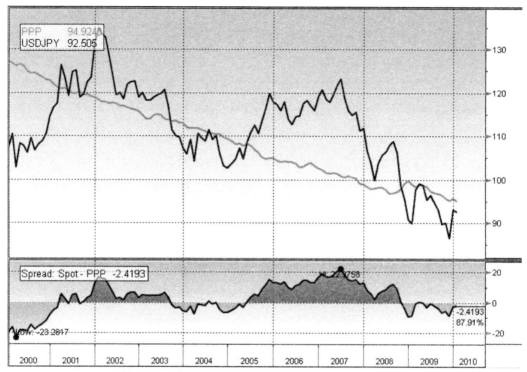

图 5-13　美元兑日元的汇率走势和购买力平价（PPP）

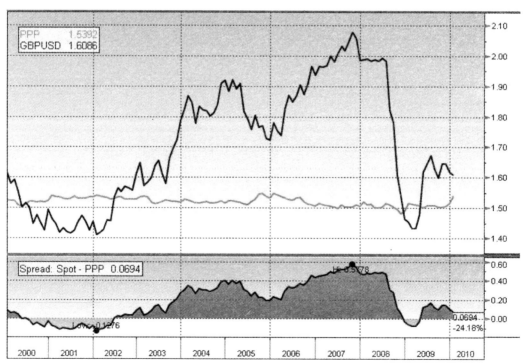

图 5-14　英镑兑美元的汇率走势和购买力平价（PPP）

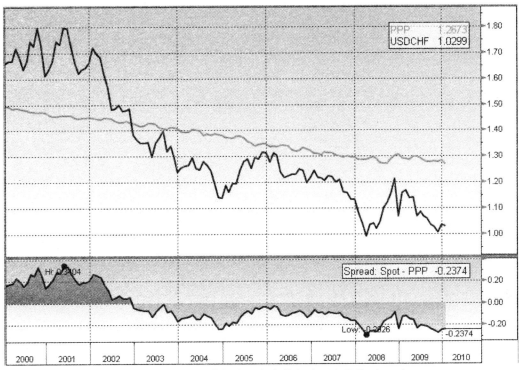

图 5-15　美元兑瑞郎的汇率走势和购买力平价（PPP）

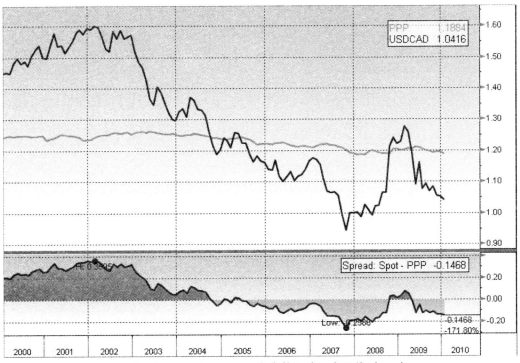

图 5-16　美元兑加元的汇率走势和购买力平价（PPP）

外汇交易三部曲（第3版）

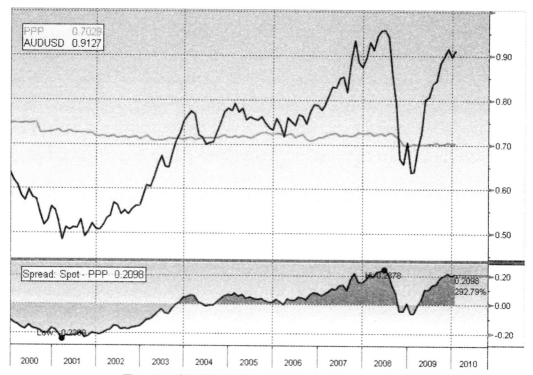

图 5-17　澳元兑美元的汇率走势和购买力平价（PPP）

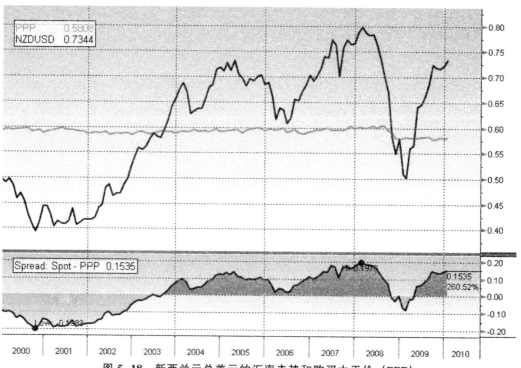

图 5-18　新西兰元兑美元的汇率走势和购买力平价（PPP）

易者意义不大。

汇兑心理说是 1927 年由法国巴黎大学教授艾伯特·阿夫塔里昂根据边际效用价值论的思想提出的。他认为，汇率取决于外汇的供给与需求，但个人之所以需要外汇不是因为外汇本身具有购买力，而是由于个人对国外商品和劳务的某种欲望。这种欲望又是由个人的主观评价决定的，外汇就如同商品一样，对各人有不同的边际效用。因此，决定外汇供求进而决定汇率最重要的因素是人们对外汇的心理判断与预测。

货币分析说认为汇率变动是由货币市场失衡引发的，引发货币市场失衡的因素包括国内外货币供给的变化、国内外利率水平的变化以及国内外实际国民收入水平的变化等，这些因素通过对各国物价水平的影响而最终决定汇率水平。货币分析说最突出的贡献是它对浮动汇率制下现实汇率的超调现象进行了全面的理论概括。

金融资产说阐述了金融资产的供求对汇率的决定性影响，认为一国居民可持有三种资产，即本国货币、本国债券和外国债券，其总额应等于本国所拥有的资产总量。当各种资产供给量发生变动，或者居民对各种资产的需求量发生变动时，原有的资产组合平衡就被打破，这时居民就会对现有资产组合进行调整使其符合自己的意愿持有量，达到新的资产市场均衡。在对国内外资产持有量进行调整的过程中，本国资产与外国资产之间的替换就会引起外汇供求量的变化，从而带来外汇汇率的变化。

汇率经济学的核心内容大家只需要了解大概怎么回事即可，同时掌握好外汇波动的逻辑层次矩阵，即可步入大行情交易者的行列。

投机者重点分析预期和筹码。

宏观分析师高善文先生在分析 2005~2007 年的大牛市时采用了类似思路。

第六章　驱动分析的利器之二
——宏观预测经济金融学

　　虽然懂得了如何运用外汇逻辑层次分析矩阵去把握大行情的到来，但未必能真正把握住，因为这里面存在很多需要更深入的知识才能把握的因素。在本章我们就来介绍驱动分析的第二种利器，这就是"宏观预测经济金融学"。

　　现有的主流经济学都是以阐释为主，预测效力相当差，很长时间内都作为官方政策的解释和辩护工具。我们这里介绍的"宏观预测经济金融学"就是非主流经济理论，这些理论的主要特点是以预测为导向，主要是预测宏观经济周期走势。由于这些理论的效率远远高于主流理论，同时比较简洁，所以在外汇交易中有较好的运用价值。

第一节　我对现代主流经济学的失望

　　经济学一直充当了社会学科皇冠上的明珠，经济学帝国主义一度甚嚣尘上，这是社会科学的苍白无力所引发的。社会科学当中几乎所有学科本身都是离散的，每个学科都缺乏统一性和一致性。

　　经济学因为其更加严密的体系性和可证伪性，特别是近代以来的数量化革命而位居社会科学"显学"位置。但是，我们给予经济学的期望与经济学实际带来的成果是不成比例的。现在的经济学几乎人人都可提出一套理论，或许解释能力显得不错，但是预测和处理效果却非常糟糕。大多数经济学家就是在这样一种情况下，用

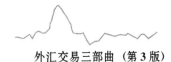

那张肆无忌惮的嘴巴为社会开药方。

人最可怕的是无知和不负责任。我们曾经热捧凯恩斯，然后弗里德曼取代了他，格林斯潘的实用主义取代了弗里德曼，现在的问题是格林斯潘又将被取代，我们陷入的不是进步而是"死循环"。经济学家就在一个没有实际进步的圈子里面自得其乐，号令天下。九个经济学家十个意见，只能说明经济学的失败，而其他社会科学则比经济学更加失败。事后解释性的经济学只是增加了饭后谈资，增加了人类的盲目自信，对于人类能力的拓展毫无用处。

衡量经济学进步的唯一标尺不是解释性，而是预测性或者是处理问题的能力。再精致的理论和再完美的解释都无济于事。索罗斯算不上真正的经济学家，但是他却用金钱来检验自己的思想。现在大多数经济学家总是信口雌黄，乱说一气，预测能力低得不如投骰子。

经济学的价值可能更多在于政策辩护，而不是解决问题。经济学前面加上"政治"两个字，真的是马克思的天才之笔。所以，我断然不会去做一个毫无预测能力的经济学人，这是对所说的话不负责任，而又自认不需要负责任的经济学骗子的作风。为了保证对自己的经济学观点负责，我会通过金融交易来验证。所有经济学思想可以通过预测来实现验证，而预测可以通过金融交易来证明。

经济学家还是不做为好，倒不如做个以交易为生的经济学人，以钱证念！省得天天拿着毫无准确度的预测瞎糊弄百姓。当然，我发觉极少部分"非主流学派"确实具有潜在预测能力，但是当代经济学家却忽视了预测能力，只注重于经院派的推理和演绎能力，造出太多解释性的"理论"。

用收益来荣耀你的思想！

第二节　走在曲线之前的埃利斯和普林格

　　现在的主流宏观经济学很难对经济做出准确的预测，而货币其实就是一个经济体的"股票"。货币可以看成是一个主权国家发行的股票，所以了解一个经济体的繁荣水平和所处的周期阶段可以帮我们可以更好地预测一个货币的大趋势。走在曲线之前的非主流经济学家之一是约瑟芬·埃利斯，大家可以从他的网站了解他的宏观经济周期预测理论：http://www.aheadofthecurve-thebook.com/，他的专著也有中文版《走在曲线之前：运用常理预测经济和市场周期》。他的理论存在一些不完备的地方，最主要表现在忽略了个人真实收入的长期决定因素，同时也忽略了要素收入分配问题，这两个问题对于经济周期的影响也很大。

　　像日本和中国这类东亚国家一般倾向于后端驱动，也就是依靠真实资本支出来推动经济，消费反而成了后端。中国的资本支出针对的是出口类工业生产和政府支出，而出口产品主要销往欧美，这就使得中国更像位于经济流程后端的经济体，而美国更像位于经济流程前端的经济体。

　　下面，我们就来扼要地介绍一下埃利斯的三阶段经济周期理论，请看图6-1。个人真实收入在驱动消费支出，个人消费支出的变化一般先于工业生产，而工业生产的变化又先于真实资本支出变化，可以看到个人消费支出到工业生产之间的变化存在6个月左右的时滞，而工业生产到资本支出则有半年到一年的时滞。

　　这幅图中的箭头可以帮助我们理解剩下的内容，一般而言我们可以根据前端的变化推测经济体的走势，从而先人一步。由于美元是外汇市场的最重要货币，所以研究美国经济走势也是外汇交易的最重要任务，从埃利斯的网站

　　英镑和美元可以称为"债券货币"；欧元和人民币可以称为"股票货币"；澳元和加元可以称为"商品货币"。日元呢？

157

上可以看到定期更新的三阶段数据分析走势图，部分国内财经网站也提供了美国经济数据的走势图，大家可以将其数据纳入这个图中来解读当前经济走势。

埃利斯的理论能够使我们比大多数经济学家更擅长于预测而不是阐释经济，但是更加完备的分析框架要比这个复杂得多。而且从埃利斯的理论也可以看出类似于哈耶克三角的框架，由此看来埃利斯理论与奥地利学派的周期理论比较接近，毕竟三个部门存在调整时滞。

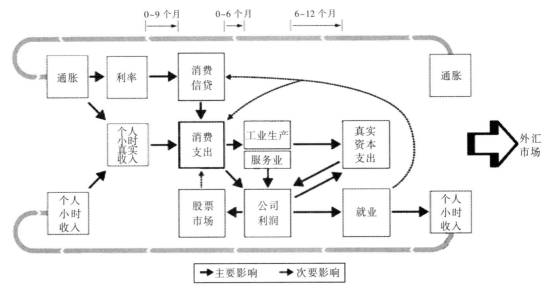

图 6-1 埃利斯的三阶段经济周期理论与外汇市场走势

滞涨阶段，股市很难有大的表现，但是以原油为主的能化行业却往往有较好的表现。长期滞涨之后，大衰退就会来临。什么导致长期滞涨呢？历史上显而易见的例子有原油价格持续上涨加上滥发货币，房地产价格持续上涨加上滥发货币等。

除了埃利斯之外，还有一位非主流经济学家，严格来讲应该是金融市场专家，他对经济预测特别是金融市场预测和跨市场分析具有独到的眼光，他就是马丁·普林格，他的专著有不少中文版。他提出了债券市场、股票市场和商品期货市场在经济周期中的循环规律和繁荣衰落次序（见图 6-2）。普林格认为在经济繁荣的进程中，债券市场在三个市场中最先上涨，接着是股票市场，最后是期货市场；而在经济步入下降走势的过程中，债券市场也是最先下跌的，接着是股票市场，最后是期货市场。当我们处在一个债券和股票下跌，而商品期货市场上涨的环境中时，我们

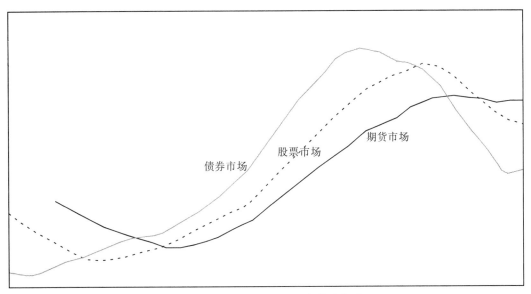

图 6-2　普林格的三市场走势阶段论

就应该推断繁荣实际上已经结束了。

　　普林格的三市场走势阶段论是根据什么而得来的呢？请看图 6-3，货币政策也就是利率水平的变化会影响债券价格的变化，因为债券对利率很敏感。当利率下降的时候，投资股票等风险资产的风险偏好就会上升，同时利率降低也使得公司经营成本下降，信贷宽松也促进了消费支出进而带动了公司利润提高，自然股票价格就会上涨。企业生产繁忙会加大对原材料的需要，进而会导致商品期货价格上涨，而所有这些都会影响到外汇市场的走势。

　　一旦货币政策作出调整，那么这个链条就被拉动了，后续的变化一般可以预料，既然后续变化可以预料，那么对外汇市场的阶段性影响也是可以预测的。

　　关于普林格的理论我们可以在后面的章节中看到进一步的介绍，下面我们转入一个相关的话题，这是从埃利斯实体经济三部门到普林格虚拟经济三部门中发现的一个三分法思想，请看图 6-4。

　　我们发现由于每个国家经济的偏向不同，自然在世界经济生产和流通领域中所处的环节就不同。比如美国依靠

　　澳大利亚的经济受到大宗商品出口和房地产价格的影响，患上了典型的"荷兰病"。因此，澳大利亚元的走势更多考虑商品期货的价格变化。

　　当然，复杂的宏观世界中还要看是否有足够多的实业投资机会能够吸纳主动货币供给增加。

这即是所谓的蒙代尔三角，其含义是：本国货币政策的独立性，汇率的稳定性，资本的完全流动性不能同时实现，最多只能同时满足两个目标，而放弃另外一个目标。

消费来拉动经济，同时利用美元的地位来融资，许多国家都持有美元储备。另外，不少国家实行的是与美元挂钩的固定汇率制度，在资本流动的情况下，各国的利率政策往往受到美联储的影响。美国消费了来自欧洲和东亚的工业品，而法德和中日则是以制造业为主，这使得这些经济体的货币类似于股票。不过，日元由于长期低息，变成了广泛使用的融资货币，与债券市场也关系密切。而澳大利亚等国家则以大宗原材料出口为主，在全球经济中处于后端，所以称为商品货币。

货币政策—债券市场—股票市场—经济领先指标—经济同步指标—商品期货市场—经济滞后指标

外汇市场

图6-3　普林格的预测理论与外汇市场走势

图6-4　帝娜货币三分法

埃利斯的理论倾向于实体经济的三分法，而普林格的理论倾向于虚拟经济的三分法，前者与奥地利经济学派的思想有共同的地方，而奥地利经济学派较货币主义以及凯恩斯主义的预测效力更高。下一节我们就来介绍奥地利经济学，这对于把握货币大单边走势非常有用。

第三节 "货币战争"之父：奥地利经济学

我们先来谈谈几个主要的经济学学派，并讨论它们对于经济周期的预测效能。对于当今中国和世界阶段的分析处于一个争论不休的境地，我们需要重新寻找那些在历史上表现最好的经济学派，从而完成对中国和世界目前所处经济周期阶段的尽可能准确的解读。

美国著名的经济学家马克·史库森（Mark Skousen）根据教科书中所列参考数目、命题索引以及所提的代表人物等指标给出了一个经济流派的影响程度列表（见表 6-1）。

表 6-1 主要经济学派的索引次数

学派	索引发生次数
凯恩斯学派	442
货币主义学派	252
马克思主义学派	131
供给学派	95
奥地利学派	67
制度主义学派	53

对于经济周期的预测，比较出名的学派有凯恩斯学派、货币主义学派、马克思主义学派、奥地利学派。当然，真实商业周期学派也从供给（生产能力）的角度阐释了经济周期，不过他们的研究成果并不被广泛认同，影响极小。我们来谈谈其中四个流派对于经济危机起因的认识。

凯恩斯主义学派认为由于边际消费率和资本支出天然递减的特点使得内需不足，加上流动性陷阱使得货币政策失效，从而引起经济危机出现，也就是市场参与者本身的特点导致了经济危机的出现，所以需要总需求管理。但是，后来包括弗里德曼在内的众多经济学派的历史数据检验否认了边际消费率下降的说法，至少长期内不存在边际消费随着收入增长下降的情形。从而使得凯恩斯对 20 世纪 30 年代大

中国从 2008 年到 2018 年其实陷入了长时间的滞涨状态，所以这十年股市表现不佳。类似于里根任总统之前的美国。从约翰逊到尼克松，美国也陷入到了长达四年的滞涨中，股市零涨幅。

危机的解释被推翻，同样凯恩斯主义对在 20 世纪七八十年代发生的滞胀表现得无能为力。所以，凯恩斯学派对于危机的解释能力从表现上和理论上都被动摇。

货币主义学派认为货币供给量的变化是引起经济大幅波动的原因，20 世纪 30 年代的经济危机恰好是政府的货币行为干扰了经济自在运行而造成的。但是货币主义在后面 20 世纪末期的日本危机的前后表现都很差，对于很多那个时段前后的一些经济危机的预测也不尽如人意。因为根据货币主义的推断，保持物价稳定就能促进经济的持续发展，当时的物价确实比较稳定，但是宽松的货币政策却为后来的经济危机埋下了伏笔。

马克思主义学派的主要观点是由于社会化大生产和资本主义私有制的矛盾导致消费和生产脱节，也就是普通大众的收入水平跟不上生产率的提高，从而抑制了消费支出。在早期资本主义阶段和 20 世纪后半叶崛起的东亚经济体身上，我们明显可以看出消费率的低下，由于缺乏有效的工会组织，劳动要素的价格被压低，从而影响了消费，降低了内需，引发了东亚式的经济危机。

这种"重商主义"式的做法损害了经济长期发展的能力，经济发展严重依赖于外部提供动力。马克思主义学派也是少数着眼于生产流通分配流程和阶段的经济学派，所以他们对于经济的分析是动态的，并且也能区分先行指标和滞后指标，从而建构起良好的经济预测体系，可惜的是马克思主义学派在国内的发展并没有跟上时代的变化，从而不断完善自己的细节，因而导致国内的马克思主义运用相当落后，无论在概念上还是在实践上都是如此。

对于消费能力的下降，凯恩斯的解释侧重于一种经济行为者天生的特性，而马克思则认为制度的构建影响了消费能力。而且欧洲和北美的劳工制度的发展确实出现了"马克思式"的调整，这也是欧洲和北美国家发展朝向更高路径跃进的动力所在。不像劳工制度不健全的其他亚洲国家总是依赖于外部，从而经济发展出现不可持续性和不稳定性，因为经济体自身无法完成循环。

对于当前中国和世界的经济现实，我认为马克思主义是具有良好的预测能力的。不过需要注意的是，在马克思的普通大众、资本家之外还加上了国外的消费者，这使得消费和生产的不平衡关系并不能马上发挥作用，因为国外的消费托起了生产。但是，这是不能持久的。

奥地利学派的主要经济危机解释理论是米塞斯—哈耶克商业周期理论。这个理论认为过度的信贷扩张引起了投资等远离消费的经济过程的过度扩张，从而使得这些投资的收益率急剧下降，进而为以后的经济萧条埋下伏笔。这个理论虽然与马克思反资本主义的立场不一致，但是两者都坚持对经济活动的动态把握，许多历史实例都证明了这个理论在经济周期前瞻性方面的非凡价值。

第一，对于 20 世纪 30 年代的经济大崩溃，无论是欧文·费雪还是凯恩斯都没有预测到，但是米塞斯和哈耶克却预测到了这次危机。

第二，在通胀明显发生并快速上升的 20 世纪六七十年代的状况也能在这个理论中得到完美解释，而凯恩斯对此无能为力。

第三，20 世纪八九十年代日本的萧条同样也证明了奥地利学派的观点，很多数据都支持了奥地利学派关于日本经济繁荣—破灭的解读。

第四，20 世纪 90 年代后期和 2001 年早期的繁荣—萧条周期也在奥地利的解释框架之内。当前中国的经济形势，可以用马克思关于原始资本主义的框架结合米塞斯—哈耶克商业周期理论得到解释。劳工制度的落后引起了生产和消费的落后，进而引起流动性过剩，然后这些过剩的流动性涌向投资和资产引发繁荣，但是投资的过度和资产价格的上涨超过平均收入的上涨又为经济的巨大调整留下了隐患。我认为马克思主义和奥地利学派是解读当今世界变动

如果想要成为一个名副其实的经济学家，应该立足于马克思主义经济学和奥地利学派经济学。

流动性过剩其实意味着产业利润率整体下降。

163

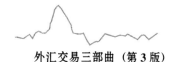

的圭臬，这种推崇既来源于他们卓越的历史表现，也源于他们重视了真实世界中的生产流程，而不仅仅是将视线集中在静态的均衡和需求方面。

奥地利经济学最重要的著作是米塞斯（Ludwig von Mises）的《人类行为》（*Human Action*），他指出了经济学是关于如何通过有效的行为达到目的的科学，也就是：无数的个人，有目的地通过行为改善自身的状况，而形成了以市场交换为核心的社会合作机制。因此，经济学也就归属于广义的人类行为学。

> 米塞斯对经济学的定义多么类似于 NLP 的根本宗旨啊。

市场的正常运行提供了所有具有先天差异性的个人改善自身状况的有效途径，他可以理性地决定什么是对自己有利的。与此对照，任何直接从某些统计量出发的"宏观经济学"都缺乏严谨的逻辑基础，更成为各种不正当地通过所谓的"政府干预"甚至控制来牟取特殊利益者的借口，并破坏了社会合作本身。

因此，个人的主观价值偏好以及有目的的行为是经济学的先验基础，而交换、货币、价格、工资、成本、投机（Speculation）、利润、利息、企业家的经济计算等现象都可以通过演绎推理来研究。特别是米塞斯指出了，因为所有人类行为都涉及一个具有不确定性的未来，也就总是一种具有风险的投机。

> 个人的主观价值偏好，包括时间偏好，即选择在当前消费还是在更远一些的未来消费。

奥地利经济学对于古典经济学的最大改进就是，以主观价值论取代了劳动价值论。对于社会主义，它指出了在此制度下，经济计算将完全不可能。对于中央银行（包括美联储）而言，其独立性只是一个幻影，其作为一个政治性机构而对信贷进行操纵，是对正常的市场经济秩序的威胁，提出了以私有银行的完全自由竞争的货币发行取代之。

奥地利经济学与我们人类社会现有的运行方式形成了鲜明的对照，并清楚地指出了其各种幼稚和错误所在。一种"非主流经济学"，却深刻、严谨。就像量子论，再一次提醒了我们：不确定性和主观性是人类所永不可逾越的。

这是我们理性思考的出发点。

哈耶克经济周期理论认为资本主义经济危机的原因是由于货币供应量过多导致生产过度并使消费资料的资本不足，于 1931 年由奥地利著名经济学家弗里德里希·奥古斯特·冯·哈耶克在《价格与生产》一书中提出。他认为资本主义经济中货币因素是促使生产结构失调的决定性原因。以没有闲置的生产资源为前提，在经济扩张阶段，资本市场上对于投资资金的需求将超过储蓄，生产者将会利用银行膨胀的信用，扩大资本物的生产，这导致部分先用于制造消费品的土地和劳动要素转用于资本物的生产，但是，当银行扩大的信贷经过生产者转手变成人们的货币收入后，按哈耶克的假定，人们将把他们的消费恢复到正常比例，这就引起消费品价格上涨，导致生产要素又转用于生产消费品。一旦信用扩张被迫停止，危机就会爆发。这时或表现为高涨阶段利用银行信用正在进行的投资（新建厂房设备等），由于资本缺乏而萎缩或中止；或者表现为已生产出来的机器原材料等，由于其他资本家缺乏资本而销路不好，价格猛跌。哈耶克认为危机所引起的物价下跌会自动改变储蓄率下降的趋势，一旦资本供给恢复和增加，经济也就自然地走向复苏，无须国家干预。

哈耶克在《价格与生产》一书中，用一个比喻形象地说明他的经济周期理论。他认为，人为地对货币进行刺激后的情形，就"好像孤岛上的一个民族已经部分地建成了一台巨大的机器，这台机器可以为他们提供一切生活必需品，然后他们却发现，他们已经耗尽了全部储蓄和可以利用的闲置资本，因而这台机器根本生产不出任何产品来。他们没有别的选择，只能暂时不去考虑用这台机器，而必须投入全部劳动力在没用任何资本的情况下生产每天所需的食品"。

奥地利学派继承发扬了维克塞尔理论，其代表人物哈耶克进一步将货币和实际经济相结合，通过两者的相互影响，具体说明经济的周期波动。哈耶克关于经济周期的两

这种"坎梯隆分配效应"强调了货币注入的途径，认为货币总是起作用的，它在影响真实经济部门方面不是中性的。

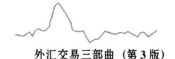

部重要著作是《货币理论与贸易周期》（原版 1929 年，英译版 1933 年）和《价格与生产》（1931 年），前者集中考察"引起周期性波动的货币性因素"，后者则考察"构成波动的真实生产结构的变化"。

奥地利学派认为，不仅货币供应规模的变化，而且货币进入实际经济以及在经济体系中运行的途径，都会影响真实变量和最终市场结果。

在注入货币后，不同商品受影响的程度不同，货币通过影响相对价格和生产的时间结构来影响经济的真实方面，它使资源在不同的生产环节上重新分配。哈耶克的资本理论是在庞巴维克"迂回生产"（Roundaboutway of Production）概念框架基础上，从自己的货币理论中推导出来的，大致可以概括如下：资本不是同质的存货，不是同一种东西的堆积，而是各种物品之间相互联系的一个网络，是相互补充的各种组成部分之间形成的一种复杂的结构。生产过程应该被视为一个接一个"阶段"，从最终消费层层递进，一直到更为遥远的阶段。非消费品的杂乱堆积，未必能够增加最终产出。每种资本投资如果要想能够提高最终消费品产出，就必须适应指向最终消费阶段的资本的完整结构。那些没有能够构成这样完整结构的投资就是扭曲的投资，只能造成资本损失和运营亏损。价格的根本作用在于只有在它能够反映所涉及的不同种类的资本品（不断变动的）的相对稀缺程度的时候，资本结构才能整合为一个整体，才能显示出那部分扭曲的投资。

哈耶克具体考察了相对价格，说明为什么在人为的繁荣之后不可避免地出现衰退。他的分析从充分就业的假设开始。由银行体系派生的信用增加将使市场利率下降，使之低于自然利率，企业家在这个虚假信息的误导下，重新配置资源，从消费转移到投资。假定公众的时间偏好没有改变，对更为迂回或更长的生产过程的盈利性就会形成错误的预期。这种脱离消费的投资增加很难维持。因为随着

金融抑制是强制储蓄的普遍做法。压低储蓄理论和禁止资本外流是常见的金融抑制手段。当金融抑制不可持续时，外汇市场就会出现重大的波动。

生产过程的增长，占用了大量的资源，而消费品的产出下降，价格上升，消费者需要维持既有的消费水平，因而生产的时间结构需要重新调整，回到更直接的生产过程。如果在人为繁荣时期，或者说在强制储蓄时期，有利可图的投资现在无利可图时，危机就出现了。

哈耶克的经济周期理论继承、发展了早期奥地利学派以及相关学者的研究，其中门格尔奠定了具有鲜明特色的奥地利学派方法论基础和基本分析框架，先于凯恩斯考虑到不确定性、非均衡以及关于货币本质的货币理论。

米塞斯尽力将货币纳入一般经济结构，给出了奥地利学派早期的经济周期理论，说明由于货币在定价和生产过程中具有独特而关键的作用，显示货币干扰是如何导致资源配置不合理，如何导致协调问题。

维克塞尔则区分了自然利率与市场利率，以及它们的不相等对一般价格水平的影响。庞巴维克则提出了"迂回生产"的分析框架。

奥利学派关于经济周期的思想可以通过图 6-5 来理解。经济三个部门，其中消费支出的弹性最好，因此调整起来迅速，而资本品生产弹性最差，因为调整起来需要很多时间，当消费支出调整发生之后很久资本品生产的调整可能才刚刚开始，这使得消费走势在经济周期中比较平滑，而资本品生产则是大起大落。由于中国经济中消费品生产和资本品生产的比重更大，特别是资本支出比重更大，而美国经济中消费支出比重更大，所以前者的经济调整起来容易大起大落。

滞后调整
直线预期

C　消费支出　　B　消费品生产　　A　资本品生产

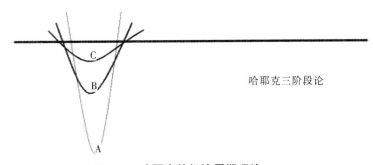

图 6-5　哈耶克的经济周期理论

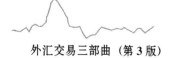

第四节 我的部分秘密：宏观预测的三阶段预测理论

从接触经济学开始，大多数人的最大冲动就是将理论结合实际，但是大学的课堂和市面上的所有材料都无法满足他们的愿望。最初，我也尝试过很多学派的分析方法，它们的准确度很低，乱猜的成功率相差无几。也许他们举出了一大堆的理由甚至数据，但是事后的检验却总让人失望，经济学家的最大特点就是九个人十种说法。

我曾经希望数理经济学和计量经济学能够妥善地解决这个问题，但是却发觉貌似精密实则不中用，后来发觉弗里德曼也曾经跟我一样有这样的想法和失望。但是，寻找最佳经济先行指标的脚步不会停止，真正的学说是工具而非理论。

有三本书和两个学派让我看到了希望。这三本书分别是：贡德的《白银资本》，登特的《下一个大泡泡》，埃利斯的《走在曲线之前》；而两个学派则是奥地利学派和马克思主义学派。从这些书中，我发觉他们存在一个寻找"关键性驱动因素"的思维，也就是说他们认定特定经济体中存在一个驱动因素，比如贡德认为拉丁美洲大量白银经过欧洲流入中国，后来又由于鸦片贸易而流出，流动性对经济的制约使得中央帝国盛衰起伏，他认定的当时的关键驱动因素是货币。而登特对美国经济百年周期的看法是认为人口和技术周期引发了美国经济的起落，他认定这段时间内的关键驱动因素是人口和技术。埃利斯则认为消费支出是美国经济的发动机，因为消费占据了美国经济的绝大部分，更为重要的是他利用了统计的方法来验证这种先行性，他更进一步提出了经济体关键驱动因素的概念，并且将经济学的运用脱离了高度计量和高度定性的两个极端。从他那里，我们看到了弗里德曼也就是芝加哥学派的风格，最为突出的就是利用历史和数据进行验证，而这种验证是简明直接而富有成效和实践价值的。

奥地利学派和马克思学派都承传自亚当·斯密。但是他们的思想却被看作极端对立的，因为奥地利相信的是自由和市场的价值，而马克思主义学派似乎是背离这些价值的。是否如此，我们不敢乱言，然而马克思主义学派的一切出发点都是为了追求人的自由，剔除人的异化。但是，马克思主义学派和奥地利学派有一个很大的共同点，那就是从供给出发而不是从需求出发，从生产力出发而不是从生产关系出发，从动态机制出发而不是从静态均衡出发，从生产周期和经济流程出发而不是从最终的产品出发。

凯恩斯理论下建立起来的国民经济统计指标体系并不能很好地解读经济进而预测经济，同时货币主义理论体系下建立起来的货币统计口径对于很多现实的处理和预测也是极其错误的。但是奥地利学派和马克思主义学派存在两个严重的问题：一是缺乏数据统计的思想和良好的具体模型；二是没有遵循变化的传统，固守最初的部分认识。

假如我们要找到中国经济的先行指标，就要找到中国经济的关键驱动因素。20 世纪 90 年代之前，农业经济的发展是中国经济的关键驱动因素，而此后到 2008 年之前出口是驱动中国经济的关键因素，2008~2018 年主要是房地产和基建在驱动中国经济。

标准渣打银行中国区经济专家王志浩说："银行经济学家长期追求的一个目标就是找到先行指标。"很少有中国问题专家在试图预测大陆经济走势时会关注化肥问题。他们可能遗漏了这个问题。当经合组织制定一个指数来预测中国大陆经济变化时，化肥是这个国际机构使用的 6 项统计数字之一。这里 5 个先行指标可以使你对未来有更加清晰的认识。

> 订单和交货时间都属于 PMI 指数的范畴。

• 化肥产量：与用于生产的许多原材料一样，从化肥中可以看出农民对经济走势的看法。经济贸易与合作组织的研究报告指出，在大约 25 年时间里，化肥产量在反映工业周期变化方面有着几近完美的记录。

• 中国台湾出口订单：雷曼兄弟公司发现，中国台湾出口订单是预测大陆工业生产的一个非常不错的因素。因为中国台湾企业接到国外买主的订单后，下一步往往会联络其设在海峡对岸的工厂。

• 集装箱运输量增幅：通过测算经过大陆港口和河流的货物流量，集装箱运输量增幅从严格意义上说可以跟踪经济增长的速度。生产激增，进厂原料和出厂成品的运输

量也会相应增长。

● 摩天大楼高度：德意志银行房地产分析师发现，摩天大楼指数凸显出一个持续时间特别长的繁荣期，这个繁荣期使人们有机会设计、筹资和建造世界上最高的建筑。而坏消息往往就离得不远了。

● 供应商交货时间：交货时间延迟表明供应商正遭遇因需求增长而导致的短缺。另外，交货快可能表明供应商的产量过剩。

从中不难发现，农业生产和出口身为中国经济的先行指标的影子，现在我需要做的就是通过奥地利学派和马克思主义学派的透视镜解读类似上面这些筛选出来的"准先行指标"，然后建构模型，利用简单的统计方法进行历史检验和外推测试。

我的模型的大致思想是建立一个经济宏观运行的一般体系，然后凭借它来观察出特定经济体在特定时期内的关键驱动因素，进而利用数据进行检验，最后进行外推预测。整个工作在于拿出一套像样的中国先行指标，目前的着眼点还是出口和固定资产投资以及政府换届经济周期（基建周期）这三个方面的影响因素。从长期来看，还要加入人口和技术周期。当然，我希望建构的模型简单明了有效，而不是搞得像计量经济模型一样，又繁复又不中用。在发展针对某国的经济预测体系时，必须将埃利斯和普林格的三分法纳入进来，索罗斯的思维比较接近这点。

索罗斯非常擅长于把握一国乃至全球的宏观经济局势，这使得他在长达几十年的宏观对冲基金交易生涯中屡建奇功。宏观经济规律具体而言就是经济周期的运行规律。对于经济周期的深入研究使得索罗斯形成了一套自己独有的宏观走势研判体系，以系统的眼光查看全球金融市场的动态运行，这是索罗斯得以成功的另一个原因。

那么，索罗斯的宏观经济研判体系具体内容是什么呢？其实，索罗斯的宏观研究体系是以三部门、三市场和六阶

美林时钟其实用在外汇市场也是不错的，不过需要一些改进，要同时考虑两个经济体的美林时钟。

段建构起来的，一旦掌握了这些知识，你也能够采用索罗斯式的思维分析国际经济走势，并找出其中潜藏的投资机会。

所谓 "三部门"，是指整个经济分为消费支出部门、消费品生产部门和资本品生产部门。由于索罗斯早年在伦敦政治经济学院学习的时候受到哈耶克等奥地利经济学派大家的熏陶，耳濡目染之下自然对所谓的 "哈耶克三角" 有所了解和自发地运用。

哈耶克认为经济大致分为三个部门，分别为消费品支出部门、消费品生产部门和资本品生产部门，其中消费品支出部门的调整周期较短，而资本品生产部门的调整周期较长，消费品生产部门的调整居中，所以当消费品支出部门向下调整时，资本品生产部门不能及时向下调整，这就使得资本品生产过剩，从而加剧了经济的波动。

而索罗斯比其更进一步，他认为繁荣期的信贷和信贷管理都非常宽松，无论是政府部门还是私人部门都对前景过于乐观，这样就进一步导致了生产部门的过度投资，进而加剧了经济波动，而当金融市场处于调整前夜时，索罗斯钟爱的交易机会就大量出现了。总体而言，索罗斯认为三部门本身的调整周期存在差别，加上人的预期总是直线地受到此前情况的影响，这两个因素使得经济以剧烈波动的形式运动，而波动中自然有投资机会出现。

所谓 "三市场"，是指信贷市场（债券和货币市场）、股票市场和商品期货市场。索罗斯认为由于货币的供求变化，或者说信贷的供求波动是导致经济波动的两个要素之一，所以信贷市场的变化总是先于其他金融市场的变化，而股票市场则与生产企业密切相关，所以在信贷市场变化后资金流的变化会导致市场心理和企业绩效的变化，进而带来股票市场的变化。由于企业的绩效变化，这会导致企业管理者加大或者缩减生产规模，进而带来工业原料价格的变化，也就说股票市场的变化会导致商品期货市场的波动。"信贷市场—股票市场—商品市场" 就是经济运行导致的金融市场热点变化。

所谓 "六阶段"，则是在 "三市场" 的基础上提出来的。经济的运行存在六个依次出现的变动阶段，每个阶段的特征都是由上述三个市场标注的。在第一个经济运行阶段，信贷市场开始上升，具体而言就是债券的价格开始上扬，但是股票和商品市场却没有向上的走势。在该阶段，索罗斯认为最好的投资标的是债券。具体而言，应该将 75% 的资金配置在债券上，将 15% 的资金配置在股票上，然后将剩余10% 的资金配置在高利率的货币上。

在第二个经济运行阶段，信贷市场和股票市场开始引起走牛，债券和股票的价格都一路走高，但是商品市场却没有任何走"牛"的迹象。在该阶段，索罗斯认为最好的投资标的是股票。具体而言，应该将 75% 的资金配置在股票上，将 20% 的资金配置在债券上，而将剩下 5% 的资金配置在高息货币上。

在第三个经济运行阶段，无论是信贷市场还是股票市场以及商品期货市场，都发力向上，三个市场的一起走"牛"代表了经济最具有活力的时候。在该阶段，索罗斯认为最好的投资标的仍旧是股票。具体而言，应该将 75% 的资金保留在股票市场上，而将 15% 的资金放在债券市场上，将 5% 的资金放到商品期货市场上，将 5% 的资金放到高息货币上。

在第四个经济运行阶段，债券市场开始走低，但是股票和商品市场仍旧处于上升趋势中。这时候经济已经进入最后的冲刺阶段。在该阶段，索罗斯认为最好的投资标的仍旧为股票，但是应该适当增加商品期货的份额。根据索罗斯的看法，在该阶段应该将 70% 的资金分配到股票市场上，将 20% 的资金分配到商品期货上，而将另外的 10% 的资金分配到高息货币上。

在第五个经济运行阶段，股票市场也开始跟随债券市场走"熊"了，不过商品市场仍旧处于上升趋势中，这似乎是一个滞涨的阶段，也就是说经济增长减速，但是物价水平却处于持续上升阶段。根据索罗斯的看法，在该阶段应该将资金首先转化为高息货币存款。具体而言，应该将 45% 的资金持有高息货币存款，将 30% 的资金投入股票市场，而将剩下的 25% 资金放到商品期货市场。

在第六个经济运行阶段，无论是债券市场、股票市场还是商品期货市场，都开始进入熊市下跌。根据索罗斯的看法，在该阶段应该将大部分的资金投资于高息货币存款。具体而言，索罗斯建议投资者在经济运行的第六个阶段应将 65% 的资金投入高息货币存款，将 20% 的资金用于持有债券，将 15% 的资金用于股票投资。

索罗斯利用了上述三项知识也就是"三部门""三市场"和"六阶段"理论来把握宏观经济运行的周期。然后在宏观经济转折出现临界点的时候迅速果断地介入操作，以最小的风险承担来获得最大的利润。

基本上内地很多的投资者都以巴菲特和索罗斯两人为偶像和楷模，但是又有几人能够做到巴菲特的执着和理性，做到索罗斯的果断和全面。索罗斯的果断和全面基本上都是因为他脑海中始终以宏观大局变动为思考对象，以上述的三项知识作为思考的准则，以凯利公式作为投资的法度。极少有投资者做到如此地全面和果断，因为极少有投资者能够站在宏观全局的角度进行思考，极少有投资者能够以"三部门”“三市场”和“六阶段”理论为基础进行思考，极少有投资者能够按照凯利公式对交易进行资金管理。

这里，请大家反思对比一下自己与索罗斯的信念、价值观和具体思维方法上的显著差异。你们是以确定性看待自己的交易方法，还是以概率性看待自己的交易方法；你们是全面和发展地思考分析经济走势和金融市场走势，还是片面和静止地思考分析经济走势和金融市场走势。

巴菲特是一个以长期和发展眼光看待金融市场的人，而索罗斯则是一个以全面和系统眼光看待金融市场的人。试问当今的投资者们能否做到巴菲特 1/10 的长远眼光，能否做到索罗斯 1/10 的全局眼光，“不谋万世者，不足以谋一时；不谋全局者，不足以谋一域”。要成为与索罗斯一样伟大的投资者就必须先成为一个索罗斯式的投资者，而要成为一个索罗斯式的投资者则必须首先具有索罗斯式的思维方式。

回到主题，将普林格的三市场理论加入埃利斯的三部门理论中，就得到了如图 6-6 所示的理论框架，这个框架合起来会对外汇走势产生影响。

> 通胀与利率的互动关系对外汇市场影响很大。

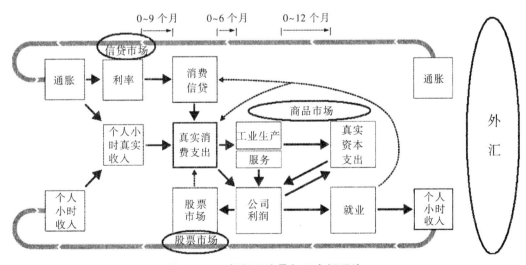

图 6-6　三部门理论叠加三市场理论

第七章　外汇驱动分析的明天

外汇驱动分析的方方面面我们都有涉及，从直接关系外汇交易的"外汇逻辑层次矩阵"到有助于我们把握宏观交易机会的经济预测工具。在本章中我们将进行一些演示和展望，以便大家能够更好地发展出属于自己的外汇驱动分析技术。

对于外汇交易者而言，忽略汇市的驱动面并不是明智的做法，因为大单边行情只有从驱动面的角度才能把握住，单靠技术分析是很难筛选出盈利丰厚的交易品种的。

外汇驱动分析的最重要作用在于可以帮助我们更好地理解走势的性质是单边还是震荡，正常情况下我们将大部分资金配置到最倾向于单边走势的品种上，而要做到这些就必须依靠驱动分析。

试探后加码的做法则是另外一种把握大行情的策略。

驱动分析一直被大众认为是与短线交易无关痛痒的东西，其实这是"见着宝贝儿不知"。可以这样说，驱动面决定了你能够从一波行情中赚到的最大利润，而行为面和仓位管理无非是帮你尽可能向这个最大利润靠拢，即使你有上乘的技术分析功底和仓位管理技巧，如果驱动因素非常疲软，那么你也根本赚不了钱。

外汇驱动分析是真正赚大钱的工具，是本书强烈推荐的必要武器之一。关注外汇驱动分析的历史、关注该领域的最新进展，更重要的是学以致用，这就是本章将要介绍

的内容。

　　本章第一节主要介绍驱动分析的具体用法，主要是逻辑层次矩阵的具体用法，同时还会涉及一点市场焦点的问题，毕竟市场焦点或者说题材虽然属于心理分析的范畴，但是基本来自于驱动面的特定因素，或者说受到关注的驱动因素就是市场焦点，就是题材所在。

　　本章第二节则涉及"数据价值"这个话题，不少外汇交易者可能都会忽视经济数据与外汇波动幅度之间的关系，或者说经济数据在外汇市场中的定量值。在一段时期内特定经济数据能引发的外汇波动幅度应该是有规律的，这就是"数据价值"研究的问题。

　　"数据价值"是将驱动面和行为面、基本因素和价格因素等加起来的一个概念和手段。"数据价值"分为吸收效应和震撼效应，两者之和等于数据价值。也就是说在数据公布之前市场会走一个预期值的行情，而这就是吸收效应。当数据公布之后市场会根据实际值对预期值行情进行调整，这就是震撼效应。

　　吸收效应分为过度吸收和不足吸收，前者导致回调性震撼效应，后者导致发展性震撼效应。一般而言，过度吸收加上回调性震撼等于数据价值，而不足吸收加上发展性震撼等于数据价值。由此看来，数据价值整合了驱动面、心理面和行为面，这是未来驱动分析发展的一个主流方向。

　　本章最后一节将介绍国内一个新的经济学流派——"国计学"，这个流派是由我的一位朋友发起的，其根本目的在于重构经济学，将经济学的预测效能提到一个新的高度，而这种以预测为目的的经济学恰好是我们交易界人士需要的利器。可以这样说，宏观经济与外汇市场密切相关，关于宏观经济的预测理论必然引起职业外汇交易者的重视，所以在本章最后我们大致介绍一下"国计学"。

第一节　外汇短线交易也能用上驱动分析：
逻辑层次分析矩阵与市场焦点

　　外汇短线交易者基本都不会进行系统和全面的基本面分析，他们往往只是大致浏览一下新闻，看完之后一头雾水，对于整个宏观背景也得不出一个明确的看法。但是，有了逻辑层次分析矩阵之后，你可以将看到的每一则新闻归纳到五个驱动层级中，然后再根据它们的结构性变化水平来确定程度。

结构水平有 1、2、3 三个计分档，确定程度也是如此，地缘政治则分为-5 和 5 两个计分档，经济增长分为-4 和 4 两个计分档，利率变化分为-3 和 3 两个计分档，国际收支分为-2 和 2 两个计分档，商业并购分为-1 和 1 两个计分档。当一个事件被纳入地缘政治利空事件时，则重要程度计分为-5；如果此事件将在中期时间结构上持续，则结构水平计分为 2；如果该事件出现变数的可能性很小，则计分为 3。那么，总得分就是-5×2×3=-30。

我们可以将关于一个货币的所有新闻都纳入这个分析框架，然后计分，最后将五个层级的计分相加得到总计分，找到负积分和正积分绝对值最大的两只股票，寻找两者的单边交易机会。

> 比起计分法，焦点题材的逻辑挖掘法更加有效，但是却需要更深的功底。

下面给出一个利用逻辑层次分析矩阵进行驱动分析的实例，请看表 7-1 和表 7-2，这是 2010 年 3 月 2 日星期二外汇交易分析日志的一小部分。

表 7-1 英镑驱动分析

重要程度	驱动事件	结构水平	确定程度	得分总计
5. 地缘政治	纽约梅隆银行（Bank of New York Mellon）驻伦敦外汇策略师 Simon Derrick 指出，英镑前景非常不乐观，英国出现无任何党派占优国会的可能性十分高，这将大大降低英国减少财政赤字的速度。一位欧洲银行的交易员周二（3 月 2 日）表示，英镑的前景不可能在短期内好转。他说道，"英国政府的执行力涣散，是英镑面临的最大问题。而这也不是一两天能够解决的"	2	2	-20
4. 经济增长	当前，英国经济内忧重重，投资、消费、就业等主要经济指标均比较惨淡。英国国家统计局最新公布的数据显示，2009 年第四季度，英国商业投资比前一个季度萎缩 5.8%，较 2008 年同期骤降 24.1%。2010 年 1 月，零售业销售环比下滑 1.8%。2009 年第四季度，英国失业率仍维持在 7.8% 的历史高位。另据全英房屋抵押贷款协会 2 月 26 日公布的调查数据，2010 年 2 月英国房价环比下降 1%，从而结束了连续 9 个月的上涨势头。除上述数据外，英国政府的财政状况同样暗淡。为应对金融危机，英国央行（BOE）不得不采取"量化宽松"的货币政策，从 2009 年 3 月开始，已经向市场注入了高达 2000 亿英镑的资金，使英国政府面临沉重财政压力，引发市场对英国可能遭遇债务危机的担忧。英国财政部预计，2010 年英国公共部	2	2	-16

续表

重要程度	驱动事件	结构水平	确定程度	得分总计
4. 经济增长	门财政赤字将为约1750亿英镑。对英国而言，最大的"外患"无疑是希腊的债务危机，加上葡萄牙、意大利、爱尔兰和西班牙等国的严重债务问题。一旦危机在欧元区蔓延开来，英吉利海峡对岸的英国难免遭受牵连			
3. 利率变化	2月央行利率决议时尽管英国央行暂时停止其资产购买计划，但利率声明仍显得非常温和，而之前的季度通胀报告也称经济复苏不如预期强劲，虽然原油价格的上升将可能促使通胀升至3%以上，但中期通胀仍会回到目标水平以下。对于量化宽松，英国央行行长金恩也明确表示，尽管央行已停止资产购买，但仍不能过早认为不需要进一步购买。英国央行在本周的这种继续观察经济形势的态度可能重演，如果英国央行表示经济的不稳定将可能预示央行有必要采取进一步的措施，那么英镑将面临进一步的下跌	2	2	-12
2. 国际收支				
1. 商业并购	英国保诚集团同意以355亿美元买下美国国际集团（AIG）的亚洲寿险业务	1	1	-1
货币——英镑	重要因素确定性变化——债务水平上升		驱动强度-（-49)	

表7-2　澳元驱动分析

重要程度	驱动事件	结构水平	确定程度	得分总计
5. 地缘政治				
4. 经济增长	澳大利亚储备银行主席史蒂文斯（Glenn Stevens）在一份声明中表示，"理事会认为经济的增长已经慢慢上了轨道，通货膨胀也接近于来年的目标，所以这是一个适当的时机让利率恢复到平均水平。今天的决定是整个流程的一个关键。"由于上个月澳大利亚储备银行曾提到，全球经济的主权风险正在加剧，但很庆幸的是，澳大利亚经济越来越乐观，经济复苏情况好于预期。史蒂文斯称，"劳动市场数据以及一系列商业调查都暗示着，这几个月的经济增长可能或者已经接近稳定的增长趋势。"告别了2009年的经济萧条，澳大利亚储备银行是G20中第一个加息的央行，澳大利亚储备银行于2009年10月、11月和12月连续三次加息，这是前所未有的。史蒂文斯上周表示，利率仍低于正常水平50~100个基本点。澳大利亚经济已启动新一轮上行趋势，失业率已经处于低位，随着矿业建设和能源等经济领域的需求升温，工人可能会供不应求。澳大利亚1月失业率降至5.3%，但较大家认定的充分就业水平高出不多。澳大利亚储备银行警告称，资源经济领域的繁荣将把技术型劳动者从经济的其他领域吸引走，从而带来工资压力。再度兴起的采矿业和投资狂潮预计将在2010年底之前使澳大利亚经济增长趋势恢复到历史平均水平。澳大利亚储备银行认为，通货膨胀率将仍保持在2%~3%的目标区间内，但该行还称，需进一步上调利率才能实现目标。周二公布数据显示，澳大利亚1月零售销售反弹强劲，解除了消费者需求在2009年末基本停止上涨的担忧	2	2	16

续表

重要程度	驱动事件	结构水平	确定程度	得分总计
3. 利率变化	澳大利亚储备银行 2 日上调基准利率 25 个基点至 4%，此举旨在为加速增长的经济降温。澳大利亚储备银行表示，经济可能已经恢复到了长期平均增长水平。经济学家表示，澳大利亚联储或将进一步上调利率，但是并不会每个月都执行紧缩政策。经济学家认为，澳大利亚储备银行的目的只是让利率回归到正常水平。市场普遍预计，可能是 4.25%~4.75%	2	2	12
2. 国际收支				
1. 商业并购				
货币——澳元	重要因素确定性变化——步入加息轨道		驱动强度-（28）	

　　利用逻辑层次矩阵分析完驱动面情况之后，就要关注汇评中的焦点题材，这个题材往往也是驱动面中的一个因素或者是多个因素的主题，而这个焦点题材对于外汇短线交易可以发挥直接作用。一般而言，外汇驱动分析直接用于指导短线交易存在制约，但是用市场焦点来连接驱动因素和价格走势则是非常必要的。关于市场焦点和题材的相关知识和技巧，请阅读心理分析的相关章节。

第二节　"用点数定量化"每个驱动因素：数据价值

　　经济数据对市场的影响途径通常有两种：一个是"预期心理"（Expectation），也叫吸收效应，另一个是"震撼效应"（Shocking Effect），前者会出现"Pricing-in"（提前消化）现象，后者就会增加汇价的波动率和速度。

　　通常而言，每月的经济数据都会提前一到两周公布预期，美国经济数据公布的时间请参考表 7-3。这些预期都是各大通讯社对经济学家或业界做调查的结果，各通讯社的结果可能不尽相同。

　　目前市场都默认路透通讯社的预期中间数作为预测数字的参考。相信大家都知道，要在市场生存、赚钱，时间和信息的获取是各方投资者都希望的，这种共同的期望就达成了一些我们所谓的"吸收效应"。

　　问题是，为什么不是每次数据公布前都出现"提前消化"的现象呢？这是因为：①场的焦点；②数据重要性的次序；③当时市场价格是否因为前期的发展而出

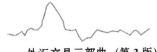

现了过分价值上升或下跌，这些都是影响数据行情会不会出现提前消化的因素。

大家都知道做外汇不是做单一货币，大家目前所做的外汇市场其实是叫作"美汇"。也就是说，主要货币都跟美元做汇兑交易（或以美元作为报价参考）。所以，当我们要看美元的走势时，也不得不个别因应各种货币国的经济发展。

在各国此消彼长的经济表现下，也会影响到汇价的表现。在做数据行情的时候，我们也要留心可能出现的提前消化效应导致"消息入市，证实平仓"的现象。很多时候，大家都会奇怪，为什么明显是利好的数据却会出现利反的现象呢？原因就是有市场的预期心理，造成了"提前消化"的现象，而实际数据的"市场价值"，又都已经反映在现价水平上。然后，市场就会因应情况，开始出现平仓现象。而到底平仓量是多少，还要视市场对未来一段短时间的"预期心理"而定。

一方面，数据价值也就是数据可能带来的波动幅度到底是多少？是50点，是80点，还是100点？这要视提前消化的程度而定。另一方面，如果事前未出现明显的提前消化现象，则震撼效应就会起到明显的作用。真实数据跟预期值相差越大，震撼效果就越高。在这里，有两个重要的问题：一是我们如何确定有没有出现"提前消化效应"；二是我们如何确定数据价值？确定数据价值可以根据统计材料，比如表7-4所示的数据，当然这个数据应该及时更新，在http：//www.dailyfx.com/calendar/trade_the_news/ 上可以找到最近几次经济数据引发的波动幅度，同时这个专栏还提供了针对即将公布数据的交易策略。

观察价格对题材的反应，你就能够大概知道"提前消化的程度"。

表 7-3　美国经济指标公布指南

序号	经济指标	公布频率	公布时间	来源
1	联储局公开市场委员会会议声明	每年八次	每次议息会议会后	美联储
2	消费者物价指数（CPI）	每月	当月的第二周或第三周	劳工部
3	生产者物价指数	每月	月份结束后 2 周	劳工部
4	供应管理协会制造业调查	每月	下月第一个工作日	供应管理协会（ISM）
5	就业形势分析（数据）	每月	月份结束后第一个周五	劳工部
6	每周失业救济申请人数	每周	周四	劳工部
7	耐用品订单	每月	月份结束后 3~4 周	商务部
8	零售销售额	每月	月份结束后第二周	商务部
9	消费者信心指数	每月	当月最后一个周二	经济咨商局（会议局）
10	消费者情绪调查（初值和终值）	半月	每月第二个周五（初值）和最后一个周五（终值）	密歇根大学
11	EIA 石油储存报告	每周	周三	能源信息署
12	领先经济指标	每月	月份结束后第三周	经济咨商局（会议局）
13	工业产值和设备利用率	每月	下月月中	美联储
14	国际贸易	每月	第二周	商务部
15	国内生产总值（GDP）	每季	每季结束第一个月的最后一周	商务部
16	个人收入和支出	每月	月份结束后 4~5 周	商务部
17	新屋动工和建造许可证数字	每月	月份结束后 2~3 周	商务部
18	二手房屋销售数据	每月	月份结束后 4 周	全美房地产经纪人协会
19	新屋销售数字	每月	月份结束后 4 周左右	商务部
20	每周住房抵押贷款申请	每周	周三	抵押贷款银行家协会（MBA）

表 7-4　数据价值

2004 年对美元相关汇率最具影响力的经济数据	日均波幅	2006 年对美元相关汇率最具影响力的经济数据	日均波幅
非农就业人数（NFP）	193	供应链管理协会制造业指数	130
利率公布	140	非农就业人数（NFP）	115
美国国债的国外购买数额（TIC）	132	贸易余额	114
贸易余额	129	个人消费支出	112
经常项目	127	消费者物价指数（CPI）	109
耐用品订单	126	纽约联储制造业指数	109
零售额	125	国内生产总值（GDP）	108

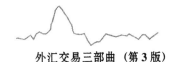

外汇交易三部曲（第3版）

续表

2004 年对美元相关汇率最具影响力的经济数据	日均波幅	2006 年对美元相关汇率最具影响力的经济数据	日均波幅
消费者物价指数（CPI）	123	费城联储指数	107
国内生产总值（GDP）	110	美国国债的国外购买数额（TIC）	106

通常而言，我们都会事前一到两周得到有关数据的预期数字，而这时，我们就要留意市场出现言论以后价位发展的方向。在这里需要注意两点：第一，要注意市场言论，一般而言，市场在重要数据发布前几天就会出现大量有关的言论，有好的也有坏的，问题是我们应该相信哪一边。这当然涉及我们对数据的理解。我们要事前熟识经济数据的最基本的解释，要做到这点，其实很简单，在前面章节中已经提供了部分经济数据最基本的解释。虽然比不上真正教科书上的知识，但是对于我们要熟识市场运作已经相当足够了。余下的只是我们从经验中证实以及改进对市场的感觉，主要是熟悉市场反应而已。

预期与价格的反应，两者要结合起来观察。

第二，当我们获得了市场言论的方向时，就要寻找相应的参考点，也就是价格的参考点。我们最常用的方法就是先审视一下当前市场的焦点，这有助于我们了解未来某个数据对市场的重要性，当我们能够确定有关数据的重要性以后，就需要对该数据进行分析。进行了这一步，下一步就是切实观察市场价位的变动。重点是要在确认市场言论的方向以后，行情价位是否会顺着市场预期的方向发展。

第三节 软件模拟环境下的宏观经济预测：我朋友的国计学

我朋友陈碧波算得上是宏观经济预测的少帅派人物，现任中国民航管理干部学院经济学副教授，中国社会科学

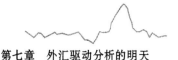

院经济研究所博士。他的主要著作有《狐狸梦》《财富战争》《国计学》。

　　经济有万象，经济预测之难在于难穷尽经济诸要素，难穷尽经济诸变化，亦难穷尽经济诸结果。外汇交易是否有一套按部就班的办法，使人人都会操作并获得赢利，若此赢利为投机赢利，则不可能有此万能办法，因为若人人都投机赢利，那便等价于人人都不能投机赢利。不过若找到一套预测方法，使人人都获得正常投资收益，则理论上是可行的。在信息完全的假设下，此预测方法将有效增强经济的健康性，使经济不会扭曲发展。

　　而在信息完全之前，如果有少数人能精通掌握一套更接近于经济本质的理论，则必定更占经济之赢面。《国计学》是近年来基于中国传统国计理论，汲取西方古典政治经济及当代经济金融学之理论而发展起来的一门学说。中国自古以来经济理论就比较发达，比如从《管子》《盐铁论》一直到纸币制度，覆盖了经济平衡理论，通货膨胀和紧缩交替的原理及调控办法，积极的财政政策，公开市场业务之前身常平法、市易法，社会保障制度，财政转移支付制度，赋税原则及制度，国际贸易理论，纸币发行制度，实物财富与货币财富的联系和区别，政府与市场的关系定位，等等。其系统性极强，不亚于当代国家经济调控手段和经济理论，具有切实可行之特点。

　　中国在战国末期就开始进入封建社会"类似20世纪的超级国家形态"，与其超级国计理论密不可分。中国古典国计理论之重点，是对一国资源之调配和控制，保证国家稳定发展。而西方经济学以家庭管理为特征，重点不是在治国，而是在治家，或把国家当作家来治理。其很难维护一个统一大国之存在。历史上西方统一的大帝国，主要靠武力强制维持，一旦武力征服者过世，国家便四分五裂，少有中国历史上动则数百年之稳定。西方经济学是与封建割据、彼此独立的小庄园经济相适应。

治大国，若烹小鲜，关键在于"度"（火候）！

《国计学》将货币经济、实物经济、宏观金融、微观金融、国内外市场集合在一起，可在同一个模型中分析信贷对冲、汇率变化、供需变化、资产定价等当前经济学中各自分散的内容，是一种系统性的分析。当没有找出各个数据之间的关系时，我们往往需要很多数据来分析经济发展，且只能做适应性预期，无法分析各种因素动态作用下新的局面。当我们了解各个数据之间的关系时，可能用很少的数据就可以推论出更多的数据，就如同门捷列夫的元素周期表出来后，我们就可以用最少的规律性信息来掌握各个元素的特性，甚至掌握那些还没有被发现的元素的信息。

作为宏观经济预测，《国计学》更适于中期预测。因为短期预测中，短期波动因素太多，波段操作并非理论预测的长处，而是信息搜集的长处。而长期预测又掺杂了太多非经济因素，各种政治因素、军事因素都将对长期走向产生影响，这非纯经济理论的《国计学》所长。而在中期预测方面，将分散因素集合成整体的《国计学》，就有了较大的发挥空间。

在微观金融上，《国计学》对金融交易的影响也很重要。其指出了西方经济学中资产定价之风险被忽略的计算错误，并指出衍生品定价也犯了类似错误。这使我们可对金融产品及其衍生品的本质进行重新思考，揭去长期以来被西方经济学蒙蔽的面纱，在金融市场上进行主动交易。

目前，《国计学》已经在本次金融危机中如美国等国家的经济中期预测上取得了一定成绩，并对中国国内经济发展的预测表现出较大的吻合性。现在一些部委内部的经济内参也开始采用《国计学》的原理进行分析。在宏观分析上，《国计学》正在表现出其生命力。

下面是碧波兄2004年1月15日利用国计学理论对当时宏观走势进行的分析和预测：

经济学虽然不简单，但绝不是像现在有些经济学教材或论文中满纸数学公式、微积分那么复杂，本文短短千字，足以用来理解现代国际经济的许多问题。关于人民币是否升值问题，网上争论很多，有的说不升，有的说升，不升就亏了中国人民。它们都有一定的道理，但是都缺少理论的深度，也不了解经济本是兵无常势，水无常形，岂有一定之规。希望本文能为诸位的观点作一了断。

近期来美国和日本拿人民币升值的话题当成热点。美国和日本指责中国政府干预外汇自由，要求中国实行浮动汇率，放开资本管制。而中国则坚定或者委婉地予以拒绝。要说清楚这个问题，得首先从黄金谈起。大家知道，人类最初的货币是黄金和白银。黄金和白银由于不易变质，产量又不是很多且易于切割，所以成为所有

国家都接受的财富符号。当时欧洲殖民主义者对黄金产生狂热的迷恋，他们寻找新大陆的重要目的就是寻找黄金。后来的不少文献在谈到这段历史时，大都指责资本主义赤裸裸地掠夺财富，进行资本原始积累的罪恶本性。事实上，如果把当时的欧洲看作是相对孤立的整体的话，也就是说，假如掠夺来的黄金主要只在欧洲内部使用，那么这些黄金对于欧洲来说谈不上什么原始资本积累，而只是相当于货币扩张而已。简单地说，欧洲黄金的增多就跟今天多印钞票一样，轻度的黄金扩张可以刺激经济，而过分的黄金扩张只会让经济发疯。当然，黄金总量如果不增长，就跟今天的中央银行停止发行钞票一样，经济也会因为缺乏足够的货币而停滞萧条。

黄金就其质地来说非常适合作为货币，但是它并不具备货币的所有要求，这体现在它的供应上。黄金的供应是由自然决定的，有时候多有时候少。而国家经济的发展往往需要稳定的货币供应。特别是世界经济发展到一定总量时，黄金就再也跟不上经济的增长，而成为经济的制约因素。

在货币的进化过程中，开始出现纸钞。最开始的纸钞就是借条。银庄（相当于今天的私人银行）发出纸钞，拿着纸钞的人可以在银庄的各个分庄换取银子或者黄金。由于发出去的钞票随时都可能换成黄金或者银子，所以各个银庄必须在有等量的黄金或者银子时才敢发钞票。这就是大家常常听说的：发放钞票要以黄金外汇等储备为基础。当然，这种说法反映的是当时的现实。有些学经济的还用这句话来解释当今的货币政策，就是胡扯了。

在银庄发放钞票的过程中，发现自己可以比黄金或者银子拥有量更多地发钞票——因为钞票不可能立刻兑换成黄金。特别是对于那些大银庄，它们的钞票因为信誉好，甚至可以直接像黄金白银那样来买东西，人们也就不在乎是不是一定要兑换成黄金白银了。这样，银庄发出的钞票远远超过了其黄金白银拥有量。这就是信誉货币的始端。它意味着，货币可以凭空地印刷出来。但是无论过去还是现在，这种扩张都是通过信贷完成的。因此不少经济学者坚持：即便货币可以凭空创造，但是也只能以信贷的方式进行扩张。这种说法完全没有理论依据，我可以预言，如果说货币财政政策要进行改革，那么首先将会在货币的发行方式上对传统理论加以突破。

由于银庄发放钞票可以超过它实际拥有的财富，只要不发生挤兑，它就实质上占有了这些多余的财富。这就类似于现代国家发行钞票的货币税。同时钞票由私人发行，也不利于国家对经济的宏观调控。所以在货币的演化过程中，国家开始集中发钞权。国家发行钞票，最初也是以黄金作为本位，也就是国家拥有多少黄金才能

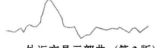

发多少钞票，钞票可以自由兑换黄金。

但是后来随着经济的发展，货币总量需求增大，黄金开始紧缺，国家不得不在黄金储量之外发行过量的钞票。此时金本位崩溃。再后来黄金成为国际重要支付手段，国家感觉有必要自己进行掌握，所以国家就开始终止钞票和黄金的自由兑换，而把有限的黄金用于国家控制。这样就进入彻底的信用货币时代，黄金作为一国内的支付手段退出流通领域。国家发行钞票完全根据自己的需要，并获取发行钞票的巨大利润。因为他们付出的是纸，印出的却是钱。

基于同样的原理，国际外汇市场也走在同样的演化路径上。"二战"过后，各国把黄金交放到美国央行，美国按照与黄金的一定比例投放美元。各国都接受美元为世界通用的货币。这个过程相对是比较公平的，因为美国要严格按照其黄金储备发放美元，而且各国凭借美元可以自由提取美国的黄金，因此不存在剥削他国财富之说。但是很快，由于世界经济的迅速发展，不要说美国的黄金储备，就是世界的黄金总产量都跟不上经济的发展，美国要满足各国把美元作为外汇储备以及世界货币的需要，不得不开始超出黄金储量来印刷美元。在谈到这段历史时，要纠正一个错误，那就是美国大量印刷美元来解决它的外汇逆差并不一定是因为美国经济的衰退造成的。即便美国的经济不衰退，世界经济的发展也将促使它在黄金储备以外发行美元。特别是美国自身的经济发展越快，就越有多印制美元的需求。如果美国的经济长期处于顺差，则美元就无法发到世界上去，也就成为不了世界货币。

由于美元发行的总量远远超过了美国的黄金储备，美元相对黄金就再也无法维持以前的比率，美元不得不进行贬值。此时世界掀起抛售美元、提取黄金的热潮，如果放任下去，美国央行的黄金可能被耗尽，于是美国政府宣布，停止美元与黄金的兑换，美元与黄金脱钩。这就是布雷顿森林体系的垮台。

布雷顿森林体系的垮台，不是由于哪个国家的经济衰退引起的，而是世界经济发展的必然历史趋势。虽然布雷顿森林体系垮台，但美元凭借其历史惯例和强大的经济实力，作为世界货币的地位仍然不可动摇。而且这个时候美元的霸权开始显现出来，美元开始作为美国攫取其他国家财富的重要手段而存在。

形象地说，此时美国类似世界央行。美国发行的美元已经成为信用本位的货币。它可以凭空印刷美元，用于购买他国生产的实物财富。也就是说，美国可以用白纸来换取他国的原材料以及其他实物产品。有人会说，当美国用美元购买他国产品时，其他国家也就获得了美元，其他国家可以持美元反过来购买美国产品，因此不存在说美国霸权不霸权的问题。这个问题涉及两个方面。一方面与目前美元贬值

的问题密切相关，这个在后面我会阐述。这里我谈它的另一个方面，美元的货币税问题。

虽然拥有美元的国家可以向美国购买产品，从而使与美国的交换成为等价交换，但是一方面它是各个国家的重要外汇储备手段，随着经济的增长，储备也会逐渐增多；另一方面美元作为世界货币，它必定要在世界其他各国流通，而且世界经济发展越快，在各国流通的总量也就增长越快。因此从局部看，不断有美元流出或者流进美国，但总体上还是以美国向外输出美元，向内输入实物财富为主。这就是大家看到美国往往都是逆差的真正原因。这种停滞在美国之外的美元，就是美国向各国收取的货币税。美国凭借货币税的特权，直接无偿地掠夺别国财富。因此，大家看到美国对世界上其他国家进行援助时，应当知道它可能仅仅归还了从这些国家掠夺过来的部分财富而已。同时，大家在看到美国出现逆差，而且美国拼命指责其他国家造成它的逆差时，千万不要轻易得出美国真的吃亏了的结论，它是在贼喊捉贼，流血的说不定恰好是你自己。

的确，如果美国将美元输出过多，这些输出的美元如果反过来购买美国的产品，无疑是美国财富的损失，其收的货币税就少了。所以，美国采取了另外一个措施——贬值。我个人相信，美元保持一定时期的稳定，然后贬值，然后再保持一定时期的稳定，然后再贬值，这是美国的一项长期既定战略而不是什么突发危机使然。当其他国家都储存太多的美元储备后，例如中国这样的国家不吃不喝勒紧裤腰带地积累了3000多亿美元的外汇储备，美国就开始考虑贬值了。美国贬值货币主要通过降低利率，扩张财政支出以及央行干预来完成。通过这些措施，使得美元供应量增大，美元贬值。美国降低利率和扩张财政支出，对本国经济也会造成影响，譬如可能出现经济过热。但是美国对于国内经济，虽然我并不能断定它是有意为之还是对经济运行不太熟悉，总之在它执行美元贬值手段时，严格地控制了国内的需求，也就是说通过供需失衡使美元利率下调，美元贬值，同时美国的经济还不过热。我已经声明，不排除是美国对经济还不熟悉的原因导致其供需失衡。但是，如果换成是我，对经济比较了解的话，不排除采取某些相似手段。特别是美国刚刚完成一场战争，也给贬值造成了有利条件。假使美元贬值10%，则中国外汇储备硬生生损失300亿~350亿美元。放之世界，各国又要损失多少？美国又要掠夺多少？当然，美国虽然容许一定的逆差，但是逆差太大，给它带来的影响也是不利的。美国一方面通过贬值减少逆差，另一方面特别是小布什执政期间削弱福利，经济萎缩，失业增加，因此增加出口外贸需求就成为拉动经济的重点。美国出口产品多是

附加值高的高科技产品，出口再多，对于美国的实物财富减少也影响很小。所以增加出口，并以出口获取的财富用来进口低附加值的实物财富，也是美国经济的重点。而美元贬值，降低了其出口价格，增加了出口。以美国和中国两国而言，美元贬值，人民币升值，对于今后的进出口影响自不必说，最狠的一招还在后面。美国和日本指责中国政府干预外汇市场。其要求主要有两个，一个是人民币要升值，另一个是资本市场管制要放开，也就是说资本可以自由兑换。这两个要求足以对中国经济构成致命的杀伤力。一种货币的贬值可以有多种手段。例如美国，是通过调节美元利率等国内经济政策手段来实现。但是如果这种方法运用不当的话，往往会伤人一千，自损八百，因为这些国内经济政策不但影响外汇市场，还威胁本国国内经济。坦率地说，这也是西方经济理论本身的缺陷导致的。而中国采取的是另外一种方式，即直接通过央行的买进卖出来保证外汇市场人民币的汇率。同时中国还采取资本管制，资本并不能自由进出中国市场。因此，中国可以在相对屏蔽本国经济的情况下对外汇市场进行干预。但无论如何，货币是否贬值，大多都是由政府政策决定的。无论美国也好还是日本也好，其货币的贬值都是政府干预的结果，而不是什么他们口口声声说的市场、自由。日本有官员说虽然利率由政府决定，但是汇率应当由市场决定的说法简直是搞笑，这是典型的话语霸权。都是干预手段，都导致货币贬值的后果，难道唯独你那种干预是市场经济，我这种干预就是政府干预？说句实话，目前西方通行的外汇体系本身就有很多缺陷，难道弥补这些缺陷，不跟你犯同样的错误就是政府干预？他们的真正目的除了上面所说的以外，还有一个更加阴险的意图。 在他们要求人民币升值之时或者之前，美国或者日本的金融投机家开始把大量资金暗暗地流入中国。如果中国资本市场开放，这种流入就更加容易。资金流入中国后，兑换成人民币，等着人民币升值。人民币升值后，这些金融大鳄就开始抛出人民币，购买美元。中国央行不可能也跟着抛出人民币购买美元，如果那样的话人民币的汇率就会下跌。中国央行为了维持人民币汇率，必须购买人民币，抛出美元等外汇储备。中国的人民币之所以表面上看要升值，是因为中国经济失衡，需求不足，物价低迷，大量人民币游移于市场之外的结果，特别是近年来大量资金外逃，据统计外逃资金达3万亿元之巨，并不是人民币真的就该升值了。如果那时资本市场开放，外逃资金加上中国本土藏于地下的人民币倾巢而出，再加上金融大鳄利用金融杠杆，以一元资金调动十元的比率来冲击人民币，可能最终会导致两个结果。比较乐观的结果是中国央行外汇储备足够，最终咬牙撑住了人民币汇率，但是此时由于已经大量地抛出美元，所以外汇储备也是损失殆尽，国家经济倒

退几年乃至十多年。比较悲观的结果是央行发现无法支撑，最终放任人民币汇率变化。此时人民币汇率将一路下跌，人民币越下跌，人们越是抛出人民币，越抛出人民币，人民币汇率越下跌，直到最后崩溃为止。这就是东南亚金融危机的翻版。到那个时候，中国经济将彻底萎靡不振。

这是人民币升值可能带来的最严重后果。即便中国仍然实行资本管制，但目前各种投机资本仍然通过各种途径进入中国，200多亿美元就是迹象。那么，可不可以让人民币不升值，但资本放开管制呢？如张五常主张的那样。相形而言，我宁愿人民币浮动一下汇率，同时不开放资本兑换，也不愿意固定人民币汇率下开放资本市场。因为实行浮动汇率则游资要来冲击人民币，至少我们可以通过行政手段加强管制；而开放资本市场，在目前人民币可能反而是贬值的情况下看，如果国外金融大鳄连同地下人民币狙击中国，即便人民币不升值，也可能耗去大量外汇储备，经济遭受重大损失。

另外，我们又不禁要问，即便美国不耍手腕来抢夺中国手中的外汇，外汇对于中国就有什么意义吗？长期以来，中国由于教育、社保福利等政策上的失误，以及中西部经济差距、城乡经济差距的进一步增大，致使内需严重不足。内需的不足又导致工资进一步降低，反过来又致使内需进一步下降。所以中国把经济的发展寄托于外需，希求通过外贸把产品卖出去。但是中国的产品多是低级产品，在国际市场上的竞争主要是依靠廉价，而这种廉价又主要依靠中国的廉价劳动力来完成。这是一个非常严重的问题：如果长久压低劳动力的工资，则国内内需将没有启动的可能，中国会进一步依赖外需；而依赖外需又需要再压低劳动力的工资以便在国际市场上竞争，而压低劳动力工资又将继续压抑内需。

现在抽出身来回看我们的国内经济，当真是一幅奇观：我们不断生产大量的产品源源不断地输往国外，换回大量的外币，国内人民却无法消费。换回的大量外币又被国家通过购买美国等外国的国债等方式流回美国等国家。这样，中国以纸币标志的 GDP 不断增加，但是用于国内消费的财富却不见增长甚至可能下降。又由于内需不振，外需就占了总需求的相当比重，所以人们就以为外需更加重要，进一步不惜抑制内需来扩张外需，于是国家经济进一步走向畸形。其表现形式是外汇出现大量顺差，国内需求萎靡不振。一国之经济，根本应依赖于物质财富的消费，此种消费乃是下一轮物质财富再生产的源泉，岂能守着几张花花绿绿的废纸来富强邦国？美国常年保持外汇逆差，却成为经济超级大国，非常重要的一点便在于此。中国外贸所得外汇，不用于购买国外相应物质财富以供国内发展，别说4千亿美元储

备，就算有 4 万亿美元又与废纸何异？可叹了枉自紧缩了国内需求，却是为他人作嫁衣裳。外贸之输赢，不在于你逆差还是顺差，而在于你产品的附加值是否高。倘若产品的附加值低，你顺差越多，国力便越是衰退。不过此经济分析，不是此文内容，放作以后分析。

目前中国央行正竭力抑制人民币升值，其采取的干预方式乃是标准的西方宏观货币政策，即买进美元，抛出人民币。为防止抛出人民币导致通货膨胀，紧缩银根，削弱正常途径的货币投放数量，以求达到一国货币总量的稳定。这种方法非常危险，因为虽然好像总量上货币稳定，但是加强了经济的不均衡，正常的商业运作被紧缩性的货币政策限制，抛出的人民币却大量地游离于市场之外。结果中国的经济将处于这样一个两难境地：经济继续紧缩，需求继续疲惫，而大量人民币成为地上悬河，随时可能崩溃。因此，正常经济一旦稍有起色，央行就不得不担惊受怕，怕这悬河垮了，造成通货膨胀，所以收紧钱口袋。而收紧钱口袋，经济便没有起色。所以两派经济学家吵架，一派说中国经济要通货膨胀，另一派说中国还在通货紧缩，都有道理又都没有道理。关键怕的就是这道悬河，是悬在头顶上的一柄剑。如果没有这道悬河，中国经济究竟是紧缩还是膨胀，局势就会明朗，争论就会少得多。

中国经济要正常运转，必须削掉这道悬河。加强对垄断利润的税收，加强打击资金外逃，实行财产登记制度，增设遗产税。加大教育投入，加大社保医疗等公共福利设施投入。切实保障工人权利，提高我国劳动力素质，不要老是以廉价劳动力为荣。把外向型经济转为内向型经济。采取以上措施可以相当于中央银行紧缩银根给投资造成影响，但是却可以刺激投资的积极性和增加消费，削去悬河，因此仅仅紧缩银根与其不可同日而语。对于目前的外汇储备，除了保留必要的用来稳定市场的部分外，应当用于购买战略资源或者技术，通过这种方式把美元抛出去，以绝国际社会之话柄，并同时让外汇切切实实地用来建设中国，而非像守财奴一般抱着外汇压箱底。要是中国以后被迫抛出美元是通过吸纳人民币来抛出美元，中国央行还自以为是执行外汇调控政策，则中国数十年之积累，转眼便灰飞烟灭，一场空矣。一句话：解决外汇困境，攘外必先安内。

2007 年蔓延的全球经济危机后，外汇市场动荡不安，2008 年 11 月 11 日，《中国民用航空》杂志社在北京举办了"金融危机与中国民航"的座谈会，邀请政府有关部门、企业、科研机构和院校的领导和专家深入探讨金融危机对中国民航业的影响。在中国民航业是否已经受到影响、还将受到多大影响、应当采取什么对

策等问题上大家的意见很不一致，表明对形势的判断差距相当大。以下是程碧波的观点：

这次金融危机是美元作为世界货币必然产生的结果，当美元在国内通过信贷扩张出来时，它到中国和其他国家充当世界货币，当美国国内要求还贷时，这部分美元被中国或者世界其他地方收到国内去了，这部分美元就回不到美国国内来，就必然出现信贷缺口，信贷危机就出现了。

另外一个原因是布什的政策，布什一直是偏向于资本方面的经济政策，不怎么注重消费，因此导致美国供需失衡，这跟中国一样，它就必须要扩张信贷来满足消费者的需求，因此就导致了信贷泡沫的扩张。所以这两个因素导致了美国目前的信贷危机。

信贷危机出现之后，美国必然要从全世界将美元调回美国去。为什么美国出现经济危机美元还要升值呢？就是因为其他国家的货币要换成美元回到美国去，美元肯定就要升值，韩元、印度币、欧元就要贬值。相对而言中国资本管制比较严一点，这些钱不容易回去，所以人民币贬值幅度不大。

也正因为如此，美国采取注资的方式解决这个危机。这是一个系统危机，只要美国能够认识到这一点，不断地进行注资，我对这次经济危机还是保持比较乐观的态度。当然美国这一轮注资还不够，如果不及时采用其他方式的话，可能经济危机会扩大。

回到中国国内，我们出口少了，进口也可以少。国家的这4万亿元本来应该投到社保里面，把消费扩大，但是现在国家不这么做，国家拉动投资。所以我觉得短期之内机场的基本建设投资会增加，航空公司只要国家调控得当，应该会有一定的效果，前景不是那么悲观。

国计学的相关文章大家可以从我们的网站上找到链接，关键是用好这门工具对于把握外汇大行情非常重要，比如2008年一年的超级单边市和2009~2010年的复苏行情。

中 部
外汇心理分析的精髓
——承上启下的关键

相反理论认为大众对主要市场转折点的判断是错误的。

——马丁·普林格

第八章　始终无法立足的心理分析

心理分析法（Psychological Analysis Method）是行情分析中的一个流派，它对于预测市场战略性转折点具有相当的作用，孙子兵法中的"攻城为下，攻心为上"就体现了心理分析的重要性。但是一直以来，心理分析法在交易界研究和使用的人很少，没有受到交易界的重视，绝大多数交易者甚至采取了忽略的态度。在金融市场发达的美国大学中都没有心理分析法的课程。但是国际上著名的大师级交易者和投资家都对心理分析法高度重视，如索罗斯、巴菲特、林奇等。

> 索罗斯强调"反身性"，巴菲特经常提到"市场先生"，彼得·林奇主张避免"热门"等，都是心理分析的体现。

心理分析法是一种从"市场心理到价格"的分析思路。其定义是在市场方向即将逆转或维持原方向的临界点，通过推测市场主导势力控制者的心理价格定位，以此为基础，分析主导资金的流向（资本流向）从而判断未来市场走向的方法。

毋庸置疑，市场的大方向决定一切（也就是资本的流向）。在外汇市场运用心理分析法意义重大，因为外汇市场是一个人对人的市场，它的参与者是"人"以及受"人"控制的投资机构。而资本流向都是通过参与者的心理预期反映出来的，所以市场方向是受人的心理因素控制的。换个角度考虑，也就是说，资本流向掌握在市场参与主体——"人"的手中。资本受人控制，所以大众的共同心理

> 对群体心理分析较为透彻的一本经典是勒庞的《乌合之众》。我对这本书进行了重译，并结合金融市场进行了注解，参阅《乌合之众——金融市场的驱动力：顶级交易员深入解读》一书。

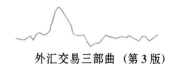

对市场走向有很大的影响，有时甚至是决定性因素。

运用心理分析法完成一次交易的原理在于：价格波动始于公众心理价格的不统一，终于市场预期高度一致。在市场混乱时建仓，价格会在一个新的公众心理"共识"的影响下受到追捧或打压，直到出现一个公众心理可以接受的大众价格。在这个价格上，多空双方的势力再一次基本均衡，市场才又开始基本维持盘整态势，一个上涨（下跌）行情由此结束。我们获利了结，一次交易完成。我们所要把握的就是公众心理达成新"共识"时的市场方向。

外汇市场方向的控制者——"人"本身就同时具有感性和理性两种情态。在参与外汇市场的行为中，外汇交易者总会凭借他们的主观判断和客观基本面因素做出买卖决定，交易者便同时在用感性和理性两种情态来对待市场。

由于单纯地运用客观操作或者主观操作，交易者们各持己见，不可能达成外汇市场方向预期的完全统一。时常看到，交易者由于单纯运用一种分析法操作，在下单的一瞬间，脸上仍带有迷茫的神色。这可以从侧面看出，市场参与者在下单的时候心态很不稳定，而这正是因为前两种分析法"偶有冲突"造成的。价格波动也可以因此说成是同时具有两种情态的投资者，依据他们不同的心理预期不断磨合的过程。

心理分析法的优势正是因为它既包含主观因素也包含客观因素，是介于客观和主观之间，感性和理性之间的"模糊"分析法。因同时具备技术面分析法（客观）、基本面分析法（主观）的特点，所以从理论上讲，心理分析法更好地融合了两者的优势，以交易者心理预期为基础，以一个更中立、更平和的态度预测市场方向，提高了预测的准确度。

心理分析法根据使用的不同情况分为市场群体的心理分析和交易者心理分析。市场群体的心理分析是分析市场中众多的交易群体的心理，而交易者心理分析是研究交易

行情在意见高度一致时反转，在意见分歧中持续。

者自己在投资决策过程中的心理活动。国外心理分析法主要的理论有尼尔的逆向思维理论和勒庞的群体心理理论。

逆向思维理论是美国市场分析家尼尔建立的，主要思想是"市场的主流观点倾向是错误观点"，这是使用率最高的心理分析法。

群体心理理论是由19世纪法国心理学家勒庞建立的，基本观点包括：①心理群体的整体智力低下定律；②心理群体的思维模式定律；③心理群体的精神统一性定律；④心理群体的形成机理；⑤心理群体的整体心理特征。

在外汇市场中，心理因素也对汇价中短期走势产生了重要的影响。购买力平价不完全决定汇价，价值规律在外汇交易中不实用。古典经济学理论中的"平衡"说的是一种资源配置和盈利的平衡，但是这个理论在外汇市场中不实用。

首先，外汇是个零和游戏，"平衡"虽然在理论上说得通，但是这种"平衡"的前提从来没有在任何一个外汇市场中出现过，这个理论也就不适宜在外汇市场中应用。由于买方和卖方都想从市场参与中谋取更多的利益，就必然对汇价施加影响。再加上外汇市场含有较多的投机成分，必然会加剧其价格的波动幅度和波动频率，这样，频繁的大幅度波动往往会歪曲供求曲线，使以供求曲线做判断依据的投资者做出歪曲的理解和盲目的市场行为，造成对市场方向判断失误的增多。

外汇市场中常常可以看到汇价长期飙升或者下跌不回调，也就是汇价围绕购买力的波动周期太长，价格长期偏离价值，如图8-1至图8-7所示。其实，购买力平价没有考虑到货币主权的风险问题，所以汇价偏离购买力平价（货币价值的代表性指标）还未必全是交易者心理引起的，除了交易者情绪之外还存在其他一些因素，但是本章主要研究的是交易者心理对汇价偏离价值的影响。

索罗斯讲的反身性体现了基本面和心理面以及技术面的交互强化。

外汇交易三部曲（第3版）

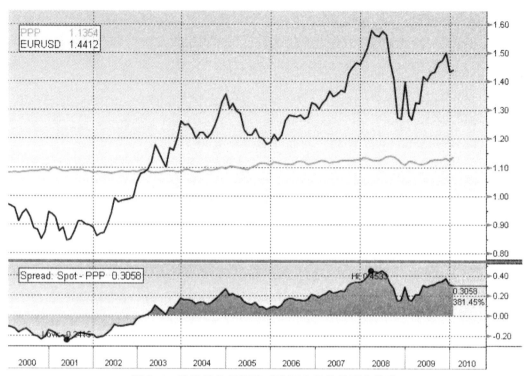

图 8-1　欧元兑美元汇率对购买力平价的巨大偏离

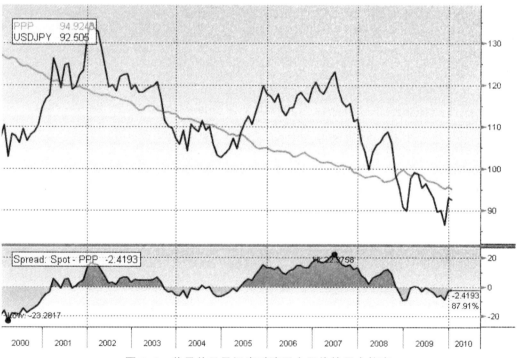

图 8-2　美元兑日元汇率对购买力平价的巨大偏离

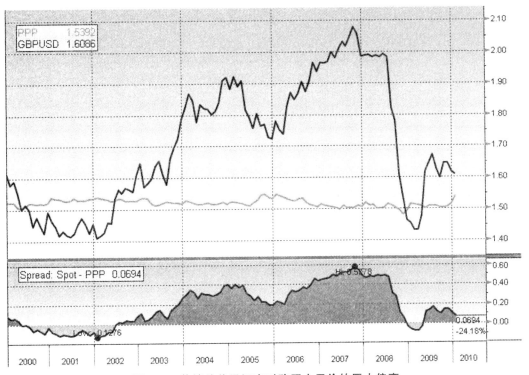

图 8-3 英镑兑美元汇率对购买力平价的巨大偏离

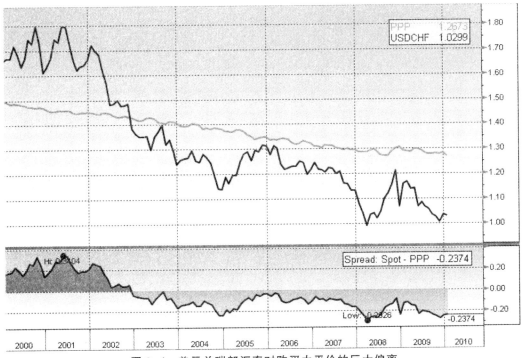

图 8-4 美元兑瑞郎汇率对购买力平价的巨大偏离

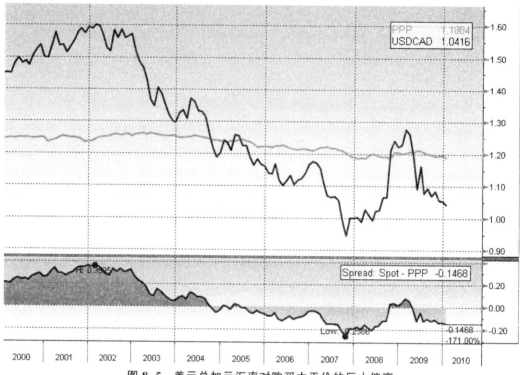

图 8-5　美元兑加元汇率对购买力平价的巨大偏离

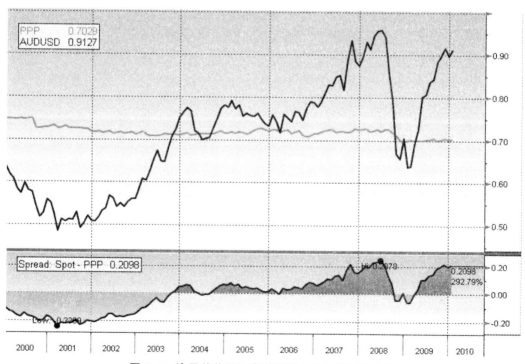

图 8-6　澳元兑美元汇率对购买力平价的巨大偏离

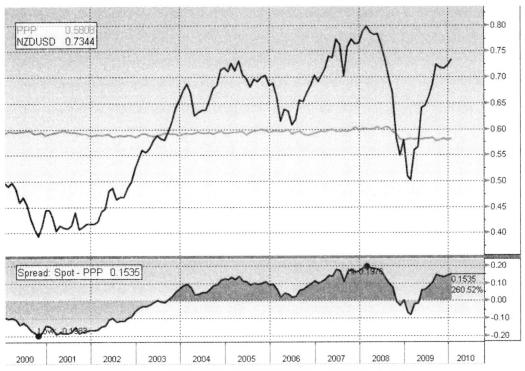

图8-7　新西兰元兑美元汇率对购买力平价的巨大偏离

以往的经济学体系中"供求关系决定价格，价格对供求关系有一定的反作用"似乎已成为真理。但是在外汇市场上，由于其特殊性，运作结构不应该以一般的商品买卖来定论。

经济学体系里的所谓"价格对供求关系的反作用"在外汇市场理应升级为"价格在一定程度上对供求关系起决定作用"。因为如果一个市场掺杂了较多的投机成分，那么这个市场暂时就不会是一个仅仅由供求关系来决定价格的市场。相反，随着投机势力的强大，价格越来越倾向于决定供求关系。一旦市场价格到了一个关键的点位，交易者会综合考虑各种因素，然后依据自己的判断或听取外汇分析师的建议做出买卖决定。

如果更多的投机者倾向于做空某种货币，那么此种货币的价格会不断下跌，而汇价下跌本身也会刺激更多的参与者一起做空，由失望型抛售变为恐慌型抛售，价格暴跌，从而形成一个不间断的自我强化式的下跌。

部分外汇市场参与者单纯地依据汇价做出做空决定，可以侧面地反映价格在影响供求。如果更多的人抛开了一切其他因素，跟随市场大方向盲目疯狂地做空，那么，汇价就会在一定程度上决定供求关系。因为那时候部分小散户的跟进对市场也

有进一步的推动作用，促使更多的市场参与者单纯地根据汇价的高低做出买卖决定。汇价由此决定供求，因为那时影响价格更多的是非理性的人为因素。

多数参与者参与市场是因为价格不断地下跌才做出卖出决定的，与其他因素没有太多关联。比如，1997年12月7日的美元兑日元遭到史无前例的疯狂抛售，3小时内从131.53跌至125.80，狂跌573点！虽然当时日元有基本面的重大消息支撑——日本政府决定实施一次性动用2万亿日元的特别减税方案，但是，凭借这条利好消息并不足以让日元在这么短的时间内有如此大的涨幅。这是因为，美元兑日元接近价格的强阻力位，由久攻阻力位不破的"失望型抛售"到接下来在利好消息作用下的"跟进型抛售"，最后就是一发不可收拾的"恐慌型抛售"，导致美元兑日元产生如此巨大的跌幅。

由于对价格的恐慌心理，市场参与者不由自主地统一行动起来，不间断地对美元进行打压，所以，恐慌型抛售最终使投资者对美元彻底失去了信心。美元兑日元不断暴跌的价格引发了参与者的投机行为，决定了供求，假如是单纯的"供求决定价格"，则不可能产生这种自我强化式的打压。

再如，以技术面做分析的交易者是在一种历史价格的基础上推测未来价格。外汇市场单纯地按照这种分析方式进行买卖的人大有人在。按照历史价格操作，这也是一种由价格决定供求关系的表现，否则外汇市场就不会出现很规则的双顶（底）型、头肩顶（底）型、上扬（下跌）三角形。

参与者参照历史价格操作时感到畏惧或者以此为下单动机和理由，并在每种图形的关键点位上观望或逆市操作等，这一切都可以很好地说明价格已经在某种程度上决定了买卖，决定了供求关系。所以，汇价的确已在某种程度上决定了供求关系，这其实是一个正反馈行为，也就是索罗斯所谓的"反射"。

第一节　反向意见和逆向交易

反向意见理论又被称为逆向思维理论，是美国市场分析家尼尔建立的，主要理论是"市场的主流观点倾向是错误观点"，这是使用率最高的心理分析法。其主要观点包括：①交易者群体的交易行为受制于人性本能；②人本性有"从众"心理，人的相互模仿和感染的本性使交易者的交易行为极易受到情绪、建议、命令、刺激

等的控制；③交易者群体容易丧失理性思维能力，只受情绪、情感的控制。

　　但是，真正的反向意见理论应该是选择性反向，也就是说反向是有前提的，不是任何市场都应该站在与大众相反的立场，这涉及一个关键的原则，就是当某一方向的操作吸引了绝大多数资金的时候，才能采取反向操作原则，这也是索罗斯和朱利安·罗伯森等宏观对冲基金巨头常常用到的分析手段。一般而言，机构交易者倾向于在趋势的前段和中段持仓，而散户交易者倾向于在趋势的中段和后段持仓，所以当一种主流观点在散户中被广为传播，市场极其疯狂的时候，这就是反向操作阶段。

　　要理解反向意见和逆向交易就必须明白市场情绪的三个阶段，或者说市场参与资金流入量的三个阶段。请看图8-8，在酝酿阶段，市场上缺乏一个主流观点，甚至市场上不存在任何观点，参与热情很低，成交额处于清淡状态，这时候市场主流观点渗透率低于50%，汇价处于震荡状态，而且一般是不规则震荡居多。此后，市场开始出现了显著的主流观点，市场主流观点的渗透率超过50%，汇价开始以N字结构走出单边市，这就是发展阶段，这个阶段的早期是机构交易者介入的阶段，整个发展阶段都是机构交易者持仓的阶段。到了发展阶段末期，散户交易者开始介入，由于没有更多的同向交易者介入（能加入的同向交易者都进场，缺乏进一步推动行情的资金），行情处于反转阶段，这个阶段的早期就是反向分析法的恰当使用时间。

　　汇价发展的三个阶段是以主流观点渗透率来划分的，这个模型是比较理想的，对于我们利用心理分析是非常有启发的。这里面的关键是将市场主流观点（市场焦点）与汇价运动联系起来观察，下面我们来看一个具体的实例。

　　请看图8-9，这是英镑兑美元的1小时走势，在行情酝酿阶段中，汇价出现震荡走势，而且常常以不规则震荡走势为主，这时候市场的热点散乱，甚至根本没有热点，

市场预期高度一致时，反转点出现的概率很高。

例如，比特币见到最高点时，也是身边朋友谈论比特币最火的时候。

不规则震荡大多是因为骗钱行情增加，银行交易员以此扫荡一些散户的止损位置。

筹码集中于大众手中时，行情就结束了。

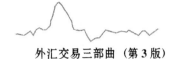

外汇交易三部曲（第3版）

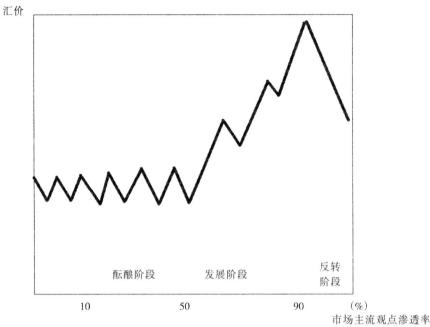

图 8-8　汇价发展三阶段和主流观点渗透率

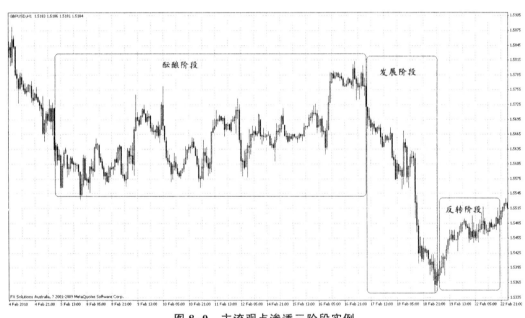

图 8-9　主流观点渗透三阶段实例

没有主流题材（Story），汇价因为一些不重要的数据和信息上冲下洗，但是一直不能走出单边行情。此后，汇价在某一刻受到强劲市场意见倾向的推动开始走出单边行情，这就是发展阶段。这时候你去看汇评和新闻会发现基本上是一边倒，即使偶

尔有反向意见也很快被忽略，甚至对市场运动根本没有刹车的能力。随着行情不断发展，"最后的散户"也开始加入阵营中，这时候市场上听不到反对意见，更为重要的是市场开始停滞不前，虽然支持的意见不断涌出，但是市场却在原地停留，这就是"利空不跌"（如果是在上涨行情中，这是"利多不涨"），反向思维就可以运用起来了，在发展阶段应该以持有正向为主。这里关键需要明白的一点是，结合消息面和价格走势来分析市场情绪。

反向意见只能在反转阶段和发展阶段之间的衔接阶段采用，如果在发展阶段就与大众主流意见相悖则必定亏损不少，发展阶段属于趋势跟踪交易的优势范围，而反转阶段则属于反转交易的优势范围，酝酿阶段一般不好交易，除非采用无止损（或者是超宽止损）加窄止盈的震荡交易策略，否则很难持续赚到什么盈利，但是震荡交易策略本身也不太好操作，很容易做成无止损式的交易策略。如果能够把握市场主流意见的发展阶段，在发展阶段和反转阶段把握好时机，则交易者可以做得很好，这是绝大多数交易者所忽略的，因为技术交易要么单纯地跟随，要么会给出无数个不可靠的反转点。

成功的交易者应该在主流观点发展的末期运用反向意见法把握逆向交易机会，而在这之前应该顺从主流观点。如果在发展阶段的早期和中期采用反向的观点，则很容易"折载"于市场，加上不设定止损或者是多次进出场，则损失必然会相当严重。所以，正确地区分反向意见有效阶段和同向意见有效阶段是非常重要的。

请看图 8-10，主图是英镑兑美元的 1 小时走势，副图是市场情绪看涨比率走势，当看涨比率达到极端高值区域的时候，就进入了反向意见区，这时候应该转而采用看空的意见；当看涨比率达到极端低值区域的时候，也进入了反向意见区，这时候应该转而采用看跌的意见。在两个反向意见区域之间的属于同向意见区，也就是市场大众主流

市场有分歧，则根据行为面/技术面操作，市场意见高度一致，则将心理面当作反向指标。

图 8-10　反向意见区和同向意见区

意见看涨，我们就看涨，市场大众主流意见看跌，我们就看跌。在市场没有走向极端，没有疯狂之前，不能认为市场走到了反向意见区！

　　一般而言，机构交易者具有信息优势，同时也具有资金优势，所以机构交易者一般较散户交易者更早地介入一段主流走势，同时也更早地退出一段主流走势，当散户开始一致看跌或者看涨的时候，就必定意味着主流走势的终结。

　　散户较机构交易者更多地成为输家，因为在投机这场博弈中，散户在信息上处于劣势。散户的行为代表输家的行为，所以散户的多空情绪一般被看作是市场的反向指标，但是这里一定要记住：散户的主流意见一般在趋势中段和末段树立起来。外汇市场比较成熟的散户情绪指标是 SSI，也就是投机者情绪指数，这是美国著名外汇经纪商 FXCM 研发出来的一个监测散户投机者情绪的指数，样本来源于在FXCM 平台上交易的数量众多的散户交易者数据，在 http://www.dailyfx.com/ 上可以查到每周更新的数据。

　　请看图 8-11，这是英镑兑美元的汇价走势和对应的投机者情绪指数（SSI），当看多散户相对于看空散户增加的时候，汇价倾向于下跌；当看空散户相对于看多散户增加的时候，汇价倾向于上涨。主图中粗黑线是英镑兑美元的日线走势，主图中的竖线是情绪指数看多指数和看空指数的差值，差值在 0 以上为散户净看多，汇价一般下跌，在 0 以下为散户净看空，汇价一般上涨。散户总是在题材的末期才大规模介入，所以散户的大部分行为是与市场相反的，这就使得 SSI 非常有用。

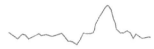

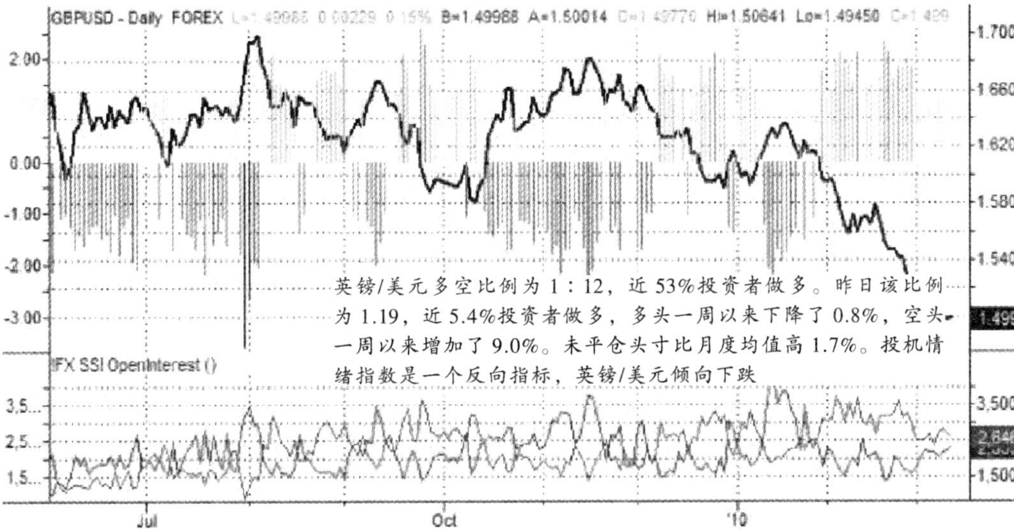
GBPUSD - Daily FOREX
B=1.49988 A=1.50014
H=1.50641 Lo=1.49450
英镑/美元多空比例为 1：12，近 53%投资者做多。昨日该比例为 1.19，近 5.4%投资者做多，多头一周以来下降了 0.8%，空头一周以来增加了 9.0%。未平仓头寸比月度均值高 1.7%。投机情绪指数是一个反向指标，英镑/美元倾向下跌
FX SSI OpenInterest ()
2.00
0.00
-1.00
-2.00
-3.00
3.5
2.5
1.5
1.70000
1.66000
1.62000
1.58000
1.54000
1.4998
3,500
1,500
Jul
Oct
'10

图 8-11　反向指标——投资者情绪指数

除了直接观察国际现货外汇投机市场的散户头寸变化外，还可以通过外汇期货市场的合约头寸变化来观察重量级参与者（机构交易者为主）的情绪，期货市场反映了参与者对现货市场未来走势的看法和评估。由于机构交易者一般早于散户交易者退出，所以机构交易者的持仓峰值一般早于汇价的峰值出现。请看图 8-12，这是英镑兑美元的汇价走势以及国际货币市场（IMM）非商业净头寸（一般为投机头寸）的相关走势图，可以看到合约净头寸的峰值一般早于汇价的峰值出现，这是一个很好的预测指标。由此看来，市场的转折走势还是可以通过心理分析把握的，这是纯粹的技术分析无法做到的，国际货币市场主要货币非商业净头寸的变化可以通过 www.dailyfx.com 查到，www.oanda.com 也可以查到相关数据。

通过上述的介绍大家可能发现一个问题，这就是反向意见一般是跟散户交易者的意见相反，因为大部分散户交易者一般是在一段趋势的末端才加入，这使市场“最后的燃料”被用完，市场动能衰竭。但是，也不排除机构交易者在一段趣事的末端才介入这样的情况。通常情况下，关键的少数——机构交易者和次要的多数——散户交易者在持仓阶段上会有如图 8-13 的差别，因为通常情况下我们是与散户交易者反向而行，但是需要注意的是，我们也只能在散户持仓的后半段介入反向操作。如果机构交易者的建仓和持仓阶段延伸到走势的后半段，则机构交易者的行为也会成为我们的反向指标，不过这通常很难发生，如果发生则意味着一场非常罕见的大转折行情将来临，因为有不少机构交易者也在与散户一起犯傻。

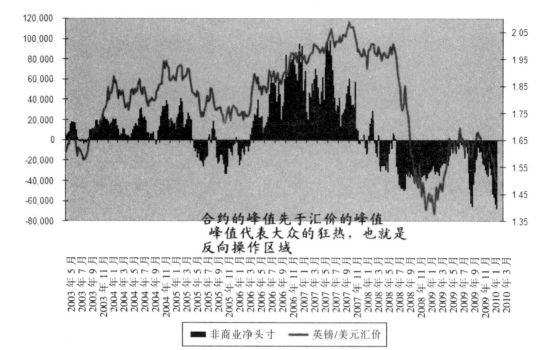

图 8-12　市场情绪峰值（外汇期货合约代表）和反向操作区域

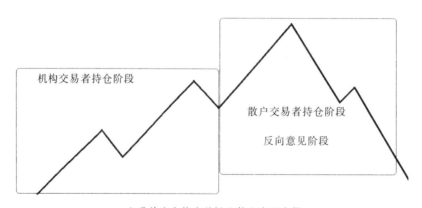

上升单边走势中关键少数和次要多数

表 8-13　反向意见阶段和次要多数的加入

第二节　交易的对象是人的行为

短线投机是零和博弈，短线投机不是价值性投资，价值性投资存在所有参与者共赢的可能性，因为随着公司价值的不断提升，持有这家公司股票的交易者都可以盈利。但是，短线交易却不是这样的，因为短线交易是零和博弈，一方参与者的盈利，必然伴随着其他参与者的损失，这是绝大多数交易者所忽视的。

而由此推开来讲就会发现，如果你想盈利则必须与其他交易者的行为有所区别，因为将交易费用计算在内的话，即使汇价不波动，交易者们都已经处于亏损状态了，加上有人盈利，则亏损的人必然比盈利的人多。由此可以看出，投机交易能否盈利往往取决于其他参与者的行为，这就是博弈，同时由于不存在共赢的状态，所以短线投机必然是零和博弈。

既然是零和博弈，那么知道其他参与者的决策和行为就显得非常重要。我们大多数交易者一直将价格作为交易的对象，其实这种思维具有严重误导性，因为这会让我们觉得交易是一门匠艺，而不是博弈，匠艺面对的是一个客体，而博弈则涉及众多的参与者，其中一个则是自己。

交易是我们在博弈中采取的行为，而价格则是所有参与者采取行为的结果，而这个结果与博弈中参与者们采取的行为密切相关，只有知道了那些代表性子群体的行为，我们才能更好地做出盈利的决策，所以交易是一个根据其他博弈参与者行为选择自己行为的过程，而不是单单根据价格选择自己行为的过程。

长线投资也需要利用群体行为的非理性，这与绝大多数人的观念相违背。一般而言，长线投资特别是费雪式的

> 严格深入来讲，价值性投资也是零和博弈。

> 知己知彼很重要，如何做到呢？观察市场观点和预期，观察期货持仓数据，观察散户外汇头寸分布，观察汇率对新闻的反应等都是在观察对手。

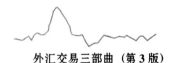

投资方式非常看重公司本身，但是这并不排斥长线投资者利用群体行为的非理性以较低的价格买入某一长期看好的公司。投资涉及两个方面的问题，一是公司，二是价格。公司应该尽可能好，而价格应该尽可能低，长线投资的目的是以尽可能低的股价买入尽可能好的公司。只有当群体处于非理性状态的时候才会使好公司的股价非常低，而这恰好是长期投资者入场的良机。对于长线投资这类交易方式而言，他们也是利用群体非理性行为完成了交易。

价格是众多参与者行为的合成结果，供求关系被看成是价格的直接决定因素，但是供给曲线和需求曲线都可以由市场参与者的博弈矩阵推导出来，而所有参与者的供求曲线叠加就可以合成得到汇价本身。所以，汇价本身还是由众多的参与者行为合成得到的，我们不能也不必对所有参与者的行为加以关注。

我们只需要注意那些代表性的群体即可，比如机构交易者、散户交易者、进出口商、政府机构等。一旦知道了代表性群体的意见，我们就可以知道汇价的走向。比如财年结算对日元的影响，就会涉及上述主要者。

交易是通过控制自己的行为来利用对方行为的漏洞，好比格斗比赛，在确保自己平衡的前提下打破对方的平衡状态。很多时候，我们把投机看得过于简单了，因为我们认为面对一个要么上升，要么下跌的汇价，即使没有复杂的汇率经济学知识，单靠猜测也能得到 50% 的成功率，其实问题并没有这么简单。之所以我们认为外汇交易简单，最主要的原因在于我们将交易的对象看成了汇价，而汇价是一个没有头脑的东西，一个像草木一样没有智慧的对手不足以让我们感到畏惧。但事实却是，汇价其实是千万颗大脑叠加运算得到的，汇价的形成其实是无数聪明的人"尔虞我诈"得到的，每个理由充分的买入决定后面，都对应着一个理由充分的卖出决定，所以当你决定做多的时候，你就应该知道存在一个分析充分的做空决定。跳动的价格

使得交易这项博弈的复杂性被掩盖起来了，市场这个超级计算机正张着血盆大口等待大家献身！

交易的对象是人的行为，而行为是人本身观念的体现，所以交易其实是一种通过行为完善自己观念的过程。观念决定人的态度，而人的态度决定了人的行为，在环境变量和行为变量中，我们往往只能改变自己行为而不是外在环境，特别是在金融市场中，而环境和行为共同决定了我们得到的结果，所以我们的行为往往是我们达到结果的唯一手段。

要想得到好的结果，就必须改善行为，而要改善行为就必须改善观念，而有时候观念无法直接被改变，所以只能通过改变行为来改变观念，然后通过改变的概念来彻底改变行为。交易的结果帮助我们鉴别有效和无效的行为，但是我们要做的是通过这些行为来找到需要改变的观念，只有观念正确了，我们才能持续得到自己想要的结果。

如果再讲得深一些，则交易的对象是行为背后的观念。我们以某种观念去市场中验证，然后市场告诉我们应该如何处理这种观念，是转变成另外一种观念，还是继续提升这种观念。

明白交易的对象是人的行为，才能不被价格和以价格为基础的技术指标所迷惑，也才能不迷信技术分析的效力，因为技术分析只不过分析了行为的结果。新手对技术分析都很迷信，他们对于指标无效或者说有限性一般没有了解，在他们眼里技术指标或者手段好比数学和物理工具一样可靠。技术分析建立在一个很脆弱的基础上，它研究了人行为的结果，却忽略了研究每种结构后面人的行为是怎么样的。技术分析为了捕捉影子的运动去研究影子本身，却忽略了研究物体本身。

一般而言技术分析充满了神秘性和盲从性，这也使学习技术分析的采用者们经常恪守一些非常不可靠的规条行事，他们将价格（影子）当作交易的对象，而不是行为（物体）本身。当我们想要在跟小摊小贩的买卖中不吃亏时，就必须揣测他们的心理活动，否则单单看个价格就作出买卖决定往往都要吃亏，因为这里面存在一个博弈过程。

交易的对象是人的行为，而交易本身则是一个博弈过程，这是下一节将要讲述的问题。

第三节　交易是博弈而不是匠艺

博弈论（Game Theory）也叫"对策论""赛局理论"，属于应用数学的一个分支，目前在生物学、经济学、国际关系、计算机科学、政治学、军事战略和其他很多学科都有广泛的应用。博弈论主要研究公式化了的激励结构间的相互作用，是研究具有斗争或竞争性质现象的数学（经济学）理论和方法，也是运筹学的一个重要学科。博弈论考虑游戏中的个体的预测行为和实际行为，并研究它们的优化策略。生物学家使用博弈理论来理解和预测进化论的某些结果。

博弈论思想古已有之，我国古代的《孙子兵法》就不仅是一部军事著作，而且算是最早的一部博弈论专著。博弈论最初主要研究象棋、桥牌、赌博中的胜负问题，人们对博弈局势的把握只停留在经验上，没有向理论化发展。

近代对于博弈论的研究，开始于策墨洛（Zermelo）、波雷尔（Borel）及冯·诺伊曼（Von Neumann）。1928年，冯·诺依曼证明了博弈论的基本原理，从而宣告了博弈论的正式诞生。1944年，冯·诺依曼和摩根斯坦共著的划时代巨著《博弈论与经济行为》将二人博弈推广到n人博弈结构并将博弈论系统地应用于经济领域，从而奠定了这一学科的基础和理论体系。1950~1951年，约翰·福布斯·纳什（John Forbes Nash Jr）利用不动点定理证明了均衡点的存在，为博弈论的一般化奠定了坚实的基础。纳什的开创性论文《n人博弈的均衡点》（1950）、《非合作博弈》（1951）等，给出了纳什均衡的概念和均衡存在定理。此外，塞尔顿、哈桑尼的研究也对博弈论发展起到了推动作用。今天博弈论已发展成一门较完善的学科。博弈论（Game Theory）和决策论（Decision Theory）、运筹学（Operations Research）等一起构成现代企业经济、军事战略等系统管理学的理论基础。

博弈的分类根据不同的基准也有所不同。一般认为，博弈主要可以分为合作博弈和非合作博弈。它们的区别在于相互发生作用的当事人之间有没有一个具有约束力的协议，如果有，就是合作博弈，如果没有，就是非合作博弈。

从行为的时间序列性分，博弈论进一步分为两类：静态博弈和动态博弈。静态博弈是指在博弈中，参与人同时选择或虽非同时选择但后行动者并不知道先行动者采取了什么具体行动；动态博弈是指在博弈中，参与人的行动有先后顺序，且后行

动者能够观察到先行动者所选择的行动。通俗的理解"囚徒困境"就是同时决策的，属于静态博弈；而棋牌类游戏等决策或行动有先后次序的，属于动态博弈。

按照参与人对其他参与人的了解程度，可分为完全信息博弈和不完全信息博弈。完全信息博弈是指在博弈过程中，每一位参与人对其他参与人的特征、策略空间及收益函数有准确的信息。如果参与人对其他参与人的特征、策略空间及收益函数信息了解得不够准确，或者不是对所有参与人的特征、策略空间及收益函数都有准确的信息，在这种情况下进行的博弈就是不完全信息博弈。

经济学家们现在所谈的博弈论一般是指非合作博弈，由于合作博弈论比非合作博弈论复杂，在理论上的成熟度远远不如非合作博弈论。非合作博弈又分为完全信息静态博弈、完全信息动态博弈、不完全信息静态博弈、不完全信息动态博弈。与上述四种博弈相对应的均衡概念为：纳什均衡（Nash equilibrium）、子博弈精炼纳什均衡（Subgame Perfect Nash Equilibrium）、贝叶斯纳什均衡（Bayesian Nash Equilibrium）、精炼贝叶斯纳什均衡（Perfect Bayesian Nash Equilibrium）。博弈论还有很多分类，比如以博弈进行的次数或者持续长短可以分为有限博弈和无限博弈；以表现形式也可以分为一般型（战略型）或者展开型等。

面对如许重重迷雾，博弈论怎样着手分析解决问题，怎样对作为现实归纳的抽象数学问题求出最优解，从而为在理论上指导实践提供可能性呢？现代博弈理论由匈牙利大数学家冯·诺伊曼于 20 世纪 20 年代开始创立，1944 年他与经济学家奥斯卡·摩根斯坦合作出版的巨著《博弈论与经济行为》，标志着现代系统博弈理论的初步形成。对于非合作、纯竞争型博弈，诺伊曼所解决的只有二人零和博弈——好比两个人下棋或是打乒乓球，一个人赢一着则另一个人必输一着，净获利为零。在这里抽象化后的博弈问题是，已知参与者集合（两方）、策略集合（所有棋着）和盈利集合（赢子输子），能否且如何找到一个理论上的"解"或"平衡"，也就是对参与双方来说都最"合理"、最优的具体策略？怎样才是"合理"？应用传统决定论中的"最小最大"准则，即博弈的每一方都假设对方的所有攻略的根本目的是使自己最大限度地失利，并据此最优化自己的对策，诺伊曼从数学上证明，通过一定的线性运算，对于每一个二人零和博弈，都能够找到一个"最小最大解"。通过一定的线性运算，竞争双方以概率分布的形式随机使用某套最优策略中的各个步骤，就可以最终达到彼此盈利最大且相当。当然，其隐含的意义在于，这套最优策略并不依赖于对手在博弈中的操作。用通俗的话说，这个著名的最小最大定理所体现的基本"理性"思想是"抱最好的希望，做最坏的打算"。

在博弈论中，含有占优战略均衡的一个著名例子是由塔克给出的"囚徒困境"（Prisoners'Dilemma）博弈模型，如表 8-1 所示。该模型用一种特别的方式为我们讲述了一个警察与小偷的故事。假设有两个小偷 A 和 B 联合犯事、私闯民宅被警察抓住。警方将两人分别置于不同的两个房间内进行审讯，对每一个犯罪嫌疑人，警方给出的政策是：如果两个犯罪嫌疑人都坦白了罪行，交出了赃物，于是证据确凿，两人都被判有罪，各被判刑 8 年；如果只有一个犯罪嫌疑人坦白，另一个人没有坦白而是抵赖，则以妨碍公务罪（因已有证据表明其有罪）再加刑 2 年，而坦白者有功被减刑 8 年，立即释放。如果两人都抵赖，则警方因证据不足不能判两人偷窃罪，但可以私入民宅的罪名将两人各判入狱 1 年。

表 8-1　囚徒困境博弈决策矩阵

A ＼ B	坦白	抵赖
坦白	−8，−8	0，−10
抵赖	−10，0	−1，−1

我们来看看这个博弈可预测的均衡是什么。对 A 来说，尽管他不知道 B 作何选择，但他知道无论 B 选择什么，他选择"坦白"总是最优的。显然，根据对称性，B 也会选择"坦白"，结果是两人都被判刑 8 年。但是，倘若他们都选择"抵赖"，每人只被判刑 1 年。在表 8-1 中的四种行动选择组合中，（抵赖、抵赖）是帕累托最优的，因为偏离这个行动选择组合的任何其他行动选择组合都至少会使一个人的境况变差。不难看出，"坦白"是任一犯罪嫌疑人的占优战略，而（坦白，坦白）是一个占优战略均衡。

对于投机交易而言，交易者得到的结果不仅仅取决于他自己的行为，因为结果都是由代表性交易者（有影响力）共同决定的，所以一场交易的获利与否需要考虑到所有代表性参与者的行为。

请看表 8-2，这是一个忽略了很多细节的模型，但是基本可以模拟交易这个博弈过程，当然这里主要针对的是投机交易，也就是零和博弈。在表 8-2 中，A 代表我，B 代表机构交易者，C 代表散户交易者。如果机构交易者和散户交易者都做空，则市场上基本上缺乏进一步做空的力量，所以如果我加入到空方阵营，则会遭遇大逆转走势，亏损自然也很大，简单计为−3。

如果机构交易者做空，而散户交易者做多，则表明市场上还存在很多散户力量可以转为空头，而且机构交易者一般在趋势的前段和中段持仓，则表明下跌趋势还

未结束，所以这时候我们加入到机构交易者一边，可以赚信息和资金上处于劣势的散户交易者的钱，简单计为 2。

当市场上机构交易者们做多，而散户交易者做空，我们应该同此理，站在机构交易者一边，但是如果我们站在散户一边，则亏钱，简单计为 -2。当机构交易者们和散户交易者们都做多的时候，市场肯定是缺乏进一步上涨的动量了，此时做空则可以获利不少，简单计为 3。这是对表 8-2 "A 做空"一行的介绍，"A 做多"一行也是类似的。

表 8-2　交易的博弈过程

	B 做空，C 做空	B 做空，C 做多	B 做多，C 做空	B 做多，C 做多
A 做空	-3	2	-2	+3
A 做多	+3	-2	2	-3

表 8-2 很好地模拟了真实短线交易中面临的博弈情景，如果仔细去揣摩其中的意义，可以对大家的交易起到不小的促进作用。即使只掌握最浅一层的含义，也能对你的交易思路有不少启发：你交易行为的绩效取决于其他参与者的行为！

第四节　人的行为先于市场行为

汇价的形成是在市场所有的买卖指令下达之后，这是不争的事实，也就是说人的行为（买卖决策）先于市场行为（汇价运动）。人的买卖决策会体现为供求曲线，如图 8-14 所示。

但是金融市场上的供求曲线形状则未必与图 8-14 一致，特别是投机型很强的短期外汇市场，追涨杀跌交易者很容易让需求曲线从左下指向右上（D 代表需求曲线），而供给曲线（S 代表供给曲线）也会变成从左上指向右下，这就与图 8-14 所示的正常供求曲线存在差别了。

虽然短期外汇市场上的供求曲线与正常商品市场上的情况存在差别，但是仍然可以从供求曲线的基本框架中得到一些见解。供求曲线的两个基本要素是成交量和价格，而成交量是价格形成的直接原因。供求曲线代表着人的决策曲线，所以供求曲线其实是交易者博弈行为的抽象表征，供求曲线比均衡价格更先存在。要搞清楚价格运动的方向，就要搞清楚形成价格的供求曲线，要想搞清楚供求曲线就必须搞清楚形成供求曲线的交易群体。

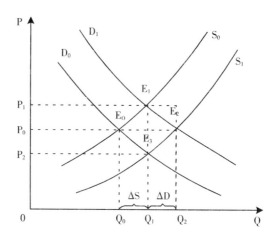

图 8-14　微观经济学基本工具——供求曲线

成交量可能比价格符合行为金融学的研究范畴，因为成交量直接体现了交易者的行为，而价格只是交易者行为的结果而已。在外汇市场中，所有参与者的成交量是不方便取得的，但是某一平台上的成交量却是可以得到的，请看图 8-15，这是澳元兑美元的 5 分钟走势，副图是对应的成交量走势。成交量的峰值反映了群体的癫狂，这种癫狂往往比反转 K 线形态更能预测短期的价格走势。为什么会这样呢？这是因为成交量代表了交易者的行为，而价格是此行为的结果。

量为价先！

图 8-15　澳元兑美元 5 分钟走势和成交量走势

行为金融学更多地关心价格背后的行为，而不是价格本身。作为投机者，价格似乎与我们的盈亏直接相关，但是成交量才是导致我们盈亏的真正原因，因为其他人的行为才是导致我们盈亏的真正原因。行为金融将价格背后的行为和决策者当作研究的主要对象，它的一些概念对于我们从事投机交易相当有用。

直接决定资产价格走势的筹码与预期。

行为金融学首先不完全肯定人类理性的普遍性。认为人类行为当中，有其理性的一面，同时也存在着许多非理性的因素；认为人类的理性是有限的，认知的局限决定了人类存在着许多理性之外的情绪、冲动和决策。一个最常见的例子就是，在股票市场上，时常会发现市场的变化不是根据公司的运营情况，而往往是交易者的情绪、感受的变化。其次行为金融学认为即使在有限理性的条件下，因为外在条件的限制，有时候未必能够实践理性行为。

虽然行为金融学和传统金融理论存在很大分歧，但需要指出的是，行为金融学并不是完全否定传统金融理论，而是在接受人类行为具有效用最大化的前提下，对其理论进行修正和补充。在承认了人有理性的一面的时候，同时认为人也有非理性的一面，受到许多理性之外的情绪、冲动等的影响，在外界条件约束下人对自己理性行为的控制力是有限的。这些是和传统理论不同的，是对传统理论的修正和补充。

过度自信和行为金融学的基本理论预设分不开，这就又回到了人类的有限理性的问题上。因为在行为者当中，不论是理性行为者还是非理性行为者，都不会怀疑自己的理性的存在。他们自认为掌握了一定信息和一定专业知识，因而当面对交易决策时，便过于相信自己的判断力。

有些学者专门对此做了一系列实验，结果证明受访者都倾向于高估他们答对的概率。这说明了交易者的行为并非完全理性的，这使得市场的走势也并非理性的，因此价格不能吸纳一切信息，也就是说价格不能理性地对待一切

信息，所以很多关键信息可能是价格没有完全吸收的，甚至是没有吸收的，如果我们能够从价格之前的要素寻找，则可以推断出价格最可能的方向或者说情景，而这个领域则是涉及交易者的行为。

第五节　技术分析真正成为科学的途径：统计化和找到心理依据

几十年前技术分析总结的形态大部分的效力已经大幅降低，但是我们的交易界从来没有对这个问题有足够的认识，以至于今天绝大多数技术分析的教科书还在传授很多完全不符合市场实际和交易实践的理论。

技术分析的三大前提是技术分析发挥作用的前提，但是这三大前提目前在市场中基本已经不具备了，如果我们还躺在技术分析祖宗的功劳簿上不思进取，则我们也很难取得像杰西·利弗莫尔一样的伟大成就。

技术分析是金融交易分析技术的雏形，而格雷厄姆的证券分析也是金融交易分析技术的雏形，我们唯有在这些技术的基础上不断发展才能在交易界长久立足。证券分析的基本手段一直在发展，各种定价模型的出现就是明证，但是投机分析技术却一直停滞不前，现在是重新发展技术分析的时候了，目前有一条渐渐明朗的路摆在我们面前，这就是将技术分析统计化和心理化。

技术分析涉及很多指标和形态以及与之相关的完整交易策略，甚至 EA（自动交易程序），而这些东西的可靠性和其他统计特征现在基本上没有可供参考的资料，这些东西到底能带来什么样的胜算率和风险报酬率组合，恐怕没有人知道。所以，我们只有把技术分析从经验主义发展为科学主义才能在交易界中占有一席之地。那么，技术分析的统计化应该如何着手呢？涉及哪些具体方面？下面，我们就分成三个方面来介绍。

第一，指标有效性的概率特征需要得到统计。技术指标主要分为两大类：震荡指标和趋势指标，两类指标即使混合在一起也不可能达到真正意义上的互补，也就是说震荡指标和趋势指标仍旧会发出自己的信号，而无法过滤对方的虚假信号，这就是技术指标的难处。

我们这里不是要讲怎么解决这一难题，而是回到主题——各种技术指标有效性的统计。比如震荡指标 RSI 的有效性是多少，要知道 RSI 的有效性，就要定义 RSI 的具体功能；再如给出阶段性调整点的有效率，一定要先从数学上定义指标功能有效的概念，然后再根据这一定义回顾足够的历史数据进行统计。

第二，形态有效性的概率特征需要得到统计。K 线形态已经能够很好地为交易软件程序语句所定义，但是西方技术形态，比如双底和三角形等则需要更高水平的编程语言和技能。不过，现在的编码技术已经能够为诸如艾略特波浪一类超复杂形态编写识别程序，所以如果能够很好地定义形态，则可以利用对它们的有效性进行统计。

第三，交易策略和交易系统的有效性需要从统计上得到求证。投机交易策略很多是基于价格的，自然这些交易策略和系统可以看成是纯技术类的，正因为这样我们更需要知道它们的统计特征。

其实，技术分析的统计化是本书定义的行为分析的后向延伸——仓位管理，而下面要谈的技术分析的心理化则是行为分析的前向延伸——心理分析，也就是这几章的基本主题。

技术分析基本停留在价格分析的层面，但是如果我们不为价格分析提供心理基础，则我们看到的只是影子，而不是物体本身，只有我们掌握了原因才能更好地掌握现象，只有我们把握了本质才不会为纷繁复杂的现象所迷惑。每种技术形态和指标背后的心理含义是我们要去探究的方面。要对技术分析进行心理化，我们必须从下面两个方面着手：

第一，指标反映的心理因素需要确认，马丁·普林格发现震荡指标与市场多空情绪调查指标的走势基本一致，则表明震荡指标可能反映了大众的多空情绪，戴若·顾比将长短两组均线看作是较长期交易者和较短期交易者的代表。每一个指标的数学意义我们可能需要了解，但是其代表的心理意义则是必须了解的，比如支撑阻力线的心理含义，只有掌握了技术指标背后的心理意义，我们才能更好更加恰当地运用这些技术指标。

第二，形态反映的心理因素需要确认，图表形态是绝大多数交易者都偏爱的技术分析工具，但是这些形态背后的心理含义我们一般都不会去理会，最多在看部分技术分析书籍的时候会去大致了解一下，但是这远远不够。毕竟，形态之所以起作用是因为背后的心理动因，而形态之所以会失效也是因为背后的心理动因。把握了形态背后的心理意义，我们就可以抛开现象而去把握本质，而本质才是靠得住的东西，现象不是简单重复，但是本质却是在简单重复。

第九章　心理分析的要素

在上一章中我们介绍了心理分析的一些基本概念和理论基础，这仅仅是我们掌握心理分析的开始，因为我们还不知道心理分析究竟是怎么回事，包含了一些什么要素，这就是本章要详细介绍和展开的内容，我们还会在下面一章介绍进行心理分析的主要工具。

心理分析的要素是本章的主题，如何去把握这些要素是我们心理分析的核心，心理分析的工具基本上都是现成的，有很多，但是我们要用这些工具去执行什么功能，这是需要我们大家明白的问题。心理分析一直不缺乏具体的工具，真正缺乏的是一个关于心理分析要素的理论，也就是说我们用心理分析去执行什么样的功能。

心理分析的要素必须是能够大幅提高分析效率的工具，而心理分析要有效就必须满足以下几个条件：

第一，心理分析必须不同于基本分析和技术分析，这样才能互补，否则得到的信息也不过是重复的，多一个这样的分析工具只是费力不讨好而已。

第二，心理分析必须能够最大限度地把握外汇交易是博弈这个最大现实，如果不能从博弈的角度去分析市场，那么现有的分析方法完全能够满足需要。驱动分析（基本分析）相当于帮助交易者弄明白"支付矩阵"，而行为分析（技术分析）相当于帮助交易者弄明白可以出现的博弈结

深入来讲，无论是基本分析还是技术分析，最后都要落实到心理分析上。你看基本面，最终要推测出对手盘怎么想；你看技术面，最终也要推测出对手怎么想。或许高频交易和纯技术分析的趋势跟踪交易不用心理分析，但如果想要全面发展自己的交易技能，最好还是先认真研习心理分析。在股票市场，通过采集和分析网络上关键词相关的大数据，一些基金公司可以推断出短期价格波动，因此我们不能忽略心理分析在大数据和 AI 时代背景下的发展和运用。

221

果，而这中间缺乏一个可以让交易者明白这个博弈局中参与者的工具，这就要求我们找到这样一个工具，而心理分析则能够更好地搞清楚这一问题。心理分析能够最大限度地把握外汇交易是博弈这一现实，就使得心理分析具有很高的实际价值。

第三，心理分析必须简单而有效，最好能够为短期交易提供便利。心理分析可长可短，而且与汇价波动直接相关，与驱动分析相比，心理分析可以更好地指导短期交易，也为交易者理解驱动因素和价格行为之间的关系提供了途径。

心理分析与驱动分析和行为分析相比而言，并不算复杂，但是这门技术还处在发展过程中，我们见识了许多获取暴利的短线人士，他们都是心理分析的高手，每个人的方法都不同，但是基本都可以从本部分内容中找到影子。

心理分析能够满足上述几个要求，是因为心理分析是独立于基本分析和技术分析之外的第三种分析方法，而且这种方法为不少市场高手所提倡，比如现代宏观经济学之父——梅纳德·凯恩斯就认为心理分析是股票投机成功的关键。但是，心理分析并没有形成完整的体系，这使得深入发展和实践心理分析的交易者们能够获得超额利润，超过其他交易者平均水平的利润。

心理分析不缺乏具体手段，缺乏的是一种完备的理论体系，也就是说缺乏让心理分析高效化运作的框架。在本章中，我们根据自己的交易实践，特别是外汇日内短线交易的第一线实践，并结合身边数位"当冲高手"的操作思路和手法对心理分析的要素和框架进行了一些归纳和总结。不管你以后决定采用哪些心理分析手段，也不管你想发展出什么样风格的心理分析方法，重要的是不管你想在什么品种上交易，本章提供的框架都可以大大提升你把握市场波动的能力，而且这种能力可以极大地提高你日内交易的水平，注意这里的用词是"极大"。

多头为什么做多？他们是怎么想的？主要理由是什么？空头为什么做空？他们是怎么想的？主要理由是什么？他们的理由有无逻辑漏洞？

我们接触的几乎所有交易书籍都以技术分析和基本分析为主要内容，而对于散户而言，技术分析是他们涉猎的主要内容。既然这么多人采纳了技术分析，效果怎么样呢？这些想必本身的读者比我们有更深刻的感受。

真正的短线高手是能够揣摩群体心理的人，什么群体？肯定是代表性群体，也就是主要的参与者。正如真正的桥牌高手必然是揣摩对手心理的高手一样，只有当我们能够学会揣摩参与者们的心理时，我们才能真正在外汇交易中长久立足并取得闪耀众人的绩效。

我们在《外汇短线交易的24堂精品课：面向高级交易者》一书中详细介绍了"盲利公式"，也就是"盲点等于利润"这个公式，大众的盲点是利润源泉，自己的盲点也是利润源泉。无论是大众还是我们往往都忽视了心理分析，我们的焦点往往集中于技术分析，而对于大资金交易者而言，比如对冲基金，大多则集中力量于基本分析。根据我们的经验，如果能够将心理分析融入自己的交易实践中，则可以将交易的绩效水平提高到极致。

在外汇市场中，什么工具可以让你具有独特的优势？什么工具是有效的，但是很少有人使用？

心理分析是一盘散沙，这是心理分析几十年来发展的现状，虽然逆向理论是心理分析发展的一个里程碑，但是，从大卫·李嘉图到梅纳德·凯恩斯再到现在的心理分析，基本上都在低水平徘徊，没有一个稍微系统的理论框架和手段体系。

有不少读者将期权比、相应期货合约、市场情绪调查等手段等同于心理分析，这实际上是不对的，正如不能将MACD指标等同于技术分析一样。主要交易环节包含的要素（见表9-1）才是其内涵，比如我们之前介绍的驱动分析，其要素就是"结构变化、重要程度和确定程度"，而本章介绍的心理分析其要素则是"参与主体、关注程度和想象空间"，至于行为分析则是我们一直在多部著作中反复强调的"势位态"三要素。

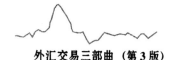

表 9-1　主要交易环节的要素

交易环节	要素 1	要素 2	要素 3
驱动分析	结构变化	重要程度	确定程度
心理分析	参与主体	关注程度	想象空间
行为分析	趋势	位置	形态
仓位管理	胜算率	风险报酬率	周转率

很多读者可能会说技术分析包含一切，技术走势本来就包含了心理信息，其实我们从另外一个事实就知道技术分析其实不能很好地促进我们对市场心理的把握。

现有的机械交易系统基本都是基于技术分析的，它们不考虑驱动因素和心理因素，所以长期很难获得暴利。毕竟市场有周期性的变化和结构性的变化，周期性变化源于心理因素，它使得震荡和单边交替。而结构性变化源于驱动因素，这两种变化会让基于纯技术分析的交易者回吐大部分利润，甚至失败。

既然分析这么重要，而心理分析的要素我们也大概了解了，那么心理分析的框架究竟是怎样的呢？请看图 9-1，这就是我们采用的"帝娜心理分析示意图"。

题材的性质！

这里面有几个问题需要了解，第一是一个市场观点的想象空间还有多少，越大说明能走的预期行情越大。如果一则新闻带出的信息都是铁板钉钉，未来进一步发展的可能性非常小，进一步炒作的空间很小。这样就是缺乏想象空间的焦点，自然也就不会引发机构交易者注意，当然也不太可能发展成为趋势。

如果一个观点还没有被绝大多数散户所注意，但是未来进一步发展的可能性很大，则很可能成为主力的建仓理由，这就是潜在焦点 D。

题材的生命力！

如果这个焦点逐步浮出水面，少部分散户也开始注意了，主力也基本完成了建仓，市场此前的热点还在聚光灯下，则这个市场观点就是新兴焦点 A。这时候主力开始顺势而为，行情也开始发动，这也是我们最佳的介入起点。

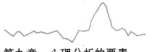

此后，随着市场不断地炒作和市场新兴焦点的不断扩散和渗透，大家都开始注意到了，关注程度逐步达到最高，这个市场焦点就成了成熟焦点 B，这时候我们就应该退出了。

非常高的成交量往往意味着焦点的成熟。

AD 是这个阶段主力力图把握的阶段，而 BC 是散户着力的阶段。想象空间是第一个关键问题，主力持仓是第二关键问题，关注程度是第三个关键问题，散户持仓是第四个关键问题。

筹码和预期是投机者永远不能失去的思考立足点。筹码主要在哪个群体手里？市场的情绪与共识预期存在分歧还是高度一致？情绪和共识预期是高度悲观还是高度乐观？

进行心理分析的时候就需要把握这几个问题：一问“这个题材还有没有进一步发展的空间”？二问“主力如何看待这个题材”？三问“散户如何看待这个题材”？四问“大众对这个题材的关注程度如何”？

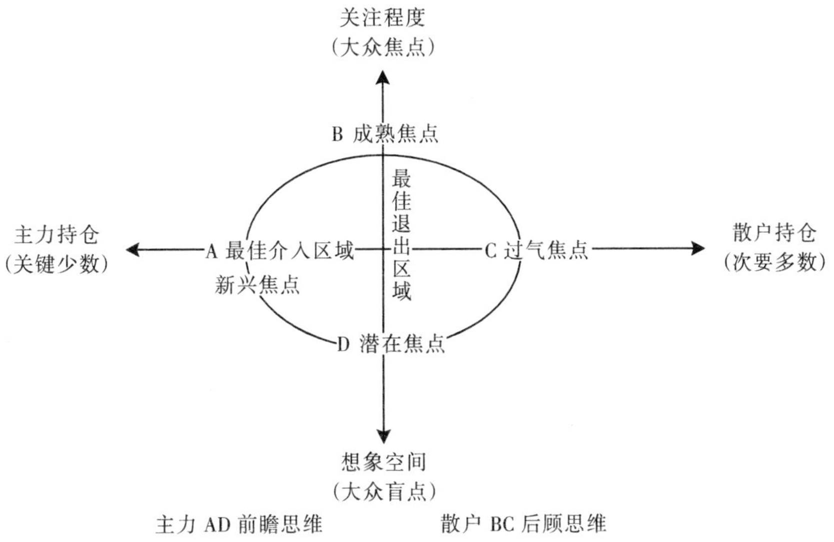

图 9-1　心理分析示意图

交易者的水平与能否把握心理分析和仓位管理密切相关，所以本书的核心也在于图 9-1，因为其他内容大家也许在其他书中有所领略，但是心理分析却是一个相对陌生的范畴，而这正是超额利润的来源。如果真想要往很高的绩效水平走，就必须明白这样一句话：不能等市场来告诉你什么，而要让人来告诉你，等市场来告诉你已经晚了。市场来告诉你就是通过行为分析，而让人来告诉你就是通过心理分析。

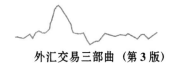

由此，我们再回到那句老话：交易的对象是人！

本章具体涉及的内容就是图 9-1 中的内容，我们首先要明白参与主体有哪些，区分"关键少数"和"次要多数"之后，我们才能明白这个游戏的对手是谁，"知己知彼，百战不殆，知天知地，胜乃不穷"。知己知彼属于心理分析，知天知地属于驱动分析，如果只是简单地知道基本面的情况，那就不能保证交易的成功。

第一节　参与主体

外汇市场是从事外汇交易和外汇投机的系统。随着交易日益电子化和网络化，取而代之的是通过计算机网络来进行外汇的报价、询价、买入、卖出、交割、清算。所以我们说现在的外汇市场是一个无形的市场，是一个计算机的无纸化市场。外汇市场实际上是一个包含了无数外汇经营机构的计算机网络系统。

全球外汇市场每天约有 3 万亿美元的巨额交易量，这个成交量相当于我国 A 股市场每天成交量的近 100 倍。这使我们不禁要问，如此巨大的交易量，是什么人在买卖呢？

无论你的资金有多大，学会借力、乘势、当机。

在外汇市场中，我们个人是最小的交易者和参与者，是随行就市的仆从者。在外国成熟的市场中，做外汇买卖的除个人炒汇者外，还包括中间商、经纪公司、中央银行、国际性的公司和一些基金机构等。我们可以从外汇交易的参与者和他们在外汇市场的地位对他们进行一一分析。

外汇驱动分析一定要注重银行的大动作！

各国央行名称各不相同，行使的职责大体一样。比如中国叫"中国人民银行"，美国叫做"美国联邦储备委员会"，日本叫做"日本银行"等。各国央行不是外汇市场的直接买卖者，但是由于央行决定了本国的利率、货币政策以及本国外汇储备的构成等，所以，央行的一举一动都可能直接或间接影响汇率走势。

央行还可以通过商业银行直接对外汇市场加以干预，对它认为不利于经济发展和市场稳定的外汇汇率加以干涉，从而使外汇市场及本国汇率恢复正常状态。比如在西方发达国家中，日本中央银行是较多干预外汇市场的。

长久以来，日本央行对日元的过度升值和美元的贬值多次进行干预，其干预的方式可分为三种：一是口头干预——向交易银行询价、有关官员讲话等；二是实际介入市场——委托商业银行买入美元卖出日元等；三是与其他国家央行进行政策协调。央行的每一次干预行为，都会造成汇率的较大波动。

当我们需要外汇向银行购买时，银行要通过外汇市场取得外汇；反之，当我们把手中持有的外汇出售给银行，银行为了规避汇率风险，也要把这些外汇在外汇市场对冲出去。

一般情况下，商业银行是不会过多持有外汇现金或外汇敞口（外汇收支的不平衡）的。银行在日常业务中除了满足客户对外汇的买卖需求外，银行自身也会根据外汇市场的汇率波动，主动参与外汇买卖，通过汇率波动的差价获取利润。在大部分银行中都设有外汇交易部门，它们以100万美元为一个交易单位，每天进行着数以万计的巨额交易，由此各国数以百计的商业银行成为外汇市场的主要参与者，也是外汇交易额的最大贡献者。

进出口企业往往是外汇市场上根据实际供需关系进行交易的市场参与者。比如一个企业出口一批货物后收取到以美元结算的货物款，这笔款项要在外汇市场兑换为本币。

反之，如果要进口一批货物需要支付的美元也要在外汇市场取得。进出口企业需要购入的外汇或者需要出售的外汇都离不开外汇市场，而且不可能因为当时汇率的上升或下降而停止或取消进出口货物的交易。所以，进出口企业成为外汇市场坚定的参与者。

外汇贷款是金融危机跨国传播的关键链条之一。资产负债表传染很多时候是因为汇率骤贬导致的。

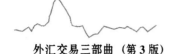

随着国际贸易的快速发展，各国的进出口数额不断攀升，现今每年的世界进出口总额已经超过 10 万亿美元，这些贸易款的国际结算也增加了外汇市场的成交量。在实际交易活动中，进出口企业也会利用外汇期货、外汇期权、掉期交易等方式规避汇率波动的风险，这些交易工具和交易方式大多运用于外汇市场。

外汇交易中介商是把外汇买家和卖家撮合在一起的中介机构。他们自身不买入或卖出外汇，只是把买者和卖者联结起来，他们的存在使外汇市场的运转更为顺畅，尤其是为大宗的买卖提供了便利和可能。

20 世纪七八十年代，外汇中介商是最活跃的金融行业之一。随着现代通信手段的提高和信息更新的加快，银行之间直接交易增加，可以进一步减少成本，缩短交易时间，所以，外汇中介商的影响可能逐渐减小。

各国的社会保险、生命保险、各种基金等投资机构和投资组织是外汇市场的又一个主要参与者。在这些投资机构的投资组合中，外汇市场往往是他们投资的一个重要组成部分。甚至在某些特定时期，外汇市场是他们的主要投资工具。在 20 世纪中后期，日本保险行业的巨额资金是外汇市场的一大主力，他们的买入或卖出往往会成为短时间内美元/日元上升或下降的风向标。

曾经盛极一时的对冲基金是外汇市场的生力军。其典型代表就是索罗斯的量子基金。这些对冲基金的特点之一就是可以在很短时间内，集中巨额资金并利用金融杠杆等交易工具，利用外汇市场的波动获取巨额利润。比如在 1992 年 9 月，索罗斯根据英国和欧元区的经济状况、利率水平以及潜在的问题等因素，判断英镑币值被高估，所以大量做空英镑并买入德国马克、意大利里拉等货币。结果英镑如期下落，虽然英国央行全力救助，但当时英国的外汇储备只有 400 多亿美元，而索罗斯就做空相当于 1000 亿美元的英镑，最终英国央行无力支持英镑，任由其贬值并

货币危机和债务危机是金融危机的主要形式。

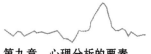

退出欧洲货币联合。索罗斯在那次英镑贬值的交易中共获利约 10 亿美元。

对冲基金利用其广泛的信息渠道、先进的分析方法和交易方式常常在外汇市场呼风唤雨，在影响汇率走势和波动幅度的同时，从汇率差价中获取巨额利润。在美国次贷危机爆发前，众多对冲基金活跃在外汇市场上，它们大多是外汇市场中每一次大的波动的推波助澜者，也可能是大的获利者。这些对冲基金在外汇市场的投机交易中，增加了市场的流动性，也扩大了市场的成交量，是外汇市场不可缺少的参与者。

个人投资者的交易额在外汇市场的成交量中所占比例很小，但是个人投资者的队伍增长较快，也是外汇市场的一个新生力量。个人投资者大多也是投资与投机的混合体。由于投资条件和各国相关规定的改变，个人投资者越来越容易参与到外汇市场里。特别是互联网的普及，从 20 世纪末开始，个人投资者的人数急剧上升，成为外汇市场的一个较新的参与者。他们的交易额虽然所占比重不大，但是由于涉及人数较多，所以，个人投资者在外汇市场的影响也不可忽视。

日本的"渡边太太"。

知道了外汇市场的参与者，我们能够得到什么样的优势呢？首先，汇价走势的最直接导致因素是参与者的相互作用。外汇日内走势具有非常重要的规律，如图 9-2 所示，假如这段时期的外汇走势是单边上涨的，则这幅图反映了行情模型就代表了日内走势的规律。

可以看到行情的调整发生在 5：00~12：00 这段时间，然后行情开始酝酿，之后才是第一次主流走势。为什么主流走势发生在 15：30~18：00 这个时段呢？其实，这与"关键的少数"有关系，最主要的货币市场在伦敦，欧洲的对冲基金也盘踞在这里，这个时段的走势往往与趋势一致不是偶然的，因为这里有重量级的参与者。同时，这个时段的开始一个小时往往会走出一小波反向行情，非常急促，

充满价格毛刺，这也是银行交易员为了打击一些散户交易者的止损而使出的损招。

第一次主流走势主要是以伦敦为中心的资金力量在起作用，第二次主流走势则是以美国东海岸为中心的资金力量在起作用。有时候美国东海岸的这些资金会利用一些突发的题材来攻击欧洲交易者设定的止损，如果你明白了每个时段的参与者，明白当下行情是谁在推动，那么你就能明白日内行情为什么会这样走，这些从单纯的技术分析中是看不出来的。

我们在《外汇短线交易的24堂精品课：面向高级交易者》一书中介绍了一些时区——开盘交易法，也是利用了市场参与者的知识。在美国期货市场，一种非主流分析图表TPO（市场轮廓）就是想要利用不同参与者的知识来把握市场，这种图表试图通过开盘之前一个时段的TPO排列来分辨重量级参与者的意图，从而跟随他们的步伐行动。

除了像TPO一样通过改变主图格式来把握区分次要和重要的参与者意图之外，还有一些技术是基于常用的价格图表来区分不同参与者的，比如顾比均线系统，其中一组较长期的均线用以分析趋势交易者的意图和行为，另外一组较短期的均线用以分析投机交易者的意图和行为。这个系统的重要作用是利用投机交易者的非理性行为来跟随趋势交易者的理性行为，在欧阳傲杰《黄金高胜算交易：解密黄金交易的行为因素和驱动因素》一书中有一种交易策略便利用了顾比均线甄别参与者的特性。

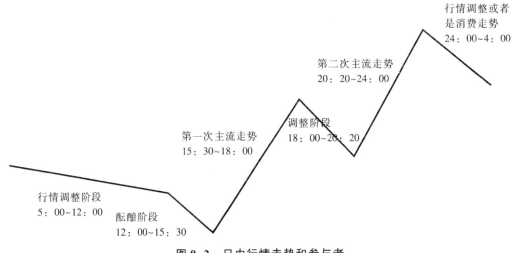

图9-2　日内行情走势和参与者

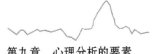

另外，就具体货币而言，侧重分析的参与者也是不同的，比如日元经常会因为日本财政部口头甚至实质的干预而发生急转走势，所以日本财政部作为干预市场的重要力量是我们所不能忽视的，而这个干预者其实也是博弈的一方。

又比如 2010 年 2 月的希腊危机，这里面涉及欧元区、欧盟和美国的博弈，比如是否干预汇市，是否筹集欧洲自己的货币基金组织，美国是否会出面稳住欧元，等等，这些举措都涉及资金直接入市支持欧元汇率。

总之，心理分析的第一点就是要知道这场游戏是哪些选手在参与，同时要知道关键的少数——比如机构交易者和政府干预机构和次要的多数——比如散户交易者们在当下的行情中出现没有。

第二节　心理分析的关键要素：关注程度和市场新兴焦点

参与者们总是围绕一两个主题在行动，而且市场主题在周期性地转换，如果我们能够每天浏览市场新闻则能够很好地紧贴市场焦点转换。当一个焦点得到绝大部分人高度重视的时候，这个操作机会也就处于无利可图的状态，这就是大众的焦点，一旦一个题材成为大众的焦点，那么散户也基本全部加入其中，这样的行情马上就要结束。

见光死！众人目光所及的题材，就是毫无生命力的题材！

我们要找到市场存在的新兴焦点，同时还要明白目前的成熟焦点，所谓新兴焦点就是那些想象空间还足够，同时市场关注程度还有进一步发展空间的焦点，而成熟焦点则是那些众所周知，人人都想根据这一热点进行正向操作的热点。如果说新兴焦点是正向操作机会，那么成熟焦点则是反向操作机会。

心理分析的关键是找出市场的新兴焦点，并确认市

外汇交易三部曲（第3版）

对这一焦点的关注程度正在不断增强。其实市场的新兴焦点和成熟焦点往往都在头条之类的专栏中出现，第一次出现则往往是新兴焦点，如果反复出现而且又缺乏想象空间，同时关注程度极其高（以至于没有进一步提升的空间），则不属于新兴焦点，而是成熟焦点。

国内的外汇财经网站非常多，大多比较及时和全面，当然还有一些论坛也不错，但是我们不能涉猎过多，否则精力顾不过来。下面我们看一些容易指出市场焦点的网站栏目，请看图9-3，这是某中文外汇网站的头条新闻栏，这里面的头条其实还算不上，至少不像路透社的头条那么"纯正"，所以这样的专栏还不是寻找市场焦点的高效工具。

头条新闻

01/12 19:17 中国央行决定上调存款准备金率0.5%

01/12 18:19 中国上调央票利率引发经济担忧，美元凸显避险魅力

01/12 08:29 美元走势图形剖析及美联储货币政策展望

01/12 03:09 本周三大货币走势猜想

01/11 17:34 非农余波打压美元至三周低点，商品货币今年或升至平价

图9-3 某中文外汇网站的头条新闻栏

再请看图9-4，这是另外一家中文外汇网站的专栏，名为"今日关注"，专栏的名字说明不了什么，但是其收录的文章还是便于我们筛选市场焦点的。图9-5是一家英文外汇网站的市场头条，可以看出其发布的文章比较有利于我们筛选市场焦点。一般而言，大的财经媒体特别是路透中文网之类的比较容易给出市场焦点，内容杂乱的外汇网站则不利于我们筛选市场焦点。

选市场焦点为什么这么重要？我们再来回顾一下帝娜心理分析的框架，关键的少数是机构交易者，他们往往是赢家，次要的多数是散户交易者，他们往往是输家。

赢家的着眼点是从潜在焦点到新兴焦点这个发展阶段，而输家的着眼点则是从成熟焦点到过气焦点这个发展阶段。不论是潜在焦点、新兴焦点还是成熟焦点、过气焦点，它们都涉及焦点，一个题材，一个被大众心理上可能认可、已经认可、将要认可、过去认可的题材。驱动分析的目标可能还是侧重于大的趋势，或者是找出一波单边走势，也可以看成是找出潜在焦点，而心理分析的目标则是揣摩市场对这

232

▶ **今日关注**

本周汇市五大风险事件

前两周美元指数均维持区间震荡整理的走势，但是在本周三大关键美国经济数据出炉后，美元或突破目前的交投区间。[全文]

中国上调央票利率或预示全球经济复苏步入正轨

中投官员：美元已经见底 切勿抢购黄金

美联储理事：未来12至18个月内美国通胀持续低下

日本11月经常账盈余年率上升

图 9-4　某中文外汇网站的今日关注新闻栏

MARKET NEWS HEADLINES | **FOREX MARKET NEWS**

Pound Finds Support on Rise in Exports, Euro Weighed As China Takes Measures To Slow Credit

Tuesday, 12 January 2010 12:44 GMT　　|　　Written by John Rivera

The British Pound surged nearly a 100 pips as the U.K trade balance shrank in November as exports reached the highest level in over a year. The trade deficit contracted to -6.75 billion from -7.0 billion as a weaker sterling and an improving global economy spurred demand for British goods.

... read more

图 9-5　某英文外汇网站的市场头条

些驱动因素的偏好。毕竟，市场心理决定了驱动因素发酵的程度和顺序！

下面，我们来看一些简单心理分析的摘录，主要是围绕市场焦点展开的，第一篇是 2010 年 3 月 3 日的，第二篇是 2010 年 3 月 4 日的。新兴焦点和成熟焦点是我们必须找出来的，这是每天的工作，如果你不知道今天的新兴焦点是什么，成熟焦点是什么，那么你就不用交易了，因为你只能按照技术分析那套死板地操作，外汇日内交易只采用简单纯粹的技术分析是非常困难的，只有你是高手中的高手才可能长期盈利。

2010 年 3 月 3 日　心理分析摘录

A 新兴焦点：欧盟官员及希腊总理帕潘德里欧的讲话令市场信心倍增，尽管有关希腊获得欧盟援助的计划仍存在不确定性，但投资者猜测欧盟就希腊问题将出台详细的援助计划。

市场有关希腊将推出新的财政紧缩措施以获得欧盟援助的消息，使最近非常敏感和紧张的市场稍微有些放松，在一定程度上提振了市场的风险偏好。但能否持续下去，现在还很难说。

目前市场焦点转向周三希腊重要的内阁会议，预计将会有更多应对债务危机所需的紧缩开支措施，消息人士表示，希腊政府将屈服于欧盟和投资者的压力，于今日宣布规模高达48亿欧元额外赤字削减计划，而欧盟给希腊设定的最后期限是3月16日。

目前大部分欧洲国家、日本、美国都面临这个问题。但是在短期内可能时常会处在一个乐观的情绪当中。新兴市场的增长势头正推动全球经济以强于预期的步伐复苏，尤其是中国、印度等亚洲新兴经济体。在产出缺口迅速缩小的亚洲和拉美地区，经济过热风险正在增加。但IMF也注意到，更强基本面带来的热钱涌入，加大了新兴经济体政策调整的难度。

B 成熟焦点：各类投资者正在欧元和英镑上肆意玩弄手段，进行"落井下石"的套利。我们判断，此前在国际市场上爆炒美元的大部分资金已经撤离，除了一部分进入美国股市外，主要部分转而卖空英镑和欧元，乃至卖空欧洲国家的股指期货。

2010年3月4日　心理分析摘录

A 新兴焦点：今日关注欧洲和英国两大央行利率决议。投资者可留意今天英伦银行公布的资产购买规模，最重要的是今晚英伦银行及欧洲央行的议息结果，欧元区第四季度GDP数据也值得关注。周五要留意美国的失业率数据，以及新增非农就业数字，必定左右汇市走势。

B 成熟焦点：各类投资者正在欧元和英镑上肆意玩弄手段，进行"落井下石"的套利。我们判断，此前在国际市场上爆炒美元的大部分资金已经撤离，除了一部分进入美国股市外，主要部分转而卖空英镑和欧元，乃至卖空欧洲国家的股指期货。

这里还要对新兴焦点和成熟焦点做一些说明。股市上有一句古老的谚语：谣言流传时买入，流言应验时卖出。其实，新兴市场焦点和成熟市场焦点对于交易的指导作用类似于这句话所描述的。

股票短线炒卖我们要关注的题材，否则该赚大钱的时候你赚小钱，外汇短线投机也是一样的道理，但是外汇市场很少谈题材，题材就是故事，story 是股市上永恒又善变的事物，但是外汇市场上却很忌讳。

股市的心理分析可以参阅《题材投机》一书，各大高校和市图书馆一般都能借阅到。

为什么这样呢？不是因为外汇市场上不存在题材，其实题材永远存在，可能外汇市场的题材更加理性一些，但是其对走势的影响并不比题材对股票的影响小。我们之所以忌讳在外汇市场上谈题材，正如我们忌讳说外汇市场上有主力机构一样，其实再大的市场也有主力，当然也有题材，只不过主力获利的方式不同罢了，只不过题材的理性程度不一样罢了。

下面的一则外汇新闻标题为《缺乏推动使市场陷入整理》，其实就是讲明了题材和焦点对应市场走势的重要意义，同时也告诫了交易者应该随时关注焦点和题材的变化：

尽管市场最近仍受欧元区的债务危机和中国政策收紧担忧的影响，但汇价走势仍然显得缺乏焦点，市场整体跟随股市表现。最近一段时间以来，市场对焦点事件的关注主导了市场走势，在美国非农报告之前，一方面，对非农报告的良好预期提升美联储加息预期使美元受到支持；另一方面，对欧元区债务危机的担忧所产生的避险情绪也为美元提供支持，这种情况在非农报告后只剩下后者影响市场。近期欧元区的债务危机和中国政策收紧的担忧继续打压股市下跌，但经济数据方面，无论数据好坏也无法对市场起到推动作用，非美货币在先前大幅修正后最近都暂缓跌势，美元指数目前也连续第三天在80档低位整理，在数据上产生不了影响，也没有重要风险事件时，这种市场缺乏推动的局面有望继续维持下去，在技术指标纷纷出现极度超卖之后，非美货币在近期的跌势后不排除趁机持稳甚至小幅修正的可能。亚市公布的英国1月BRC同店零售销售录居15年来同月最差，但英镑丝毫未受影响，预期今天欧洲时段欧元区重要的德国通胀数据也会被市场忽略，汇市整体表现可能继续亦步亦趋跟随股市。

最后总结一句：如果大家能够从"题材"这个角度去把握外汇市场以周为阶段的行情，那么大家必定超过好多分析师和市场专家。

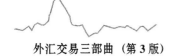

第三节　想象空间

外汇市场每天会有很多信息涌现出来，交易者们大有被淹没的感觉，其实无论有多少新闻和数据，基本上都围绕着一两个主题展开。外汇市场也和股票市场一样存在"题材"，如果我们从众多信息中归纳出一个主题，或者学会以一个主题来统率和消化众多信息，则我们就学会了理解和把握题材。

一个题材能否为我们带来一个可靠的盈利机会，关键是看这个题材是否还存在足够的想象空间，一个缺乏想象空间或者说发展空间的题材是很难带来可靠盈利机会的。

"想象空间"这个词与"题材"这个词一样，来自于股票市场，而且是东亚股票市场。在东亚股市，无论是中国台湾股市还是中国香港股市，甚至内地股市，我们都可以听到"题材"和"想象空间"这两个词。

其实，如果说"价值投资"是一种长线交易策略的话，那么"题材投机"则是一种短线交易策略。有时候，甚至可以把"价值"和"题材"结合起来分析股票。

题材和想象空间源于股市，我们来看一下股票市场是如何运用想象空间这一概念的，这样我们也就能明白外汇市场上怎么去运用这一概念，下文是 2010 年 3 月 2 日 5：03《每日经济新闻》刊载的一篇股评，我们摘录下来以便大家理解"想象空间"的含义：

湘电股份　大力拓展新能源带来想象空间

近日，中投证券调研了湘电股份（600416，收盘价24.03 元）。作为国内电机制造业的龙头，中投证券认为公司传统业务将会保持稳定增长。同时，公司在新能源领域的大力拓展则给未来成长性带来较高的预期。综合而言，

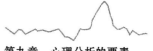

给予公司"推荐"评级。

短期内风电业务将提升公司成长性。中投证券认为，短期能够明确提升公司成长性的业务是风电设备。去年风电业务板块对销售收入贡献达到56%，对营业利润贡献达到49%。风电业务板块销售收入由7.1亿元增长至28.5亿元，增速达到220%。2兆瓦直驱风机实现批量化生产和销售，销售量由2008年的60台上升至去年的244台，中投证券预计今年公司风电整机的销售量将达到500~800台，增速再次超过100%。公司在风电领域配套及制造能力超强，随着规模化的提升，利润率提升空间明显。

同时从中期来看，核泵业务将是公司新的增长点。国家发改委领导多次公开表示到2020年的核电比例要超过《核电中长期发展规划（2005~2020）》中的4%，到2020年核电装机容量可能达到8600万千瓦。预计在今后的11年内，我国平均每年要建成6台百万千瓦级的核电机组。每个核电站需要投入约20亿元购买核电用泵，到2020年，我国核泵市场容量超过1000亿元。目前公司持股70%的长泵和福斯公司的合资联合体在核电泵上的在手订单达3亿~4亿元，将集中在2011~2012年交货。但由于目前合资公司主要生产核电二级泵，加之期初的开发费用的分摊，毛利率会受到抑制。短期内，中投证券认为核泵业务对整体业绩的贡献效果有限，但随着规模化的提升，核泵业务将给公司带来新一轮业绩爆发性贡献。

从长期来看，公司在新能源领域还有很多可拓展的空间，如太阳能光热发电、小型风机制氢系统等，研发方面的储备将提升公司成长预期。

6~12个月的目标价为30元。在投资策略方面，中投证券给出了推荐该股的四条理由。第一，新能源作为七大战略性新兴产业之首，随着前期新能源板块的充分调整，投资者可再次提升对新能源板块的关注度。第二，湘电风能竞争优势明显，风电业务的成长性必然高于行业增速。第三，湘电集团承诺在今年底之前，将所持有的湘电风能有限公司的股权全部退出。第四，公司净利率仅为3%，期间费用率达到12%，随着规模化的提升、期间费用的控制为未来利润率的提升带来想象空间。

中投证券预计公司2010~2012年的每股收益分别为0.92元、1.32元和1.76元。公司的成长性远高于风电行业，且如果考虑2010年湘电风能公司49%的股权进入后公司每股收益可达1.3元，公司可以享受较高的估值水平，6~12个月的目标价为30元，维持"推荐"评级。

从上面这篇文章可以看到"想象空间"的几个特点，最为关键的是一个"未来

加强性"，也就是说情况存在较现在更进一步发展的极大可能性。想象空间会随着时间的推移而逐步缩小，原因在于想象空间涉及的预期逐步为价格所吸收，随着预期逐步临近实际值，想象空间逐渐接近 0（见图 9-6）。我们举一个实例，2010 年初希腊等欧洲各国的债务问题开始成为大家关注的焦点，最后随着欧元区和欧盟以及美国对希腊解决债务问题的积极明确表态，这波由于希腊债务问题引起的欧元行情倾向阶段性结束。

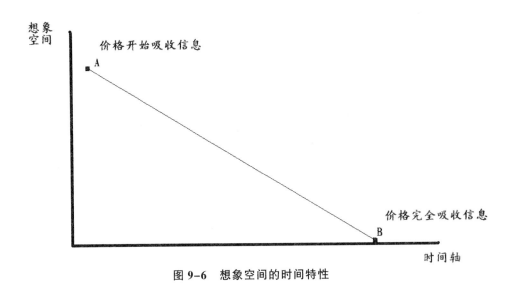

图9-6　想象空间的时间特性

第四节　心理分析始终是整个分析的核心

　　第一，心理分析可以从驱动分析中筛选出真正在驱动短期和中期走势的因素，同时可以帮助交易者将驱动分析融入短期交易中。驱动分析得到的往往是真正决定汇价趋势的因素，这个因素可能在中长期决定汇价的走势。但是我们操作的是短期外汇市场，这就要求交易者不仅能把握中长期外汇走势，还必须对短期外汇波动有足够的把握。要想将驱动分析运用于短期交易，就必须借助于心理分析，心理分析可以找出驱动因素中为市场参与者所注意的那个因素，而这个因素往往是决定市场短期波动的因子。

如何将题材的性质与技术点位结合起来？斐波那契数延伸点位处出现反转K线，天量出现，KD指标出现顶背离，最后一次利好兑现……你认为接下来价格怎么走的概率大？

第二，心理分析可以帮助交易者更好地理解接下来的市场走势，特别是趋势性质，是单边还是震荡，究竟是什么在驱动短期内的走势，可以弥补行为分析的劣势。行为分析或者说技术分析是跟随市场走势的手段，这个手段是用来跟随的，而不是用来预测的，如果你非要用来预测走势，则必然会犯很大的错误。但是，通过引入心理分析我们则可以"部分预测"接下来的最可能走势，更为重要的是知道接下来短期走势的性质——是单边走势还是震荡走势。行为分析可以帮助交易者厘清现有走势存在的期望值特征，为仓位管理提供基础，但是却不能预测接下来走势的性质和方向。我们可以利用心理分析来预测接下来的走势性质和方向，然后再用行为分析来验证和把握这些走势。

第三，心理分析可以将驱动分析和心理分析贯穿起来，解决在目前交易界两者割裂的困局。技术分析界的人士一向认为基本分析不应该掺和进来，因为一旦基本分析加入技术分析中则会干扰技术分析的客观性。技术派认为基本分析会使得交易者坚持错误的观点，而不是顺应市场的趋势，基本分析的固执脾气会使得交易者违背"顺势而为"的根本要义。

基本分析人士则认为技术分析是金融巫术，技术分析无非是人类自不量力的表现而已，技术分析企图踏准市场的波浪，这恰恰是人类能力范围之外的事情。其实，基本分析和技术分析之间隔了一个媒介，这就是心理分析。基本面是输入市场的一些原始信息，而交易者接纳这些信息，并且输入个市场系统，交易者本身存在一个心理过滤机制，这就使得交易者不会客观和完备地吸收这些信息，而是会有所选择和扭曲地转输到市场系统，如图9-7所示。

市场系统接收信息之后就会运动，这就是技术分析需要处理的问题了。如果大家把这个理解了，那么就能很好地理解市场的走势。我们来看一个实例，请看图9-8和图9-9。英国国家统计局周三（2010年3月17日）公布的数

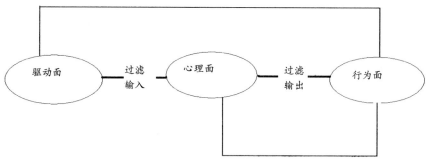

图9-7 三个环节的相互影响

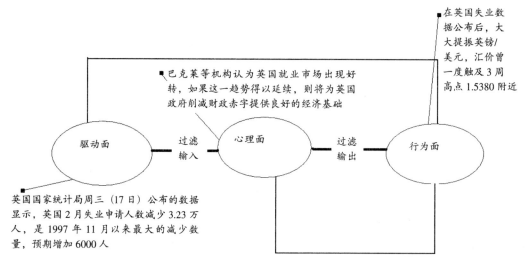

图9-8 三个环节相互影响的实例

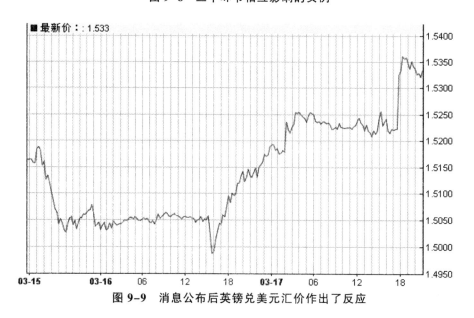

图9-9 消息公布后英镑兑美元汇价作出了反应

据显示，英国 2 月失业申请人数减少 3.23 万人，是 1997 年 11 月以来最大的减少数量，预期增加 6000 人。英国 2 月失业率为好于预期的 4.9%，同时 2 月申请失业金人数减少 3.23 万人，大幅好于预期的增加 0.8 万人，市场参与者认为英国就业市场出现好转，如果这一趋势得以延续，则将为英国政府削减财政赤字提供良好的经济基础。英镑兑美元在数据公布后大涨，英镑/美元突破 1.5300 关口，如图 9–10 所示。

第四，心理分析可以帮助交易者更好地应对市场的随机强化特性。外汇交易是一门技能，而不是知识。更为重要的是外汇交易学习面对的是随机强化，而不是一致性强化。外汇交易要的不是精细化的聪明，而是整体化的睿智。

为什么外汇交易有这样的特性呢？这主要是因为外汇市场面对外汇交易者在局部呈现出"随机强化的特点"，在整体才呈现出"一致强化的特点"。所谓"随机强化"，是指你做对了，不一定能够获利；你做错了，不一定会亏损。所谓"一致强化"，是指你做对了，一定能够获利；做错了，一定会亏损。

正是因为市场在局部呈现出"随机强化"的特点，所以绝大部分抱着精细化思维的人都无法最终形成一套相对稳定的外汇交易策略。市场之所以具有随机强化的特点，最主要的还是因为市场以单边和震荡两种走势交替发展，而单边和震荡走势涉及的进出场策略和仓位管理策略存在相反的地方，这就使得交易者容易错配，这是本书行为分析部分将要谈到的重点内容，这里大致知道是怎么回事即可。

技术分析或者是行为分析是不能甄别出单边走势和震荡走势的，所以单靠技术分析交易不能避免随机强化的难题，当然也不能避免策略错配问题。但是，如果能够引进心理分析，则可以很好地解决这一难题。

第五，心理分析可以帮助交易者解决单边走势稀缺性这个最大的现实问题。按照通常的说法，单边走势占整个走势的 30%，震荡走势则占 70%。单边走势比震荡走势能够提供更高的期望值，所以找到更多的单边走势是每个交易者的最大梦想。技术分析不能筛选单边走势和震荡走势，而心理分析则在某种程度上可以筛选单边走势和震荡走势。

总之，从上面这几条大家应该知道为什么我们说心理分析是整个交易的核心。

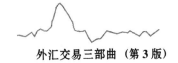

第五节 心理分析的指导原则：焦点选择性反向

　　每一段时间的汇市都有一个主题，这个主题可以看成一个"故事"，或者说"题材"，这个题材就是市场的焦点，这个焦点从新兴到成熟，两个主题相互衔接，一个焦点从新兴到成熟地替代另外一个从成熟到过气的焦点。有些焦点我们要正向解读，这就是新兴焦点，它们看空我们就做空，它们看多我们就做多；有些焦点我们要负向解读，这就是成熟焦点，它们看空我们不能做空，有时候还要做多，它们看多我们不能做多，有时候还要做空。我们不能一味正向看焦点，也不能一味负向看焦点，而应该有选择地与焦点方向相反，只有那些成熟焦点和过气焦点才是我们选择作为反向指标的焦点。

　　心理分析围绕焦点展开，焦点就是大众即将关注的、已经关注的、过去关注的驱动因素，这些驱动因素因为能够引起短期内的大幅波动所以也可以被称为"题材"。

　　心理分析如果不以题材为中心，而仅仅以货币的看多或者看空统计，或者是持仓统计作为中心往往感到把握不住，因为多空情绪往往随着题材而变化，如果放弃题材而去追逐多空情绪往往是无法理解行情变化的。

　　外汇市场上一般一周有 1~3 个题材，但是真正重要的题材只有 1 个，这个题材一般会引领一周长短的行情走势。市场上众多参与者对该题材的看法变化决定了多空持仓的变化，而多空持仓的变化则决定了行情的走势。

　　每周外汇市场都有一个最重要的主题，当然每个交易日可能还有一个次要的主题，这跟 A 股市场的变现基本是一致的，就是说题材应该是统率短线行情的"头目"。比如 2010 年 3 月 19 日，这天的 A 股题材是电子类公司具有政策等多方面的利好，当然这天的电子类股票也出现在涨幅榜上，而对应于 2010 年 3 月 19 日的外汇市场题材则是关于希腊债务危机引发的欧元区冲突，请看关于这一题材的一则新闻：

　　希腊可能在 4 月 2 日到 4 日的周末寻求国际货币基金组织（International Monetary Fund）的金融援助，因希腊对下周获得欧盟援助报很小的希望。希腊一位高级官员 18 日表示，对本周新一轮的欧盟和欧元区高级官员会议没有达成具体步

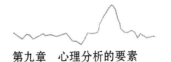

骤帮助希腊的资金需求感到失望，希腊政府现在向下周欧盟峰会报以微薄的信心。他表示，希腊仍希望在欧盟内部获得解决方案，但似乎情况不好。如果 3 月 25 日欧盟峰会没有明确的支持，他们将不得不决定下一步的措施。目前有很多方案，但最有前景的是 IMF 的方案。希腊总理 George Papandreou 正与 IMF 主席卡恩（Dominique Strauss-Kahn）不断保持联系。国际货币基金组织一直为希腊债务危机提供技术协助，表示它随时准备出手相救。Papandreou17 日表示，欧盟解决方案仍是最佳选择，但这位高级官员表示，希望在消退，特别是与德国的不和在加深。希腊经济竞争力和船运部长 Louka Katseli17 日对当地媒体表示，寻求 IMF 帮助的可能性为 70%。希腊政府 2009 年承认预算赤字占 GDP 的 12.7%，是欧盟限制的 3 倍。希腊债务危机最近几个月使市场恐慌，人们担心希腊可能违约，影响可能波及其他高负债的欧元区经济体如西班牙和意大利。欧盟对希腊做了慷慨的支持承诺，但欧盟最大经济体德国特别不愿意提供援助。希腊表示它需要获得贷款、担保和债券购买等帮助，以降低借款成本。

欧元区各国财政部长日前同意在需要时向希腊迅速提供财政援助，一度使市场对希腊债务危机的前景充满希望。不过，随着德国政府的态度日渐强硬，市场担心希腊将难以得到欧盟的援助。默克尔日前表示，欧元区今后应设置"驱逐"机制，将其作为对付那些屡次违反欧元区财政规定的国家的最后办法，欧盟对希腊的救助并不是解决希腊债务危机的正确方式。帕潘德里欧对此给予回应，指希腊不可能退出欧元区。而默克尔所属的基民党金融事务发言人麦斯特更表示，希腊应向 IMF 请求援助，在没有 IMF 的帮助下，欧盟对希腊提供援助是非常冒险的。

欧盟和欧洲央行已经明确表示，希腊向欧盟以外的机构求助是"不受欢迎"的。有分析人士表示，德国与希腊之间的关系进一步恶化，欧元区国家如果不断拖延援救希腊的步伐，欧元区的稳定也将受到冲击。

曾预言欧元将成为一个"经济包袱"的哈佛大学经济学教授费尔德斯坦表示，希腊的削减赤字计划将以失败告终，希腊最终也将与欧元区说"再见"。投资大师罗杰斯更表示，长期来看欧元不太可能继续存在，欧元体制将在未来 15~20 年里瓦解。

如果再进一步归纳，则 2010 年 3 月 19 日这天的题材就是避险情绪高涨，自然高息货币会下跌，美元和日元则倾向于上涨。可以这样说，心理分析有两个难点，第一个难点就是找出"题材"，第二个难点就是看市场对"题材"的反应。而这时候就需要分析关键少数和次要多数对"题材"各自的看法，以及这个题材的想象空

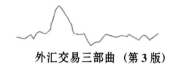

间和大众聚焦的程度。

不管怎么样，如果不能首先确定好"题材"，也就是焦点，则我们是很难进行心理分析的。也许我们可以从多空情绪调查、分析师情绪调查、SSI指数、风险逆转、期权比率、期货持仓等角度看出某个货币对当下的多空情绪。但是，要真正把握市场的动向，要前瞻性地把握市场，则必须明了市场关注的"题材"，而且还要对此前关注的"题材"以及即将关注的"题材"有一定的把握。一般便于我们操作的方法是将每天的主要题材写在对应的日线蜡烛上，同时将当天的走势在盘后补充上去，最后得到的结果如图9-10所示。

不知题材，不可言投机！

心理分析不仅要围绕焦点展开，还要对焦点进行区分，有区别性地对待，而有区别性地对待的一个主要表现就是有选择性对逆反焦点意见。题材分为两类，一类是正在发挥作用，并且将继续发挥作用的，还有一类是基本接近失效的题材。对于后者虽然绝大多数散户交易者还在"迷信"，其实已经失效了，行情一般会反着这种题材走。这时候我们也应该选择逆着题材的多空指向操作，所以"谣言兑现就了结仓位"其实就是指题材无法可炒，想象空间接近零时的正确做法。

但是，如果题材还在继续发挥作用，还有不少交易者没有注意到这一题材，这一题材的想象空间还很大，这时候交易者就应该顺着这个题材的多空指向进行操作。

什么是发酵，存在分歧意味着发酵还在进行中。

有些情况下要逆着题材操作，有些情况下要顺着题材操作，这就是说逆着题材操作是有条件的，是有选择性的，这就是所谓"焦点选择性反向"。比如，英镑在2010年初的英国债务危机中跌得一塌糊涂，但是到了第一季度末的时候，市场虽然流传一致继续看跌英镑言论，却缺乏进一步看空的理由，支持看跌的理由还是那些老调调，情况已经不能再差了，这时候我们就可以进场轻仓做多英镑抢一下大级别反弹了，这就是焦点选择性反向。

主要题材：希腊债务危机解决遭遇欧元区内部阻力，导致避险情绪上升，使得高息货币下跌

图 9-10 "题材—走势"图

从这里来看，我们应该知道：题材不能一味顺着去看，也不能一味逆着去看，而应该站在旁边看，这样才能看得清楚。

焦点选择性反向是投机者们经常使用的一个策略，我们举出两个实际例子：第一个是巴鲁克，他当年曾经想雇用年轻的格雷厄姆，但是后来因为种种原因作罢，格雷厄姆在 20 世纪 30 年代的危机中亏损严重，后来在他人的大力帮助下花了很长的时间才挽回损失，但是巴鲁克却全身而退，因为他是一个非常厉害的心理分析大师。

在股市大崩盘之前，巴鲁克持有大量的股票多头，当时美国全民炒股之风盛行，他竟然碰到一个擦鞋的小孩向他大谈炒股之道，这使他意识到"最后一个多头"可能已经进场了，于是他马上下指令卖出了所有的股票，这使他几乎在市场的顶点卖出。巴鲁克是典型的焦点选择性反向专家，他知道当绝大部分散户持有某种观点的时候，就是应该退出的时候。

第二个是利用选择性反向的投机大师是凯恩斯，不过他侧重于在大众之前行动。凯恩斯是现代宏观经济学的奠

在坚持研读交易经典原著的基础上，我对巴鲁克的自传进行了翻译和解读，详细可以参阅《投机巨擘回忆录——巴鲁克自传：顶级交易员深入解读》一书。

245

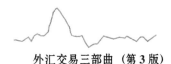
基人，他的学说被后人误解和误用了不少，当然我们这里介绍的不是他关于经济学的成就，而是谈谈他对交易行业的真知灼见，他认为股票交易就是选美，不是选择自己认为最美的，而是选出大家认为最美的，股票交易也像击鼓传花的游戏，成功交易者要做的就是让别人来接最后一棒即可。凯恩斯认为交易者在情绪主导趋势的早期介入，在后期卖出，也就是说前期与焦点意见顺向操作，后期则要逆向操作。

焦点选择性反向不光是投机交易者的重要手段，投资者们也可以采用这一策略，比如伟大的价值投资大师沃伦·巴菲特。沃伦·巴菲特的前儿媳妇玛丽·巴菲特对巴菲特的交易策略有很深入的研究，她一针见血地指出巴菲特采用了选择性反向策略，他会在那些被别人暂时看空的好公司上下手买入，买入下跌的股票，这是与大众眼光相反。但是，他并不是任何下跌的股票都买，他的选择是有条件的，他选择那些因为大众看空而下跌的好公司的股票。索罗斯对于把握所谓的临界点反转行情非常在行，他其实也是利用了焦点选择性反向操作，大家可以看看他的《金融炼金术》。

外汇短线交易中，心理分析比驱动分析重要，因为心理分析可以把握市场资金的进出，而资金进出是行情走势的基础。驱动分析往往涉及经济发展的趋势和周期性问题，所以与金融品的中长期走势有关，而心理分析则与金融品的短期走势密切相关，正是由于交易者情绪和金融市场的交互影响，以及交易者的放大效应使得外汇短期走势波动剧烈，如图9-11所示。

心理分析的核心是围绕题材展开，这是大家第一个要明白的问题，然后我们需要从四个维度去理解题材：主力怎么看，散户怎么看，想象空间大不大，市场认可度高还是低。

确定主题之后，我们要落实从四个维度去剖析题材，则需要利用一些具体的工具，比如 COT 报告、期权报告、

高频交易者，例如西蒙斯的交易策略主要是看行为面；短线交易者，则需要揣摩预期与筹码，题材与玩家；大行情交易者，则侧重于驱动分析。

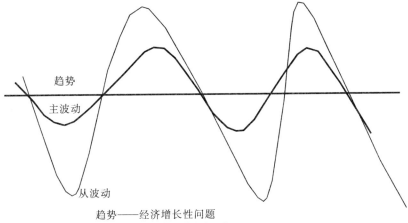

趋势——经济增长性问题
主波动——经济周期性问题
从波动——参与者心理周期和金融市场周期

图 9-11　心理周期更贴近金融市场短期波动

套息交易指数、投资者情绪指数（SSI）、分析师情绪指数、多空情绪调查等。

　　但是在介绍这些工具之前，我们还需要明白一些心理分析的典型思路，这些典型思路在价量分析和价能分析中被广泛运用，但是这并不意味着它们不能在心理分析中发挥作用。下一节我们就介绍心理分析的两种典型思路，这两种思路一般用来帮助我们把握行情的反转点和起点，对于具体落实焦点选择性反向具有辅助作用。

第六节　心理分析的典型思路：背离和过度

　　心理分析可以先于价格走势告诉我们一天走势倾向于何种性质：单边还是震荡，心理分析还可以大致告诉我们一波行情的临界点，心理分析后一种作用的发挥有赖于"背离"和"过度"两种分析思路的运用，本节我们就来看看这两种典型的思路。

　　价量背离以及价格和指标之间的背离一直是技术分析

背离、回调和突破是三种最为典型的进场信号。

的一个重要内容，不少国内的股票交易者对于指标的用法往往忽视了背离这一内容。背离，特别是价格和成交量的顶部背离其实代表了参与热情的下降，这说明目前的上涨行情缺乏相应的市场心理支持。

请看图 9-12，这是上证指数的日线走势图，副图是相应的成交量走势。可以看到股价指数在冲刺 6124.04 时，成交量却走低了，这代表介入行情的可能更多的是散户，主力资金并没有参与这段行情，也就是说价量出现了顶部背离，步入了行情的最后阶段。

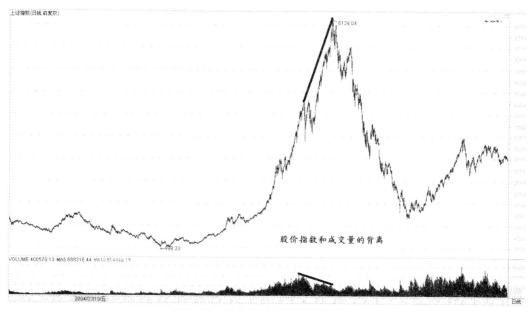

图 9-12　指数和成交量的顶部背离

这个阶段你可以从道氏理论去理解，也可以从我们前面几节介绍的三段论去理解，当然也可以从波动理论去理解，这些都不重要，重要的是你知道这一阶段的大众心理特征是什么，是谁在参与这一段行情，而谁已经准备了结头寸。一般而言，价格上涨，而对应的市场情绪指标，比如成交量甚至 MACD 等动量指标，以及看涨比率没有跟着上涨，则意味着市场出现了顶背离，行情反转即将来临。另外，当利多出现，股价不涨，这时候也是一种顶背离，这就是基本面和技术面的顶背离。底背离与此相反，大家可以推而广之。在外汇市场中，成交量不太好运用于背离判断，但是基本面和技术面、心理面和技术面、基本面和心理面之间的背离却是非常值得我们注意的，因为这些背离往往意味着转折点的来临。

背离分析除了上述运用，还有一些特别的用法，比如查看现货汇价和期货持仓

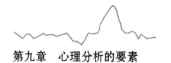

之间的背离状态。本书交易的对象是现货汇价，但是期货外汇可以为我们的现货汇价提供心理面的指示。

请看图 9-13，主图是英镑兑美元的日线走势，副图中粗线代表英镑兑美元期货的净投机头寸。期货持仓反映了机构交易者对汇市的看法，一般而言要比散户超前一些，所以主力的介入一般是趋势的早期和中期，后期很少见到主力增仓，散户的介入一般是趋势的中期和晚期，前期很少见到散户建仓。

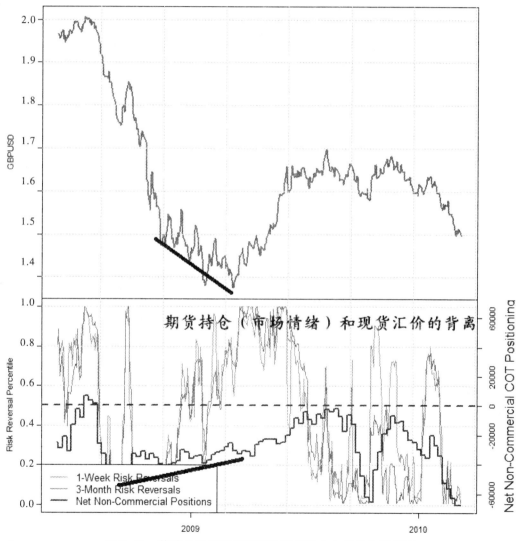

图 9-13 英镑兑美元现货汇率和期货持仓之间的底部背离

当汇价继续下跌，而期货头寸却逐步增加时，如图9-13所示，这时意味着主力逐步建立多头头寸，汇价步入上升趋势的可能性很大。同时，还需要注意到一个问题，主力多头头寸的高峰一般早于汇价高峰，通常不会迟于汇价高峰。在图9-13中，英镑兑美元继续下跌，这段时期的期货净持仓却不断上升，这就是顶部背离，预示着后市的上涨行情。

总之，背离有很多种，技术面（行为面）、心理面、基本面（驱动面）两两有背离出现，除此之外，还有品种间的背离、市场间的背离，以及价格和指标之间的背离、技术面之内的背离、心理面之内的背离、基本面之内的背离等，如果大家能够从更广泛的角度去查看背离，则可以发现背离是交易的好工具。

下面附上一篇我于2007年10月15日撰写的宏观经济和交易指南文章，其中就采用了广义背离分析方法，一旦大家掌握了这种思路，则可以在更多交易策略中运用它，这篇文章的题目是《中国式背离和经济马太效应》，全文如下：

今天重新温习了一下"泡沫经济学"的基本原理，突然脑海中出现了泡沫经济的机制图，同时也觉得中国经济出现了明显的四种背离。背离是金融交易中技术分析流派常有的词汇，从字面上我们也能略知一二：两样数据之间出现了相反的动向。高度的背离往往是行情中转折点将要出现的信号，无论是成交量和价格的背离，还是基本面和技术面的背离，甚至市场间背离。我想起来了利用"泡沫经济学"渔利的当代吕不韦——索罗斯，他的《金融炼金术》以反身性来解读信贷和管制导致的周期性繁荣和萧条，并且利用其中的转折点来盈利，我觉得索罗斯是利用基本面背离信号进行交易的顶尖大师。在击垮英格兰银行的战役中，他明晰英镑汇率和英国经济之间的高度背离；在东南亚经济危机中，他明晰东南亚各国投资效率和股市之间的高度背离。

从经济背离的出现到其程度加深，就是经济上的"马太效应"。根据历史的经验，马太效应在深度和广度上的极致往往是转折出现的信号。

现在我已经给出了背离和经济马太效应的粗略含义，是时候摆出我的"中国式背离"话题了。在这个话题中，我将穿插我今天想到的泡沫经济的机制，这个东西一直萦绕着我的思想和文章，但是今天需要给它一次现身幕前的机会。

我们首先从经济中的资金大量出现说起。大量的流动性可以通过经常项目下的贸易顺差、资本项目下面的资金流入累积，而国内利率和准备金政策的宽松也同时增加着流动性。在中国，银行是所有国内流动性的总阀门，任何国际收支产生的流动性都要经由银行实现。至于为什么会形成大量的国际收支下的盈余，为什么会有宽松的信贷环境，主要跟国内经济失衡，比如投资和消费、城镇和农村、官系和民营、制造业和资产（实体经济和虚拟经济）等对立方之间的严重背离有关。

大量流动性因为失衡而诞生，反过来又会进一步产生更大的流动性。金融衍生工具其实是金融病毒，从其发明开始就不断复制和寻找宿主，这些病毒无疑也是流动性的主体之一。

大量流动性会产生强烈的涂尔干选择压力，也就是由于密度过高产生的竞争生存压力，大量的资金必然产生更大的逐利竞争，过剩的资金必然导致盈利机会的相对稀缺。

在强烈的"嗜血"动力下，资本开始进入两个对立领域：制造业和资产，也就是实体经济和虚拟经济，我把房地产的价格更多看成一种虚拟经济符号。在制造业，由于大量的资本投入，必然导致供给大于需求，于是价格产生向下的压力，市场机制发挥了作用，趋近均衡的机制在其中体现；另外一部分资金进入资产市场，比如普洱茶、房地产、股市等，资产的特点是本身不会受到市场机制的制约，也就是会产生如索罗斯所说的远离均衡的自我强化效应，资产价格会在资金的推动下越涨越快。

一方面在均衡机制下制造业出现收益率下降，另一方面在远离均衡机制下资产出现收益上升，这必然使得大量流动性从制造业为主的流域转流向资产为主的虚拟经济领域，投资为投机所主导，收益差使得两个经济领域之间的资金流动加速。

同样是流动性过剩，实体经济产生往下压力，雇员收入下降，每股盈余下降；而虚拟经济产生向上的爆发力，房价上涨，股价上涨。实体经济和虚拟经济出现了越来越严重的背离，这意味着转折的可能性越来越大。我们在下面将对这对背离再做深入分析。

虚拟经济的符号价值建立在实体经济相关资产的价值上，短期内非均衡机制将主导这些符号，但是背离自己为自己埋下了结束的种子。虚拟经济与实体经济的背离在开始会导致资金不平衡和非对称的流动，但是资金本身的有限性将导致流动的减速，这会使得背离被修正，预期大面积修正紧接着发生。

同时，还要注意一个细节就是虚拟经济收益率的自然递减规律：1元到2元所需要的资金通常跟2元增长到3元需要的资金一样，但是后者的增长率要远远低于前者，所以为了保证收益率不变，流入的资金必须越来越多才行，而这更是加速了资金的衰竭。最后调整就发生了。

另外，我们要注意到除了资金流入和预期对资产价格的抑制作用之外，还有虚

拟经济本身赖以建立的相关实体经济，这就是虚拟经济本身的最初始目的，对于股票来说，每股盈余才是其实体经济对应的收益部分，也可以说是其投资的收益部分，这与追逐符号价值本身的投机行为相区别。

当流入资金衰竭，预期转变时，投机的获利可能破灭了，这个时候手中持有的符号的价值将完全依赖于对应于实体经济中的相关收益，股票对应于EPS（每股盈余）。对于房价这个虚拟经济符号来说，其对应于实体经济中的相关收益是个人收入，因为房子的功能在于为劳动力再生产服务，所以劳动力的收益决定了房地产价格（住房为主）这个符号。

在实体经济和虚拟经济背离时，我们可以看到市盈率（PE，股价和每股盈余比率）的增大，可以看到房价收入比的增大，但是如果你明白资金流必然衰竭，预期必然反转，这之后的虚拟经济的符号价值将依赖于实体对应部分，那么你会确信背离将得到自然修正。修正何时发生取决于资金什么时候出现衰竭，比如国际收支项目盈余状况的改变，国内信贷开始收紧，等等。

我这里没有列举数据和事实，但并不意味着这些是理论推导，相反每句抽象的陈述之后都有大量的实例，这些你可以在每天的新闻和历史事实中查看，本次演绎结论的证伪需要中国这次背离的修正来完成。

我们已经讲到了一对背离，可以从中谈谈中国房地产可能出现的修正与美国目前已经发生的次贷危机的最大不同。第一点是风险的分布不同，美国通过证券化将国内房贷债务国际化，而中国则是直接涉及国内银行，所以中国的背离修正容易引起国内银行坏账增加，而美国的房地产背离修正则容易引起国外金融机构的坏账增加。所以，中国的风险更为集中。第二点在于美国房贷的危机主要是由于贷款人资质的不合格，而不是像中国的大量借贷投机，所以美国房地产的真实需求程度好于中国。

投资和消费的背离主要在于国内劳工制度的缺位，同时也是由于其他一些背离引起的收入差异加大引起的。这里就不多说了，以前我写的文章已经很详细地解释了这点。

城乡背离的形势在加剧。集中大量资源发展大城市，使得公共资源和福利在城乡分配上严重失衡，农村制度革新的落后使得城乡收入进一步背离，这使得大量农村精壮劳动力涌入城市。由于劳工保障制度缺乏，加上民营经济创新受阻导致的分工不足使劳动力出现冗余，导致农村劳动力在城市廉价地使用，从而导致城市建设成本下降，大量福利经由这些精壮劳动力通过低廉劳动的形式输送到城市，而他们

的回乡养老负担又落在农村。这一来一往加剧了城乡之间的背离。最近网络上说得最多的是大学中农村生源的大幅度下降，由十年前的 60% 多下降到 20% 左右。这是城乡背离的新结果，也将是新背离的原因之一。

我们接着谈谈第四个背离，那就是官系和民营经济之间的背离，政府机构及其官员和裙带资本家收入的上涨与私营经济收入的下降形成鲜明对比，考公务员风潮兴起，个体户经济比重严重下降，"寻租"风气大行其道。背离的开始意味着修正的必然到来，不是背离自己结束就是被强制修正。

这种思路是有问题的，现在是解决这些背离的最紧迫时机了。关键还在于激励民营经济的创新性生产行为，通过民营经济吸收泡沫，而不是因为制度原因导致反向的激励，大家都去炒房，炒股，"寻租"，谁来发展生产，虚拟经济存在的合理性在于优化资源配置，但是大量的内部不平衡带来的流动性使得配置信号模糊了，投机风气弥漫整个社会。今年内地"福布斯富豪榜"上榜的富豪中前十位竟然有六位是主营房地产的。难道我们中国能靠多修几套房子，房子从 3000 元卖到 30000 元就能成为世界强国？日本泡沫破灭还有技术和人才，东南亚泡沫破灭之后能看得见的只剩下大量的房子而已。

对于想要预测转折何时到来的投资朋友们而言，我的建议如下：随时需要关注国内的加息进程，存款准备金的提高，任何改变信贷宽松度和改变收益差的措施都要关注并测度其影响；对于国际收支增长的同比持续减速，甚至下降也要注意。为了把握房市和股市的及时调整，要关注 www.chinaclear.cn 公布的每日新开户数变化，同时房产市场的有价无量迹象也要随时紧盯。对于价格的首次下跌不能确认为转势，应该在首次下跌后反弹不超过前期最高点又再次下跌，并且跌破前期低点才能确认下降趋势形成，如图 9-14 所示。

行为面上的 N 字顶部；驱动面上的流动性衰竭；心理面上的题材证伪。

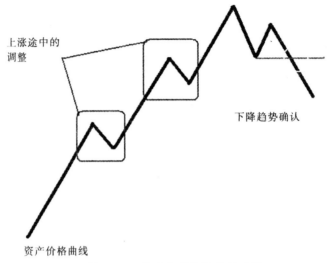

上涨途中的
调整

下降趋势确认

资产价格曲线

图 9-14　资产价格下降趋势确认

　　除了从背离的思路去进行心理分析之外，我们还可以利用"过度"来拓展心理分析。"物极必反"，当绝大多数散户都加入某一行情的时候，反转就要发生了，这就是关于"过度"思路最简单的说明。

　　马丁·普林格用了很长的时间证明市场调查得到的情绪指标与直接由价格计算得出的震荡指标具有接近的运动轨迹，特别是极值基本是同步出现，所以我们就以震荡指标代替情绪指标。

　　请看图 9-15，当代表情绪的指标处于极端数值的时候，反转的可能性很大，这种思路也可以用在期货持仓量分析或者是成交量分析上。如果货持仓量达到历史高位的话，那么汇价可能也离高位不远了，此后如果持仓量开始下降，那么就确认了高点，这代表主力开始减仓，下跌也就开始了。当最后的多头入场时，下跌就要开始了；当最后的空头入场时，上涨就要开始了。下面一章我们将要介绍一些具体的心理分析工具，比如震荡指标。

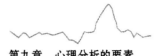

图 9-15　情绪指数（震荡指标代替）和汇价走势的关系

第十章　外汇市场参与大众心理分析的主要手段

心理分析部分的第一章介绍了心理分析概念和主要问题，第二章介绍了心理分析的要素，本章则将介绍心理分析的主要手段，这些手段具有一定的代表性，但并不意味着这些手段是最佳的心理分析手段。

不少交易者都具有一些心理分析的直觉，但是离系统而科学的心理分析还有很远的距离。心理分析围绕题材展开，从四个维度来看题材，这是我们在第九章介绍的主要内容，但是我们还需要一些具体的手段来完成四个维度的审视。

本章要介绍的这些具体手段大多是目前在外汇市场比较通用的，一些专业类的外汇网站也提供了相关信息的更新，比如期货持仓报告分析、期权比率、投资者情绪指数等，我们推荐 www.dailyfx.com 这个网站作为心理分析的主要信息网站，同时也可以参考一些其他相关网站，例如 Forexfactory.com 和 Oanda.com。

下面我们先不涉及具体的心理分析工具，而是先来谈谈心理分析工具必须具备的一些特征。如果明白了这些特征，则我们可以创造出属于自己的心理分析工具，这就好比我们明白了技术分析的要素是"势位态"，然后我们可以据此打造和组合属于自己的技术分析工具和策略。

心理分析的要素集中于我们要明白几个问题：参与者

道与术，缺一不可。道是原理，术是工具。

外汇交易三部曲（第3版）

主要有哪些？参与者关注的主题是什么？这个主题的想象空间有多大，关注程度有多高？交易者们看涨还是看跌某一货币对或者某一类型的货币对？其实心理分析要解决的问题还是我们上一章提出的"题材"和四个维度。

一个好的心理分析工具应该表示出市场的涨跌情绪，而且最好能够给出涨跌情绪涉及的参与群体，但是目前的心理工具一般很难满足上述这些要求，也很难具备上述特征，现在的心理分析工具一般只是告诉交易者们看涨和看跌倾向，所以我们还需要利用这些心理工具进一步挖掘，只有回答了有关"题材"（焦点）的问题才能实现心理分析的真正目的。

下面几个小节介绍的心理分析工具，大家应该从背后的原理入手，明白它们提供信息的局限性，这样才能真正运用好它们。在开始本章的正文之前，我们还是要啰唆一句：心理分析工具能够发挥多大的作用完全看我们在多大程度上利用"题材"和相关四个维度来理解心理分析工具和它们透出的信息。

第一节　震荡指标和大众情绪

交易者的情绪和心理具有一定的偏向性，而且这种偏向性具有很强的普遍性。我们这里讲述一种对行情走势判断具有显著影响的偏向性——锚定行为。

所谓的锚定行为就是交易者会以最近的价格作为参考，有时候也会以进场点作为参考。如果是以最近的价格作为参考，则当价格上升或者是下跌幅度越大时，交易者认为价格转折的可能性越大，在交易者眼中价格具有恢复到"中枢"的倾向，类似于"回归中值"倾向。

如果是以进场点作为参考，则当价格反向运动导致浮动亏损越大时，则交易者认为价格转折的可能性越大。正是这类锚定最近价格和进场价格的倾向，使市场中的大众情绪发生周期性的变化，也使汇价以波浪起伏的方式前进。由于汇价在一个方向上的持续发展会招来大众的反向心理，所以汇价阶段性高点往往对应着大众情绪的高点。这就使大众情绪走势与震荡指标走势倾向于同步，所以震荡指标往往可以作为情绪指标的良好代表（见图10-1）。

我们再来看一种情绪指数，这就是 Dailyfx 开发的 COT 指数，也就是外汇期货持仓报告指数，这个指数可以从 http：//www.dailyfx.com/forex/technical/article/cot/查

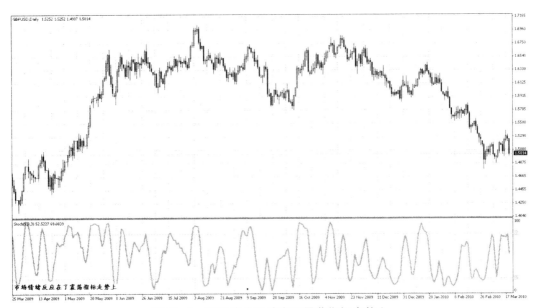

图 10-1　市场情绪反映在了震荡指标走势上

询到，我们选取了一份外汇 COT 指数走势（见图 10-2）。

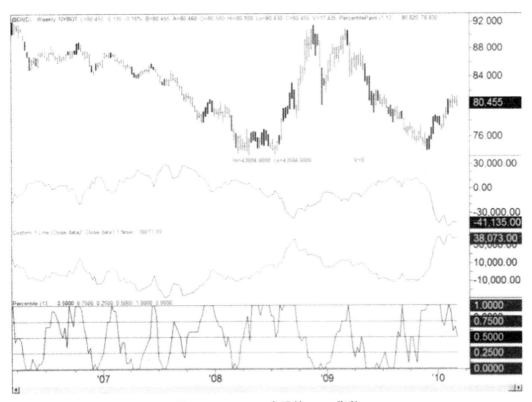

图 10-2　Dailyfx 发明的 COT 指数

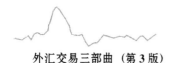

这份指数的走势基本类似于震荡指标，因为它有所谓的超卖超买区域，同时也存在如何处理指数钝化的问题。COT指数并不仅仅是对持仓的罗列，它与一般的COT统计图需要区别开来，因为COT指数对COT初始数据进行了移动平均处理。

本章后面的内容还会专门谈到这一指数，我们这里仅就代表主力情绪的COT持仓指数和震荡指标之间的相同点进行比较，关于震荡指标作为市场良好代表的实证数据大家可以查阅马丁·普林格的相关书籍，他的几本代表作都有中文翻译本。

第二节　外汇市场中的波动率和资金流动

外汇市场中有主力资金也有散户资金，而主力资金本身也有大小之分，不同的地区经济实力也存在差别，而且作息规律也使主力资金的进出受到制约，这就使外汇市场的资金流动存在一定的时间规律，而资金流动与波动率密切相关。

说到波动率，我们不得不多花些笔墨，一般而言，波动率与驱动因素密切相关，与市场心理也密切相关，如果说收益率是驱动分析关注的对象，关注率是心理分析关注的对象，那么波动率则是行为分析关注的对象。

收益率、风险偏好、波动率和资金流动，这是跨市场分析的关键。

经过风险调整后的收益率往往决定了是否有大的单边市场，而风险情绪的变化直接影响交易者们对收益率的偏向。当市场有较大的行情时，特别是风险厌恶情绪的时候，市场的交易量都会急剧上涨，避险交易相比套息交易的成交量更大，所以波动率、资金流动、风险偏好之间具有高度的相关性，波动率高往往意味着风险厌恶情绪主导，也往往意味着资金流动方向的变化，而且资金流量还会上升。

　　波动率和资金流动密切相关，而资金流量的变化往往能够反映出主力和散户的情绪状态，一般而言，最高的波动率和最低的波动率是需要我们注意的，这两种异态背后往往与主力资金的活动有关。

　　除去主力行为分析，简单的 24 小时波动率或者是周间日波动率、历史波动率对于我们把握进出场时机、设定止损、最大化利润都具有重要的意义。严格来讲，日内交易应该在波动率开始升高的时段入场，在波动率开始下降的时段减仓，在波动率恢复到较低水平时完全离场。

　　另外，周间日波动模式也告诉了我们一周中哪一天的机会是最大的，哪一天的机会是最小的，同时通过统计价格线的上下影线长度，我们还能够为设定合理止损和找寻合理进场机会提供有益信息。

　　下面是最为详尽的波动率统计数据，分为两组，第一组数据截止日期是 2010 年 3 月 20 日，第二组数据截止日期为 2018 年 8 月 23 日。其中日间波动规律是根据格林威治标准时间对 24 小时的波动率进行了统计，不仅如此，还统计了蜡烛实体长度，以及上影线（Lower Shadow）和下影线（Upper Shadow）的长度，长度单位为点（也就是汇率波动的最小单位，比如欧元兑美元是 0.0001）。

　　而其中的周间波动规律则是一周五个交易日的平均统计规律，从中可以看出一周五天波动率最高的一天和最低一天，也就是说一周当中最具交易价值的一天和最不具交易价值的一天，当然这是就纯波动率角度而言。

　　除此之外，我们统计了历史逐日波动率变化，这可以为理解驱动面结构性变化提供帮助，毕竟长期而言波动率的变化取决于驱动因素的结构性变化。下面（从图 10-3 到图 10-114）大家就可以根据自己的需要查阅相关的货币对波动率情况，只需要记住波动率反映了市场情绪即可，波动率高意味着市场情绪高涨，交投活跃，波动率低则意味着市场情绪低落，交投清淡。

　　波动率是很好的市场情绪温度计，但是波动率还不足以表明主力的动向，可以通过 ATR 指标统计市场波动率变化。要想明白主力的实际动向，我们还需要借助于下一小节介绍的期货持仓兴趣变化。

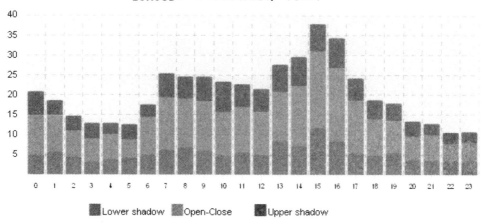

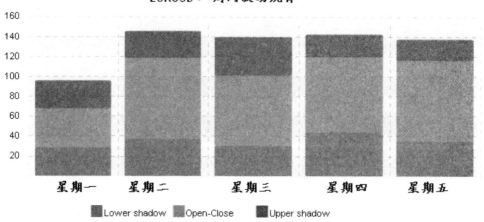

图 10-3　欧元兑美元平均波动率统计数据（截至 2010 年 3 月 20 日）

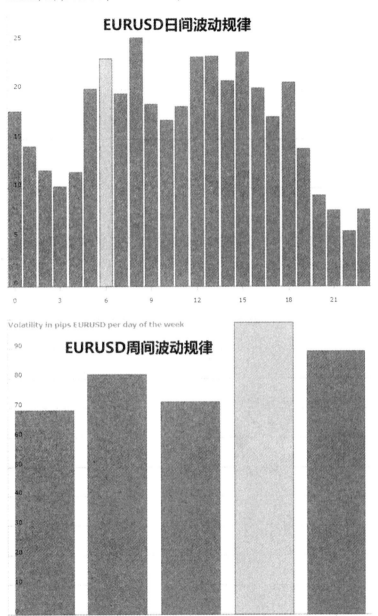

图 10-4 欧元兑美元平均波动率统计数据（截至 2018 年 8 月 23 日）

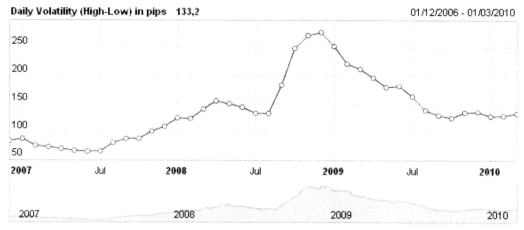

图 10-5　欧元兑美元逐日波动率统计数据（截至 2010 年 3 月 20 日）

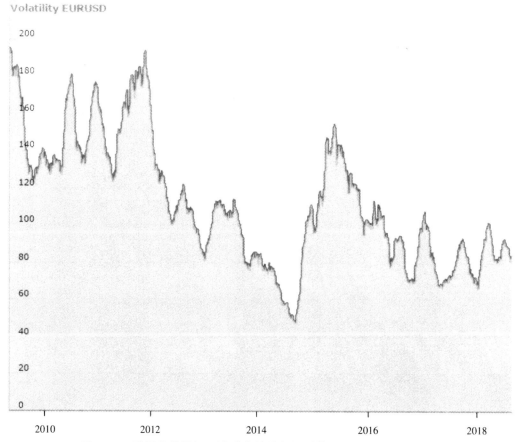

图 10-6　欧元兑美元逐日波动率统计数据（截至 2018 年 8 月 23 日）

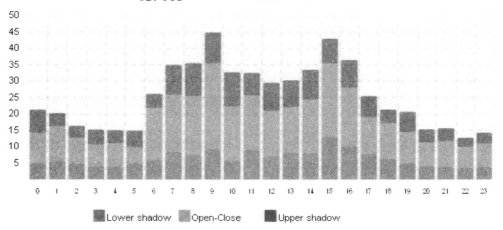

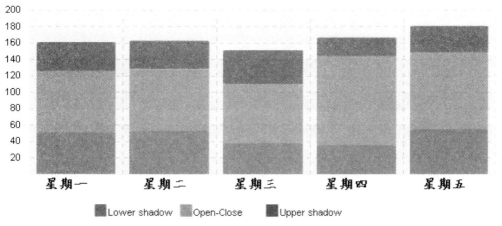

图 10-7　英镑兑美元平均波动率统计数据（截至 2010 年 3 月 20 日）

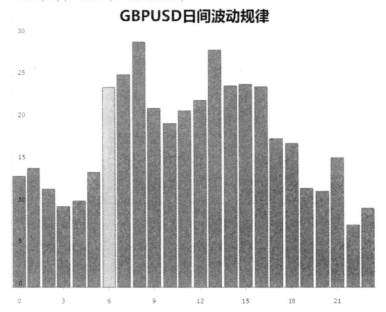

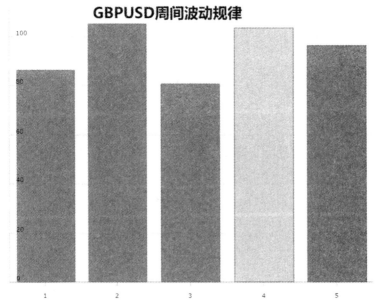

图 10-8 英镑兑美元平均波动率统计数据（截至 2018 年 8 月 23 日）

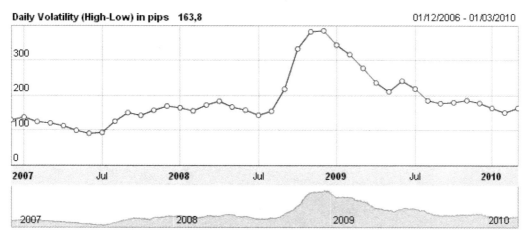

图 10-9 英镑兑美元逐日波动率统计数据（截至 2010 年 3 月 20 日）

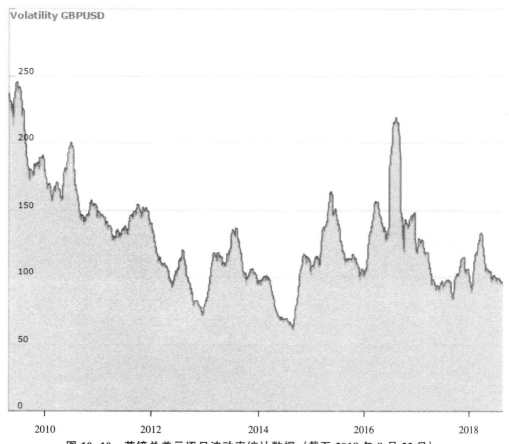

图 10-10 英镑兑美元逐日波动率统计数据（截至 2018 年 8 月 23 日）

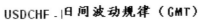

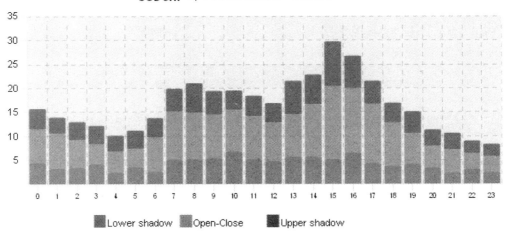

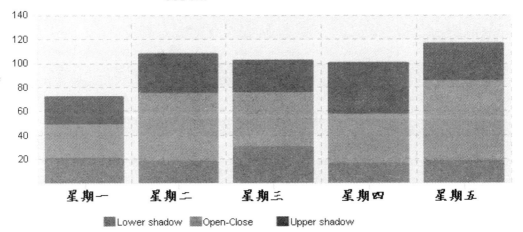

图 10-11　美元兑瑞郎平均波动率统计数据（截至 2010 年 3 月 20 日）

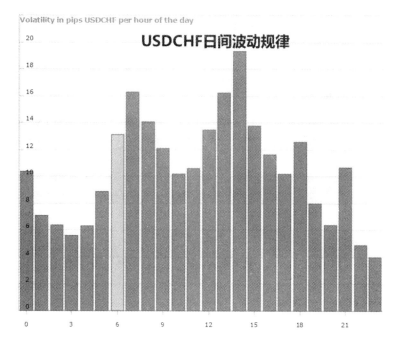

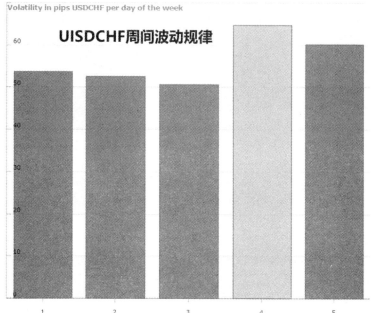

图 10-12 美元兑瑞郎平均波动率统计数据（截至 2018 年 8 月 23 日）

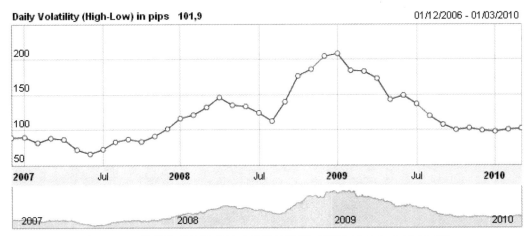

图 10-13　美元兑瑞郎逐日波动率统计数据（截至 2010 年 3 月 20 日）

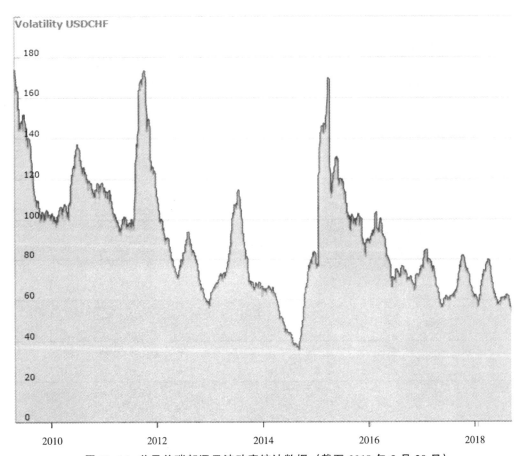

图 10-14　美元兑瑞郎逐日波动率统计数据（截至 2018 年 3 月 20 日）

USDJPY - 日间波动规律（GMT）

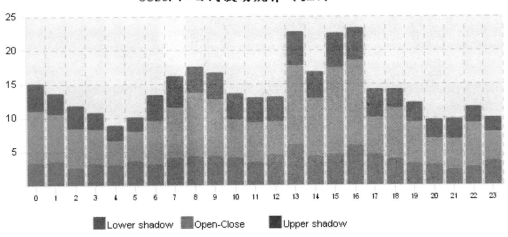

USDJPY - 周间波动规律

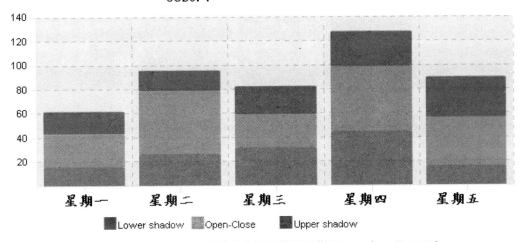

10-15 美元兑日元平均波动率统计数据（截至 2010 年 3 月 20 日）

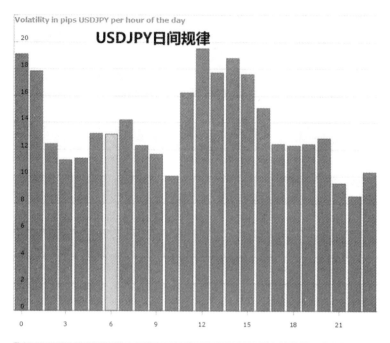

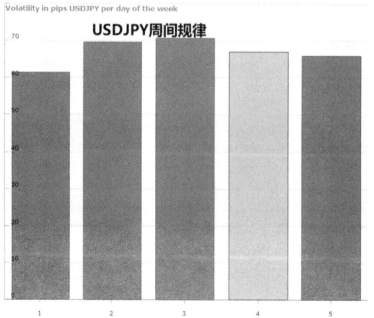

图 10-16　美元兑日元平均波动率统计数据（截至 2018 年 8 月 23 日）

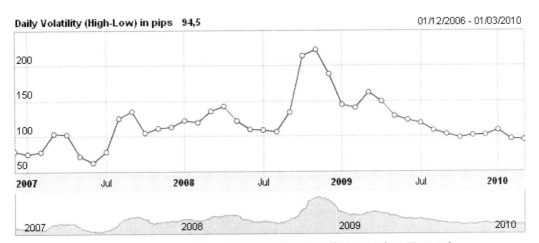

图 10-17　美元兑日元逐日波动率统计数据（截至 2010 年 3 月 20 日）

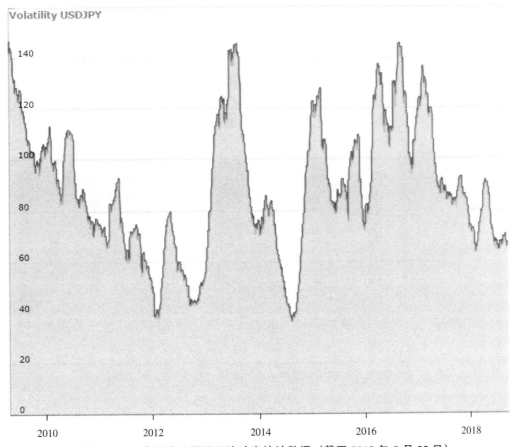

图 10-18　美元兑日元逐日波动率统计数据（截至 2018 年 8 月 23 日）

外汇交易三部曲（第3版）

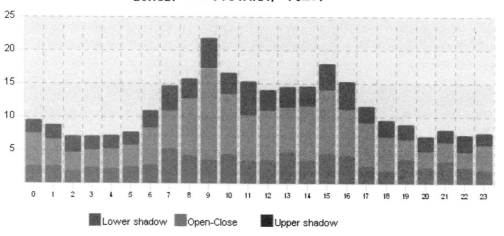

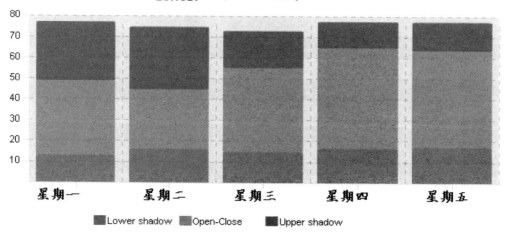

图 10-19　欧元兑英镑平均波动率统计数据（截至 2010 年 3 月 20 日）

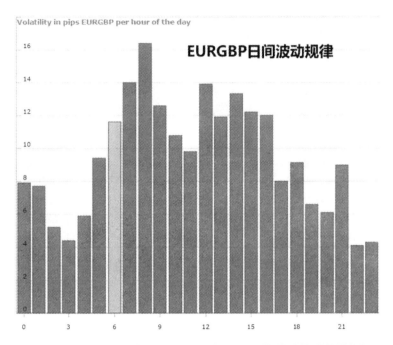

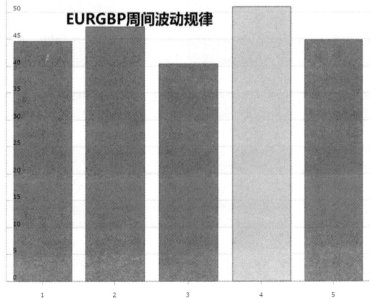

图 10-20 欧元兑英镑平均波动率统计数据（截至 2018 年 8 月 23 日）

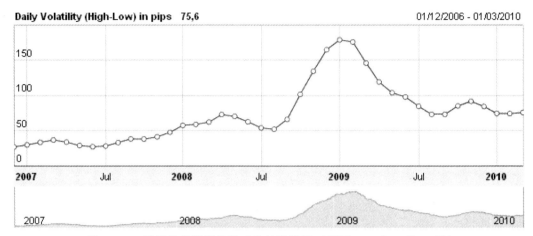

图 10-21　欧元兑英镑逐日波动率统计数据（截至 2010 年 3 月 20 日）

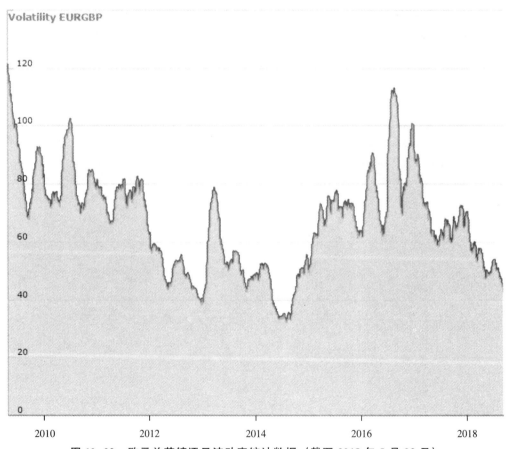

图 10-22　欧元兑英镑逐日波动率统计数据（截至 2018 年 8 月 23 日）

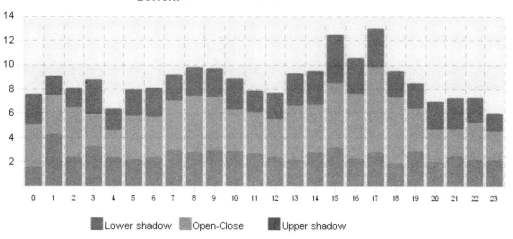

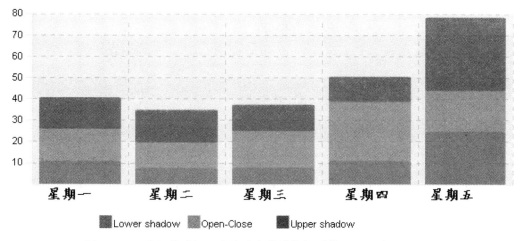

图 10-23　欧元兑瑞郎平均波动率统计数据（截至 2010 年 3 月 20 日）

外汇交易三部曲（第3版）

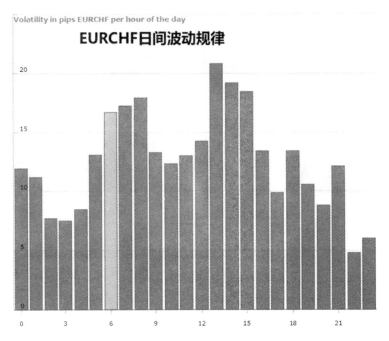

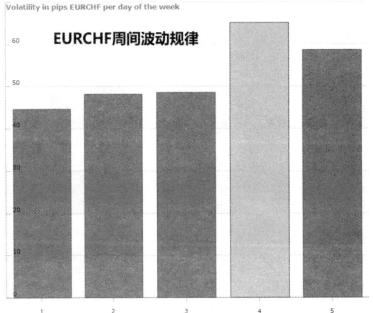

图 10-24　欧元兑瑞郎平均波动率统计数据（截至 2018 年 8 月 23 日）

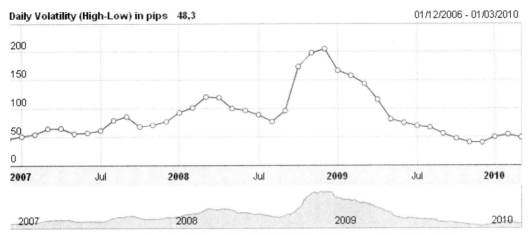

图 10-25 欧元兑瑞郎逐日波动率统计数据（截至 2010 年 3 月 20 日）

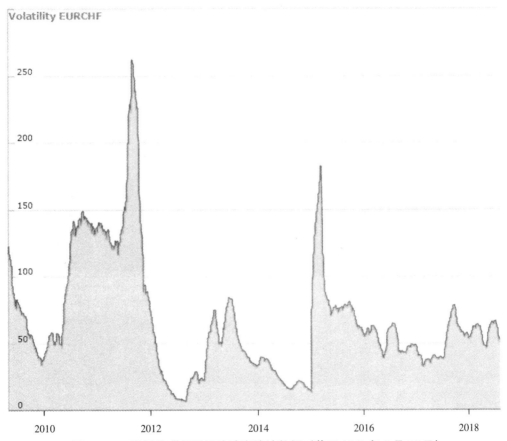

图 10-26 欧元兑瑞郎逐日波动率统计数据（截至 2018 年 8 月 23 日）

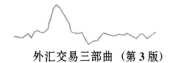

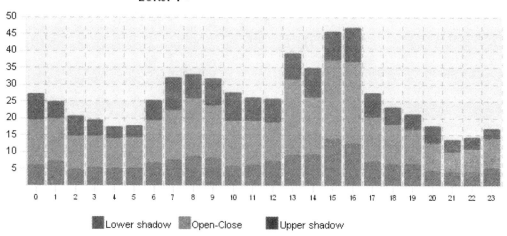

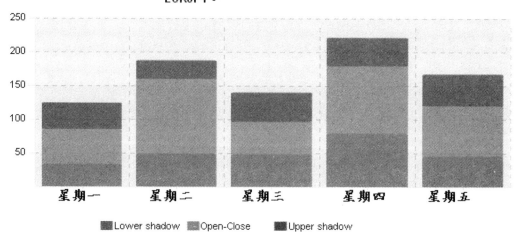

图 10-27 欧元兑日元平均波动率统计数据（截至 2010 年 3 月 20 日）

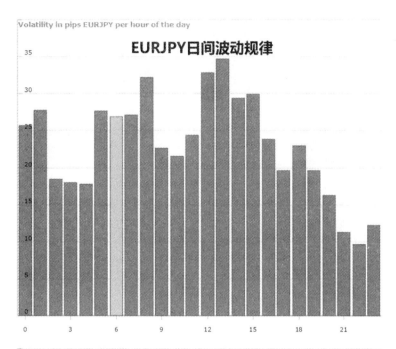

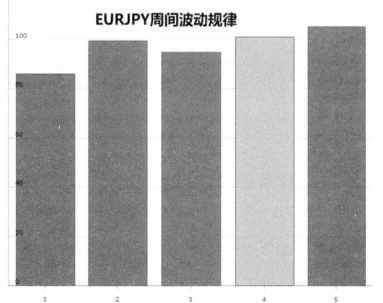

图 10-28　欧元兑日元平均波动率统计数据（截至 2018 年 8 月 23 日）

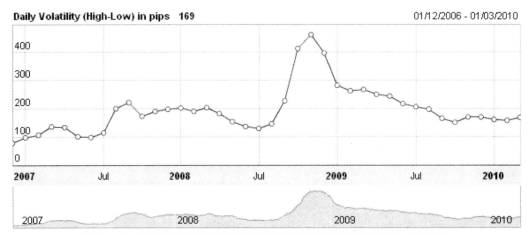

图 10-29　欧元兑日元逐日波动率统计数据（截至 2010 年 3 月 20 日）

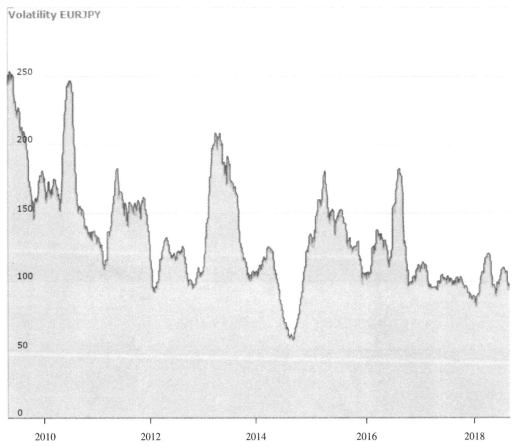

图 10-30　欧元兑日元逐日波动率统计数据（截至 2018 年 8 月 23 日）

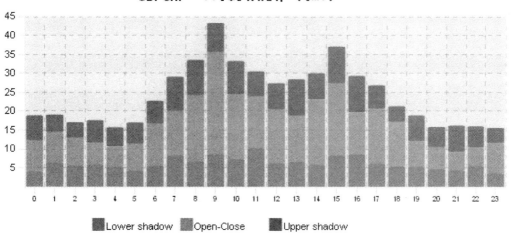

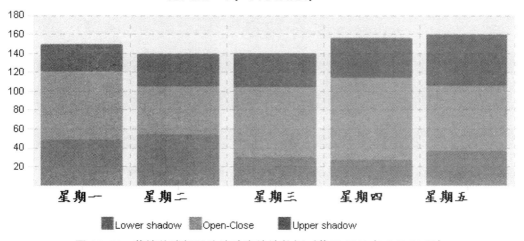

图 10-31　英镑兑瑞郎平均波动率统计数据（截至 2010 年 3 月 20 日）

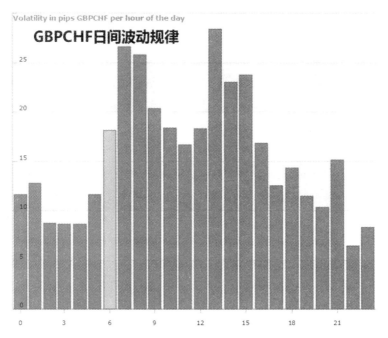

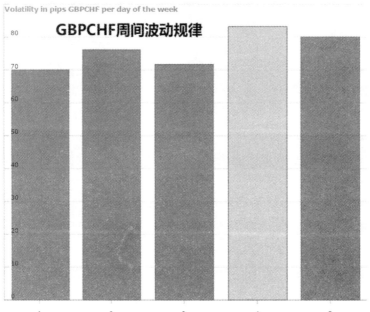

图 10-32　英镑兑瑞郎平均波动率统计数据（截至 2018 年 8 月 23 日）

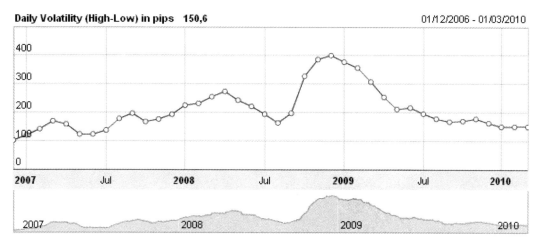

图 10-33　英镑兑瑞郎逐日波动率统计数据（截至 2010 年 3 月 20 日）

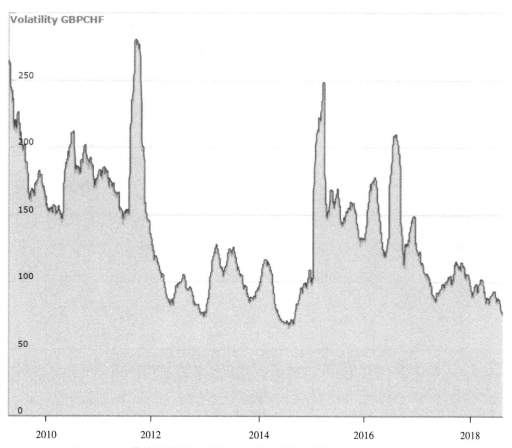

图 10-34　英镑兑瑞郎逐日波动率统计数据（截至 2018 年 8 月 23 日）

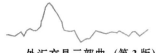

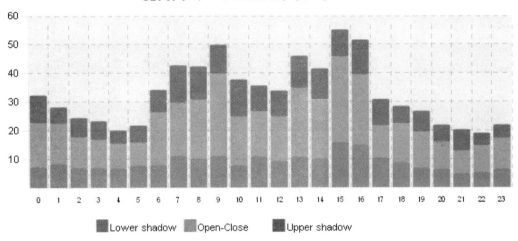

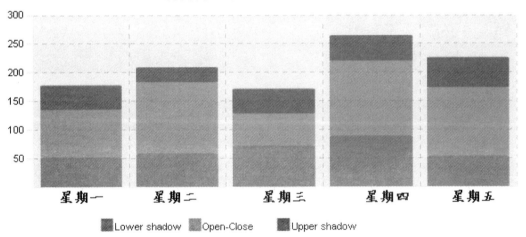

图 10-35 英镑兑日元平均波动率统计数据（截至 2010 年 3 月 20 日）

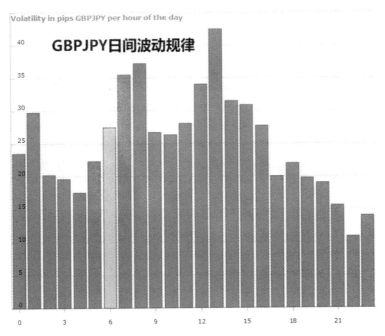

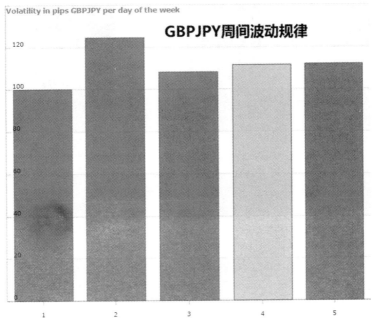

图 10-36　英镑兑日元平均波动率统计数据（截至 2018 年 8 月 23 日）

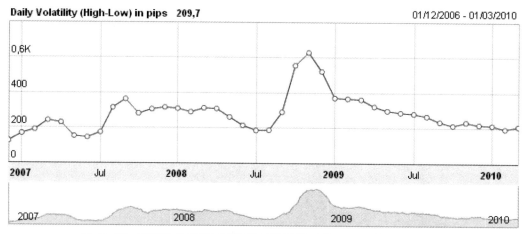

图 10-37　英镑兑日元逐日波动率统计数据（截至 2010 年 3 月 20 日）

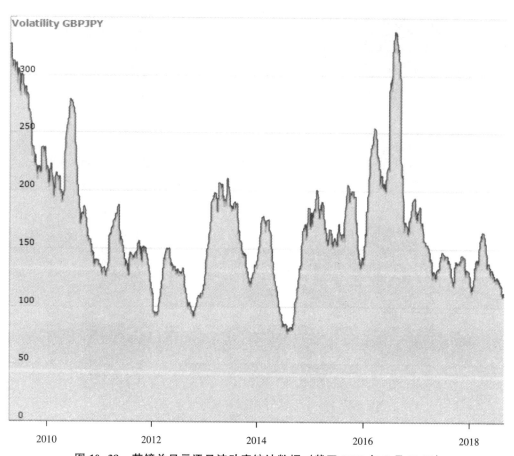

图 10-38　英镑兑日元逐日波动率统计数据（截至 2018 年 8 月 23 日）

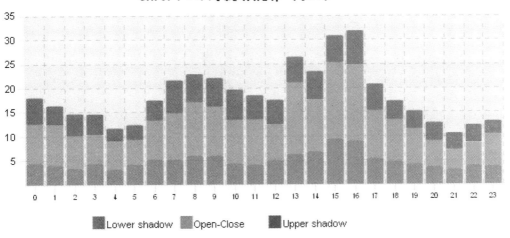

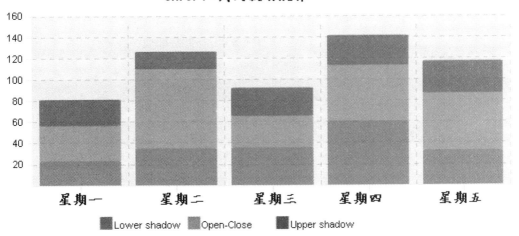

图 10-39　瑞郎兑日元平均波动率统计数据（截至 2010 年 3 月 20 日）

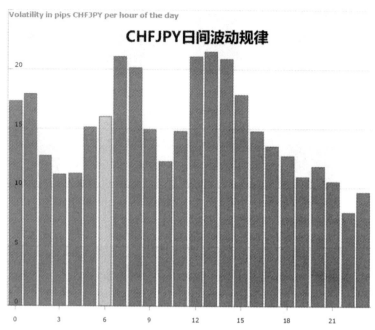

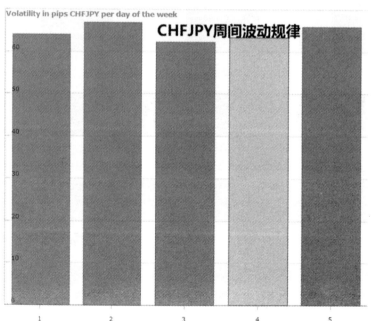

图 10-40　瑞郎兑日元平均波动率统计数据（截至 2018 年 8 月 23 日）

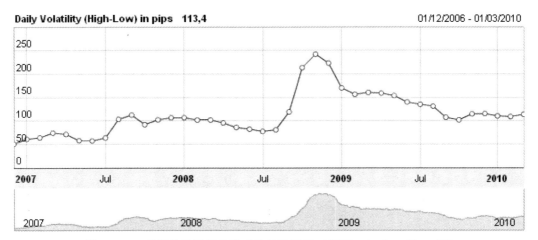

图 10-41　瑞郎兑日元逐日波动率统计数据（截至 2010 年 3 月 20 日）

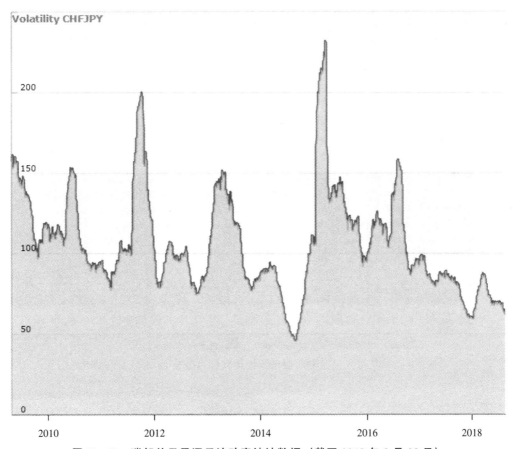

图 10-42　瑞郎兑日元逐日波动率统计数据（截至 2018 年 8 月 23 日）

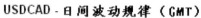

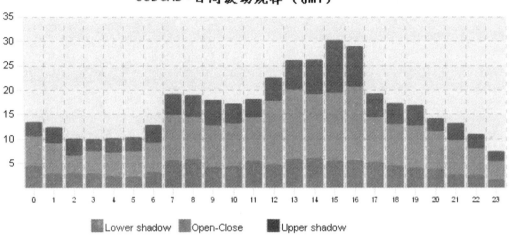

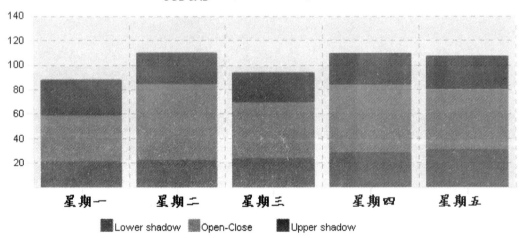

图 10-43　美元兑加元平均波动率统计数据（截至 2010 年 3 月 20 日）

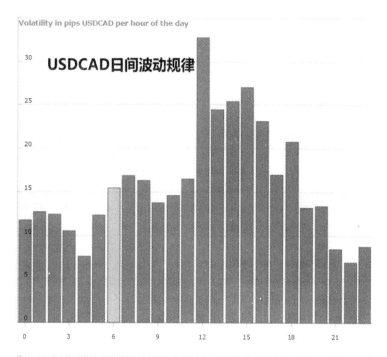

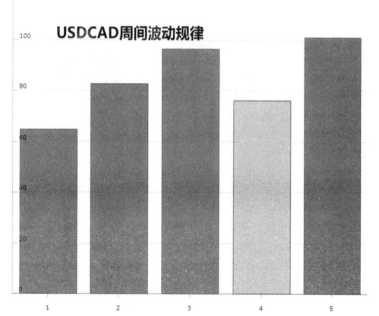

图 10-44　美元兑加元平均波动率统计数据（截至 2018 年 8 月 23 日）

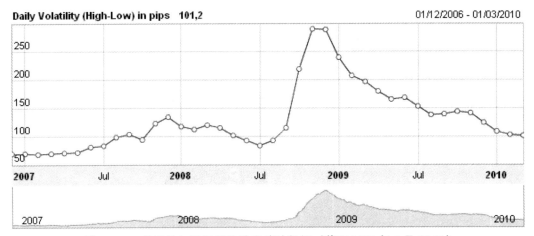

图 10-45　美元兑加元逐日波动率统计数据（截至 2010 年 3 月 20 日）

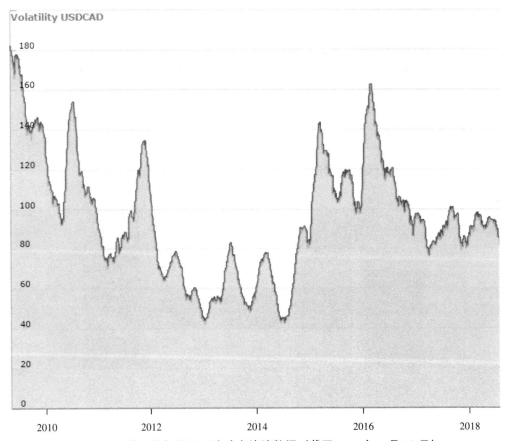

图 10-46　美元兑加元逐日波动率统计数据（截至 2018 年 8 月 23 日）

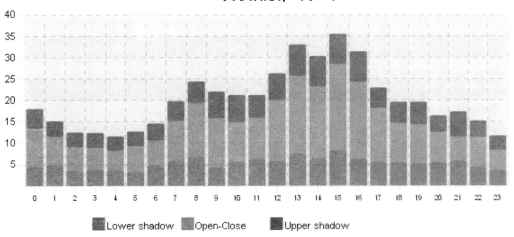

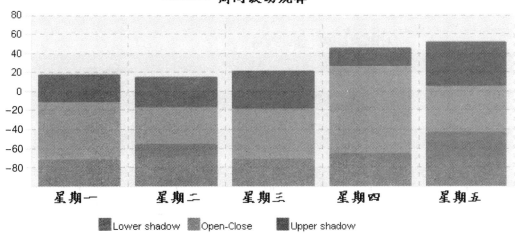

图 10-47 欧元兑加元平均波动率统计数据（截至 2010 年 3 月 20 日）

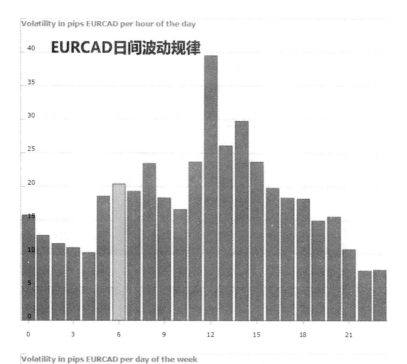

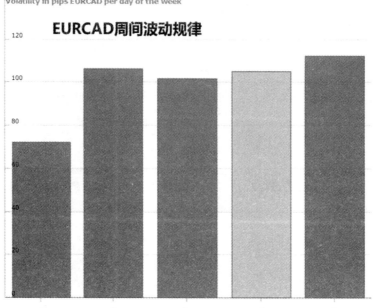

图 10-48　欧元兑加元平均波动率统计数据（截至 2018 年 8 月 23 日）

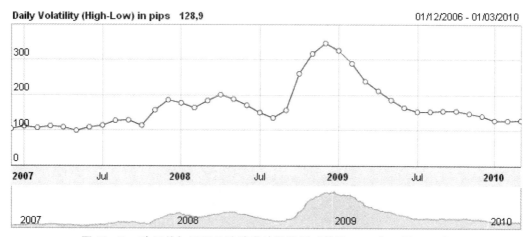

图 10-49　欧元兑加元逐日波动率统计数据（截至 2010 年 3 月 20 日）

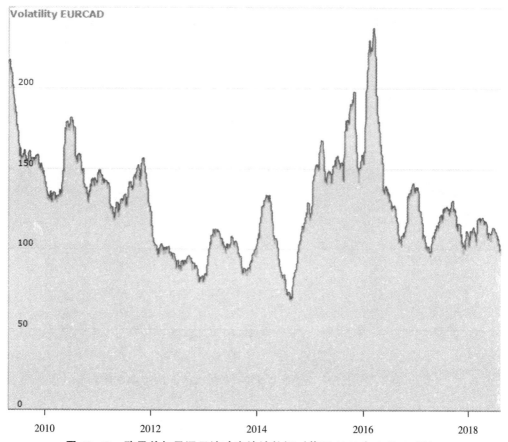

图 10-50　欧元兑加元逐日波动率统计数据（截至 2018 年 8 月 23 日）

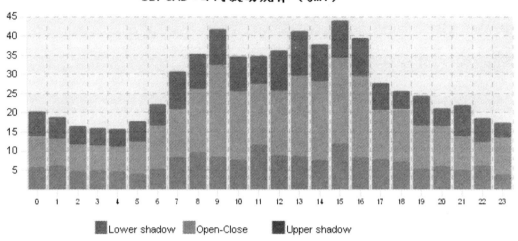

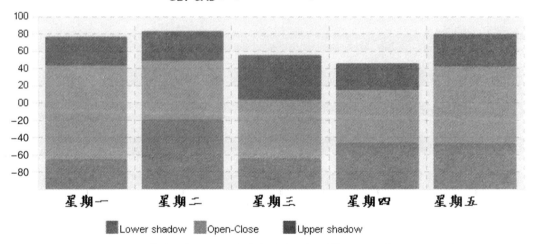

图 10-51　英镑兑加元平均波动率统计数据（截至 2010 年 3 月 20 日）

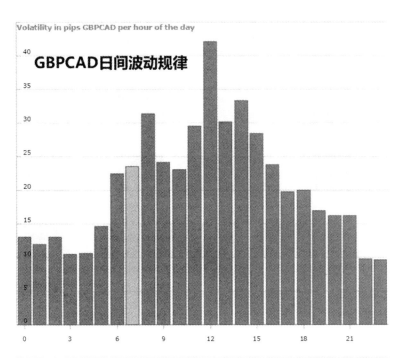

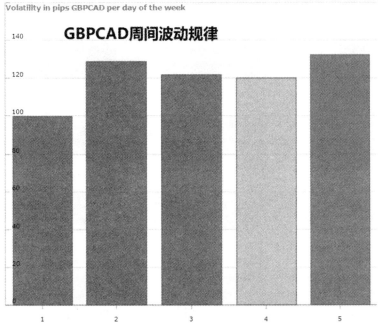

图 10-52　英镑兑加元平均波动率统计数据（截至 2018 年 8 月 23 日）

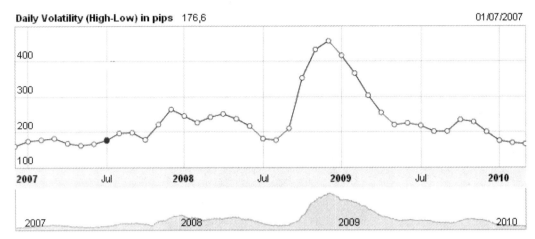

图 10-53　英镑兑加元逐日波动率统计数据（截至 2010 年 3 月 20 日）

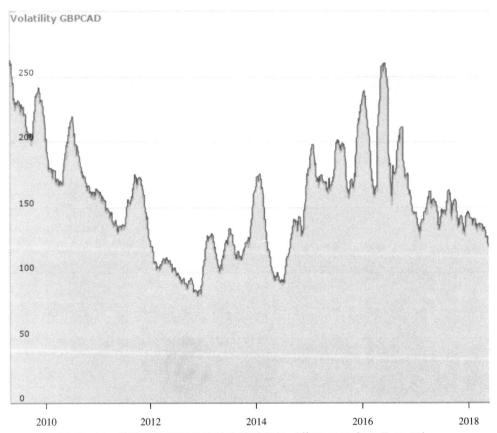

图 10-54　英镑兑加元逐日波动率统计数据（截至 2018 年 8 月 23 日）

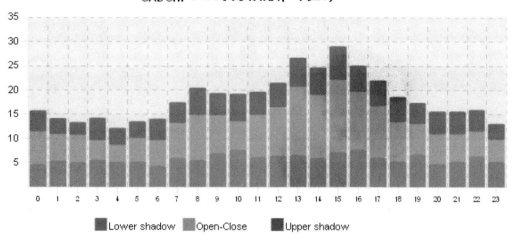

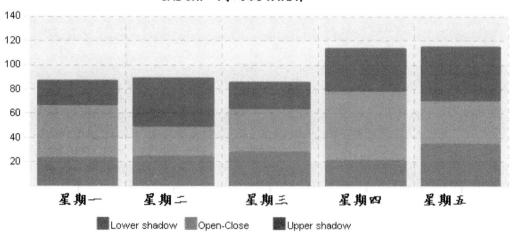

图 10-55　加元兑瑞郎平均波动率统计数据（截至 2010 年 3 月 20 日）

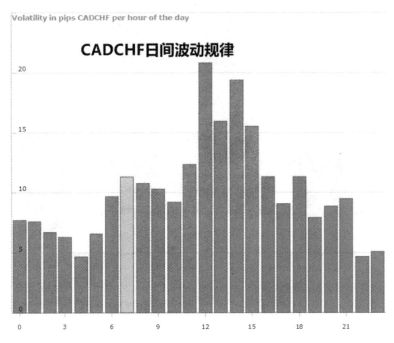

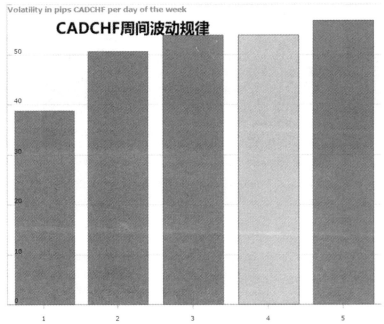

图 10-56　加元兑瑞郎平均波动率统计数据（截至 2018 年 8 月 23 日）

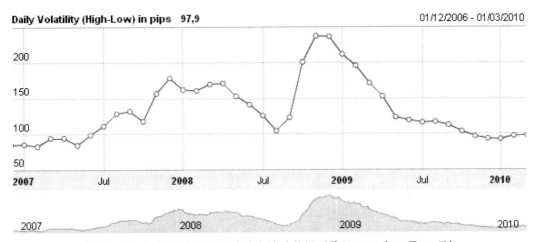

图 10-57　加元兑瑞郎逐日波动率统计数据（截至 2010 年 3 月 20 日）

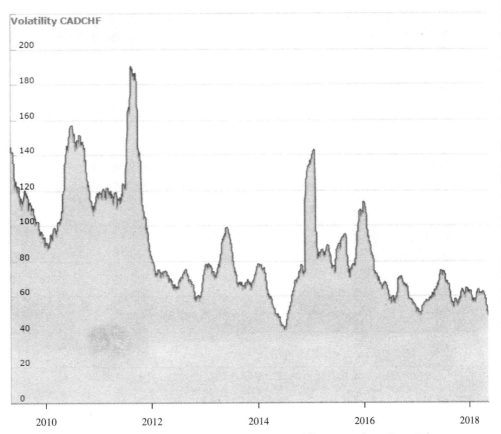

图 10-58　加元兑瑞郎逐日波动率统计数据（截至 2018 年 8 月 23 日）

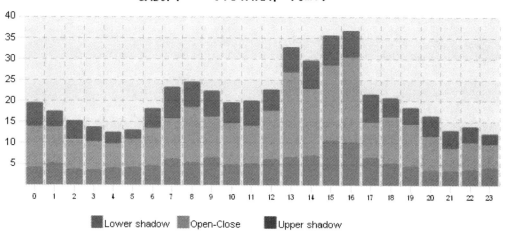

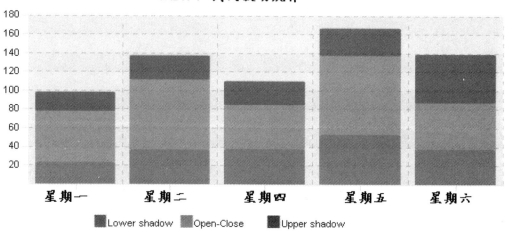

图 10-59　加元兑日元平均波动率统计数据（截至 2010 年 3 月 20 日）

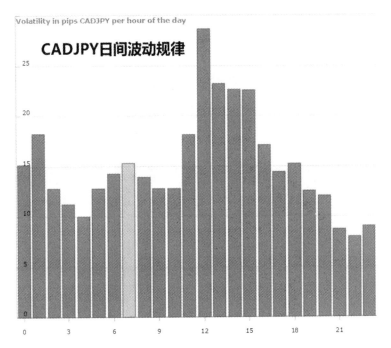

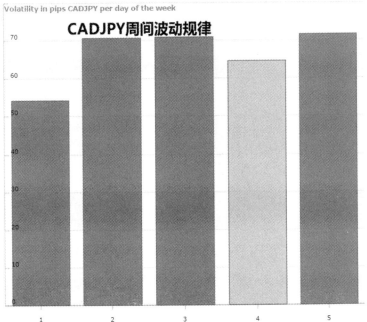

图 10-60 加元兑日元平均波动率统计数据（截至 2018 年 8 月 23 日）

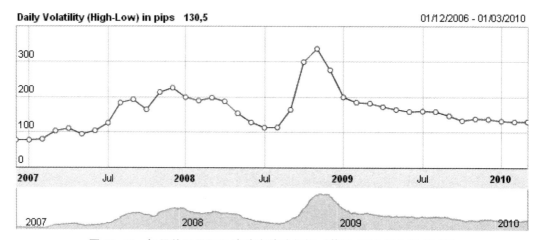

图 10-61　加元兑日元逐日波动率统计数据（截至 2010 年 3 月 20 日）

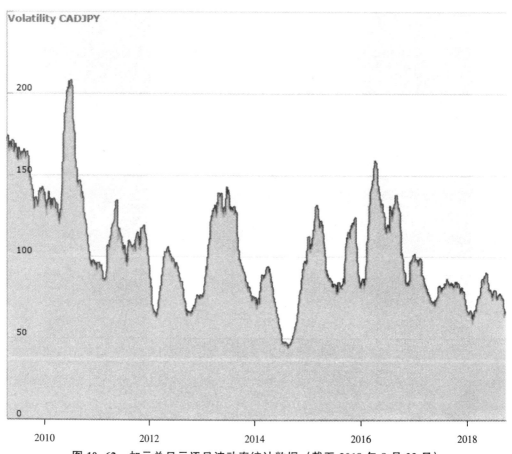

图 10-62　加元兑日元逐日波动率统计数据（截至 2018 年 8 月 23 日）

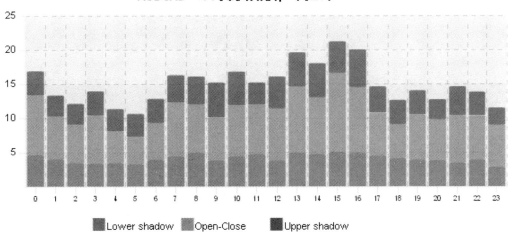

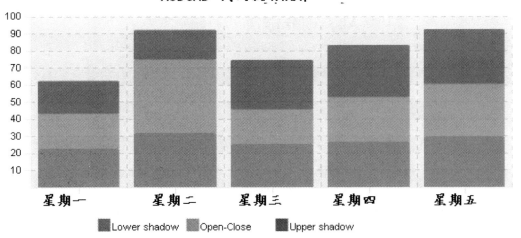

图 10-63 澳元兑加元平均波动率统计数据（截至 2010 年 3 月 20 日）

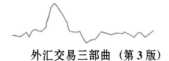
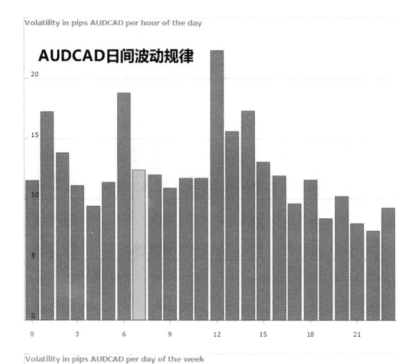

图 10-64　澳元兑加元平均波动率统计数据（截至 2018 年 8 月 23 日）

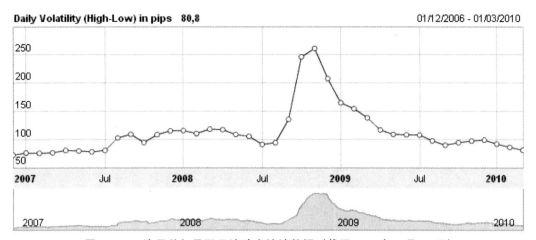

图 10-65　澳元兑加元逐日波动率统计数据（截至 2010 年 3 月 20 日）

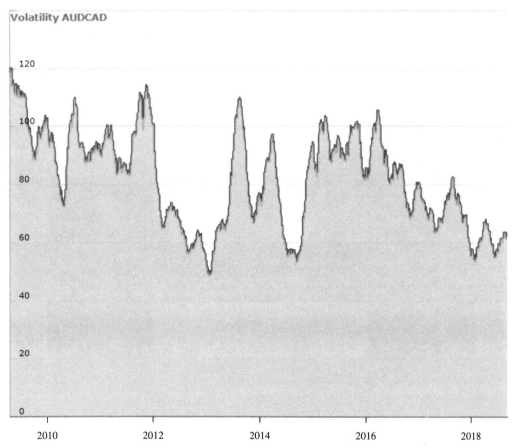

图 10-66　澳元兑加元逐日波动率统计数据（截至 2018 年 8 月 23 日）

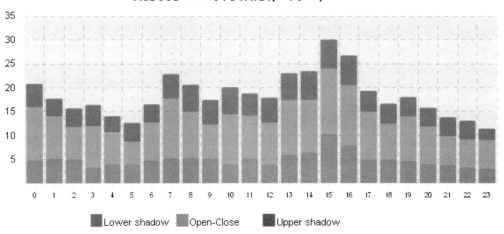

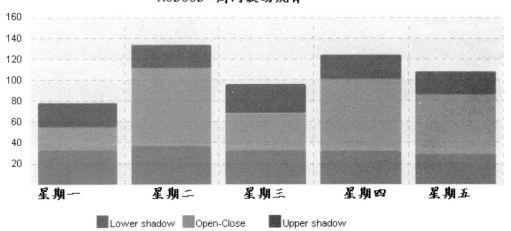

图 10-67　澳元兑美元平均波动率统计数据（截至 2010 年 3 月 20 日）

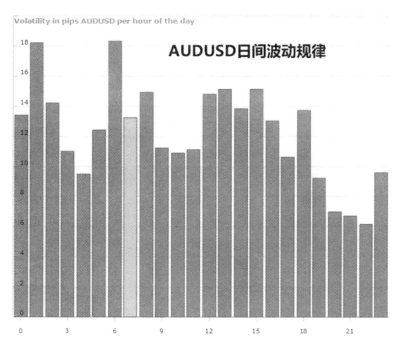

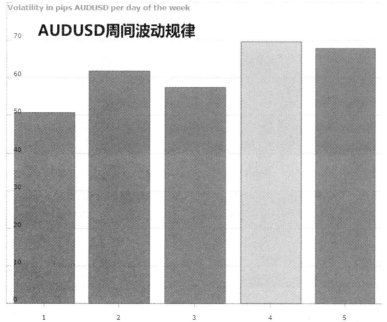

图 10-68　澳元兑美元平均波动率统计数据（截至 2018 年 8 月 23 日）

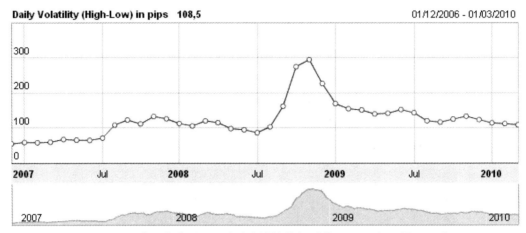

图 10-69　澳元兑美元逐日波动率统计数据（截至 2010 年 3 月 20 日）

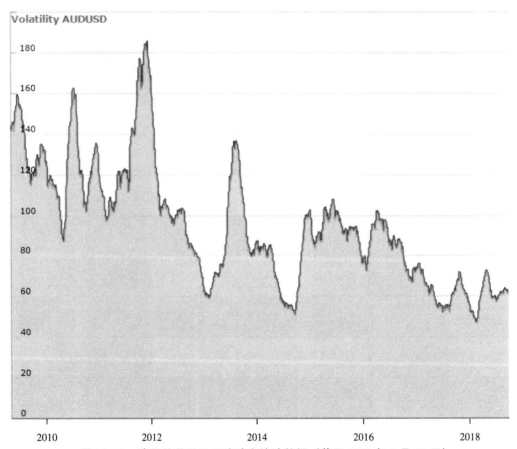

图 10-70　澳元兑美元逐日波动率统计数据（截至 2018 年 8 月 23 日）

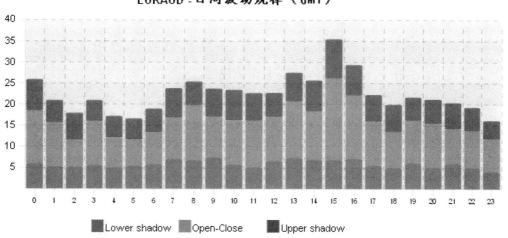

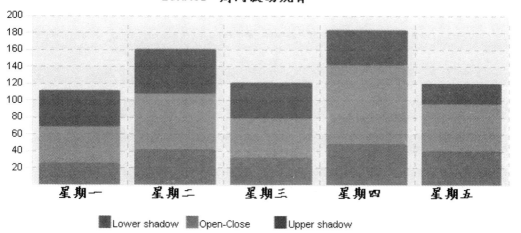

图 10-71　欧元兑澳元平均波动率统计数据（截至 2010 年 3 月 20 日）

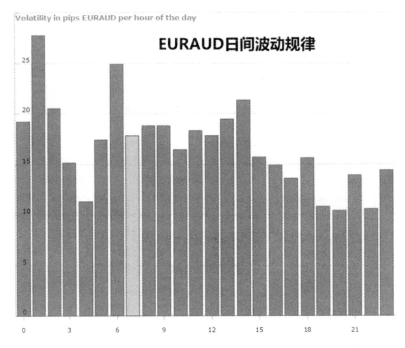

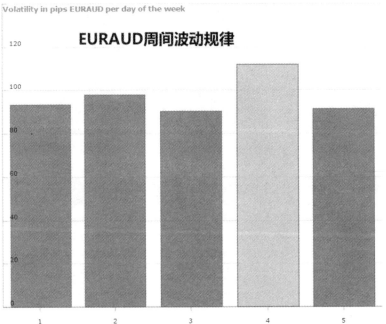

图 10-72　欧元兑澳元平均波动率统计数据（截至 2018 年 8 月 23 日）

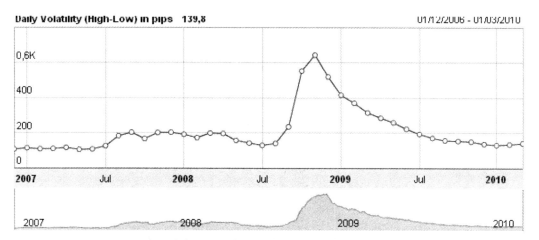

图 10-73　欧元兑澳元逐日波动率统计数据（截至 2010 年 3 月 20 日）

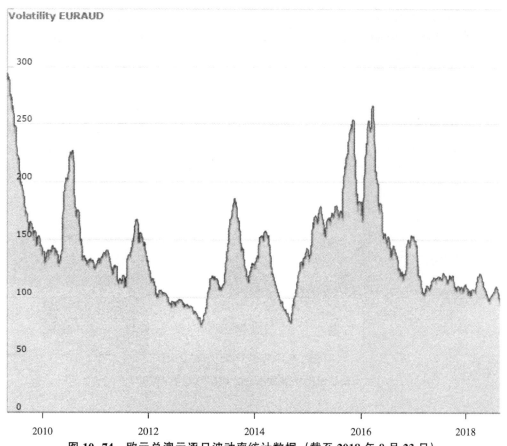

图 10-74　欧元兑澳元逐日波动率统计数据（截至 2018 年 8 月 23 日）

外汇交易三部曲（第3版）

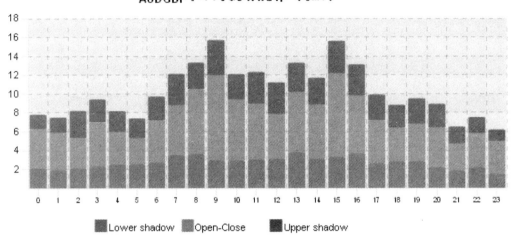

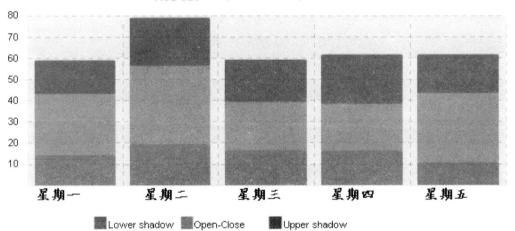

图 10-75　澳元兑英镑平均波动率统计数据（截至 2010 年 3 月 20 日）

316

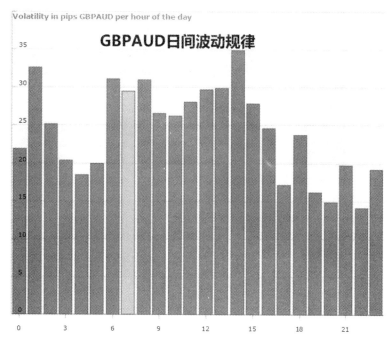

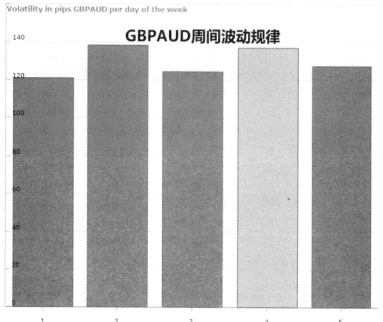

图 10-76 澳元兑英镑平均波动率统计数据（截至 2018 年 8 月 23 日）

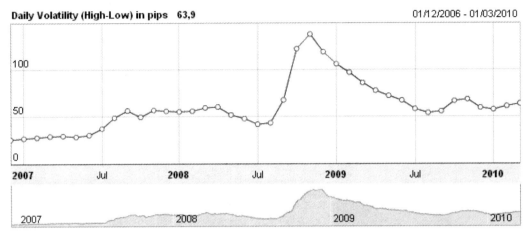

图 10-77　澳元兑英镑逐日波动率统计数据（截至 2010 年 3 月 20 日）

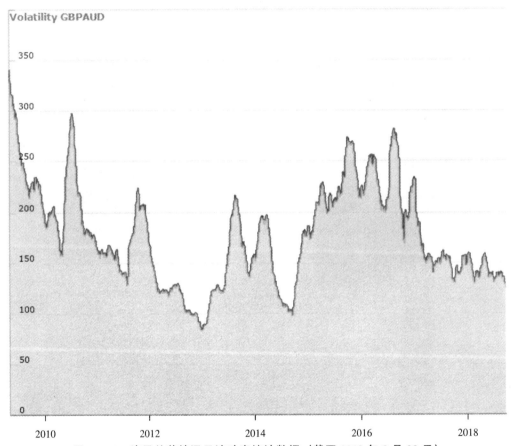

图 10-78　澳元兑英镑逐日波动率统计数据（截至 2018 年 8 月 23 日）

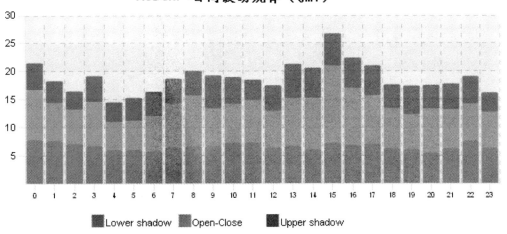

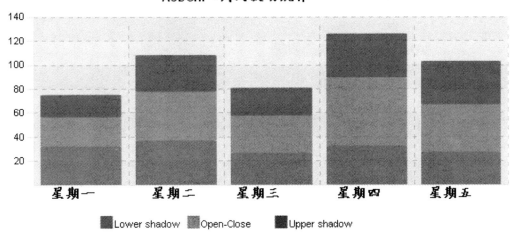

图 10-79　澳元兑瑞郎平均波动率统计数据（截至 2010 年 3 月 20 日）

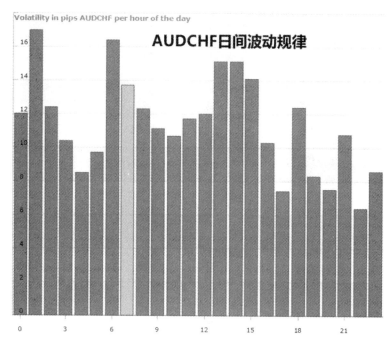

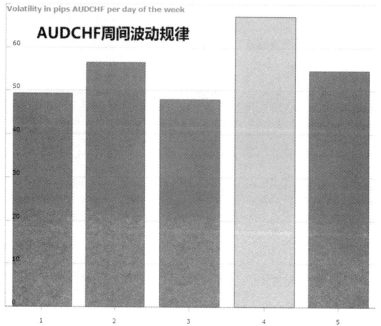

图 10-80 澳元兑瑞郎平均波动率统计数据（截至 2018 年 8 月 23 日）

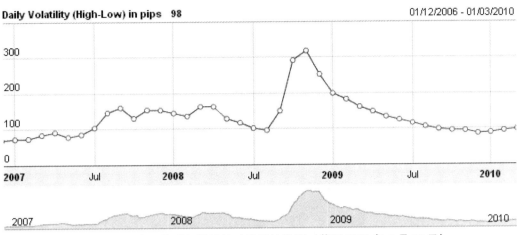

图 10-81　澳元兑瑞郎逐日波动率统计数据（截至 2010 年 3 月 20 日）

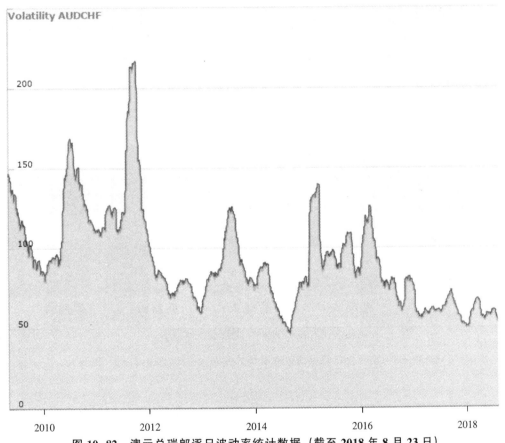

图 10-82　澳元兑瑞郎逐日波动率统计数据（截至 2018 年 8 月 23 日）

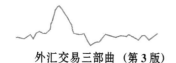

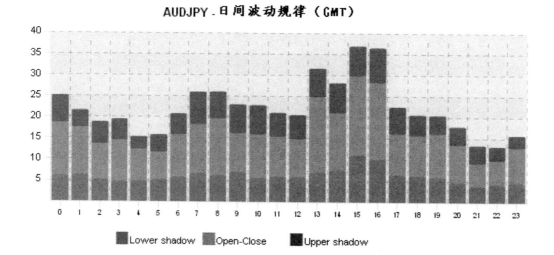

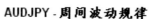

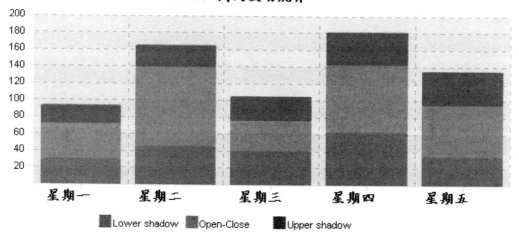

图 10-83　澳元兑日元平均波动率统计数据（截至 2010 年 3 月 20 日）

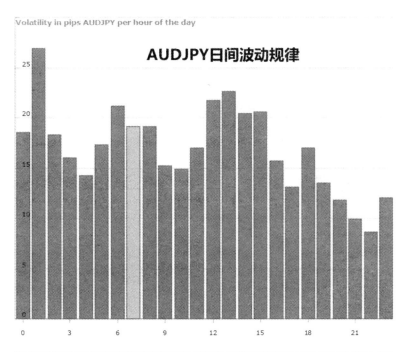

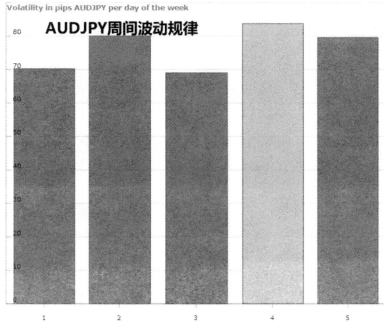

图 10-84　澳元兑日元平均波动率统计数据（截至 2018 年 8 月 23 日）

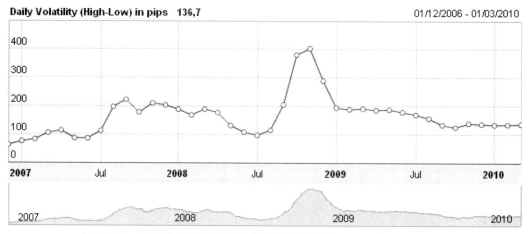

图 10-85　澳元兑日元逐日波动率统计数据（截至 2010 年 3 月 20 日）

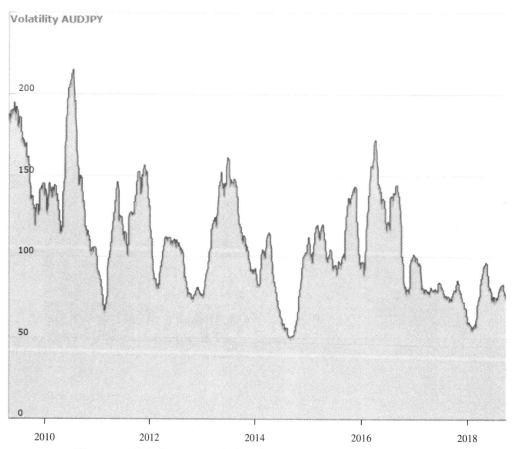

图 10-86　澳元兑日元逐日波动率统计数据（截至 2018 年 8 月 23 日）

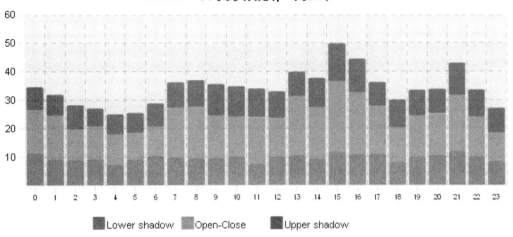

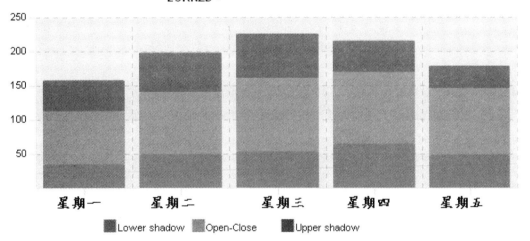

图 10-87 欧元兑新西兰元平均波动率统计数据（截至 2010 年 3 月 20 日）

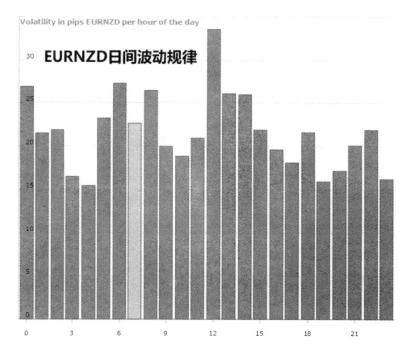

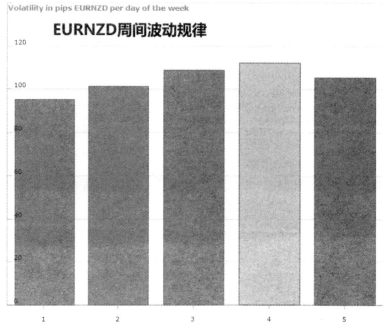

图 10-88　欧元兑新西兰元平均波动率统计数据（截至 2018 年 8 月 23 日）

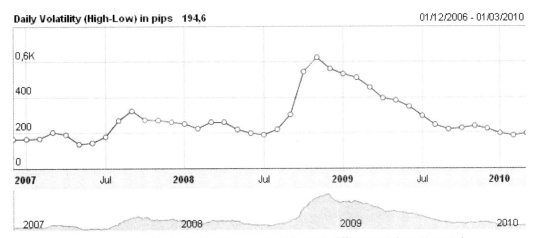

图 10-89　欧元兑新西兰元逐日波动率统计数据（截至 2010 年 3 月 20 日）

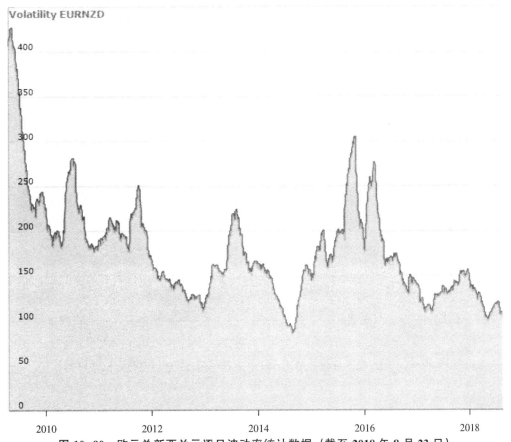

图 10-90　欧元兑新西兰元逐日波动率统计数据（截至 2018 年 8 月 23 日）

外汇交易三部曲（第3版）

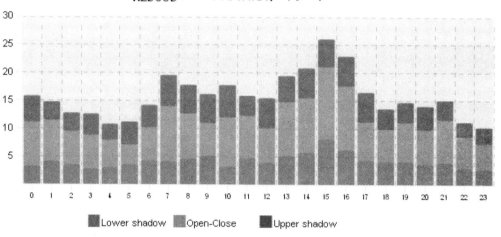

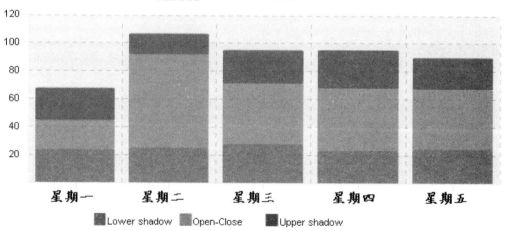

图 10-91　新西兰元兑美元平均波动率统计数据（截至 2010 年 3 月 20 日）

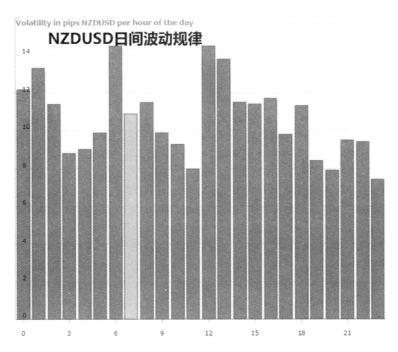

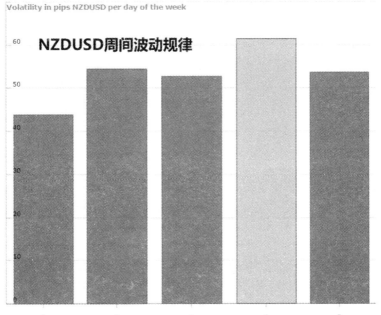

图 10-92　新西兰元兑美元平均波动率统计数据（截至 2018 年 8 月 23 日）

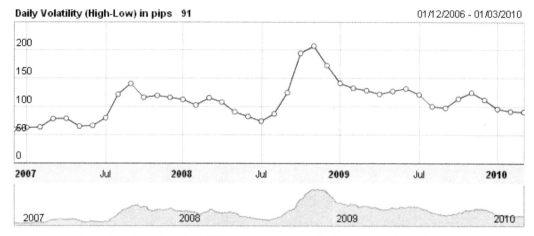

图 10-93　新西兰元兑美元逐日波动率统计数据（截至 2010 年 3 月 20 日）

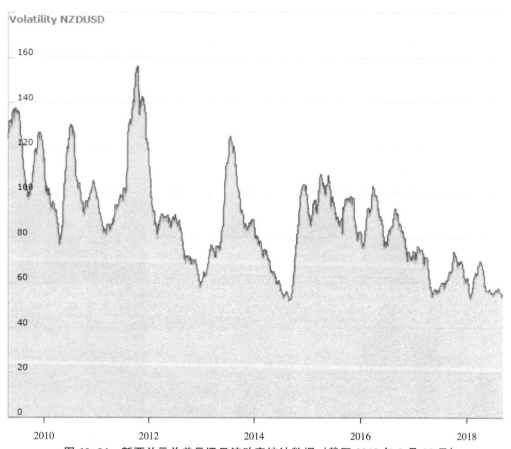

图 10-94　新西兰元兑美元逐日波动率统计数据（截至 2018 年 8 月 23 日）

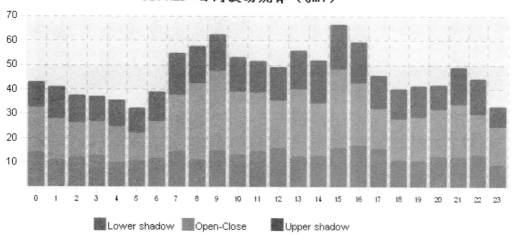

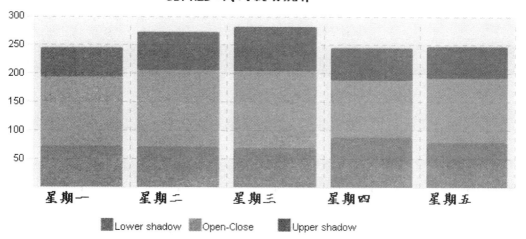

图 10-95 英镑兑新西兰元平均波动率统计数据（截至 2010 年 3 月 20 日）

外汇交易三部曲（第3版）

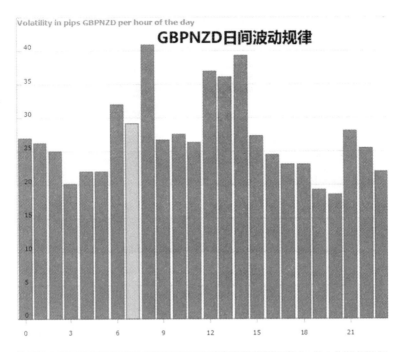

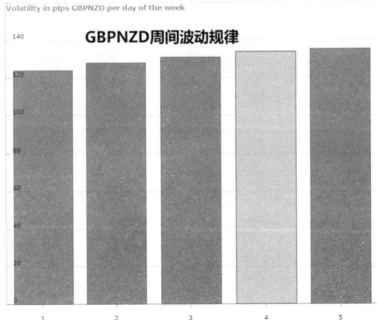

图 10-96　英镑兑新西兰元平均波动率统计数据（截至 2018 年 8 月 23 日）

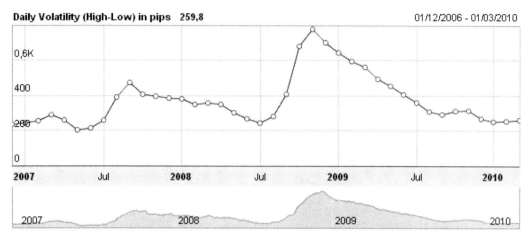

图 10-97　英镑兑新西兰元逐日波动率统计数据（截至 2010 年 3 月 20 日）

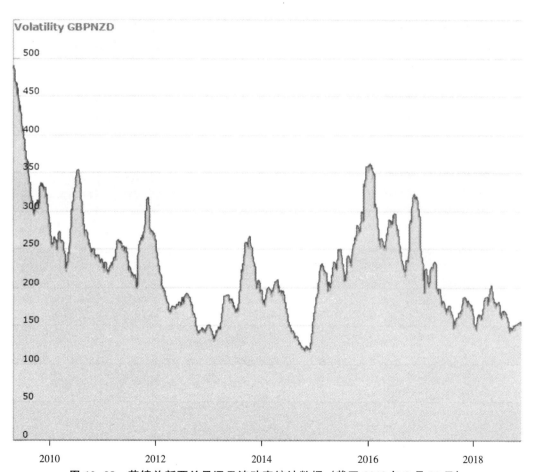

图 10-98　英镑兑新西兰元逐日波动率统计数据（截至 2018 年 8 月 23 日）

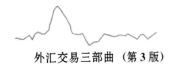

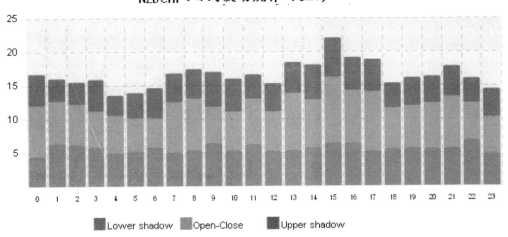

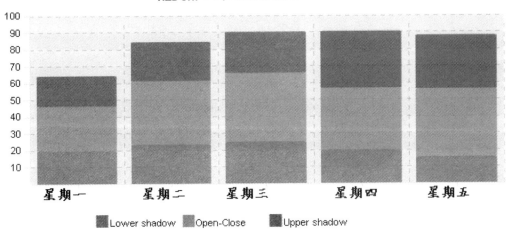

图 10-99　新西兰元兑瑞郎平均波动率统计数据（截至 2010 年 3 月 20 日）

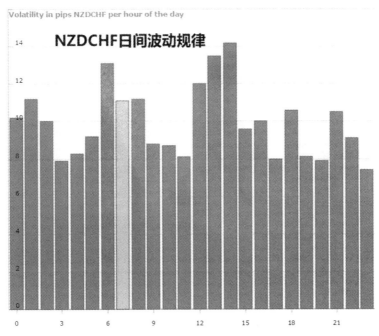

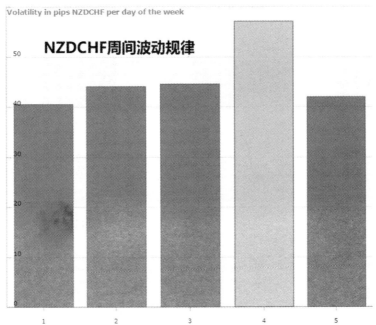

图 10-100 新西兰元兑瑞郎平均波动率统计数据（截至 2018 年 8 月 23 日）

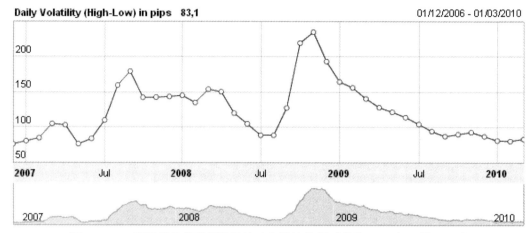

图 10-101　新西兰元兑瑞郎逐日波动率统计数据（截至 2010 年 3 月 20 日）

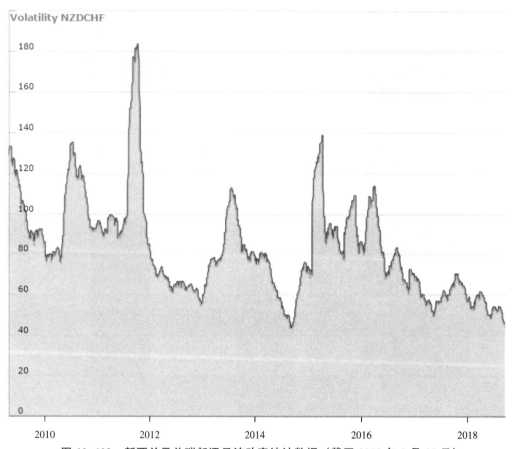

图 10-102　新西兰元兑瑞郎逐日波动率统计数据（截至 2018 年 8 月 23 日）

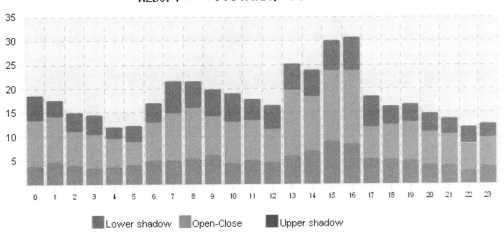

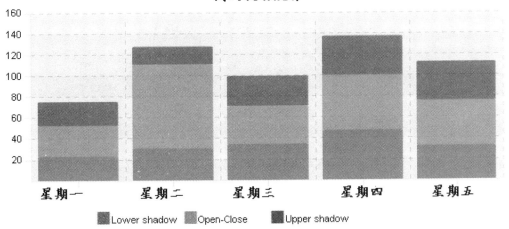

图 10-103 新西兰元兑日元平均波动率统计数据（截至 2010 年 3 月 20 日）

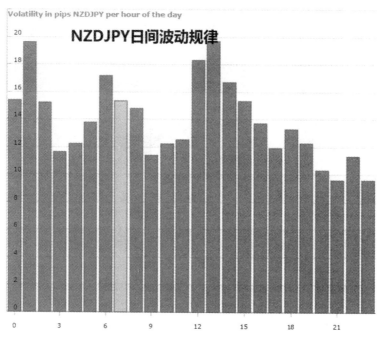

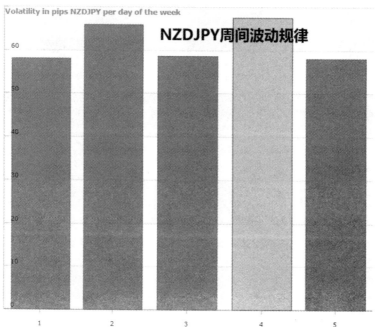

图 10-104　新西兰元兑日元平均波动率统计数据（截至 2018 年 8 月 23 日）

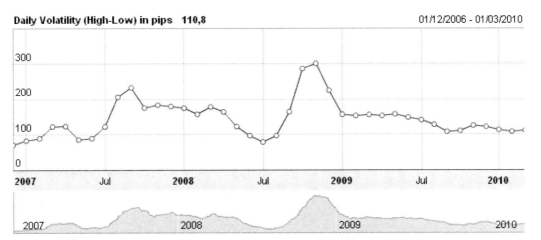

图 10-105　新西兰元兑日元逐日波动率统计数据（截至 2010 年 3 月 20 日）

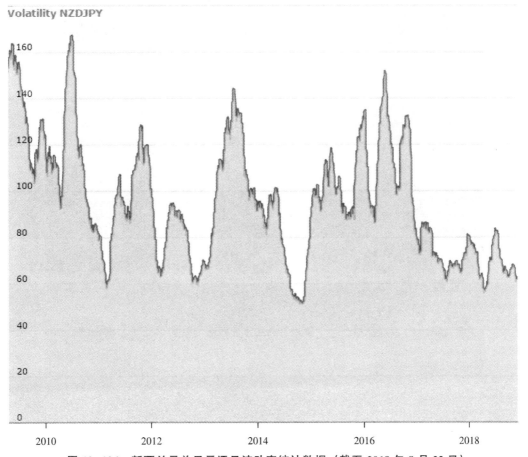

图 10-106　新西兰元兑日元逐日波动率统计数据（截至 2018 年 8 月 23 日）

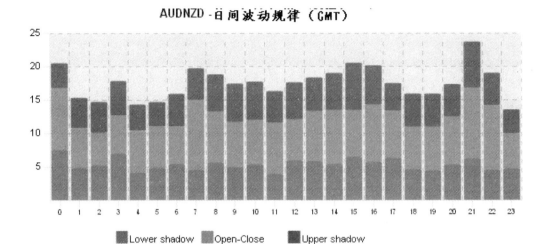

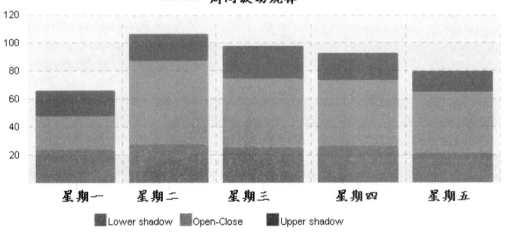

图 10-107　澳元兑新西兰元平均波动率统计数据（截至 2010 年 3 月 20 日）

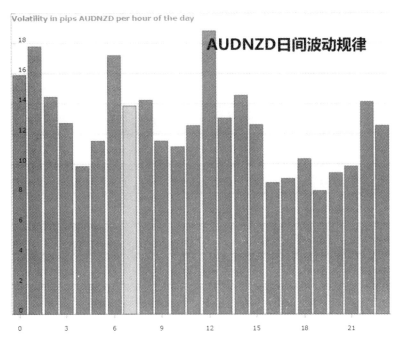

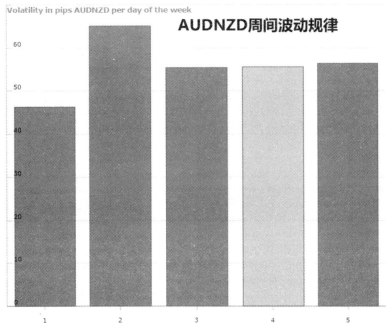

图 10-108　澳元兑新西兰元平均波动率统计数据（截至 2018 年 8 月 23 日）

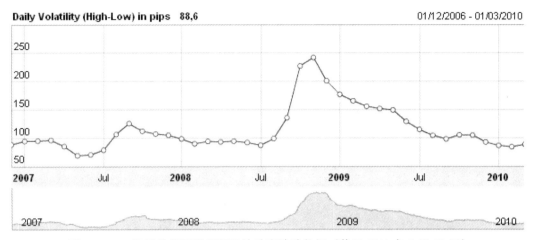

图 10-109　澳元兑新西兰元逐日波动率统计数据（截至 2010 年 3 月 20 日）

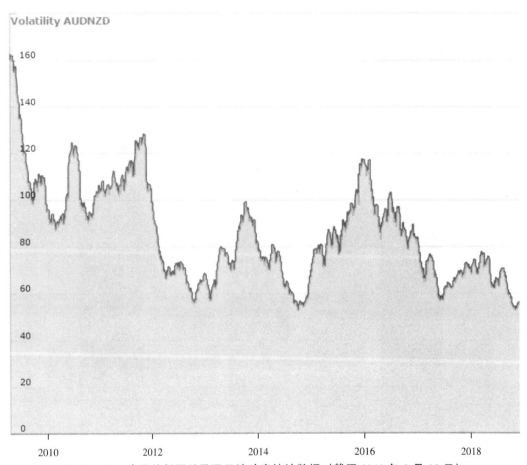

图 10-110　澳元兑新西兰元逐日波动率统计数据（截至 2018 年 8 月 23 日）

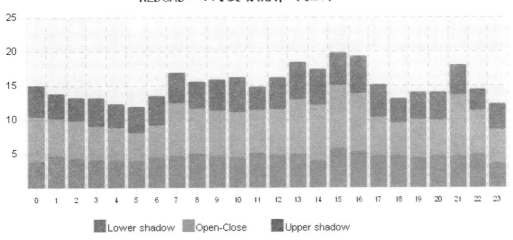

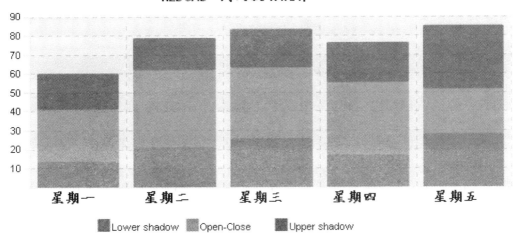

图 10-111 新西兰元兑加元平均波动率统计数据（截至 2010 年 3 月 20 日）

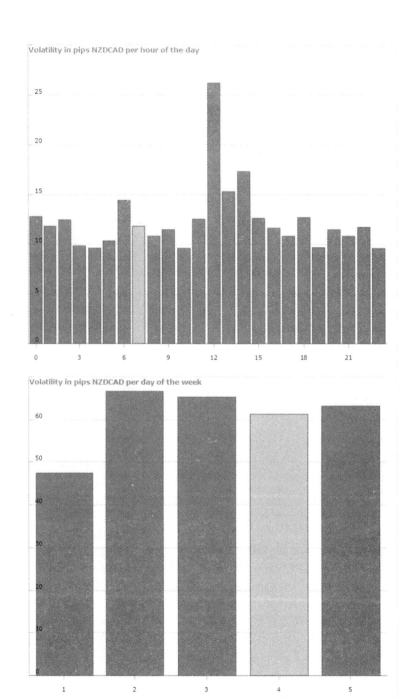

图 10-112　新西兰元兑加元平均波动率统计数据（截至 2018 年 8 月 23 日）

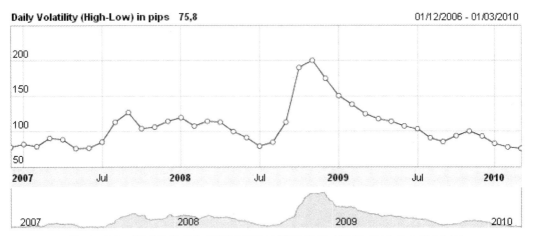

图 10-113　新西兰元兑加元逐日波动率统计数据（截至 2010 年 3 月 20 日）

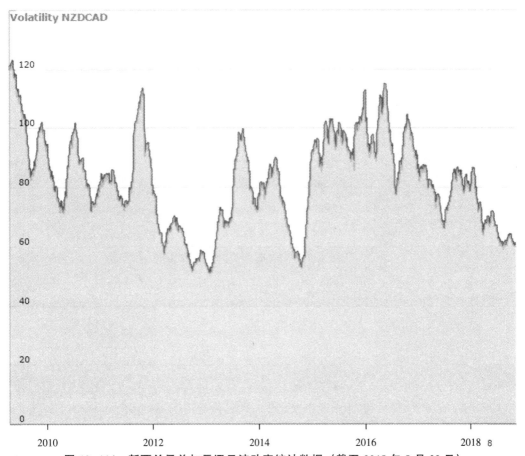

图 10-114　新西兰元兑加元逐日波动率统计数据（截至 2018 年 8 月 23 日）

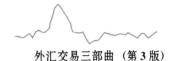

第三节　期货持仓兴趣变化

对冲基金一般会借助于期货这类工具来对头寸进行管理，同时期货比现货保证金交易需要更多的资金，这就使外汇期货头寸的变化是很好的主力动向指示器。主力可能会过度的狂热，主力也可能会盲从集体行为，但是主力作为一个整体比散户作为一个整体更为明智，通过观察相应的外汇期货持仓变化，我们可以更好地明白市场主力的意图，这就是我们本章介绍的内容。

外汇期货持仓数据来源主要以美国境内的国际货币市场（IMM）为主，CFTC对这些数据会进行以周为单位的公布，外汇主要期货持仓兴趣变化除了直接去CFTC网站查看之外，还可以从下面几个网站获取：

- http：//www.dailyfx.com.hk.
- http：//www.dailyfx.com.
- http：//fxtrade.oanda.com/analysis/commitments-of-traders.
- http：//www.fx678.com.

这几个网站提供的外汇期货持仓兴趣变化格式存在差别，加工程度也不一样，所以我们从中获取的市场情绪准确度也存在差别，最好是结合起来使用。由于期货持仓数据更新较慢，所以最好结合题材一起解读，而不是仅仅靠期货持仓数据进行市场情绪分析。

下面我们来看现在商品期货市场分析经常用到的期货持仓报告分析图式，这里采用了http：//www.dailyfx.com.hk网站的专栏"汇市情绪／外汇期货头寸变化"的材料，请看图10-115至图10-117，这是截至2010年3月20日的美元、欧元和英镑期货投机净头寸走势图。

请看图10-115，美元隐含净空头增加26967份至32770

最新的 COT 与汇价叠加走势图请查询 fxtrade.oanda.com。

份。美元未平仓合约减少 11201 份至 46920 份，显示美元交投情绪并不活跃。美元仍然震荡在区间内，净空头增加或许提供了更好的买入美元机会，美元上行动能增强，区间内进一步上行的可能性较强。

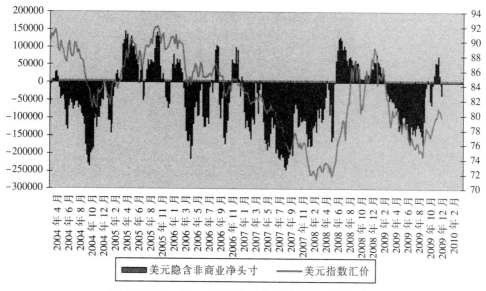

图例：■ 美元隐含非商业净头寸　—— 美元指数汇价

图 10-115　美元期货隐藏投机头寸和美元指数走势

请看图 10-116，欧元投机多头增加，同时投机空头减少，导致欧元净空头减少 28210 份，达到 46341 份。但是未平仓合约急剧下降 79702 份，至 163822 份，显示欧元的看涨情绪可能是一种虚假现象。若欧元跌破 1.3430 前低，未平仓合约或将再次增加，以反映欧元弱势。

请看图 10-117，相比欧元，英镑交投更加活跃。此次英镑净空头增加 514 份至 63987 份。英镑未平仓合约减少 27011 份至 121551 份，数据显示英镑可能进一步下跌，但是力度需要新的动能推动。

dailyfx 香港中文网的期货持仓兴趣报告主要是对投机净头寸进行绘图，期货持仓兴趣的峰值一般先于汇价的峰值，因为主力先于散户行动，这是大家需要明白的一点。关于这种持仓走势图的更多解读方法，可以从该网站的相关文章掌握，通过阅读每周更新的专栏，大家可以更加娴熟地掌握利用这种走势图解读市场情绪的方法。

我们还可以看到期货持仓兴趣变化的是内地一个比较全面的外汇中文网站，网址是 http://www.fx678.com，这个网站的投机情绪专栏可以看到一些有关外汇和美股情绪的新闻，其中一个每周更新的项目是 CME 外汇期货持仓净头寸统计，如图

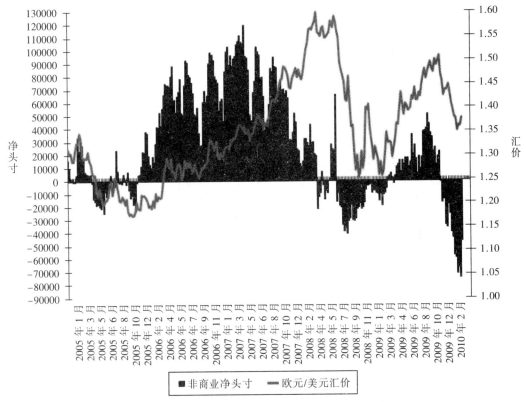

图 10-116　欧元期货投机头寸和美元指数走势

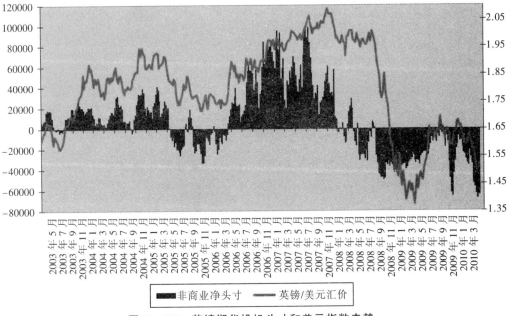

图 10-117　英镑期货投机头寸和美元指数走势

10-118 所示，其中反映了主要货币期货的净头寸统计，如果能够配合该网站的相关新闻理解，则可以对汇市情绪有一定程度的了解，对主力资金意图则有更深入的了解。这里需要明白的一点是，国际货币市场（IMM）是芝加哥商业交易所（CME）的一个分部，而美国商品期货交易委员会（CFTC）公布的期货持仓报告（COT）就是这个分部的交易数据。

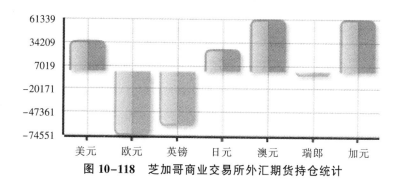

图 10-118　芝加哥商业交易所外汇期货持仓统计

dailyfx 香港中文网提供的 COT 持仓走势图是最为直观的外汇期货持仓走势，对于分析市场主力情绪非常方便，而 dailyfx 英文网的 COT 指数则是经过加工的期货持仓走势，用以反映市场情绪，它是由该机构的分析师 Jamie Saettele 负责更新的，可以从 www.dailyfx.com 这个网站查询到。COT 指数是净投机头寸和净商业头寸差值的百分比，是一个 13 周移动均值。如果读数靠近 0，同时汇价刚刚从一个上涨走势转为下跌走势，则继续看跌，但是如果汇价已经下跌了一段时间，则转而看涨；如果读数靠近 100，同时汇价刚刚从一个下跌走势转为上涨，则继续看涨，但是如果汇价已经上涨了一段时间，则转而看跌，一个 COT 指数的实例请看图 10-119。关于 COT 指数更为详细的使用说明可以参考这个网站的相关指南，一般情况下这个指标与震荡指标的作用比较接近。

要想更好地理解期货持仓对于现货走势的指导意义，可以参考两本中文引进版图书《反向意见》和《与狼共舞：股票、期货交易员持仓报告》，这两本书其实讲的东西有点对立，《反向意见》强调了期货持仓量的峰值对应着现货的峰值，而《与狼共舞：股票、期货交易员持仓报告》则强调峰值往往是现货单边走势的开端。

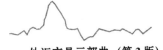

外汇交易三部曲（第3版）

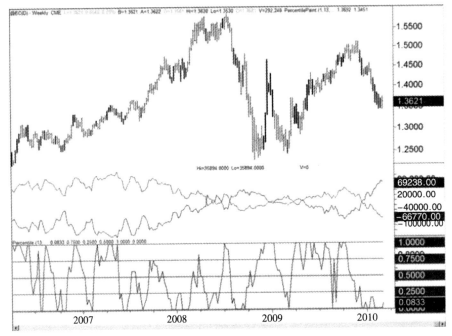

图 10-119 COT 指数

现在我们查阅 COT 指数的一个常用网站是 www.oanda.com，进入主页后，沿着路径"Home > Trade Overview > Trading News and Analysis > CFTCCommitments of Traders"进入，最终会见到一个页面（见图 10-120），下拉式菜单当中列出了从主要货币到贵金属的 COT 数据。当你选择"Euro"后，就可以看到欧元期货的非商业头寸数据和欧元兑美元汇率走势（见图 10-121）。

图 10-120 oanda 的 COT 数据专栏

350

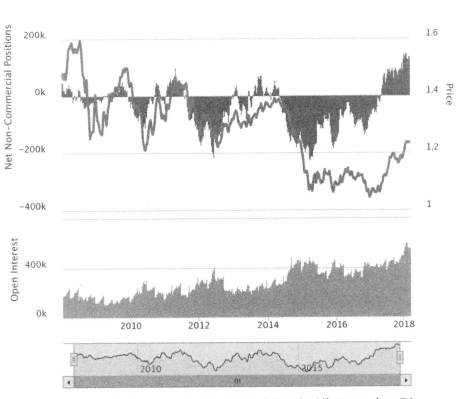

Contracts OF EUR 125000

Zoom　6m　YTD　1y　2y　4y　**All**

图 10-121　欧元非商业净头寸和欧元兑美元汇率（截至 2018 年 8 月）

第四节　期权调查

　　除了外汇期货之外，外汇期权也可以作为市场情绪的观察指标，美国期权专家麦克米伦对于利用期权来预测市场走势有深入的研究和运用，比如利用期权交易量、期权价格、隐含波动率、看跌—看涨比率来预测等。我们这里要介绍的方法主要是利用期权看涨—看跌比率来预测现货外汇市场的走向，严格来说是现货外汇市场的市场情绪。dailyfx 英文网站利用 "Risk reversals"，也就是风险逆转来对外汇期权数据进行加工，风险逆转衡量通过对期权价格加工来度量市场情绪。我们知道，波动率是期权价格的重要决定因素，风险逆转度量了虚值看涨期权和看跌期权的波动水平。当风险逆

转的读数大于50%时，市场情绪看涨；当风险逆转的读数小于50%时，市场情绪看跌。关于风险逆转的信息可以从 dailyfx 英文网站的专栏"fx options forecast"查询，下面是一个样本，如图 10-122 所示。另外，这个专栏将风险逆转指数的历史走势同 COT 持仓一起标示了出来，如图 10-123 所示，主图是货币走势，副图是两种风险逆转走势和COT 投机净头寸走势。关于期权预测报告的更详细阅读指南请在该网站查看"Special Reports Article Guide to Forex Options Weekly Forecast Report"。其实这类报告很多时候直接读结论即可，然后放到我们的"题材"四维度框架来综合思考更有价值。

Risk Reversals

	EUR/USD	GBP/USD	USD/JPY	USD/CAD	USD/CHF	AUD/USD	NZD/USD
1-Week	21.02%	11.41%	85.98%	77.70%	88.67%	78.67%	89.68%
1-Month	17.42%	17.76%	91.98%	80.14%	83.75%	56.25%	63.64%
3-Month	18.71%	13.91%	92.59%	78.68%	84.62%	50.00%	54.09%
12-Month	19.73%	12.50%	92.12%	78.69%	84.42%	22.50%	24.18%

图 10-122 主要货币对风险逆转指数

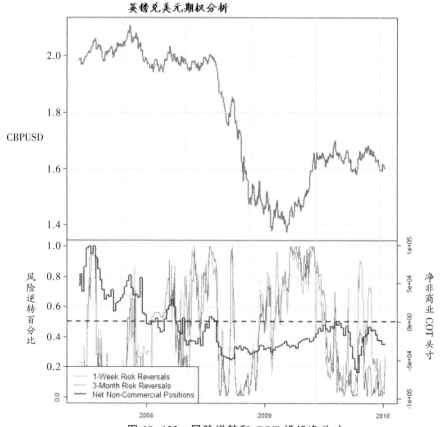

图 10-123 风险逆转和 COT 投机净头寸

第五节　闻名遐迩的投机者情绪指数（SSI）

投机者情绪指数（SSI），一般被媒体称为投资者情绪指数，其实后面这种说法并不准确，因为 SSI 中的第一个 S 是投机的含义。这个指数是全美著名外汇经纪商 FXCM 推出的一个指数，是该经纪商统计自己平台上交易的众多散户交易者得到的，一般而言散户的主流看法与此后走势是相反的，也就是"次要的多数"一般关注成熟和过气的"题材"，所以当他们大规模介入一段走势的时候行情也就快要完结了，SSI 指数可以从 dailyfx 的中文网站和英文网站同时查看，下面是 2010 年 3 月 12 日的 SSI 指数，请看图 10-124。另外该网站还提供了针对每个直盘货币 SSI 的专门分析。

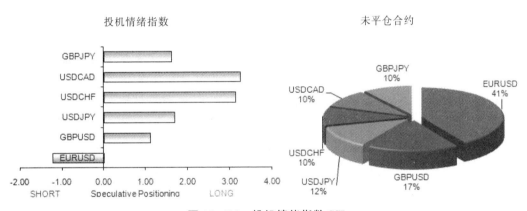

图 10-124　投机情绪指数 SSI

资料来源：http://www.dailyfx.com.hk.

请看图 10-125，欧元/美元多空比例为-1.23，近 55%投资者做空。昨日该比例为-1.31，近 57%投资者做空。多头比昨天增加了 8.8%，一周以来减少了 7.8%，空头比昨日增加了 1.5%，一周以来增加了 28.1%。未平仓头寸比昨天增加了 4.6%，比月度均值高 19.2%。投机情绪指数是一个反向指标，欧元/美元倾向上涨。

在图 10-126 中，英镑/美元多空比例为 1.12，近 53%投资者做多。昨日该比例为 1.19，近 54%投资者做多。多头比昨天减少了 1.6%，一周以来下降了 0.8%，空头比昨日增加了 4.8%，一周以来增加了 9.0%。未平仓头寸比昨天增加了 1.3%，比月度均值高 1.7%。投机情绪指数是一个反向指标，英镑/美元倾向下跌。

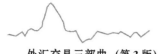

外汇交易三部曲（第3版）

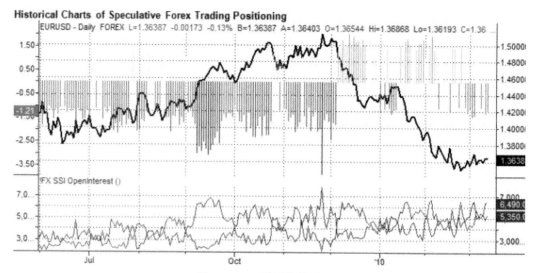

图 10-125　欧元兑美元 SSI

资料来源：http://www.dailyfx.com.hk.

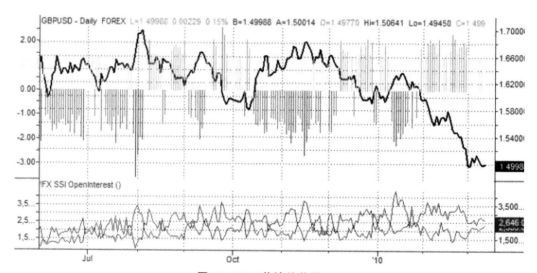

图 10-126　英镑兑美元 SSI

资料来源：http://www.dailyfx.com.hk.

在图 10-127 中，美元/瑞郎多空比例为 3.13，近 76%投资者做多。昨日该比例为 3.21，近 76%投资者做多。多头比昨天增加了 6.0%，一周以来增加了 135.2%，空头比昨日增加了 8.4%，一周以来增加了 3.4%。未平仓头寸比昨天增加了 6.6%，比月度均值高 65.0%。投机情绪指数是一个反向指标，美元/瑞郎倾向下跌。

在图 10-128 中，美元/日元多空比例为 1.68，近 63%投资者做多。昨日该比例

354

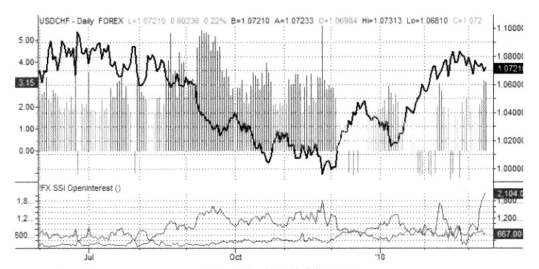

图 10-127　美元兑瑞郎 SSI

资料来源：http://www.dailyfx.com.hk.

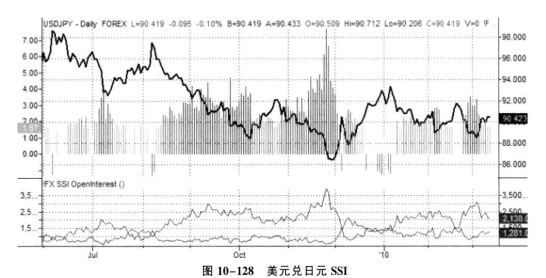

图 10-128　美元兑日元 SSI

资料来源：http://www.dailyfx.com.hk.

为 1.71，近 63% 投资者做多。多头比昨天增加了 1.7%，一周以来减少了 22.5%，空头比昨日增加了 3.5%，一周以来增加了 15.4%。未平仓头寸比昨天增加了 2.3%，比月度均值低 0.5%。投机情绪指数是一个反向指标，美元/日元倾向下跌。

这里需要注意的是：如果说 COT 指数代表主力，那么 SSI 则代表散户，大家可以将这两种情绪分析工具相互参验。一般而言，外汇期权也是专业交易者在运用，比如机构交易者，所以 COT 指数和风险逆转一般用于分析"关键的少数"。

另外，www.oanda.com 也提供了类似的数据，名叫"外汇未平仓位比率"

（OANDA 客户持有的未平仓位的摘要）。这个数据显示 OANDA 订单簿中主要货币对最近未平仓位的明细，此信息每隔 20 分钟采集一次。这一数据分为静态数据（见图 10-129）和历史数据（见图 10-130），分别从下列两个网址获取：

◆ https：//www.oanda.com/lang/cns/forex‑trading/analysis/open‑position‑ratios，外汇未平仓位比率。

◆ https：//www.oanda.com/forex‑trading/analysis/historical‑positions，外汇持仓历史数据。

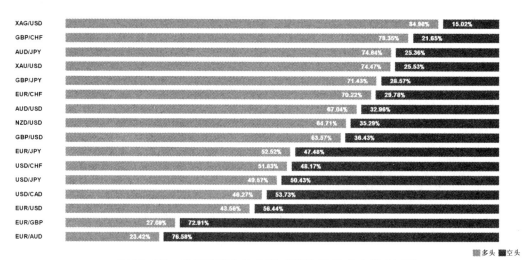

图 10-129　外汇未平仓位比率（截至 2018 年 8 月 24 日）

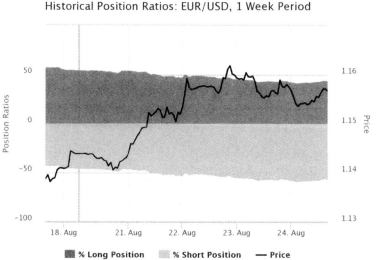

图 10-130　欧元兑美元持仓历史数据（截至 2018 年 8 月 24 日所在周）

第六节 分析师多空调查

除了分析散户和机构交易者之外，分析师也是我们关注的对象，一般而言分析师介于散户和机构交易者之间，有些分析师的观点倾向于散户思维，有些分析师的观点倾向于机构交易者。分析师多空调查是一个运用得非常多的工具，具体形式如下：一种是 T 字分析法，也就是合计分析师的多空观点，看多计为正值，看空计为负值，加总后得到一个综合值，如图 10-131 所示，这是 www.dailyfx.com 的专栏"分析师摘要"提供的，这个调查在外汇分析师中展开，表明了分析师对未来 7 天多空的看法。除了 T 字分析法外，还有饼图等多空统计，如图 10-132 所示，很多中文财经网站都有这类统计，中央电视台财经频道也运用了类似的多空情绪调查工具。

图 10-131 分析师情绪

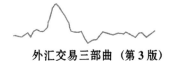
看多，10%

中立，50%

看空，40%

图 10-132　多空情绪饼图

分析师情绪一般可以作为震荡指标使用，这点大家明白即可。在没有出现极端值时，可以顺向看待该指数；当出现极端值时，则要逆向看待该指数。

第七节　风险偏好

通过风险和收益特征我们可以"定位"一个具体的金融标的在整个资产市场的位置，而市场参与者们对风险的态度变化决定了他们会选择什么样风险特征的产品。我们知道了跨市场资金流动的根本原因在于"趋利避害"，风险情绪高的时候以"趋利"为主，因为对风险容忍度很高，风险情绪低的时候以"避害"为主。资金往哪里走？如果你仅仅是想知道资金在大类资产的配置倾向，基本上知道风险偏好即可。主要的风险偏好指标有恐慌指数 VIX、国债 CDS、国债利差、信用利差、高息差货币对等。详细的风险偏好分析参阅《黄金短线交易的 24 堂精品课》的十六课"最关键的指标：风险偏好"。

"风险偏好"这个词是当今外汇交易者进行心理分析的时候应该牢记的一个词，风险偏好与驱动因素的最重要因子有关系，具体而言与地缘政治和经济增长有关系。另外，风险偏好也会影响收益偏好，进而影响市场对高息货币和低息货币的倾向，如图 10-133 所示。关于风险偏好对交易策略的影响请看表 10-1，仔细看这个表就能很好地理解其中的关系，要想更深入地理解这种关系，可以阅读《外汇短线交易的 24 堂精品课：面向高级交易者》的第十八课"洞悉风险偏好的变化：短线交易者必须注意的首要驱动因素"。

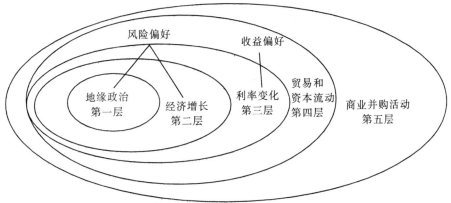

外汇"铁五角"的逻辑层次

10-133 风险偏好和收益偏好

表 10-1 风险偏好、收益偏好和外汇交易策略

地缘政治	经济增长	利率水平	主导交易策略
风险偏好		收益偏好	
政治和经济紊乱	风险厌恶	追逐低息货币	避险交易主导
政治和经济稳定	风险喜好	追逐高息货币	套息交易主导

    风险偏好是一种能够直接为交易者运用于指导交易策略的外汇市场群体心理状态,风险厌恶出现的时候,外汇市场上追逐低息货币。比如 2008 年受到追捧的是美元等低息货币,这时候避险交易成为主导。而此后的 2009 年经济开始复苏,则市场情绪转为风险喜好情绪为主导,外汇市场上追逐高息货币,比如澳元等商品货币,这时候套息交易成为主导。风险偏好是一种明显的市场情绪,它与重大驱动因素有关,自身也是一种重大的市场情绪趋势。关于风险偏好的深入分析和及时跟踪可以阅读 daiyfx 的"套息交易和风险报告",这个专栏如图 10-134 所示,每周更新一次。

CARRY TRADE AND RISK REPORT   ✓ EVERY THURSDAY

FOLLOW THE CARRY TRADE, ONE OF THE MOST CONSISTENT INDICATORS OF RISK APPETITE IN THE MARKET.

Fresh Yearly Highs for the Markets Belie Shaky Confidence, Persistent Uncertainty

Friday, 19 March 2010 03:47 GMT

图 10-134 套息交易和风险报告

资料来源:http://www.dailyfx.com.

"套息交易和风险报告"是用来为套息交易服务的，就我们的目的而言是从中看出市场的风险偏好：当套息交易指数下降时，风险厌恶情绪上升；当套息交易指数上升时，风险偏好情绪上升。这个报告由四个指数组成，如图10-135所示。

第一指数是Daiyfx套息交易指数，另外三个指数分别是Dailyfx波动率指数、风险逆转（美元兑日元汇率）和澳大利亚储备银行的利率展望，这三个指数计算得出套息交易指数。当波动率下降时，意味着避险情绪下降，风险喜好上升，所以会导致套息交易指数的上升，图10-135中就是这种情况。

为什么采用美元兑日元的风险逆转呢？因为这个货币对是典型的"相对高息货币/相对低息货币"，所以能够代表风险偏好，当这个指数上涨时，意味着美元相对日元更有吸引力，那么风险喜好主导；当这个指数下跌时，意味着日元相对美元更有吸引力，那么风险厌恶主导，这时候就会导致套息交易指数下跌，如图10-135所示。澳元作为商品货币，一般坚持高息政策，澳大利亚储备银行的利率期望意味着全球范围内可能的息差水平，当息差足够大到消除风险因素的负面影响就会使风险喜好主导市场，所以理论上讲利率期望上升则表明套息交易指数上升，如果利率期望下降则会导致套息交易指数下降，如图10-135所示。这个报告的正文还会详细列出四个指数的完整走势，如图10-136至图10-140所示。我们利用这个报告的目的是掌握市场主导情绪，这是大家需要明白的地方。

	Current	Last Week	Change	Index Direction
DailyFX Carry Trade Index	25553	25441	112	Rising
Market Indicators	Current	Last Week	Change	Improving/Deteriorating
DailyFX Volatility Index	10.65%	10.95%	-0.30%	Improving
Risk Reversals (USDJPY)	-0.82	-0.78	-0.04	Deteriorating
Interest Rate Outlook (Reserve Bank of Australia)	112bp	116bp	-4bp	Deteriorating

图10-135　套息交易指数

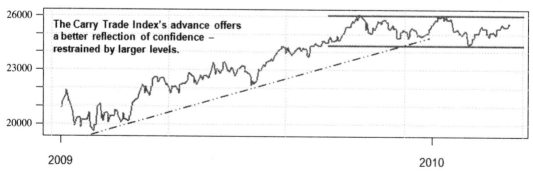

图10-136　套息交易指数走势

图 10-137　Dailyfx 波动率指数

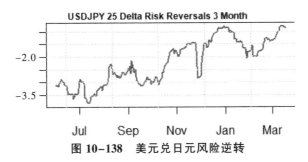

图 10-138　美元兑日元风险逆转

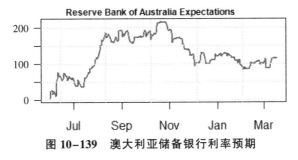

图 10-139　澳大利亚储备银行利率预期

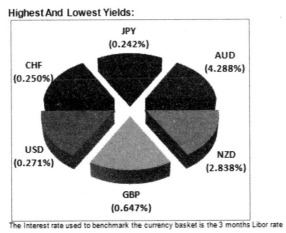

图 10-140　货币基准收益率（基于 3 月期 Libor 利率）

下面我们看一则涉及风险偏好对外汇市场影响的新闻，这则新闻的标题是《风险情绪恶化高收益货币纷纷下滑》：

之前关于希腊有望获得外界，尤其是欧盟国家援助的消息帮助欧元暂时缓解了近期以来的下行压力，然而，希腊官员周四亚市午盘的言论再次引发了相关问题的担忧。该官员称，希腊与德国关于债务问题方面的分歧加深，这令投资者担忧希腊债务问题可能不及之前想象得那般乐观，市场风险情绪急剧恶化，高收益货币在欧元的带动下纷纷下滑。

有希腊官员稍早表示，希腊不寄希望于3月25日通过欧盟峰会获得救助，可能会在4月2~4日复活节周末期间寻求国际货币基金组织（IMF）的救助，目前希腊总理在与IMF主席卡恩（Kahn）进行接触，其并称与德国有关债务危机的分歧加深。

该言论导致市场对希腊债务问题能否获得救援的担忧重被点燃，市场风险情绪急剧恶化，欧元/美元自1.3730下跌50点左右，最低跌至1.3678，欧元/日元自124.00附近下探123.30一线，并带动英镑、澳元等货币集体下挫。日经指数午后复盘也扩大跌幅至0.8%。

希腊官员的言论瞬间颠覆了市场此前的报道。之前媒体称，希腊总理帕潘德里欧（George Papandreou）周三（3月18日）表示，若希腊需要援助，希望欧盟能够做出回应，这也将是最好的选择。而周三欧盟委员会（European Commission）主席巴罗佐（Jose Manuel Barroso）与其会晤时也再次向希腊保证，欧盟已做好帮助希腊克服财政难题的准备。

有分析师称，希腊问题再次成为市场焦点，风险情绪的不稳定促成了汇市的大波动。另外，早些时候三井住友银行（Sumitomo Mitsui Banking Corporation）外汇远期交易部门的主管Satoshi Okagawa声称，"随着3月31日日本财年结束的临近，越来越多的日本交易者不愿激进地调整仓位"。而对冲基金也乘股市回落而卖出欧元。

我们再来看一则新闻，标题为《投资者寻求避险资产 关注美国数据》，这则新闻也与风险偏好有关：

美国零售销售疲弱，希腊债务危机丝毫未得到缓解，市场惊现德国总理默克尔辞职传闻，世界经济论坛警告称全球可能发生第二轮金融危机，中国开始收紧货币政策……近日，金融市场上的负面消息不断，促使投资者寻求避险资产，从而推动美元、日元走高。

那么，接下来的美国金融机构的业绩报告和大量的美国经济数据能否缓和市场紧张神经呢？汇市正严阵以待。

受到一系列基本面因素的影响，欧元重挫，因对冲基金削减欧元头寸。交易员称，这些影响因素包括：美国经济数据疲软和大宗商品价格表现乏力导致避险情绪升温；欧洲央行行长特里谢（Trichet）前夜就希腊问题发表的讲话引发了有关信贷问题的担忧；市场传言德国总理默克尔（Angela Merkel）可能辞职。

特里谢在周四表示，已陷入财政危机的希腊不会受到欧洲央行的特别对待。三菱 UFJ 信托银行（Mitsubishi UFJ Trust and Banking）副总经理 Hideaki Inoue 称，欧元今日的疲软可以归咎于多种因素，但根本原因还是投资者所持的欧元头寸相对于全球经济的复苏速度而言有些过大。周四（1 月 14 日）公布的数据显示，美国 12 月零售额下降了 0.3%；经济学家的预期中值为上升 0.5%。周五亚太时段以及欧市早盘，欧元交叉盘走势扮演着主导汇市的角色。其中，欧元/英镑和欧元/日元的卖盘打压欧元/美元和美元/日元的走势，但是却推动了英镑/美元走高。与此同时，欧元/瑞郎的上涨走势也阻止了美元/瑞郎的走高。欧元/英镑盘中刷新 4 个月低点 0.8812，而欧元/日元则触及 3 周低点 130.48。

接下来，投资者将关注美国众多数据，包括 12 月消费者物价指数、1 月纽约联储制造业指数、12 月工业产出和 1 月密歇根大学消费者信心指数。不过，分析人士指出，除了关注摩根大通（JPMorgan Chase）的四季度财报和美国数据之外，市场还需注意的是，美国金融市场下周一休市，因此在长周末之前，对于美国投资者而言，对所持头寸进行平仓或许是第一位的。

外汇交易涉及心理分析的整个体系我们基本介绍完成了，最后我们要告诫大家使用心理分析法时需要注意两个方面：

第一，根据对市场隐含的信息和交易者的调查，关键是暗含了一个假定：就是这些收集的市场调查信息和交易者意见代表整个市场的态度。并且对分析的预测市场的转折点能起到帮助，但是要全面收集市场调查信息和交易者意见来准确地测量市场的态度存在困难。

第二，心理分析法的缺陷是对进出场的时机把握精度不够，甚至产生重大的偏差，令交易者产生重大的损失。因此，心理分析模型是不能作为外汇交易者的唯一决策法的，但是可以提供有用的信息。外汇市场不断地在发展，单纯依靠某种方法很难适应外汇市场发展，所以要结合多种方法的优点，兼容并蓄，使交易者能兼顾各种模型分析法的优点，更好地适应市场，为交易者获得更好的交易绩效。

下 部
外汇行为分析的精髓
——小处着手跟随

　　合约的波动性以及其趋势强度与技术交易规则的绩效之间存在密切联系!

——加里·诺等

第十一章　行为分析

行为分析是外汇交易者最为重视的部分，也是最没有"技术含量"的部分，行为分析属于技术分析的一个发展阶段，一个总括技术分析基本要点和工具的阶段。

技术分析的圣杯归结为一点就是：区分单边走势和震荡走势。但是，这个圣杯却是技术分析本身所不能追求到的，所以说"技术分析的最高功夫在技术分析之外"。但是，要做到较好地控制和管理风险，同时最大化利润，则必须在技术分析上下功夫。

行为分析是一个十分庞大的体系，无论怎样我们掌握这个体系都必须区分重点，同时把握最根本的要素。任何关于汇价运动行为的分析都可以归结为三个要素：势、位、态，所以任何技术指标的分析都是针对这三个要素展开的。

趋势是市场的主流方向，调整走势是非主流方向，技术分析中有鉴别过去和当下趋势的工具，比如直边趋势线、移动平均线等，这些我们后面会详细地加以研究。

趋势分析的关键是围绕着单边走势还是震荡走势展开。这个问题的行为分析可以告诉你过去的走势是什么，但是对于未来的走势更多的是一种试探和估测，甚至连概率都谈不上，这就是行为分析本身的限制之处。

"顺势而为"就行为分析而言，更多地可以理解为对把握趋势的无可奈何，不能主动去把握，只能被动去跟从。

> 仓位管理不得不涉及技术分析/行为分析。

> 当市场出现大行情时，持续性成了关键特征，这个时候技术指标最有效。

趋势跟踪与价值投资一样，都是化繁为简的做法。除了技术分析之外，还有什么具体的手段能够帮助我们在外汇市场预判和捕捉趋势，参阅《顺势而为：外汇交易中的道氏理论》。

请看表 11-1，我们着重运用的趋势分析工具放在了工具一栏下，后面会有部分涉及，其他没有涉及的理论可以从我们系列丛书中去寻找，比如《斐波那契高级交易法：外汇交易中的波浪理论和实践》。

表 11-1　行为分析的三要素和相应的工具

要素	工具	分析要素
势	三 N 法则（N 字，N%，N 期）	单边 VS 震荡
	两跨（跨时间分析，跨空间分析）	
	螺旋历法+波浪理论	
位	斐波那契水平线	支撑 VS 阻力
	中线（前日波幅中点）	
	波幅（日均波幅和离差）	
态	K 线（价态）	收敛 VS 发散
	成交量（量态）	

位置主要是指阻力和支撑水平位置。当交易者知道了趋势之后，必然对操作方向有了具体的意见，接下来寻找的是进场位置。当然隐含的出场位置也在初步评估之中，这时候位置分析就显得非常重要了。

有哪些位置分析工具呢？其实这个比趋势分析简单，凡是能提供潜在支撑位置和阻力位置的工具都可以为我们所用，后面会详细地分析一些广泛采用的位置分析工具，当然表 11-1 中提供的工具是我们主要采用的位置分析工具。

找到了持仓方向和潜在的进场点，接下来就需要确认这些进场点（顺带也就确认了持仓方向）的有效性，于是广义的形态分析就发挥作用了，这里面用得比较多的形态分析工具是蜡烛图，也就是通常所谓的 K 线。如果你从事股票交易的话，成交量的形态也是确认工具之一，当然成交量也属于心理分析的层面。

位置不具备唯一性，因此需要形态来筛选和确认。

只要能构建一个全面分析势、位、态三要素且具备科学仓位管理和风险控制的策略就能取得较好的交易绩效。

任何技术分析工具都属于"势、位、态"三要素分析的特定领域，当然也可以跨越其中。如果你明白了一个工具的用处，当然也就是知道了它在行为分析中的具体价值，

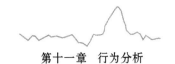

这样你就不会为无数的技术指标和工具所迷惑，你也不会不遗余力地追求更多的指标，因为你会发现只要能构建一个全面分析势、位、态三要素且具备科学仓位管理和风险控制的策略就能取得较好的交易绩效。

如果你采用了几十个指标，但是却没有涵盖势、位、态三要素的分析，则你的交易策略效率必然是很低的。如果你采用了两个技术指标，但却能够涵盖势、位、态三要素分析，那么你这个交易策略的效率必然非常高。本章我们将先介绍一下行为分析的一些总括性要素和特点，从第十二章开始连续三章我们将分别介绍趋势分析、位置分析和形态分析。

一个指标既能作为趋势分析工具，又能作为位置分析工具是常见的情况。

第一节　行为分析在整个分析体系中的位置

行为分析是一般水平外汇交易者的最重要行情分析工具，甚至是唯一的工具，在整个外汇交易中，行为分析的地位如表 11-2 所示。驱动分析可以告诉你大行情出现的概率和大致的主流趋势方向，但是驱动分析离开行为分析之后，交易者就很难控制最小风险和获取最大化利润，很难赢足行情控制亏损。

驱动分析找出了一段时期的最大驱动因素之后，还不能马上料定市场会对此驱动因素展开适当的注意。驱动因素要最终形成行情，必然通过参与者的心理决策，只有通过心理分析这个环节才能真正把握"大行情的实现"。行为分析为具体的仓位管理提供了前提，没有阻力支撑线，我们根本无法进行所谓的交易进出。由此看来，行为分析是整个交易的枢纽，而心理分析则是整个行情分析的枢纽。

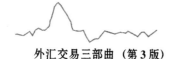

外汇交易三部曲（第3版）

表11-2　行情分析三步骤和仓位管理

第一步	第二步	第三步	第四步
驱动分析	心理分析	行为分析	仓位管理
重要因素确定性结构变化	市场新兴焦点	分形和 R/S	凯利公式
博弈的支付矩阵	博弈主体	博弈的行为分析	寻找占优策略

预期与题材关系密切，筹码与资金是一枚硬币的两面。

　　表11-2的第三行表明了外汇交易每个阶段的主要工具或对象，驱动分析的主要任务是找到基本面中有很大可能发生持续变化的一两个重要因素，而心理分析的主要任务则是找到市场上新兴的焦点。

　　比如一段时期内希腊主权评级下降对欧元走势的影响成为了市场的新兴焦点，一般新兴焦点是由重要因素的结果性变化产生的，也就是说驱动分析可以帮助找出市场的新兴焦点，当然还要通过心理分析来确定，看市场上是不是注意到了这一驱动因素的变化。行为分析的主要目的是找出近期行情走势的关键支撑位置和阻力位置，当然趋势分析和形态分析也很重要，但是行为分析的主要目的是提供进场和出场位置，也就是仓位管理的基础。

　　在西方技术分析当中，也就是行为分析的母体当中，行情分析往往取代了交易的其他部分，甚至技术分析取代了行情分析，进一步取代了真正的交易过程，这也是国内众多股票所遭遇的现实情况。行为分析的发展有两个正确的方向，这两个方向其实就是淡化技术分析而凸显与之相连的两个交易环节。

　　行为分析的第一个方向是行为金融学，以形态背后的心理基础为研究对象而不是以形态本身，形态成为表征而不是本体。这就使交易者的重心由行为分析前移到了心理分析。

　　现在的技术分析特别是一些西方技术形态和指标形态都缺乏坚实的心理基础，如果没有搞清楚形态背后的心理基础则很难做到变通，很容易为表象所束缚，因为心理基础和技术形态并不是一一对应的关系，如果不深究心理基

370

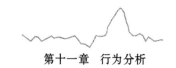

础，则很容易因为执着于具体的形态而导致糟糕的结果，"凡有所相，皆是虚妄"，你执着于具体的行情现象而忽视背后的本质，这就是追逐不确定的东西而放弃了确定的东西，自然是捕风捉影。

行为分析的第二个方向是概率统计学，以技术形态和策略的统计特征为主要研究对象。形态效率的统计、市场波动特征的统计、交易策略的胜算率和回报率、权益最大下跌幅度等这些都是行为分析发展的第二个方向，这个方向实际上与仓位管理比较接近。如果形态比较复杂，则很难进行统计，如果工具比较复杂，也很难进行统计，这就使交易者必须从复杂的技术指标和技术形态中走出来，发展更为简单的东西，运用更为简单的东西。

除了上述两个公认的发展方向之外，行为分析本身的系统化也是一个难题，现在的技术分析出现了分裂趋势和复杂化趋势。很多不明就里的初学者一味追求各种技术指标和特别形态，喜欢收集各种技术指标，他们认为掌握的技术指标越多，掌握的形态越多，则交易绩效越高，这就是典型的技术分析原教旨主义者。

行为分析的系统化必须建立在简洁的基础上，否则又会让学习者步入误区，进入迷宫。本来技术分析或者说行为分析的目的是为了让交易者更清晰地认识市场，结果现在的技术分析本身却让交易者无所适从。我们在后续三章要做的工作就是将技术分析或者说行为分析重新回到一个简洁的框架内，大家可以这样去试着发展自己的行为分析系统，简洁的系统拥有最大的效率，这就是我们在发展行情分析策略时需要铭记在心的一句话。

> 交易中确定性的东西是什么？

> 西蒙斯的大奖章基金就是按照这个方向发展起来的。创业第二年，大奖章基金从年初到 4 月亏损了 30%。西蒙斯携手数学大师亨利·劳佛，花费半年时间对交易策略进行分析和反思。最终他们决定：将过去模型中有关宏观经济数据的部分完全剔除，只留下技术性数据，同时把注意力都集中在高频交易上。这一决定奠定了大奖章基金的基本策略。

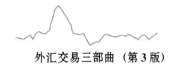

第二节　行为分析的要点在于当下，而不是未来

行为分析与驱动分析和心理分析的焦点存在差别，其分析范围也有差别。行为分析也就是通常所谓的技术分析在运用的时候，非常容易被使用者误用，他们往往将技术分析作为预测工具，焦点放在未来行情的发展上，其实这是非常有害的做法。

当交易者以这样的心态和想法去进行行情分析的时候，必然不会做好"备案"，在预测中人们容易丧失概率思维，忽略"墨菲定律"的事情层出不穷。

不少市面上的技术分析书籍集中于预测未来行情的涨跌，这种做法既违背了市场的本质，也违背了交易的本质。市场的本质关乎混沌，确定性在其中并不占有优势率，撇开内在运动因素，价格的变化在局部表现出随机的特点，这就使所谓的技术分析预测效能大大降低了。交易的本质涉及仓位与期望值的协调一致。当我们将市场看成可以完全预测的时候，也极容易忽视了概率的存在，自然也就是将市场看成是确定的，那么仓位管理的原则也无须考虑和遵守了。

驱动分析的努力方向和作用方向是市场未来的大方向，在行情分析和交易操作中的重点是未来；而行为分析的努力方向和作用方向则是市场当下的状态和走势。

趋势技术指标告诉我们的是当下的趋势，而不是未来的趋势，趋势本身具有持续的特征，但是这并不保证当下的趋势会持续到下一个时刻；震荡技术指标告诉我们的是当下的相对位置，由于相对位置具有高低，自然当下的汇价相对于临近的汇价就具有可能的高低之分。但是，这种区分却不是可靠的，所以当你拿着震荡指标去预测汇价下

关于"墨菲定律"的详细解释可以参阅《外汇交易圣经》一书，对这个原理的最简单解释是：最糟糕的情况最可能成为现实，对于交易者而言，更为现实的心态是"抱最大的希望，尽最大的努力，做最坏的打算"。

一步走势时，很可能跌入"只见树木不见森林"的陷阱。

为什么我们要将"技术分析"改称为"行为分析"，原因如下：第一个原因是"技术"一词本来就是褒义词，任何事物贴上技术的标签之后就与"科学"搭上了或多或少的关系。

想当初我极力收集尽可能多的技术指标时就是受到了这个词的误导，里面存在一些统计成分，这使技术指标很容易让交易者产生迷信。技术分析并非基于科学，更像是基于经验和迷信两者之上：它有合理的成分，但是这种成分更多的是基于局部和片面的暂时经验；它有迷信的成分，因为它将局部和阶段性的东西当作绝对不变的确定性真理来看待。

技术分析其实针对的是现象，而不是本质，这就是使技术分析更多分析的是"价格现象"，而不是驱动价格现象的因素。价格现象其实就是群体行为的表现，"行为分析"当然比"技术分析"更能揭示这个含义。

第二个原因是行为金融学和行为经济学的兴起，使技术分析开始由经验学科向实证科学发展，技术分析的科学形式应该是基于统计学和心理学的。如果忽视了这两个基础，则技术分析永远徘徊在迷茫状态。

行为金融学和行为经济学以及投资心理学和交易心理学对技术分析各种指标和形态的内在机理进行了阐释。既然技术分析的学科实质应该归入行为金融学，那么我们就应该将"技术分析"这个似是而非的名字改成"行为分析"这个更加确实的名字，这样才能合理地表示其真正的内涵和实质。

第三个原因是技术分析一直以预测价格方向作为自己的终极使命，而我们认为这个目的在人类的能力范围之内不可能被持续达到。所以，为了与这种以预测为目的的图形和指标分析方向相区别，我们以"行为分析"来重新命名，以便与老的技术分析相区别，使大家真正看到价格走

经验可以导致迷信，也可以带来科学。

势分析方法的有效方向。

不能由过去的行为简单地推测出未来的行为，毕竟行为是现象，现象基于特定的原因而存在。如果忽视了原因而只看现象，则肯定不能准确地对未来走势进行预测。现象只表明了当下发生的运动，这是技术分析或者说行为分析人士必须认识到的一个问题。

如果你是医生，则行为分析是让你进行解剖。至于疾病的治疗，必须借助于因素分析法。行为分析的主要作用如下：第一，验证驱动分析和心理分析的结论是否有效，当驱动分析和心理分析认为市场应该形成向下趋势时，行为分析是否确认当下的趋势向下？这就是所谓的验证。

第二，如果行为分析得出价格出现了出乎驱动分析和心理分析预期之外的运动，则要查看自己的驱动分析和心理分析是否有重大盲点，或者说与大众一样忽略了关键的新兴驱动因素。

第三，行为分析可以为期望值分析和仓位管理方案提供基础。如果缺乏行为分析，则我们找不出某个行情走势的交易结构。更不知道这个交易结构相应的风险报酬率和胜算率，当然也无法制定相应的仓位管理方案了。

归纳起来，行为分析与驱动心理分析交互参验，也为仓位管理和风险控制提供了基准。无论行为分析发挥哪一种具体的作用，你一定要谨记一点：行为分析着重于当下，而不是未来。即使你采用江恩理论和艾略特波浪理论去分析也应该努力遵守这一原则，江恩理论和艾略特波浪理论提供的更多是有效和较高可靠性的支撑和阻力位置，而不是未来的走势方向。

关于江恩理论，从交易实际出发，我认为点位和仓位管理理论是江恩理论的最大贡献，具体参阅《华尔街45年：顶级交易员深入解读》。

不过，正是江恩理论和艾略特波浪理论这样易于让交易者"走火入魔"的理论使技术分析被误用为预测工具，而不是解剖工具。

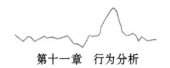

第三节 行为分析的三要素：势、位、态

在本章的第一小节中，我们谈到了行为分析在整个行情分析体系甚至交易体系中的作用和地位，这是从大系统的角度来看行为分析。在本小节中，我们要从行为分析的内在成分和结构出发。

技术分析一直倾向于复杂化和分散化的发展，一直较为常见的分类方法是基于形态和指标两个范畴，但是这对于初学者的掌握以及交易老手的运用并无半点益处。

技术分析其实无非围绕单边走势和震荡走势展开。在技术指标中，震荡分析指标和趋势分析指标是两种对立而不能相互渗透和代替的基本类型。从技术分析工具本身特点出发进行分类对于交易操作的意义不大，我们这里着重从技术分析的要素和步骤出发来阐述。技术分析是散乱化体系代表，我们将重新整理后的技术分析称为"行为分析"。

行为分析离不开三个要素：势、位、态，要把技术分析（行为分析）做到极致，就必须遵守这三个要素的要求。要完整地在分析中囊括这三个要素，否则只能功亏一篑。当然，不少交易者都是只重视其中一个要素，而忽略了另外两个要素，所以损失惨重。比如，突破交易者往往重视位置分析，而忽略了趋势分析，特别是形态分析；抢帽子交易者则往往忽视了形态分析，特别是趋势分析，而唯独重视位置分析。

那么，行为分析三要素具体指的是什么呢？我们在本小节中先简单扼要地介绍一下，毕竟三要素分析涉及的具体内涵和外延并不是一个小节所能涵盖的，具体而全面的介绍将贯穿接下来的几个章节。

"势"就是趋势，任何汇价的行为表现都离不开运动方向，有单边的向上走势、单边的向下走势，当然也有各种类型的震荡走势，主要趋势和次级折返之间共同塑造了某一特定的单边趋势。趋势方向上的走势大多以次级的 5 波构成，而逆趋势方向上的走势则大多以次级的 3 波构成，这个特点无论是在艾略特理论还是加特力理论都有详细的介绍。

这里大家做一定的了解即可，一般而言，艾略特波浪理论倾向于研究和处理单边走势的波浪结构，而加特力波浪理论则倾向于研究和处理震荡调整走势的波浪结

构。既然任何价格走势都存在趋势，则对于趋势的分析则是必不可少的。但是，技术在趋势分析上往往只能告诉你当下状态，这使技术分析很难胜任趋势预测，而更为可笑的是不少交易者正是拿着最不擅长趋势预测的趋势分析去预测趋势。

趋势分析是本书下部第十二章详述的问题，趋势分析是传统技术分析的主题，这恰恰误导了今天的交易者，特别是外汇交易者。

杰西·利弗莫尔时代的金融市场很少有风险报酬结构极差的特殊调整走势，即使十年前的外汇日内走势也是如此。但是今天各类假突破和不规则调整走势比比皆是，这使趋势分析的效率大大下降了。趋势分析本身日益丧失了预测的效率，这可能是今天绝大多数交易者都忽视的一个趋势。所以，为了更有效地运用趋势分析，大家一定要丢弃依靠技术分析预测趋势的幻想，技术分析只能告诉你当下的趋势是什么。

市场是生命体，它在不断进化。

"位"就是支撑位置和阻力位置，当然在更广义的行为分析中和价值投资中也涉及引力位置。关键位置主要是指支撑位置和阻力位置，而这两者是可以相互转换的，我们一般用大写字母 S 代表支撑位置，而用大写字母 R 代表阻力位置。

因为两者可以相互转化，我们一般以 R/S 标注关键位置。支撑位置和阻力位置的确定一般是基于市场特定的走势结构，比如前期高点和低点以及斐波那契水平，甚至江恩分析法和艾略特—加特力波浪分析法提供的"潜在转折价位"。

斐波那契水平/点位包括斐波那契回调水平，一般常用 0.5~0.618 区域，以及斐波那契延伸水平，一般常用 1、1.618 和 2.618。

今天的金融市场，特别是日内交易市场中，找出关键位置非常容易，而且这样做也能得到很高的效用，不像趋势分析，吃力不讨好。当然，如果你愿意从驱动分析和心理分析的角度去探究趋势，则可以比技术分析做得好得多。

一个超一流的外汇日内交易者，应该以驱动—心理分

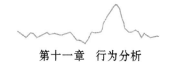

析来预测市场趋势特征，然后以行为分析印证市场趋势特征，同时用行为分析挖掘关键位置，进而为实际操作提供仓位管理的基础，最终还需要行为分析中的态来扣动扳机。

今天的技术分析者，往往丢开位置分析，而专注于趋势分析，殊不知这是一种最不符合经济原理的做法。学习交易的方向和交易的位置，前者的边际效力是递减的，而后者的边际效力则是递增的，关于这点大家可以参看《黄金高胜算交易》的详细介绍。

我认识若干位大隐于市的日内交易者：第一位纵横于 A 股，主要依靠权证和大盘股操作发家；第二位则纵横于商品期货市场，习惯于"突破而作"叠加"试探—加仓"手法；第三位则纵横于国际外汇市场，习惯于结合大的驱动因素把握单边行情。

三位交易者的共同点是精于位置分析，将精力集中于基于位置分析的仓位管理上。为什么位置分析这么重要和有效呢？第一个原因是位置分析比较容易掌握，对于初学者而言，一天时间估计就能够掌握常用的位置分析方法；第二个原因是位置分析比较有效，加上 K 线形态确认更是如此；第三个原因是高效的位置分析在技术分析体系中意义重大，在整个交易体系中的意义更是重大，因为一个交易机会是否值得参与，以多重的仓位参与，需要考虑这个交易机会的风险报酬率和胜算率，而这些都与阻力支撑位置存在相当大的关系，毕竟风险报酬率和胜算率的确定要借助于 R/S，当然也会借助于趋势分析，但是后者的可靠性实在是太低了，所以很难"当真"。

如果说找出重要因素的确定性结构变化是驱动分析的关键，找出新兴市场焦点是行为分析的关键，则找出关键的 R/S 则是行为分析的关键。另外，行为分析还起到承上启下的作用，对驱动—心理分析进行验证，验证它们提出的趋势方向，同时为仓位管理提供基础。

位置分析是行为分析的灵魂，是行为分析的中心，如果你循着这个原则去掌握和运用位置分析则可以做得很好。当然，位置分析不能脱离趋势，因为趋势是全局的，也不能脱离进一步的确认，这就是形态分析。

广义的形态分析包括西方技术形态分析以及单根或多根价格线形态分析，但是我们用得最多的形态分析则是不超过 3 根 K 线组成的反转或者是持续形态。无论是趋势方向还是关键位置，它们在当下的行情是否得到体现都要借助于 K 线形态来确认。

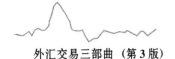

外汇交易三部曲（第3版）

K线的反转形态和持续形态可以用来判断关键点位的有效性。

假如你判定趋势向上，那么当下的K线形态应该阻力处突破向上，在支撑处止跌回升；假如你判定趋势向下，那么当下的K线形态应该是支撑处跌破向下，在阻力处受阻下跌。

一个仓位涉及方向和位置，无论是方向和位置都需要"态"来确认，这就是你要从形态分析中得到的东西，形态分析确认了你在趋势分析和位置分析中作出的判断，使你的胜算率和报酬比大大提高了。

很多外汇日内交易者忽视了形态分析的意义，更为重要的是它们没有恰当地运用形态分析。一种错误的运用是将单个K线形态当作短线交易的趋势指标，这是非常低效的做法。当然，更多的人是完全不重视K线反转形态在确认R/S中的作用。一般而言，如果你能将斐波那契线谱与反转K线结合起来研判，则你的技术分析能力将超越好多人。

行为分析的三要素是：势、位、态，大家务必记住这一要点，当你的行为分析丧失了其中的一点时，则表明你存在继续提高分析效率的极大可能性。如果你的技术分析手段是胡拼乱凑起来的，那么你完全可以根据"势、位、态"三要素的要求来组织它们。

一般而言，一个分析趋势的技术手段，两个分析位置的技术手段，一个分析形态的技术手段是比较合适的搭配。关于行为分析三要素的详细介绍，大家重点把握位置分析，当然对于形态分析也不能疏忽，而趋势分析也是不可或缺的，因为你需要手段来确认驱动—心理分析得出的趋势方向是否"靠谱"。

第四节　行为分析的难题：趋势性质的预测

趋势具有持续性，更具有稀缺性，这是趋势的两种基本

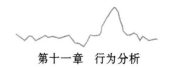

特征。单边和震荡则是趋势的两种基本类型。技术分析的三大前提是建立在趋势持续性的基础上，但是却忽略了更为重要的稀缺性，这也是绝大多数交易者永远亏损的根源之一。

　　传统的技术分析和我们发展出来的行为分析都面临一个困境：技术分析（行为分析）的圣杯在技术分析（行为分析）之内是找不到的，技术分析（行为分析）的最大梦想无法单靠自己实现。

　　技术分析的最大目标是区分单边走势和震荡走势，单边走势被认为是存在狭义趋势的走势，而震荡走势则被认为是不存在狭义趋势的走势。当一个交易者能够识别下一段走势的类型时，他就可以立于不败之地。如果是单边走势，则采用"设定止损，不设止盈"的策略，采用趋势技术指标分析和操作；如果是震荡走势，则采用"设定止盈，不设止损"的策略，采用震荡技术指标分析和操作。

　　但是，技术分析恰恰发展不出一种手段（指标）可以区分当下走势属于单边还是震荡，所以技术分析的最大梦想是技术分析本身永远无法实现的，这就是纯技术分析者的最大悲哀所在。

　　很多交易者都忽视了技术分析的局限性，他们总是假设技术分析可以满足他们的所有要求，而这导致了他们误认了技术分析的能力范围。巴菲特的搭档查理·芒格相当注重"能力范围"对自己的限制，当你在能力范围之内活动的时候，你可以恰当地运用自己的能力和资源，更有效率地达成你的目标；当你超出你的能力范围进行活动的时候，你将犯错误，当然也很难达成你的目标了。

　　技术分析这种手段本身具有很大的局限性，它的三大前提表明了具体的局限所在，很多人不知道这些前提是局限的界碑，反而将前提认作不证自明的公理。技术分析假设历史重演，假设走势具有惯性，假设一切信息都被价格所吸收，如果市场真的像技术分析那样简单的话，大家也用不着来看这本书了。

不要在实力和公德的支撑面之外行动。

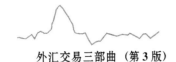
历史重演是技术分析的基础，而技术分析将重演的主要是针对技术形态，也就是所谓的现象。现象的重复出现在自然界也许常见，但在人类参与的事件中，现象的具体外观具有极大的差别，只有现象背后的共同本质才经常出现。技术分析将现象重演作为研究的主体，这误导了交易者，如果双顶和三角形之类的形态简单地重复出现，那么今天的亏损交易者不至于如此之多。

市场走势具有二元特征，这种特征体现在趋势的二元类型上，也就是震荡走势和单边走势的交替出现。历史重演其实并不是形态和价位的简单重复，而更多的是震荡走势和单边走势的交替重复，也就是敛散的交替出现，只有从这种更为本质的结构去理解"历史重演"，才能更好地对价格走势进行分析。

走势具有惯性也是技术分析的重要前提，如果走势没有惯性，技术分析的主流分析策略和操作思路将无用武之地，毕竟如何抓住单边走势是传统技术分析和主流技术分析的主要任务和目标。但是，走势的惯性其实只在单边走势中得到体现，单边走势相对于震荡走势而言是稀缺的，难题还不在这里。

真正困难的地方在于技术分析很难区分出当下的走势是震荡走势还是单边走势。如果是单边走势，那么走势的惯性就很大；如果是震荡走势就谈不上惯性了，最多只能说"继续震荡的惯性很大"。为什么我们学了这么多技术分析之后还是亏钱，其中一个重要的原因在于我们利用了基于单边走势的传统技术分析去把握不只有单边走势的非传统行情。

价格吸收了一切信息，这并不必然是技术分析的要求，但却是所谓的传统技术分析的重要前提条件之一。用"价格终将吸收一切信息"代替"价格吸收一切信息"更为符合实际，价格对于信息的反应在局部和短期内总是处于偏离理性的状态，这是日内交易者必须明白的一个道理，而

> 历史重演更多是规律的重演，而非现象的重演。

> 用"价格终将吸收一切信息"代替"价格吸收一切信息"更为符合实际！

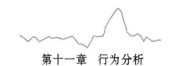

这种偏离却是为了更好地贴近实际的价值中枢。

简言之，偏离是为了更好地接近。汇价的走势必然包含基本面或者说驱动面的预期成分，这个预期是市场情绪和心理对于基本面吸收过后形成的。

为什么人们会如此关注价格而忽视了价格形成的因素呢？这是因为大家认为"价格吸收一切信息"是绝对正确的，而技术分析不能与基本分析并存也是不争的事实，其实这个观点根本就是迷信，是一个未经自己反复验证的谬误观点。

正是因为这一观点的广泛传播而使绝大多数人从来都是纯粹技术分析的信徒。但是，他们忽略了一个不争的趋势：像杰西·利弗莫尔和理查德·丹尼斯这样的纯技术交易者逐渐衰落，一些混合交易者取得了非凡的成功。价格不能及时吸收所有信息，它只是吸收那些当下被市场参与者意识到的信息。

当市场中不具分量的人意识到某些信息的时候，价格并不会有显著的走势出现，所以我们要观察价格吸收的对象而由此引发的走势就必须跟踪那些机构交易者的观点和动向。

纯粹的技术分析不能告诉我们如何判断历史是否会重演，因为价位重现的基础更多的是基于驱动—心理因素的同等程度的再现；纯粹的技术分析不能告诉我们如何判断走势是否会持续，因为价格走势的持续更多的是依赖于驱动—心理因素的持续发展空间；纯粹的技术分析不能告诉我们价格吸收了哪些信息，但是结合驱动—心理分析我们可以知道价格究竟为哪些因素所推动，即将为哪些因素所推动。

总而言之，纯粹的技术分析很难告诉我们趋势的性质，这就是技术分析的短处所在，不过技术分析可以为我们提供其他的东西，这些东西对于交易而言也是必不可少的。

题材和预期，预期和行情之间并非完全对应。

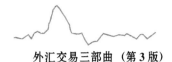

第五节　行为分析的核心：关键位置的确认

乘势当机，"当机"就是讲
的位和态。

　　行为分析不是一系列的图表形态和指标读数所能涵盖
的，行为分析作为技术分析的进一步发展，必然朝着整体
化和高效化的方向发展。"势、位、态"作为这种尝试的代
表出现在本系列丛书中，整体化和高效化要求我们不能忽
略了"势、位、态"三者的任何一个，但是我们仍旧需要
有所重点地进行分析。行为分析的重点和枢纽就是"位"，
行为分析的整个过程都必须牢牢把握住位置分析，正如驱
动分析的整个过程必须牢牢把握住重要因素结构性变化，
心理分析的整个过程必须牢牢把握住市场新兴焦点一样。

　　关键位置的确认是行为分析的核心所在，为什么呢？

　　第一，相对于趋势分析而言，位置分析更为可靠，同
时也更易于产生实际效果，对于交易者而言的意义更大，
虽然形态分析的可靠性也很高但是意义要小得多，而趋势
分析虽然意义很大但是可靠性很差。

　　第二，关键位置能够为交易者提供潜在的具体进场位
置和出场位置，而进场位置和出场位置是计算风险报酬率
和胜算率的基础，而风险报酬率和胜算率则是决定持仓量
的关键，所以关键位置涉及交易与否和交易多少的问题。

　　第三，关键位置，特别是重要的高点和低点以及部分
成交密集区都与重要的驱动实践和市场情绪有关系，历史
上的顶部和底部背后都有特定的驱动面和心理面强度。

其实，推广而言，每个历
史价位后面都有特定的驱动面
和心理面背景，如果能够理解
到这个背景，就能为汇价在今
天驱动面和心理面背景下的走
势判断找到基准。

　　我见识过很多失败的外汇日内交易者，也结识了屈指
可数的几个成功外汇日内交易者，后者同前者的主要区别
在于他们更倾向于在可靠的 R/S 处进场和摆设止损单。风
险控制是交易者面临的首要问题，如果你在交易中因为少
数几笔交易就亏损了大半资金，那么你全盘皆输也是铁板钉

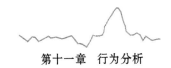

钉的事情了。风险控制的关键在于必须为每笔交易设定"证伪点"也就是止损价位，而这往往要依靠关键位置来提供。

对于止损的设定最简单的要求是：做多交易中，止损点放置在支撑线之下，做空交易中，止损点放置在阻力线之上，关于止损设定的细节可以参看本部分"位置分析"一章的相关章节，当然你也可以参考《外汇短线交易的24堂精品课》相关章节，特别是关于交易可证伪性的章节。

任何交易都由"进出"完成，对于什么条件下进场，如何进场一般大家了解得并不多，对于什么条件下出场，如何出场大家了解得更是屈指可数。绝大多数交易者花在进场上的时间是出场时间的 10 倍以上。但是，如果你忽视了交易在"出场"之后才结束，那么你就会把交易搞砸，因为你没有把握到交易的实质和精髓所在。大多数交易的重点步骤都是"出场"，如果你不知道如何出场，你就不能进场。

何谓交易？"进出加减"是也！那么进场和出场的主要相关因素是什么呢？关键位置！如果你不知道关键位置，你就不知道如何找到高胜算的进场点，也不知道如何找到有保障（高效止损点）的进场点，当然也不知道什么价位出场是高效的。在本部分的第三章，我们将要详细地介绍帝娜进场三式和出场三式与关键位置的关系，这些与大家的实际交易过程都是有重大直接关系的技巧，由此看来关键位置在行为分析中的地位是无可替代的。

总体来看，行为分析中三个部分都是必不可少的，而位置分析是最需要下功夫的，形态分析的确认作用也是要重视的，趋势分析不可或缺，也是最难发挥效力的。

何谓交易？"进出加减"是也！

第十二章　趋势分析

　　市场的涨跌是大部分外汇日内交易者最关心的话题，但是"市场的涨跌"却是一个最不确定的话题，为什么会这样呢？因为"涨跌"需要涉及一个时间段，在一个时间起点和终点圈定的时间段内"涨跌"才可以谈及。

　　交易者们非常热衷于谈及某一品种接下来的涨跌，但是对于涨跌涉及的时间段却并未谈及，这对于交易的实际操作毫无意义，最终往往沦为证明自己正确的谈资而已。尽管如此，不少人仍旧热衷于对不确定的时间段发表涨跌看法。

　　在一个时间段内的涨跌走势基本不会像直线一样地发生，因为市场普遍以曲折的方式来运动。所谓的趋势也就是一个主要移动方向而已，市场以"驱动—调整"的方式朝着趋势方向前进。趋势不同于方向，但是趋势与方向有关，趋势是整体的特征，市场以较大幅度的驱动浪与较小幅度的调整浪结合起来表达趋势。

　　从驱动—心理层面来分析预测趋势比从行为—技术层面预测趋势要有效得多，但是我们仍旧不能忽略了从行为层面展开的趋势分析。如果你不能为自己的持仓确定一个方向，那么你就无法持仓。

　　持仓方向必须考虑到最优的风险报酬率和胜算率。在单边走势中，也就是狭义顺势走势中，行情的回调幅度与

有效比正确有价值。

385

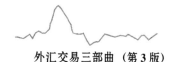

前进幅度相比较更小，同时特定价位回调的可能性低于继续前进的可能性。在震荡走势中，风险报酬率比单边走势更低，所以对于交易者而言宁愿操作单边走势也不要操作震荡走势。但是问题的关键却是我们依靠技术分析无法甄别单边走势和震荡走势，我们只能在走势走出来之后才能对趋势的性质进行判断。

评估接下来的趋势，我们往往需要将驱动—心理分析与行为分析结合起来。如果单单采纳驱动—心理分析，不看价格走势，就容易忽略市场已经吸收的信息，极有可能在一个已经展开行情的末段才入场；如果单单采纳行为分析，就谈不上预估接下来的趋势，当然也很难主动把握大行情，规避大部分调整行情。

本章趋势分析的主要目的有两个：一是确认驱动—心理分析对趋势的预估，进而展开持仓分析；二是查看驱动—心理分析是否遗漏了重要信息。围绕着这两个目标，我们不需要太复杂的趋势分析工具，因为就技术分析而言，趋势分析的工具永远无法甄别出当下的走势性质是单边走势还是震荡走势，趋势分析是为了确认而不是预测趋势性质。这里的"趋势分析"是指狭义的技术分析中的趋势分析部分。

趋势分析尽量简单一些，所以我们本章推崇利用三 N 法则来展开趋势分析，然后会介绍一些主流的趋势分析手段，比如平均线趋势分析法等。经过多年的发展，我们的趋势分析工具已经集中在相对简单的技巧上，比如三 N 法则，如表 12-1 所示，同时我们也让一些传统的简单有效的小策略融入趋势分析中，比如两跨分析，也就是跨时间分析和跨空间分析。除此之外，还有一些其他的技巧可以参考，比如螺旋历法和波浪理论，这方面最好定期查阅一些资深专家的分析，这样可以对市场的整体轮廓有一些理解，当然螺旋历法和波浪理论不是我的重要工具，更不是必要工具。

"两跨分析"是我们在本章进入正式内容之前需要详细介绍一下的内容。交易历史上的标志性事件是三屏系统的

表 12-1　行为分析的要素

要素	工具	分析要素
势	三 N 法则（N 字，N%，N 期）	单边 VS 震荡
	两跨（跨时间分析，跨空间分析）	
	螺旋历法+波浪理论	
位	斐波那契水平线	支撑 VS 阻力
	中线（前日波幅中点）	
	波幅（日均波幅和离差）	
态	K 线（价态）	收敛 VS 发散
	成交量（量态）	

出现，它正式确立了多重时间结构的分析策略。

　　所谓 "跨时间分析"指的是对汇价走势进行分析的时候需要从一个以上的时间结构去分析和看待。跨时间分析的最基本要求是：除了采用交易进行的时间结构，还要采用更高一层的时间结构以便看清趋势。

　　如图 12-1 所示，左边一幅是美元兑日元的 15 分钟走势，右边一幅是美元兑日元的 4 小时走势。所谓 "跨空间分析"则是指跨品种分析，如图 12-2 所示。和跨市场分析相比，跨品种分析就是指几个外汇品种相互参验，其中涉及货币之间的相关系数，这个可查阅《外汇短线交易的 24 堂精品课》的相关内容。

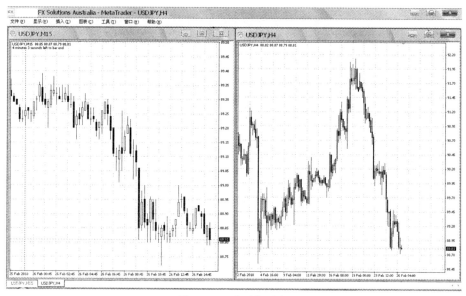

图 12-1　跨时间分析

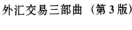

外汇交易三部曲（第3版）

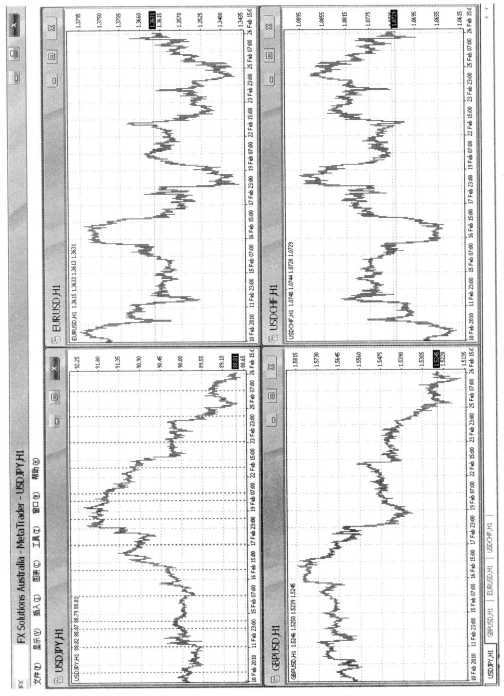

图 12—2 跨空间分析（跨品种分析）

388

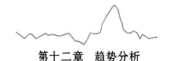

跨市场分析涉及外汇市场与其他市场的相互关系，比如与商品期货市场、贵金属市场、股票市场和债券市场的关系。当然，这里的跨空间分析主要是针对价格的，而不是基本因素的，这点大家需要搞清楚。

重视跨时间分析的人很少，重视跨空间分析的人更少，所以如果你能在趋势分析中重视起这两个工具，则趋势分析的能力将大大提高。无论你采用什么样的趋势分析手段，将两跨分析融入其中都会得到效率的大幅上升。下面我们将重点转移到趋势分析的更一般手段上，这就是本章要介绍的三 N 分析法和主流趋势分析手段。

> 跨时间分析其实是在"谋万世"；跨空间分析其实是在"谋全局"。

第一节　趋势分析的主要手段：N 模式

我们采用趋势分析的主要手段是 N 模式，这是一种最简单的趋势甄别手段，就比较复杂的手段而言，它简单有效，但是最好与跨时间分析结合起来使用，否则你可能也会因为陷入局部而丧失了对整体走势的觉察力。其实，N 字模式包括若干种形式，我们主要寻找那些"大幅度移动—小幅度回调—再度大幅度移动"的 N 字模式。除了这种 N 字模式之外，还会出现其他一些震荡行情中的 N 字模式，不过后者并不在我们关注之列。

如果我们在驱动—心理分析中预判接下来的趋势是单边上扬走势，那么就应该在展开趋势分析的时候寻找当下走势中是否出现上升 N 模式。请看图 12-3，所谓的上升 N 模式如图中标注所示。驱动—心理分析预估接下来的趋势是单边向上，那么你就应该在价格出现上升 N 模式时寻找进场做多机会。这里需要注意的一点是，我们将 N 模式看作一个趋势显示工具而不是预示工具。

> N 模式比较简单，大家可能在我们之前的系列书中已经有一些接触了，比如《黄金高胜算交易》和《黄金短线交易的 24 堂精品课》两书中，在《短线法宝：神奇 N 字结构盘口操作法》一书中，我们详细介绍了 N 字结构在股票市场上的运用。

图 12-3　上升 N 模式

　　如果我们在驱动—心理分析中预判接下来的趋势是单边下挫走势，那么就应该在展开趋势分析的时候寻找当下走势中是否出现下跌 N 模式。请看图 12-4，所谓的下跌 N 模式如图中标注所示。驱动—心理分析预估接下来的趋势是单边向下，那么你就应该在价格出现下跌 N 模式时寻找进场做多机会。这里同样需要注意的一点是，我们将 N 模式看作一个趋势显示工具而不是预示工具。

图 12-4　下降 N 模式

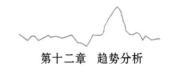

　　这里再重复一下通常的研判步骤，首先在驱动—心理分析中市场处于单边走势，并且确定单边走势的方向，然后在趋势分析中寻找与之相符的迹象。"大处着眼预测，小处着手跟随"。大处是驱动分析，着眼预测的工具是驱动分析；小处是行为分析，着手跟随的工具是行为分析，行为分析是为了跟随，而不是为了预测，搞清楚这点对于理解整个外汇交易流程非常重要。

第二节　趋势的性质：单边市、区间市、收缩市和扩展市

　　不同的市场走势涉及操作上的占优策略，也就是一个类型的市场走势有一个相应的最优策略，但是一个适应所有类型的市场走势的策略才是占优策略。也就是说不管市场走势如何，采取这种策略能够赚取最高的收益。为什么采取最优策略，还要采取占优策略呢？最为关键的原因在于我们很难在走势完成之前确认趋势的性质。采取驱动—心理分析可以识别出一些特别强劲的单边走势和特别疲软的区间市场和收缩市场，但是仍旧不能高胜率地识别出趋势的性质。

> 占优策略是博弈论当中非常重要且实用的概念。

　　趋势的性质是策略建立和有效的基础，对特定趋势性质最有效的策略并不是对所有趋势性质整体有效的策略，前者是最优策略，后者是占优策略。在交易这种博弈行动中，占优策略比最优策略更符合长期取胜的原则。

　　下面我们就分别介绍四种性质的趋势：单边市、区间市、收缩市和扩展市，更为重要的是给出它们的最优策略，最优策略只能在你能事先识别出该类型趋势的前提下使用，否则你就应该偏重采用占优策略。

　　单边市场是玩家的梦幻时刻，幸运的玩家和优秀的玩

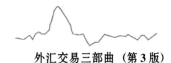
家可以在其中迅速积累起梦幻般的财富，而倒霉和拙劣的玩家则往往赚不了什么钱甚至还赔光了老本。

在 2006~2007 年的中国 A 股大牛市中，我见到了好几个超级幸运的玩家和非同一般优秀的玩家，他们把握住了超级单边走势带来的梦幻机会。单边走势分为两种子类型：第一种是单边向上走势，如图 12-5 和图 12-6 所示；第二种单边向下走势，如图 12-7 和图 12-8 所示。

单边向上走势的特点是向上的波段以相对更大的幅度发展，而向下的波段则以相对更小的波幅向下发展，这类走势中典型的波浪是向上 N 模式。这类走势的最优策略是利用跟进止损来控制出场，而进场方式上更多地应该采取见位进场和破位进场。

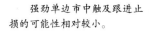

跟进止损也就是我们定义的后位出场。

见位进场就是调整段进场，而破位进场则是在突破前高的时候进场。单边向上走势在进场和出场上的讲究大概就是这些，更为重要的是仓位管理，单边向上走势中恰当地加仓是非常必要的。仓位管理要通过具体的进场和出场来实施，同时仓位管理也可以帮助交易者更好地应对纯技术分析和交易的困境：不能区分单边走势和震荡走势。

强劲单边市中触及跟进止损的可能性相对较小。

在采取跟进止损的前提下，潜在风险是极其有限的，而潜在利润则是非常丰厚的，自然其潜在回报率非常高。由于单边走势不存在连续数次做错方向的可能性，回调幅度也相对较小，所以单边向上走势的风险报酬率和胜算率都相对较高，自然就应该持有较大的总仓位。

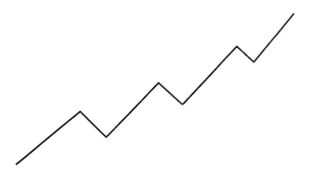

图 12-5　单边向上走势模型

图 12-6 单边向上走势实例

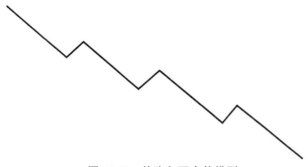

图 12-7 单边向下走势模型

图 12-8 单边向下走势实例

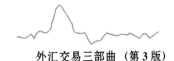
如果不采取止损措施，而只采取止盈措施，则单边走势也不适合交易，如果既不采取止损措施，也不采取止盈措施，则最后的随机出场使交易结果非常不确定。单边向下走势涉及的交易策略也同上述道理。

后面我们将会看到在采取最优交易策略的前提下，单边走势较震荡走势更适合交易，准确地说是更应该采用相对较重的仓位来交易。单边走势的最优策略是设定跟进止损出场，采用见位或者破位策略进场。在这个最优策略下，单边走势可以为我们提供期望值极高的交易机会。

区间走势是非常"引诱"人犯错的一种走势，它为你提供了看似胜算率很高的交易，但是一旦它出乎意料地转向单边走势，则你的损失将变得相当严重，此前丰厚的利润将瞬间吐回，打爆账户也是经常都有的事情。

区间走势类似于西方技术分析中的箱体形态或者说矩形，如图12-9和图12-10所示。区间走势的最优交易策略是设定止盈，同时设定止损，规则和理性的区间走势较难见到，比单边走势更稀缺，区间走势往往与收缩走势和扩展走势夹杂出现，形成不规则的震荡走势，这种走势非常要命，因为风险报酬率和胜算率都极差。

> 期望值由风险报酬比和胜算率计算得到。

图 12-9　区间走势模型

图 12-10　区间走势实例

　　如果交易者能够预先判别走势属于区间走势，止盈是必须设定的，而止损则是可有可无的，当然这里的前提是必须记住预先判别。在实际情形中，要做到预先判别走势属于区间走势基本上不可能高概率地做到，因为震荡走势的确定性远远低于单边走势，而区间走势属于震荡走势。如果区间走势与单边走势都可能出现，而且你不能预先分辨出它们来，就面临几种选择。

　　假如市场只有两种可能走势：单边走势和区间走势，而进出场策略分为四种，如表 12-2 所示，则对于单边走势而言，"设定止损，不设定止盈"为最优策略。对于区间走势而言，"不设定止损，设定止盈"为最优策略。如果你能预先区分出这两种走势，则最佳的做法就是采用相应的最优策略，不过更为实际的情况是绝大多数时候，特别是采用纯技术分析策略进行交易的时候，我们无法预先区分这两种走势，那么只能寻求占优策略，也就是整体上能够取得最高期望值的策略，这就是"设定止损，不设定止盈"的策略。如果加上"试探—加仓"策略，则可以进一步提高期望值，所以"跟进止损（后位出场）+试探加仓"策略是非常经典的一个古典策略。这个古典策略是投机大师杰西·利弗莫尔正式确立的。一般而言，区间走势运动幅度较小，所以通过突破幅度可以过滤区间走势，进而在单边走势可能性更高的走势上加仓，这就是随着风险报酬率升高相应增加仓位的理性做法。

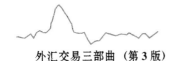

表12-2　最优策略和占优策略（一）

	单边走势	区间走势	策略累计分数
不设定止损，不设定止盈	很难做到持续盈利 （0分）	略微盈利 （1分）	1分
设定止损，不设定止盈	大赚小亏，长期盈利丰厚 （5分）	小额亏损和大量的手续费 （-1分）	4分
设定止损，设定止盈	小赚小亏 （0分）	小赚小亏 （0分）	0分
不设定止损，设定止盈	小赚大亏 （-5分）	只赚不亏 （4分）	-1分

　　区间走势相对于不规则的震荡走势确定性更高，所以其胜算率更高，风险报酬率至少持平，一般情况下区间走势要相对更高些。而单边走势的确定性较所有走势的确定性都高，胜算率和风险报酬率自然也是最高的，当然也应该持有较重的仓位。由此来看，四种走势其实蕴涵了四种不同组合的胜算率和风险报酬率，大家应该仔细看看表12-3的概率组合水平。

表12-3　趋势性质与期望值和持仓水平

	胜算率	风险报酬率	期望值	持仓水平
单边走势	高	高	高正值	重
区间走势	高	平	低正值	轻
收缩走势	高	低	接近0	空
发散走势	低	低	负值	空

　　从表12-3中可以很明显地看出单边走势提供了较高的期望值水平，自然应该以相对较重的仓位进行交易，而属于震荡走势的区间走势、收缩走势和发散走势则应该尽量持有空仓。震荡走势的特点是运行幅度有限，所以"试探进场—运行一定幅度加仓"的策略可以较好地筛选震荡走势和单边走势，试探—加仓策略是区隔单边走势和震荡走势的一种次优策略。为什么收缩走势和发散走势都具有趋负的期望值，我们下面详细地加以分析。

　　西方技术形态中的水平三角形是收缩走势的代表，收缩走势是高点越来越低，低点越来越高的走势，反映了市场越发缺乏驱动因素或者是市场的交易多空双方面临重大的不确定因素，如图12-11和图12-12所示。这类走势中的最优策略是不介入，因为几乎没有盈利空间，虽然风险大幅下降逐步走低，但是交易者持仓却面临资金的时间成本和手续费。

图 12-11　收缩走势模型

图 12-12　收缩走势实例

假如市场存在三种走势，如表 12-4 所示，而交易者不能预先区分三种走势，则占优策略是"设定止损，不设定止盈"。

表 12-4　最优策略和占优策略（二）

	单边走势	区间走势	收缩走势	策略累计分数
不设定止损，不设定止盈	很难做到持续盈利 （0 分）	略微盈利 （1 分）	亏手续费 （−1 分）	0 分
设定止损，不设定止盈	大赚小亏，长期盈利丰厚 （5 分）	小额亏损和大量的手续费 （−1 分）	亏手续费 （−1 分）	3 分
设定止损，设定止盈	小赚小亏 （0 分）	小赚小亏 （0 分）	亏手续费 （−1 分）	−1 分
不设定止损，设定止盈	小赚大亏 （−5 分）	只赚不亏 （4 分）	亏手续费 （−1 分）	−2 分
不介入	不亏不赚 （0 分）	不亏不赚 （0 分）	不亏不赚 （0 分）	0 分

一个市场处于收缩状态中，则肯定存在处于单边走势中的另外一个市场，资金放在前面一个市场就失去了在后一个市场赚钱的机会，这就是资金的机会成本。收缩状态中，虽然可能你能赚些小钱或者是不亏手续费，但是你却失去了本应该赚大钱的机会。

发散走势的典型代表是西方技术形态扩散三角，对于这类走势的最佳做法肯定是"设定止盈，不设定止损"，但是如果交易者不能预先区分扩散走势和单边走势，则这样操作的风险可以达到无限大。

在某些品种中甚至不仅仅是爆仓。

发散走势的特点如图 12-13 和图 12-14 所示，低点越来越低，高点越来越高，但是波幅的中枢一直在一个水平上，每次行情都像要突破了，但是很快就折返了回来，设定止损的人将遭受极大的损失，在外汇日内市场中，发散走势进场与其他震荡走势夹杂出现，使今日的交易非常难做。

图 12-13　发散走势模型

图 12-14　发散走势实例

　　表 12-5 把市场可能出现的趋势类型都囊括进来了，可以看到"设定止损，不设定止盈"是占优策略，这个策略就是在交易者不能预先区分趋势类型的时候采用的策略。

表 12-5　最优策略和占优策略（三）

	单边走势	区间走势	收缩走势	发散走势	策略累计分数
不设定止损，不设定止盈	很难做到持续盈利 （0分）	略微盈利 （1分）	亏手续费 （-1分）	很难做到持续盈利 （0分）	0分
设定止损，不设定止盈	大赚小亏，长期盈利丰厚 （5分）	小额亏损和大量的手续费 （-1分）	亏手续费 （-1分）	小亏损 （-2分）	1分
设定止损，设定止盈	小赚小亏 （0分）	小赚小亏 （0分）	亏手续费 （-1分）	小赚小亏 （0分）	-1分
不设定止损，设定止盈	小赚大亏 （-5分）	只赚不亏 （4分）	亏手续费 （-1分）	小赚 （1分）	-2分
不介入	不亏不赚 （0分）	不亏不赚 （0分）	不亏不赚 （0分）	不亏不赚 （0分）	0分

　　纯技术交易者应该严格按照表 12-5 的占优策略，同时在仓位管理上采用"试探—加仓"策略，也就是说纯技术交易者应该采用"跟进止损+试探加仓"策略作为唯一策略。

　　如果交易者能够引进驱动—心理分析，那么可以较可靠地区分单边走势和震荡走势，但是对于震荡走势内部的三种具体走势却无法进一步区分。驱动—心理—行

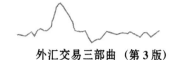

震荡走势内部的三种具体走势是区间走势、收缩走势和发散走势。

为分析者不仅只采用"跟进止损+试探加仓"策略，而且符合时宜地在震荡走势可能性更大的时候采用"不设定止损，设定止盈"策略，因为这是震荡走势的占优策略，如表12-6所示。

表12-6 震荡走势中的最优策略和占优策略

	区间走势	收缩走势	发散走势	策略累计分数
不设定止损，不设定止盈	略微盈利（1分）	亏手续费（-1分）	很难做到持续盈利（0分）	0分
设定止损，不设定止盈	小额亏损和大量的手续费（-1分）	亏手续费（-1分）	小亏损（-2分）	-4分
设定止损，设定止盈	小赚小亏（0分）	亏手续费（-1分）	小赚小亏（0分）	-1分
不设定止损，设定止盈	只赚不亏（4分）	亏手续费（-1分）	小赚（1分）	4分
不介入	不亏不赚（0分）	不亏不赚（0分）	不亏不赚（0分）	0分

不过，更为恰当的做法是将资金尽量放在发动了单边走势的品种和市场上，驱动—心理分析的最大效能是寻找最强劲的单边走势市场和品种，然后利用行为分析和仓位管理进行把握。如果你真想交易震荡走势，那么还是应该采取一个比平时更加宽松的止损，"以防万一"，因为没有人能够百分之百地预先区别单边走势和震荡走势。

本小节是本章的精华所在，结束本小节有一句自认为精华的点睛之笔：利用驱动—心理分析寻找最强劲的单边市场，然后利用行为分析把握这一市场，以"跟进止损+试探加仓"策略管理仓位，这就是梦幻暴利的交易秘籍！（见表12-7）。

表12-7 交易流程秘籍

第一步	第二步	第三步	第四步
驱动分析	心理分析	行为分析	仓位管理
重要因素确定性结构变化	市场新兴焦点	分形和R/S	凯利公式
博弈的支付矩阵	博弈主体	博弈的行为分析	寻找占优策略
寻找潜在最强劲的单边市场和品种		确认单边市场和品种	把握单边市场和品种

第三节　N结构、N期、N%

利用技术分析（行为分析）手段确认趋势而不是预测趋势，这就是我们本章反复强调和阐述的一个主题。除了第一节介绍的N模式或者说N结构之外，我们在本小节还会介绍其他两种一样简单有效的确认手段，这就是N期法则和N%手段。

无论是N结构、N期还是N%，都是在交易高手圈子中运用得比较频繁和普遍的趋势分析和确认手段。这三项法则是我们在趋势分析时用到的最一般手段（见表12-8），无论是从事外汇交易还是股票交易、商品期货交易，基本都以这三项法则作为基础。

N字法则在股票和外汇交易中用得较多，特别是股票日线交易和外汇的1小时交易中，而N%法则在期货和股票交易中用得较多，N期法则在期货和外汇交易中用得较多。三N法则一般叠加两跨分析使用，也就是说分析两重以上时间结构走势中存在的三类N法则走势，同时分析两个以上相关品种的N法则走势。螺旋历法和波浪理论属于比较复杂的工具，花费精力很大，我对此有深入的研究，自己也曾经花了很长时间来分析宏观走势的波浪结构，但是最后我发现利用一些专家现成的跟踪分析更好，我只需要看得懂他们的分析过程和结论即可。

不过对于趋势跟踪交易者而言，这些工具用处不大。

表 12-8　趋势分析常用工具

要素	工具	分析要素
势	三N法则（N字，N%，N期）	单边VS震荡
	两跨（跨时间分析，跨空间分析）	
	螺旋历法+波浪理论	

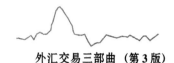

下面我们对三N法则做一些概括性和对比性的介绍，具体的用法将在接下来几个小节中加以展开。N字结构或称N字模式，其实是看走势是否存在基本的"驱动—调整"结构，如果存在这个结构，那么市场就存在单边趋势，如图12-15所示。这是欧元兑美元的日线走势图，图中标注了一个典型的向上N字结构。

一个N字结构由三个波段组成，而一个向上N字结构则是这样组成的：第一波段是向上推动浪，第二波段是向下调整浪，所谓调整浪就是不能突破此前一浪的波段幅度，第三波段又是向上推动浪，推动浪的波动区间肯定要突破此前一浪的幅度。

图12-15　向上N字结构实例

N字结构可以确认趋势向下或者向上，又或者是不存在单边走势，但是它却很难预先料到趋势走向，所以当我们在驱动—心理分析中做出大致判断之后，应该用N字结构这类工具来确认判断和把握入场时机。记住，N字结构不是用来预测的，而是用来确认和跟随趋势的！

N期法则是交易界中为赢家们广泛使用的另外一个工具，这就是定义N根价格线的最高点和最低点，如果价格

严格来讲N字结构不能对趋势作出任何预测。

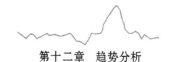

突破此高点则趋势向上，价格跌破此低点则趋势向下，如果维持在此最高点和最低点之间运行则是震荡走势，著名的周规则和海龟交易法就是 N 期法则判市的典范。

　　请看图 12-16，我们有时采用斐波那契数字 13 为 N 赋值，也就是说寻找最近 13 期的最高点和最低点，在本例中是欧元兑美元的日线走势，13 期高点和 13 期低点标注在图中，可以看到今日的价格跌破了 13 期的最低点，确认趋势向下。

　　在外汇市场中，N 期法则的运用有很多典范，比如汉斯时区突破交易法，当你能够确切定义一个经验性的震荡区间时，你就可以采用 N 期法则来识别单边趋势，过滤市场噪声。

图 12-16　N 期法则实例

　　除了利用特定时间段内的波幅作为确认趋势的规则，还可以利用特定的波幅作为确认趋势的规则，这就是 N% 法则，这个法则没有 N 期法则那么具有适应性，自然也就缺乏跟随市场性质变迁而收缩的弹性。

　　在外汇交易中，我们较少利用 N% 法则，在股票交易中用得比较多一些。所谓 N% 法则，就是指当价格从最低价上涨超过 N% 确立向上趋势，当价格从最高价下跌超过 N% 确立向下趋势。请看一个实例，如图 12-17 为欧元对美元日线走势，价格从最低价上涨超过 4% 被定义为向上趋势确立。

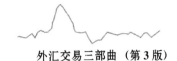

图 12-17　N% 法则实例

　　我们建议大家在趋势分析中将三 N 法则和两跨策略结合起来运用，把这两套工具运用熟练，你的外汇交易也好，股票交易也好，期货交易也好，必将提高不少绩效。下面我们就详细展开三 N 法则和其他一些被普遍使用的趋势分析和确认手段。

第四节　趋势分析手段一：N 字法则

　　N 字法则其实并不是简单的"推动浪+调整浪+推动浪"，这只是我们用来识别单边趋势的一种 N 字而已，除了这种 N 字之外，还存在着其他一些经常出现的 N 字结构，了解这些 N 字结构对于实际交易也存在不少益处。

　　N 字结构分为三种类型，如图 12-18 所示。第一种是单向突破 N 字结构，也就是两浪推动中间夹杂着一浪调整；第二种是未突破 N 字结构，也就是一浪推动跟着两浪调整；第三种是双向突破 N 字结构，也就是一浪推动接着两浪都是伪推动浪的情况，类似于趋势中的发散类型。

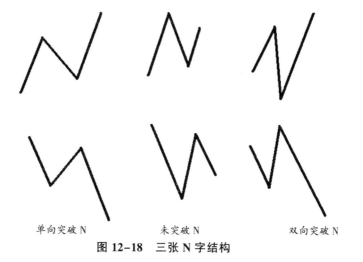

图 12-18 三张 N 字结构

单向突破 N 字结构是确认单边走势的有效标志，但是一旦遇到类似双向突破的结构则会令严格止损的交易者面临不断的损失。双向突破 N 和未突破 N 一般出现在震荡走势中，未突破 N 在主流交易策略中比较好对付，而双向突破 N 对于纯技术交易者而言只能靠"试探性仓位（轻仓）"以及放宽止损幅度来对付了。

驱动—心理分析评估了最可能的趋势之后，我们一般就要密切关注三重走势屏上是否出现了符合的单向突破 N 字结构，如果出现了，那么接下来就涉及进场点确定和确认的问题。在进场点问题上，单向突破 N 字也具有重要的地位，请看图 12-19。

对于上升单向突破 N 字，前期高点被突破处的 B 点就是破位进场点，而前期低点获得支撑处 A 点就是见位进场点。当然在此情况中，B 点突破阻力的有效性涉及持续上升 K 线形态的确认，A 点获得支撑的有效性涉及看涨反转 K 线形态的确认。对于下跌单向突破 N 字，前期低点被跌破处的 B 点就是破位进场点，而前期高点获得阻力处的 A 点就是见位进场点。同理，在此情况中，B 点跌破支撑的有效性涉及持续下跌 K 线形态的确认，A 点受到阻力的有效性涉及看跌反转 K 线形态的确认。

放宽止损在理论上可以做到，实际上面临两难选择。

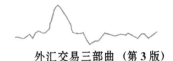

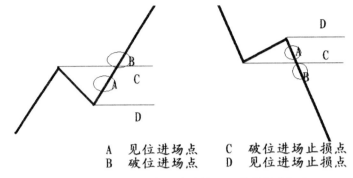

A　见位进场点　　C　破位进场止损点
B　破位进场点　　D　见位进场止损点

图 12-19　单向突破 N 字结构和两种常见进场点

　　调整中进场是见位进场，突破中进场是破位进场，这是最基本的两种进场方式，而这两种方式特别是破位进场方式要依赖于单向突破 N 字结构。而对于未突破 N 和双向突破 N，无论是见位进场还是破位进场都很难对付，只能靠轻仓来对付，也就是在行情发展到一定幅度和时间之后才加仓，此前一直采用试探性仓位，这样就可以减轻未突破 N 和双向突破 N 的危害了。

第五节　趋势分析手段二：波幅突破

布林带鞍马交易策略可以参考《外汇交易圣经》和《外汇短线交易的 24 堂精品课：面向高级交易者》，以及《黄金短线交易的 24 堂精品课：K 线战法和斐波那契技术》三本书的相关章节；英镑择时交易法可以参考《外汇交易圣经》和《外汇短线交易的 24 堂精品课：面向高级交易者》两本书的相关章节；汉斯突破交易法可以参考《外汇短线交易的 24 堂精品课：面向高级交易者》一书相关章节。

　　N%法则与波幅突破基本等同，所以本小节要介绍的波幅突破也就是 N%法则，我们设定 N%等于 4%。这里来看一个实例，与之前的上升实例恰好相反，请看图 12-20。美元兑加元从最高点下跌，下跌了 4%确立了向下的趋势。

　　波幅突破是很古老的话题，除了波幅比例突破之外，还存在固定波幅突破，比如我们定义固定波幅为 500 点，则一个方向上发展超过了 500 点则确认趋势向上。除了上述两种比较常见的波幅突破之外，还有其他一些波幅突破定义规则，比如我们提到的布林带鞍马交易策略和英镑择

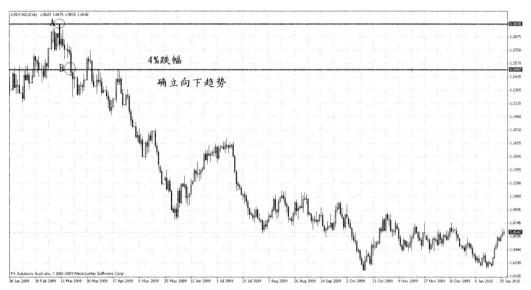

图 12-20　价格走势跌破 4% 的波幅确立向下趋势

时交易法，以及汉斯突破交易法。

除了上述这些我们介绍到的方法，还存在 TPO 市场轮廓理论的开盘区间突破交易法以及杰克·伯恩斯坦的开盘半小时区间突破交易法，这些大家可以参考相关的材料，我们要谈的是这些策略背后隐藏的思想。

这些策略都存在一个内在一致的结构，这就是市场走势被划分为两个部分，比如外汇日内走势中亚洲市场的相对盘整和欧美市场的相对趋势。其实，许多成功的交易策略都是基于此种模型，比如下面一小节要介绍的期货交易中大名鼎鼎的周规则。

波幅突破隐藏的模型是什么呢？我们称之为"市场敛散走势的内在机制"，在《黄金高胜算》中我们谈到了"敛散"，但是没有透露这一模型。由于本书是针对外汇资深交易者，所以能够让大家在以前知识和经验的基础上搞懂这一"普遍的交易结构"，毕竟这一结构是当今许多有效交易策略建立的基础。

什么是"市场敛散走势的内在机制"？请看图 12-21，虽然开盘区间突破交易法中蕴涵了这一机制，但是这一机制并不局限于在开盘区间突破走势中发挥作用。这一模型将市场划分为两个阶段，这两个阶段是相互对立又相互统一的。

第一阶段是"散户时段"：市场筹码分散，仓位分散，处于震荡走势，缺乏活跃氛围，买卖力量都处于弱势状态，这一走势的末端开始有主力介入，他们的目的是测试上下价位的买卖力量，同时通过触发止损来试图制造走势冲力，这个过程我

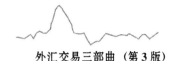

外汇交易三部曲（第 3 版）

们称之为"试力"，好比太极和意拳中的试力过程，试力是为了发力。

为什么要"试力"？这是因为主力要寻找"阻力最小路径"，与用兵之道相合——"避实击虚"。找到顺应力道之处，则全力推进，然后突破开始，趋势成形，这就是第二阶段主力时段。从散户时段到主力时段有波幅异动点，这就是"节点"，外汇市场中的这个节点还是有一些规律的，特别跟三大市场的轮换和交接有关，这个大家自己去把握。

关于"敛散分析"和"节点捕捉的一般原理"可以参见《黄金高胜算交易》和本书后面的相关章节。

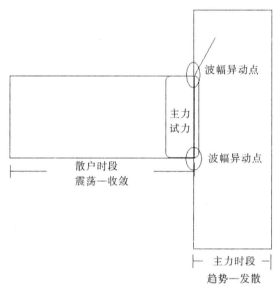

图 12-21　市场敛散走势机制图

下面我们结合两个真实实例来推演一下"市场敛散走势的内在机制图"，一旦你掌握其中的"诀窍"，则你完全能够做到"以无法为有法，以无限为有限"，推导和设计出别具一格的区间突破交易法，而这些方法一定能够与周规则、英镑择时交易法、汉斯交易法相媲美。

请看第一个例子，这是欧元兑美元的 5 分钟走势，见图 12-22。在澳大利亚和亚洲时段，市场处于震荡走势，毕竟两个时段的交易力量一般处于弱势，所以交投清淡，处于震荡收敛走势。之后逐步进入欧洲时段，这是外汇交易的最大势力市场，主力开始试力，上推下拉，寻找阻力最小路径。

图 12-22　外汇市场走势中的敛散机制图 1

　　主力很快就向上突破成功并且在区间顶部获得进一步上涨的支撑，这表明阻力最小路径被确认，结合我们在之前一小节中提到了"N 字法则"，你应该很快知道趋势的确立。

　　下面我们再来看第二个实例，请看图 12-23，这是美元兑日元的 5 分钟走势图。汇价同样是在澳大利亚和亚洲时段处于震荡走势，交投清淡，临近欧陆和英伦开盘时主力入场试盘，首先是往下试盘，很容易触发多单在区间底部的止损，并引发大量的买单介入，阻力最小路径确认，汇价不断大幅度下跌。

　　最好的波幅突破策略是隐藏上述模型思想的策略，如果死扣固定波幅或者比例波幅，未必真的能够过滤和确认市场的趋势。

　　当然，如果你是《5 分钟动量交易系统》的读者，则你应该可以结合均线和 MACD 柱线穿越去识别波幅异动点。布林带是波幅异动点的良好识别武器，从《黄金高胜算交易》的"形态敛散分析理论"和《外汇交易圣经》的"鞍马式交易策略"（本书也有涉及）中可以发现这一点。

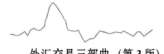

图 12-23　外汇市场走势中的敛散机制图 2

第六节　趋势分析手段三：周规则

周规则的全称是四周规则，属于 N 期法则的一种。在过去十年中，随着计算机技术的进步，关于在期货市场建立技术性交易系统的问题，人们进行了大量的研究。这些系统在本质上是自动化的，消除了人类情感和主观判断的影响。

另外，它们也越来越臻于复杂。起初用的是简单的移动平均法，后来又加入了双移动平均线交叉、三移动平均线交叉的内容，再后来又把移动平均值线性加权、指数加权。

最近，人们又引入了高级的统计学系统，如线性回归系统。上述系统的首要目的依然是追随趋势，即首先识别趋势，然后顺着既有趋势的方向交易。不过，随着越来越复杂、越来越富于想象力的系统和指标的出现，也有些不妥的倾向。人们往往忽视了那些简单、基本的工具，而它们的效果相当好，经受住了时间的考验。下面我们就来说说其中一种最简便的方法——四周规则：

• 只要价格涨过前四个周内（照日历算满）的最高价，则平回空头头寸建立多头头寸。

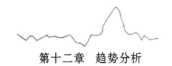

●只要价格跌过前四个周内（照日历算满）的最低价，则平回多头头寸建立空头头寸。

如上所述，本系统属于连续工作性质（连续在市），即系统始终持有头寸，或者是多头，或者是空头。一般地，连续在市系统具有一个基本的缺陷。当市场进入了无趋势状态时，它仍处在市场中，难免出现"拉锯现象"。

我们曾经强调过，在市场处于这种无趋势的横向状态时，趋势顺应系统效果很差。此后，有诸多改进，但是在美国技术分析师协会的一次官方文件中确认了周规则为过去30年绩效最好的机械交易策略。

我们不利用周规则进行交易，我们主要利用周规则确认趋势。请看图12-24，这是英镑兑日元的日线走势图，最近20个交易日（四周）的最高点和最低点用小圈标注了出来，而最近一个交易日跌破了最低点，由此确认了向下的趋势。周规则在我们这里仅仅作为确认趋势的手段，至于具体的进场和持仓水平需要由"位置分析"和"形态分析"以及仓位管理来确定。

图 12-24　周规则

周规则一直作为交易策略出现，随着金融市场参与者的逐步复杂化，根据简单的突破而作策略越来越捉襟见肘，但是周规则作为趋势确认策略却非常合适。不少交易者一直对于是否采用周规则作为交易策略非常矛盾，之所以这样还是因为简单突破而作策略在不规则震荡走势频繁出现的情况下显得有些无奈，特别是日内交易市场。不过，如果将周规则运用在较大的时间框架上下，或者是仅仅作为趋势确认

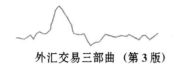

手段而不是进场策略和出场策略，那么我们一般可以得到一个令人满意的结果。

第七节　趋势分析手段四：移动均线等趋势指标

现在采用得最多的趋势分析手段是移动平均线，不过绝大多数交易者都把移动平均线"神化"了，认为均线背后真的有什么神秘的力量在控制着价格的走势。

均线也是一种趋势确认手段，而不是趋势预测手段，这是大家要搞明白的一个地方。均线之所以可以在某种程度上确认趋势，最为关键的原因是趋势的发展具有持续性，所以会使价格保持在均线的一侧相当长一段时间，同时过滤掉那些短暂性的走势。不过，均线很难在保持及时性和可靠性之间取得最优的均线，往往是顾了确认趋势的及时性就丧失了可靠性，而顾了确认趋势的可靠性就丧失了及时性。

移动平均线有很多种分类方法：一是按照计算平均的方式不同进行分类，比如简单移动平均、指数移动平均等；二是按照计算平均的参数不同进行分类，比如收盘价计算平均、中值计算平均、开盘价计算平均等。一般而言，市场都采用收盘价来计算平均值，同时简单平均仍旧是采用得最多的一种均线类型。

利用移动平均线对趋势进行确认主要有两种方式，第一种是单均线确认，如图 12-25 所示，当汇价在均线之下趋势向下，当汇价在均线之上趋势向上。单根均线的期数取值一直是不少交易者津津乐道的主题，斐波那契数字、周倍数、年分数一般是大家用得较多的取值。

确认趋势的第二种方式是多均线确认，如图 12-26 所示，一般采用两条均线、三条均线类推：当较短期均线在

均线与经济周期具有某种契合性。

图 12-25 单均线趋势确认法

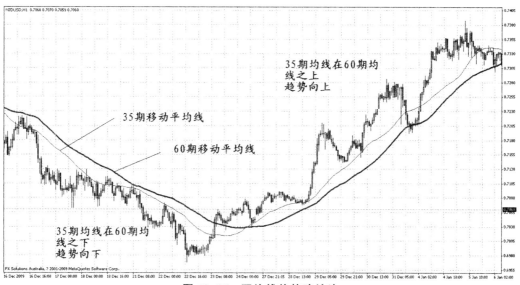

图 12-26 双均线趋势确认法

较长期均线之下时趋势向下；当较长期均线在较短期均线之下时，趋势向上。

均线的使用并不仅仅是确认趋势，通常还可以作为乖离指标使用（葛氏均线八法主要就是将均线当乖离指标使用），当然均线作为支撑阻力也是用得比较多的一种方法，这种方法也可以看作是乖离指标的一种用法变种。

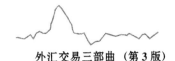

第八节　趋势分析手段五：大时间框架制约

　　大框架制约其实就是说更大的时间框架的走势制约相对更小的时间框架的走势，比如日线走势制约 1 小时走势，1 小时走势制约 5 分钟走势。当然，这种制约其实并不准确，因为更大的时间框架可以让交易者更能看到整体的走势，而整体就是趋势的代名词。这种分析手段其实就是跨时间分析原则的具体化，常用的方式无非两种，第一种是将不同时间框架的走势图一起查看，如图 12-27 所示。上面是美元兑日元 1 小时走势图，下面是美元兑日元 5 分钟走势图，两图结合起来看，就能对宏观走势和微观走势有更好的理解，主要是对 5 分钟走势有更深的理解。

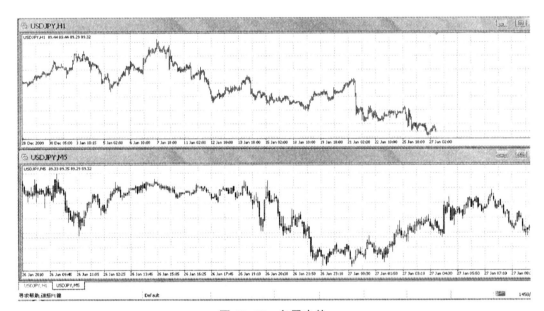

图 12-27　多屏走势

　　第二种是采用多框架指标同列显示，如图 12-28 所示，副图是根据同参数 MACD 定义的不同时间框架下的牛熊信号，这个指标可以从本书提供的网站免费下载。

　　关于大时间框架制约，我们就讲这么多，因为不是很复杂的问题，所以也不用着墨过多。

图 12-28　多重时间框架叠加指标

第九节　趋势分析手段六：直边趋势线

"一把直尺走天下"，直边趋势线曾经风光无限，但是在今天，直边趋势线更多让位于其他更为灵活的分析手段。直边趋势线的理论非常简单，无非是找到一段走势起头的两个点，然后作出直边，以此作为跟踪趋势和管理交易的手段，但实际上由于走势非常不规则，所以直边趋势线不是那么好用，比起水平的 R/S 线，直边趋势线已经越来越不适应外汇日内交易的需要了。

直边趋势线是趋势分析的主流手段，它分为上升直边趋势线和下降直边趋势线两类。上升直边趋势线如图 12-29 所示，以 a 点和 b 点画出上升直边趋势线，当汇价回调到上升直边趋势线的时候（重要的是 K 线出现看涨反转形态）传统的调整进场机会出现，当汇价跌破此趋势线的时候，一般认为向上趋势暂告一段落。

下降直边趋势线如图 12-30 所示，以 a 点和 b 点画出下降直边趋势线，当汇价回调到下降直边趋势线的时候（重要的是 K 线出现看跌反转形态）传统的反弹进场

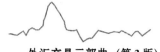

图 12-29　上升直边趋势线

图 12-30　下降直边趋势线

机会出现，当汇价升破此趋势线的时候，一般认为下降趋势暂告一段落。

我们一般很少利用移动平均线和直边趋势线来确认外汇的趋势，当然在黄金交易中我们有一些运用，但是并不是一般的用法。再次强调一点，我们主要运用的还是三 N 法则叠加两跨策略，当然对于日内交易我们还非常重视日内中线的运用，这就是下面一小节将要谈到的"中线法"。

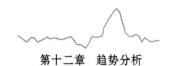

第十节 趋势分析手段七：中线法

日内走势的趋势怎么去确认，一个办法是看前一日的 K 线形态（或者是前两日到三日的 K 线形态），第二个办法则看当下的价格在中线的位置。

什么是"中线"？请看图 12-31，本交易日之前一天的波幅最高点和最低点构成一个波动区间，这个区间的中点画出一条线就是今日的中线。中线指标可以从我们提供的网址免费下载，这样就可以很快计算出你需要的中线，而不用自己亲自动手计算。

图 12-31 中线

那么，如何利用中线确认当下的趋势呢？请结合图 12-32 来理解，当今日汇价在中线之上，则向上趋势被确认，如果今日汇价在中线之下，则向下趋势被确认。当然，如果你遇到围绕均线的不规则震荡走势也无法利用中线找出一个明确的交易方向，这是所有技术分析指标和手段的共同缺陷。

下面我们就来看如何利用中线来甄别当下趋势的实例，请看图 12-33，这是欧元兑美元的 1 小时行情走势，在这段走势中，中线指标可以很好地为我们确认交易当天的趋势，除了第一天之外，后续三天都是向下趋势，因为中线在价格之上。当

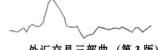

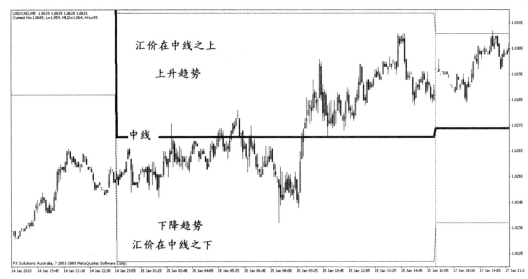

图 12-32 中线定义趋势

图 12-33 中线定义趋势实例

然，中线一般用于确认交易日当天的走势，对于日间交易者也有一定的帮助，但主要还是辅助日内交易者的分析和交易。

趋势分析的主要手段我们基本已经介绍给大家了，但是趋势分析只是行为分析的开始，当利用趋势分析确认了驱动—心理分析得到了交易方向之后，我们就应该寻找具体进场位置，这就是位置分析的主要任务，下面一章我们将对位置分析进行详细的介绍和演示。

第十三章　位置分析

位置分析之所以重要，是因为市场走势运用都不是直线式发展的，市场体现出一定的随机扰动特性，这就要求交易者需要应对噪声风险。同时，交易者还要防止交易方向与趋势不符合。这两点要求交易者必须控制风险，设定交易的持仓临界点，或者说证伪点，而这需要借助于一系列关键位置。要找出关键位置，就必须进行位置分析。

最差劲的交易者只注重询问和分析市场的涨跌，绝大多数交易者都属于最差劲的交易者。中国股市的交易者基本上都属于此类，因为股票是那种即使最差劲的交易者在短期内也看不出自己有多差劲的博弈游戏。要想超越最差劲的交易者就必须注重进场位置，特别是出场位置的分析。

如果你忽视了位置分析，你的交易往往控制不好风险，自然看对了赚不了钱，看错了亏大钱。本章的位置分析主要围绕阻力位置和支撑位置展开，当然没有分析引力位置，毕竟对于短线交易而言，阻力位置和支撑位置的意义要大得多，像汇率平价这类引力位置对于日内外汇交易者意义真的不大。

股票是那种即使最差劲的交易者在短期内也看不出自己有多差劲的博弈游戏。

位置分析的手段很多，但是绝对没有趋势分析的手段多，所以掌握起来非常快。而且位置分析比较明确，不像趋势分析那样大而不当。最为重要的是位置分析得出的结论比较可靠，可靠性比趋势分析更高，与形态分析的可靠

性相比也不逊色。

位置分析的核心始终围绕着寻找支撑和阻力，而寻找阻力和支撑的有效手段则是斐波那契指标以及轴心点指标、Camarilla 指标等，如表 13-1 所示。除此之外，像江恩比率等手段也经常用作位置分析。

表 13-1　位置分析的工具和要素

要素	工具	分析要素
位	斐波那契水平线	支撑 VS 阻力
	中线（前日波幅中点）	
	波幅（日均波幅和离差）	

绝大多数外汇交易初学者的毛病在于忽视进场和出场位置，但是也要注意到一种倾向，那就是一些交易者习惯于"高抛低吸"的震荡走势，所以往往忽略了止损的设定，虽然看起来好像利用了见位进场，实际上却忽视了真正的进场点，自然也就忽视了止损出场点的设定。

下面我们就一同进入行为分析的核心部分——位置分析。

第一节　位置分析的主要手段：R/S 模式

位置分析主要围绕支撑阻力展开，支撑以 S 代表，阻力以 R 代表，由于支撑和阻力是可以相互转化的，所以我们以 R/S 同时指代支撑和阻力。R/S 模式是位置分析的主要手段，围绕 R/S 我们可以找出可能的进场点和可能的出场点，从而确定出潜在交易的风险报酬率结构，进而计算出合理仓位。

阻力位置是指那些限制价格涨势的位置，如图 13-1 所示，图中的前期高点价位作为阻力位置 R，此后美元兑加元的汇价升至此位置时受到了一定的阻力作用，但是最终被突破。阻力位置与支撑位置一样，好比市场温度计的刻度，可以衡量市场驱动因素的强度。驱动—心理分析是要把握烧水壶下的火候大小，而行为分析则是直接利用温度计衡量水壶中水的温度，驱动—心理分析具有前瞻性，而行为分析则具有跟随性。

图 13-1 阻力位置（S）

支撑位置是对行情下跌走势起限制作用的价位，如图 13-2 所示。前期低点形成了一个关键位置，此后美元兑加元两度跌至此支撑水平 S，第一次起到了支撑作用，第二次则跌破了。

图 13-2 支撑位置（S）

找出 R/S 比确认市场的方向容易多了，虽然看起来一定时间框架内 R/S 有若干条，而市场方向无非三个，有意义的无非两个，比起来似乎市场方向比 R/S 更好确

定，其实正好相反。

理由这里就不再赘述，反正大家应该将超过 1/2 的精力用于位置分析上，这样才能成为一个水平高超的交易者，要知道绝大多数外汇交易者都将主要精力放在了利用技术分析手段进行涨跌预测上。

第二节　引力位和反弹位

R/S 属于反弹位置，在日内交易中，特别是出现后面将要介绍的顶位进场点时，R/S 这类反弹位置会变成引力位置，价格触碰到这些位置后不会迅速离开，而是在此位置"纠缠"，好像这里存在一个引力一样。引力位置表明多空双方在此达成短暂的共识，好比微观经济学供求原理中的均衡情形。

一般而言，在支撑位置向阻力位置或者是阻力位置向支撑位置缓慢转化的过程中，关键位置会暂时地充当引力位置，请看图 13-3，美元兑加元到达前期高点构成的阻力位置时，第一次接近出现了反弹，第二次和第三次接近则纠缠于此位置，使此阻力位置暂时充当了引力位置。

图 13-3　反弹位置和引力位置

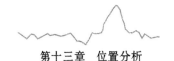

反弹位置包括阻力位置和支撑位置，在边缘介入法中反弹位置也被认为是边缘位置，也就是偏离引力的位置，市场的价值中枢可能精确化，但是偏离中枢的边缘位置则相对较好确定，这就是巴菲特和索罗斯进行交易的一个主要思想。索罗斯把握的边缘位置不是一般的反弹位置，而是在年线上看起来都非常重要的阻力支撑位置。另外，支撑和阻力位置与金融心理学密切相关。

一般来说，交易者很少能够把握到市场转折的关键位置，但是对于像索罗斯这样的"快刀手"而言，如果不能抓住关键的市场反转点，则会面临很高的市场风险。当然大师也非不犯错误的常胜将军，全世界能够捕捉宏观大势转折点的投资大师，只有屈指可数的几位。比如巴菲特在最低点买入白银，保尔森在最高点做空房贷，而索罗斯则是在英镑和泰铢的历史顶点附近做空。

要精确地把握金融产品的临界反转点，需要一定的知识储备。那么究竟需要哪些领域的知识呢？根据索罗斯本人的经历和投资哲学，一个成功的"金融炼金"大师必须对宏观经济和政治理论有深入的了解和结合实际的把握。更为重要的是他还能够明晰人性的弱点和缺陷，懂得群体心理学和变态心理学的精髓。与此同时他还能得到来自第一线的消息，也许这应该被称为"草根数据"。

对于宏观经济学和现实主义政治学的掌握，我们建议大家可以读一下克鲁格曼的国际经济学教程以及海尔米斯的《大国政治悲剧》。我们这里主要讲怎么利用心理学的相关知识和人际关系网络来确认金融市场的转折和回归。

索罗斯在三个层面运用了心理学的法则，第一个层面是个人认知心理学，第二个层面是群体心理学，第三个层面是催眠心理学。当然，也许索罗斯本人并没有有意识地把心理学理论作为学习和运用的范本，但是他确实在实际的交易中运用了心理学的相关法则和理论，并且在自己的文章中彰显出来。

我们首先来谈谈索罗斯在金融交易中对个人认知心理学的认识。索罗斯认为人的认知存在很大的局限性，这种局限性来源于人的感官和思维。人的感官，无论是视力还是听力，都有一定的局限性，这就制约了人收集信息的能力，进而导致认知上的偏颇和失误。

除了感官的局限性，人对信息的处理能力也有局限性，比如人的分析能力、记忆能力等。更为重要的是，人的信念、价值观和态度会影响人收集和处理信息，并做出决策的中立性。

一个偏好风险的投资者，对于风险信息就不太敏感，而一个厌恶风险的投资者，对于收益信息同样没有对于风险信息那么敏感。

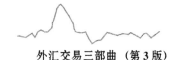

个人的认知存在局限，那么如何在交易中具体运用这一点呢？索罗斯教导金融交易者要学会控制自己的认知局限性，承认自己的能力存在边界，要管理好自己的投资交易行为，不在能力边界之外行事。

同时，一个成功的交易者还要能够利用其他交易者的认知缺陷行事。在处理个人认识局限上，索罗斯认为"避实击虚"一词可以很好地概括出相应的指导法则。承认自己的认知局限，避免盲目自信、超越能力范围，同时找出对手的认知局限，战而胜之。

利用对手盘的非理性。

对于个人心理学，索罗斯有很好的领悟，这些领悟更多来自早期经历和大学期间的哲学教育。虽然他本人并没有经受过系统和专业的个人心理学教育，但是他仍旧认识到了其中的关键法则，这些法则区分了极少数成功的交易者和绝大多数失败的交易者。我们就来看看索罗斯领悟到的个人心理法则吧。

索罗斯与当今的励志大师一样，他认为一个人的信念决定了其价值观，而价值观决定了其态度，态度决定了其长期的行为，而长期的行为决定了其行为最终结果。

一个成功的交易者必然具有正确的信念，而正确的信念带来了正确的价值观，正确的价值观带来了正确的态度，正确的态度带来了长期正确的行为，长期正确的行为必然获得最终的交易成功，这体现为丰厚的利润。

但是，在一个失败的交易者身上，我们则看到相反的一幅图像。在索罗斯看来，人的成功并不取决于环境，而是取决于信念，当一个人认为自己不会犯错时，他就不会做好处理错误的准备，当他不准备应对损失时，他很容易被损失击溃。

个人的认知存在局限，这是一个信念，这一信念是所有成功的投资者大师和投机大师都具有的一个共同信念。因为人的认知存在局限性，那么没有人能够不犯错误，所以做好犯错的准备，留下回旋余地则是非常明智的行为，

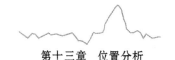

这就是说做好后续准备是有价值的，一个信念就得到了一个价值观。那么有正确的信念和价值观就能带来良好的交易绩效吗？不，索罗斯认为一个正确的信念和价值观必须外化为态度，由此导致一致且重复的长期行为，最后才会获得持久的良好交易绩效。

在索罗斯看来，一个成功的交易者总是从内在世界去寻找成功的种子，如果一个交易者能够将既往的错误归结为具体的内部原因，则比起那些总是从环境和行为层面寻找取胜法宝的交易者更容易成功。

失败的交易者总是从具体的交易技巧和策略上寻找答案，而成功的交易者则会意识到内在的信念才是决定成败的观念。当然，索罗斯并不认为那种相信通过念念有词的现代心理巫术就能带来成功，识别出自己错误的交易信念只是成功的第一步，也是最重要的一步，但是却不是最后一步，只有从信念出发，落实在具体行为上才能有所成就。

接着，我们来看看索罗斯对于群体心理学在金融交易中的诠释。索罗斯认为金融市场不过是群体癫狂的一种最典型表现而已。价格的运行是群体行为的外化轨迹。

索罗斯经历过纳粹和苏联的集权统治，他很直观地感受到了癫狂的群体行为带来的非理性社会运动轨迹。金融市场也是如此，各种金融资产的价格变化不过是一种新形式的非理性社会运动轨迹。但是，任何人气催生的"主流偏向"都会因为资金流入衰竭而出现回归运动，这就是向"基本趋势"的回归。索罗斯知道群体行为带来了极大的非理性，而这种非理性将很快因为资金流入的衰竭而被纠正。

抓住回归启动的那一段，就是索罗斯全部交易理论的核心。索罗斯认为金融市场中的群体行为主要体现在两个方面：第一，群体会降低个体的认知能力，并摧毁个体的中立性，这会使金融市场出现非理性的运动；第二，金融市场的非理性运动会使非理性的投资者认为自己先前的判断是正确的，从而继续先前的操作方向，市场和交易者相

投机的暴利往往来自群体非理性！

425

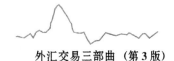

互强化非理性因素和行为。

索罗斯认为无论群体非理性运动导致的市场非理性运动多么强大，最终市场都会被纠正，这种纠正因素首先来自于资金流入的衰竭，接着理性因素和情绪因素开始发生作用，推动反转和回归的到来。我们以索罗斯当时的英镑战役为例来说明。首先，由于政府和外汇交易者群体的非理性使大量资金流入英镑，从而支撑和推高了英镑的汇率，市场出现了非理性运动，并反过来加强了参与群体的非理性程度，交互作用。

随着英镑汇率不断走强，要维持同样幅度的上涨需要更多的资金流入，当资金流入不能维持加速度运动时，做多英镑的收益将逐渐下降，而这将导致做多英镑的市场吸引力下降，进一步导致英镑汇率上涨减缓，最后资金流入开始减速，这时市场的反转点就开始出现。当市场反转时，理性的呼声开始出现，此后做空的情绪登场，大规模的反向回归运动启动。而索罗斯的伟大之处在于，他抓住了资金流入减速的那一点，进场做空英镑。

索罗斯对于心理学的第三个实践层次是在催眠心理学层面。索罗斯是一个短期交易者，但是他不是一个技术派交易者，而是一个基本面交易者。为什么他不采用技术分析，为什么他不时刻盯着价格的细微波动呢？因为他认为技术派交易者太在乎即时的价格波动，长时间地紧盯市价会导致交易者被市场催眠，从而诱发产生近乎荒唐的交易决策和交易冲动。

索罗斯的交易活动以外汇市场为主，这是因为外汇市场可以很好地容纳规模较大的资金，同时提供数量丰富的宏观交易机会。外汇市场是一个 24 小时市场，除了周末时段，主要汇价不停地变动，这提供了无数的交易机会，自然也引发了无数的交易冲动。

当一个交易者紧盯价格波动时，他将很快失去自我意识和分析能力，所有的交易决策基本上基于冲动和臆想的

高频交易最好还是交给程序完成。

外汇交易三部曲（第 3 版）

426

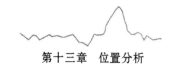

理由，而不是理性和系统的决策。为了避免上述情况的发生，索罗斯不会在意价格的微小波动，更不会与价格走势靠得太近，并且拒绝使用技术分析，因为后者会使交易者过分靠近市场从而被市场催眠，做出鲁莽行为。

索罗斯除了使用心理学知识来识别市场临界点和把握回归运动之外，他还善于利用人际网络来获取分析信息，从而得到信息优势和阿尔法收益。

索罗斯在成立开放社会基金会后，结识了不少权贵，凭借自己打败英格兰银行获得的显赫名声，他能够获得不少内幕消息。这些人际关系网络可以帮助索罗斯收集大量的第一手信息，这些素材可以帮助索罗斯确认其根据公开材料做出的判断是否正确。将理论逻辑推理和直接信息验证结合起来帮助交易，当市场价格处在临界点时，索罗斯可以利用人际关系网络确认这一点。

转折点、临界点、证伪点、边缘位置、反弹位置这些都是涉及位置分析的对象，在后面的几个小节中我们将会为大家提供几种非常有效的位置分析手段。在行为分析中，掌握位置分析比较容易，也比较容易见效，对于培养风险控制和仓位管理意识具有立竿见影的效果。

在本章中介绍的位置分析排除了震荡指标，因为震荡指标严格来讲属于情绪分析指标，之前许多研究分析震荡指标与市场意见调查指数的走势是一致的，所以震荡指标可以看作是市场情绪类指数的替代指标。

在《外汇交易圣经》一书中我们将震荡指标纳入了位置分析的范畴，同时在《高抛低吸：四度斐波那契操作法》中我们将震荡指标用于辅助确认斐波那契有效位置，这些用法有很强的实践意义，但是理论范畴上震荡指标并不属于位置分析的范畴。

第三节　位置分析手段一：极点和密集区分析法

所谓的关键位置，主要是指那些能够充当支撑和阻力的价位水平或者区域。在技术分析发展的历史过程中，位置分析主要借助于所谓的"价位极点和密集区分析法"，也就是

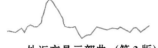

寻找那些显著的价格高点和低点，以及价格成交密集区。

前期低点表明了驱动—心理因素的某种极端状态，这个极端状态成了某种市场温度的刻度，一旦驱动—心理因素，甚至单纯的行为因素推动价格再次来到这个位置的时候，此前的极端状态往往成了某种度量基准。

极点包括低点和高点，价格近期的波段高点和低点一般是显著的 R/S 位置，因为这是供求关系改变的边缘位置，是某种临界点，此后再次充当临界点的可能性较大。

前期低点作为关键位置，如图 13-4 所示，这是美元兑加元的日线走势，此处前期低点充当了支撑位置，但并不排除作为阻力位置的可能性，因为支撑位置和阻力位置可以相互转换。当汇价跌至这一位置时，如果有进一步的形态确认止跌信号，同时趋势分析确认走势向上，那么可以考虑进场做多。

图 13-4　前期低点作为关键位置

前期高点充当关键位置在股票市场中非常常见，在外汇市场中当然也不例外，请看图 13-5，这是美元兑加元的日线走势，汇价从高位下跌，形成一个显著的高点。这个高点在此后的汇价走势中一直充当了阻力位置，但是并不排除汇价突破之后充当支撑位置的可能性。

当然，在现实的外汇日内走势中，前期高点并不是只有一个，这个时候选择就非常重要了，如果仅仅是一个上升十来个点的波段形成的高点就没有必要考虑，高点相邻的波段最好显著，高点的位置本身也要显著，这次是一个显著高点的标志。

图 13-5 前期高点作为关键位置

价格的极点代表了市场的驱动—心理—行为的综合极端状态，而与此相对应的则是近期成交密集区代表的驱动—心理—行为的平衡状态。前期成交密集区涉及一个"对称原理"，也就是说一段上升走势中的价格疏密程度与之后一段下跌走势中的价格疏密程度是对应的，而一段下降走势中的价格疏密程度与之后一段上升走势中的价格疏密程度是对应的。

价格的稀疏代表发散状态，代表买卖双方意见相差很大，力量对比相差很大；价格的紧凑代表收敛状态，代表买卖双方意见比较一致，力量对比接近。

如果是价格的极点意味着反弹位置，那么价格的成交密集区意味着引力位置，不过反弹位置和引力位置也是可以相互转换的，正如反弹位置中支撑位置和阻力位置之间可以相互转换一样。

现在回到前期成交密集区作为关键位置的话题，请看图 13-6，美元兑加元从高处下跌，在下跌之前，汇价已经在此高位形成了一个成交密集区。此后，当汇价深幅下跌之后反弹至此成交密集区时价格出现了乌云盖顶形态，然后再度大跌，则表明前期高位成交密集区作为阻力发挥了作用。

当然，这并不表明前期高位成交密集区仅能作为阻力位置出现，成交密集区可以扮演三种角色：第一是引力位置，第二是支撑位置，第三是阻力位置。如果作为引力位置出现，则汇价到此位置后出现紧贴运动，而不是一触及就反弹，甚至无法触及；如果作为支撑位置出现，则会出现看涨反转 K 线形态；如果作为阻力位置出

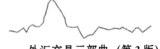

现，则会出现看跌反转K线形态。大家可以从中发现更多的特征，不过这些是基本的特征，但是并不一定出现。

图13-6　前期成交密集区作为关键位置

找出最近的显著高点需要利用跨时间分析，如果你从事日内交易，除了日内这一时间框架上走势的显著高点，还应该分析下日线走势上的显著高点，对于显著低点也是如此，对于成交密集区也不例外。极点和密集区分析法属于最简单也有效的位置分析法，永远也不可能随着技术分析的发展和传播而褪色，就是那些利用假突破和空头多头陷阱进行操作的人也不能忽视这一分析手段。

第四节　位置分析手段二：斐波那契比率法

西方技术分析的精髓在于善于利用数理关系，古希腊和阿拉伯文化是西方文明的根基之一，西方人注重数理关系，这体现在定量分析上，黄金分割率和斐波那契数字就是这种传统的体现；道家文化是东方文明的根基之一，东方人注重道象关系，这体现在定性分析上，阴阳哲学和五行生克是这种传统的体现。

东方和西方各自沿着数量和道象的传统衍生出了自己的金融交易方法。西方交易方法的核心在于黄金分割率及其衍生比率，无论是斐波那契交易方法，还是加特

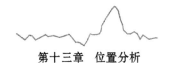

力交易方法和艾略特波浪理论，甚至江恩理论、螺旋历法都与黄金比率密切联系，这些西方交易技术的精华都集中体现于黄金率（斐波那契比率）的具体运用。

我们接触了不少国内的黄金、外汇和股票、期货短线交易者，这些成功的交易者有一个共同的特点，那就是相当注意利用支撑阻力线管理交易，他们将支撑阻力线看作是自己交易生涯的生命线，他们认为只有准确地把握支撑阻力线才能提高报酬率和胜率。

对于如何把握支撑阻力线，不同的短线交易者有不同的支撑阻力确认技术。那么什么是最好的支撑阻力识别技术呢？蜡烛线本身彰显了一些动态发展中的支撑阻力位置，而黄金率，也就是我们通常说到的斐波那契比率，具体而言是斐波那契线谱则能预先给出一些潜在的支撑阻力位置。

斐波那契比率与圆周率是宇宙间最神奇和普遍的两种比率，在螺旋历法中这两种比率具有很重要的意义，在各种波浪理论中这两个比率的意义也非同寻常。我们这里重点介绍的是斐波那契比率，斐波那契比率及其衍生比率在外汇波段发展中具有很重要的意义，一个波段与之前和之后的波段往往存在显著的斐波那契比率关系，这就提供了一些天然的关键支撑和阻力位置。一般而言，有些支撑阻力位置不能从前期高点和低点以及成交密集区看出来，这时候利用斐波那契比率就能分析出来。

对于见位交易者而言，用得更多的是斐波那契回调比率，如图 13-7 所示，这是美元兑加元日线走势，可以看到 AB 段汇价上升，然后从 B 点开始下跌，跌到 AB 段的 0.382~0.618 比率水平趋于获得支撑。一般而言，比较重要的斐波那契回调比率是 0.5 和 0.618，而比较重要的斐波纳契延伸比率则是 1 和 1.618。

斐波那契（斐波纳奇）比率法在《外汇交易进阶》和《外汇交易圣经》，特别是《黄金短线交易的 24 堂精品课：超越 K 线战法和斐波那契技术》和《高抛低吸：四度斐波那契操作法》，以及《高级斐波那契交易法：外汇交易中的波浪理论与实践》中有非常详细的介绍，这里大致概括下就不再赘述，以免内容重叠。

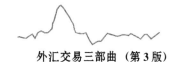

图 13-7　斐波那契比率法

　　斐波那契比率是我们位置分析技术中比较核心的部分，因为前期高点和低点就是斐波那契比率的 0 或者 1，所以整个斐波那契分析往往囊括了波段高点和低点的分析。另外，斐波那契比率中比较重要的 0.5 比率，也与江恩比率重合。需要补充一点的是，虽然 0.236 和 0.382 也是比较重要的斐波那契比率，但是在日内交易中我们是绝对不采用的，因为价格如果此时没有进行充分调整，则此后继续调整的可能性很大，同时一个日内波段如果画出太多的 R/S 线则每条 R/S 线的指导意义都不大了。

第五节　位置分析手段三：江恩比率法

　　"江恩理论"是以研究监测股市为主的理论体系，它是由 20 世纪最著名的投资大师威廉·江恩（Willian D.Gann）结合自己在股票和期货市场上的骄人成绩和宝贵经验提出的，是通过对数学、几何学、宗教、天文学的综合运用建立的独特分析方法和测市理论，包括江恩时间法则、江恩价格法则和江恩线等。

　　江恩理论认为股票、期货市场里也存在着宇宙中的自然规则，市场的价格运行趋势不是杂乱的，而是可以通过数学方法预测的。它的实质就是在看似无序的市场

中建立了严格的交易秩序，可以用来发现何时价格会发生回调和将回调到什么价位。江恩比率与圆的关系很大，江恩的绝大多数理论都与周天有关系，与圆有关系。

　　江恩理论直到今天还没有作为预测理论的典范，这其实误用了江恩理论本身，毕竟有多少次转折点江恩能够事前唯一确定呢？当一个分析体系给出了十几条支撑阻力线（或者是十几个转折点），最后碰对一个的可能性很大（况且还不要求百分之百准确）。

　　江恩理论的主要价值在于为交易提供一个潜在的高效率 R/S 位置或者是潜在的高效率时间反转点，但是我们不能想当然地认为这个位置或者时机就一定会反转，我们只将其看作一个关键的位置，需要进一步的确认手段。

关键的位置涉及时机，确认手段往往是一个相应的反转形态。

　　江恩波动法则包含着非常广泛的内容，但在江恩在世时，又没有给出明确的波动法则定义，这也就造成了以后研究江恩理论的分析家对波动法则的不同理解。

　　有一个音乐家兼炒家彼得曾写过一篇文章，从乐理角度去解释波动法则。彼得认为，江恩理论与乐理一脉相承，两者都是波动法则的不同理解。音节的基本结构由七个音阶组成，在七个音阶中，发生共振的是 C 与 G 及高八度的 C，亦即百分之十及一倍水平。也就是说，音阶是以 1/2、1/3、1/4 及 1/8 的形式产生共振，因此频率的一倍、两倍、四倍、八倍会产生共振。而上述比例及倍数与江恩的波动法则有着密切联系，也就是江恩的分割比率。

　　江恩的分割比率是以 8 为基础的，也就是江恩的分割比率是 50%（1/2），其次是 25%（1/4）和 75%（3/4）再次便是 1/8、3/8、5/8 及 7/8。江恩比率法是江恩理论中专门提出来用于分析 R/S 水平的工具，也就 8 为分母的分数水平，其中以 0.25、0.5 以及 0.75 最为重要，如图 13-8 所示，这是美元兑加元的日线走势图，汇价从 A 点开始上升，直到 B 点，然后下跌，在 0.5 水平出现了变异的早晨之星，之后展开升势（通过前面的知识，大家还可以发现这段升

早期美国股市的价格波动最小单位就是 1/8。

势的开头是一个上升 N 字)。

图 13-8　江恩比率法

关于江恩理论，一直以来都是将其看作预测理论，其实江恩理论的核心恐怕还是在风险控制和仓位管理上：

- 将你的资本分为十份，每次入市买卖，损失不会超过资本的 1/10。
- 设下止损位，减少买卖出错时可能造成的损失。
- 不可过量买卖。
- 不让所持仓位由盈转亏。
- 不逆市而为，市场趋势不明显时，宁可在场外观望。
- 入市时要坚决，犹豫不决时不要入市。 只在活跃的市场买卖，买卖清淡时不宜操作。
- 避免限价出入市，要在市场中买卖。
- 可用止损位保障所得利润。
- 在市场中连战皆胜后，可将部分利润提出，以备急时之需。
- 买股票切忌只想收息。
- 买卖遭损失时，切忌加码，谋求拉低成本，可能积小错而成大错。
- 不要因为不耐烦而入市，也不要因为不耐烦而清仓。
- 赔多赚少的买卖不要做。
- 入市时设下的止蚀位，不宜胡乱取消。

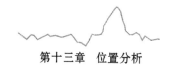

- 做多错多，入市要等待机会，不宜炒卖过密。
- 揸沽自如，不应只做单边。
- 不要因为价位过低而吸纳，也不要因为价位过高而看空。
- 避免在不适当的时候金字塔式加码。
- 永不对冲。
- 如无适当理由，避免胡乱更改所持仓位的买卖策略。

仔细揣摩以上这些江恩的买卖原则，这才是江恩理论的精髓所在。

第六节　位置分析手段四：整数框架分析法

一些整数位置容易成为汇价升降过程中的支撑点位和阻力点位，比如 1.5000，在外汇的实践中，我们发现 50 和 00 结尾的价位是非常明显的 R/S 位置，为此还有专门的整数框架交易法。

请看图 13-9，这是日元的日内走势图，可以看到汇价在 50 和 00 结尾的价位很容易受到支撑或者阻力。整数框架技术之所以有效是因为主流资金的交易计划都是以整数位置展开的，一般都是在以 50 和 00 结尾的关口执行交易的，这涉及人的天性和效率习惯。

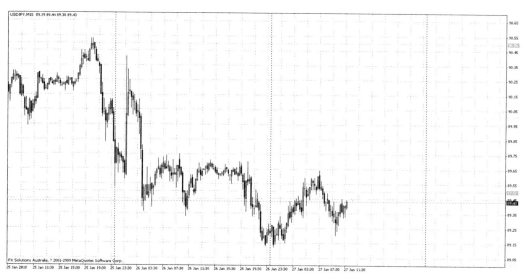

图 13-9　整数框架分析法

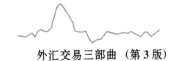

第七节　位置分析手段五：直边和曲边趋势线

趋势线，无论是直边趋势线还是曲边趋势线（比如移动均线和其他类型的新兴曲边趋势指标，例如包络线）也可以作为位置分析手段，因为这些线条本身往往就发挥了支撑或者阻力的作用。

曲边趋势线特别是移动平均线的参数往往决定了其作为支撑和阻力的效率如何，一般将斐波那契数字作为参数，当然周倍数、年倍（分）数也往往是有效和常用的参数，请看图13-10。

这是美元兑日元的35期移动平均线，这条均线多次充当了有效的阻力压制线。当然，实际交易中均线的阻力支撑作用可能并不明显，特别是一些参数较小的均线。在外汇走势中年线往往具有很强的支撑和阻力作用，可以充当支撑和阻力点位。

图13-10　曲边趋势线（移动均线）作为关键位置

均线作为支撑和阻力是葛氏均线八法中的用法之一，这种用法与均线的趋势指向作用相比并不重要，而直边趋势线作为R/S的用法则显得极为重要，特别是一些重大的单边走势中。请看图13-11，这是美元兑日元的日线走势，AB两点确认了下降趋势之后，汇价一路走低，中途曾经反弹，但是很快受制于该下降趋势线，该

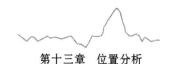

图 13-11　直边趋势线作为关键位置

趋势线本身反映出了作为阻力位置的作用。

　　小参数的均线很难充当有效的支撑阻力，因为很多时候价格与它们纠缠不清，而下降趋势线和上升趋势线也没有水平阻力支撑线好用，因为上升下降趋势线需要两个点来确定，而水平阻力和支撑线往往只需要一个点（比如借助于前期高点和低点构成的支撑和阻力水平）。

第八节　位置分析和进场四法

　　位置分析具体用来做什么呢？在整个交易中，位置分析的具体价值是什么？位置分析最直接的作用在于提供进场位置，这也是本节要介绍的主要内容——位置分析和进场策略。进场可不是看涨看跌结论得出后一头扎进去就可以的，不过很多外汇交易者正是这样操作的。

　　看涨看跌可以看成是趋势分析，知道了市场的趋势之后并不意味着交易就可以进行了，我们还要找到一个可供交易的结构，也就是一个风险报酬率和胜算率恰当组合的交易机会，要知道这样的一个交易机会就需要找到一个潜在的进场点，这个进场点对于计算风险报酬率，甚至胜算率都非常重要。

　　一个好的进场位置可以提高胜算率，比如在支撑位置之上进场做多，在阻力位置之下进场做空，更为重要的是，一个好的进场位置可以更好地减小和控制风险，比如可以提供离支撑位置距离更短的做多止损点或者是离阻力位置距离更短的做空止损点。

　　一旦减小了潜在风险幅度，在潜在利润幅度不变的情况下风险报酬率就优化了。由此看来，好的进场位置与较优的胜算率和风险报酬率密切相关。下面我们就介绍一些 R/S 相关的进场方式，当然还有不采用 R/S 的进场方式，这种方式就是伴随很差胜算率和风险报酬率组合的进场方式。

　　进场的基本方式有四种。前三种方式与 R/S 紧密联系，被戏称为"帝娜进场三式"，后面一种方式则不考虑 R/S，是低效率的进场方式，也是绝大多数交易者采用的进场方式，这种进场方式往往与忽略"势、位、态"三要素中的位置和形态要素有关。

　　"帝娜进场三式"中第一式是破位进场法，如图 13-12 所示，E 点是进场点，左图是上升趋势中的破位进场，粗线是价格走势，细线是前期高点构成的阻力位置，而小圆圈则是破位进场做多的大致区域。右图是下降趋势中的破位进场，粗线是价格走势，细线是前期低点构成的支撑位置，而小圆圈则是破位进场做空的大致区域。

　　破位进场之后，做多交易的初始止损放在被突破的阻力线（现在转化为支撑线）之下，做空交易的初始止损放置在被突破的支撑线（现在转化为阻力线）之上。当然，真正的破位进场并不是说关键位置被突破就可以进场了，最好还是加入形态分析，做多突破需要持续向上的形态突破此阻力，做空突破需要持续向下的形态突破此支撑。

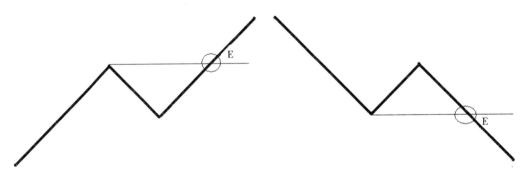

图 13-12　破位进场点模型

　　"帝娜进场三式"的第二式是见位进场法，如图 13-13 所示。E 点是进场点，左图是上升趋势中的见位进场，粗线是价格走势，而小圆圈则是见位进场做多的大致区域。右图是下降趋势中的见位进场，粗线是价格走势，而小圆圈则是见位进场做空的大致区域。见位进场之后，做多交易的初始止损放在最近低点之下，做空交易的初始止损放置在最近高点之上。当然，真正的见位进场最好还是加入形态分析，做多之前需要看到看涨反转形态，做空之前需要看到看跌反转形态。

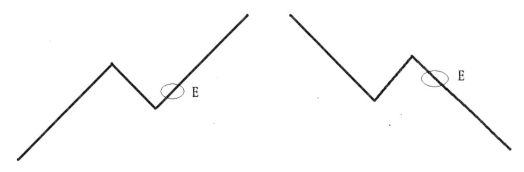

图 13-13　见位进场点模型

　　"帝娜进场三式"的第三式是顶位进场法，如图 13-14 所示，E 处是进场点。先看左图，汇价从低位起步升到一个高点后调整，然后再度上升到这个高点附近紧贴盘整，这种情况下前期高点是引力位置，可以进场做多，不过一般需要一连串的小实体 K 线确认。

　　再看右图，汇价从高位开始下跌，跌到一个低点之后展开反弹，然后再度下跌到这个低点附近紧压盘整，这种情况下前期低点是引力位置，可以进场做空，不过一般需要一连串的小实体 K 线确认。顶位进场的初始止损一般放置在此密集盘整区的下方不远之处。

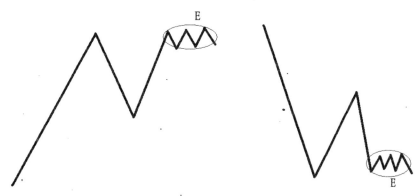

图 13-14　顶位进场点模型

"帝娜进场三式"中采用得最多的无疑是破位进场和见位进场，那么如何根据具体的情况进行选择呢？请看表13-2，这个表解决了现实交易中的许多疑难问题，想必不少读者心中的许多迷惑都能通过这个表得到妥善的解决，至少是获得启发。

如果你交易的时间结构较长，那么就应该倾向于采用破位进场；如果你交易的时间结构较短，那么就应该倾向于采用见位进场。如果你交易的市场处于单边走势的可能性较大，那么应该采用破位进场；如果你交易的市场处于震荡的可能性较大，那么应该采用见位进场。

如果你的账户资金充裕，则应该倾向于破位交易为主；如果你的账户资金匮乏，则应该倾向于见位交易为主。如果你能够承受的止损幅度较大，则可以采用破位进场；如果你能够承受的止损幅度较小，则可以采用见位进场。

表13-2 破位进场和见位进场的选择

交易的时间结构	市场趋势性质	账户规模	能承受止损幅度	进场方式
长	单边走势	大	宽	破位进场（顶位进场）
短	震荡走势	小	窄	见位进场

进场方式除了"帝娜进场三式"之外，还有一种低效但是却被广泛采用的进场策略，这就是间位进场，如图13-15所示，进场点为E。这种进场方式不考虑防守线问题，也就是不会靠近R/S进场，倾向于在"空旷地带"入场。

请先看图13-15中的左图，汇价从低位开始上涨，然后形成一个高点，汇价处在上涨波段的低点和高点之间，这种进场做多点恰好处在一个远离上下R/S的位置，进场后很难放置合理幅度的止损点。

再来看右图，汇价从高位开始下跌，然后形成一个低点，汇价处在下跌波段的高点和低点之间，这种进场做空点恰好处在一个远离上下R/S的位置，进场后很难放置合理幅度和止损点。

间位进场不是一种清楚明白的进场方式，即使最终交易结果是盈利，也不代表这种方式是合理的，因为如果采用其他进场方式整体上会获得更加合理的风险报酬率和胜算率。

进场一般结合见位和破位展开，可以采用部分头寸采取见位进场，部分头寸采取破位进场，见破结合建立复合式头寸。

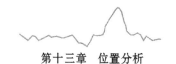
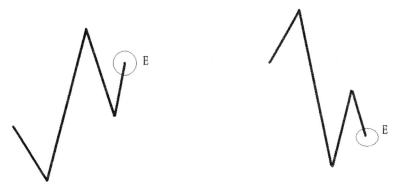

图 13-15　间位进场点模型

第九节　位置分析和出场四法

整体而言，出场是最为重要的具体操作环节。无论你的天性如何，无论你的策略是怎样的，无论你的交易哲学倾向是什么，无论你对仓位管理的态度怎样，无论你是否具有整体的系统思维，无论你崇尚简单还是喜欢复杂，你都会把这些带进你的出场行为中。你所有的一切都体现于出场之中，出场行为是一面镜子，折射出你的交易哲学、交易观念，以及你的人生哲学和人生观念。

你不信？那你仔细看看自己如何出场的，身边同行如何出场的，从中看看与你们自身观念的联系，必然是很密切的。出场涉及对风险、回报、未来、过去、亏损、利润的看法。

"截短亏损，让利润奔腾"据说是杰西·利弗莫尔的第一大遗产，无论是"截短亏损"还是"让利润奔腾"，都是出场才能完成的任务，进场怎么让利润奔腾，进场怎么截短亏损，进场的时候你对未来的看法都是美好的，这就是菜鸟南辕北辙的原因。

有效出场的方法有三种。这里的出场方法千万不要和

其第二大遗产是 Pivot 点突破而作和跟进止损，第三大遗产是金字塔顺势加仓。

什么"左侧交易"和"右侧交易"混淆了，"左侧交易"和"右侧交易"讲的是进场策略，虽然前位出场的模型与"左侧交易"类似，而"右侧交易"与后位出场类似。恰当的出场方法有三种：前位出场法、同位出场法和后位出场法，我们称为"帝娜出场三式"。除了三种有效的出场方式，还有一种大众普遍采用的出场方式——进位出场法。

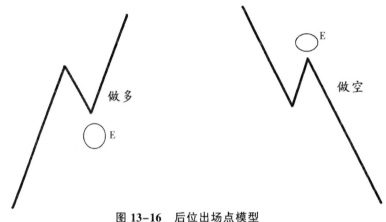

图 13-16　后位出场点模型

后位出场如图 13-16 所示，出场位置放在现价的后面，如果你是做多交易，那么后位出场点被触及前就在现价的下方；如果你是做空交易，那么后位出场点被触及前就在现价的上方。

图 13-16 中的 E 是出场点，左边是做多的后位出场点，右边是做空的后位出场点。后位出场点分为三类：第一类是初始止损出场点，第二类是盈亏平衡出场点，第三类是跟进止损点。

后位出场点的最主要运用就是止损（包括初始止损和跟进止损）。止损就是"结束错误交易带来的亏损继续扩大态势"，这句话中最为关键的修饰语有两处，第一处是"错误的"，第二处是"继续扩大"。

所谓"错误的"交易是指当初交易的前提假设已经被否决了，继续持有该交易头寸的理由已经不存在了。前提假设分为两种类型，第一种类型是基本面型，第二种类型是技术面型。比如，一项做多英镑交易的基本面假设前提是英格兰银行将在明天继续升息，如果英格兰银行没有在第二天加息，则做多英镑的基本面前提已经不存在了，那么就应该止损退出交易。

又假如我们假定英镑兑美元在 2.0000 以上将保持上升态势，所以我们做多，但是如果英镑兑美元跌破 2.0000，则我们持有多仓的理由就被否决了，也就是说继续

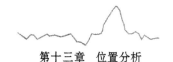

持有多头的技术面前提假设已经被否决了，应该立即退出交易。

我们已经搞清楚了"错误"的含义，接下来我们来谈谈"继续扩大"的含义。止损的目的是制止亏损继续扩大以至于危及本金安全，进而削弱以后的交易能力。在什么情况下，损失会或者说容易出现继续扩大呢？具体而言，就是前提假设被否决的时候，也就说是基本面或者技术面因素反向突破临界点的时候。

上面讲了止损认错的含义，那么什么是止损的科学成分呢？止损的设置充满了科学的成分，通常而言，止损的设置需要考虑到四个关键因素：

第一个因素是技术上临界点，具体而言就是支撑阻力位置。当我们进行做多交易的时候，止损应该放在支撑位置的下方；当我们进行做空交易的时候，止损应该放置在阻力位置的上方。

为什么做多的时候停损应该放在支撑位置的下方呢？这是因为支撑位置是一个临界点，当价格在支撑位置之上运动时，其继续向上运动的概率和幅度都会更大，而当价格跌破支撑位置时，则其反转向下运动的概率和幅度都会更大。

那么为什么做空的时候止损应该放在阻力位置之上呢？这同样是因为阻力位置是一个临界点，当价格在阻力位置之下运动时，则其继续下跌的概率和幅度都会更大，而当价格突破阻力位置时，则其反转向上运动的概率和幅度都会更大。当然，基本面因素也有临界点，也可以进行上述类比，但是理解起来比较困难，所以这里就不再深入下去。

第二个因素是过滤市场噪声，一般是通过布林带和 ATR（平均真实波幅）指标来过滤。设置止损的时候要避免被那些非真实的临界点突破所欺骗，布林带和 ATR 可以过滤大部分这样的市场噪声，或者说假突破。通常而言，止损应该设置在布林线的外轨之外，当进行做空交易时，止损放在布林线上轨之上，当进行做多交易时，止损放在布林线下轨之下。对于 ATR 的运用我们就不再介绍，大家去参见相关书籍。

第三个因素是资金管理要求，具体而言有两种方法，第一种方法是固定每次动用的资金比率，比如不高于 8%，还有一种是根据凯利公式 K= [(1+W) R-1] /W，其中 W 是胜率，R 是风险回报率，K 是承受风险的资金比率。我们推荐使用凯利公式作为资金管理的具体方法。

第四个因素是时间止损点，除了基本面和技术面的止损要求外，我们还应该对交易进行持仓时间上的限制，如果在规定的时间内价格没有出现预期方向和幅度的运动则应该退出交易。

外汇交易三部曲（第3版）

当然，前三个因素是科学止损必须具备的要素，第四个则是可选择的要素。我们讲完了止损的科学要素，那么现在来讲讲止损的艺术成分。止损的艺术成分蕴涵于科学成分之中，我们现在就分别述及。

索罗斯也承认即使所谓的科学也正是因为其具有某种局限才能被当作科学，上述四条止损设置的科学原则本身也有局限性，那就是它们存在一些不确定的因素，而人性可能因为这些不确定部分而犯下主观性过强的错误。

首先，我们来看看阻力位置和支撑位置的寻找。阻力位置和支撑位置可能是前期价格的高点和低点，也可能是前期成交密集区，当然还可能是黄金分割率位置、黄金延伸率位置等。

这么多潜在的阻力位置和支撑位置需要我们加以确认，这其中难免夹杂不少主观性的成分，所以虽然我们说做多的时候止损放置在支撑位置之下，做空的时候止损放置在阻力位置之上，但是支撑位置和阻力位置的确认却存在极大的主观性。要提高我们准确研读支撑阻力位置的能力，需要借助于长年累月的实践，而这无疑是止损设置具有艺术性的一面。

其次，我们来看看布林带的运用。通常而言，布林带可以将市场的噪声运动筛选出来，但是很多时候一些噪声运动仍旧突破布林带，也就是说布林带对假信号的过滤也存在局限。要弥补这一不足就需要结合 K 线进行，而这就涉及止损的艺术，而不是科学。

最后，在我们运用凯利公式进行资金管理的时候，我们需要输入两个变量值，一个是胜率 W 的值，另一个是风险报酬率 R 的值。胜率 W 的值可以根据历史数据得出，但是这并不表明当下和未来的交易具有同样的胜率，因为市场结构在不断变化，而这会影响到历史数据的有效性，对于风险回报率而言也存在同样的问题。

从上述这些止损的艺术成分分析可以得出一个非常关键的结论：止损是任何交易都不可或缺的一个组成部分，但是关于如何设置止损却是一个同时包含科学成分和艺术成分的问题。

设置止损的科学一面在于通过支撑阻力线筛选出高概率和高回报率的交易机会，同时通过布林线过滤绝大部分虚假的交易信号，然后利用凯利公式决定介入交易的资金比率。而设置止损的艺术方面在于如何确认支撑阻力线，如何进一步过滤到布林线发出的假信号，以及如何准确地估计风险报酬率和胜率。

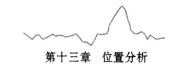

关于后位出场法（初始止损和跟进止损）的要点，大家可以查看表 13-3。

后位出场是每次交易都必须具备的出场要件，而前位出场和同位出场则是可选要件，这是大家要搞清楚的一点。无论是震荡走势还是单边走势，后位出场基本都是必要的，只是设置的幅度大小有区别而已。震荡走势中如果想要获利，往往要求设定恰当的前位出场点和同位出场点。

后位出场法涉及一些具体策略，比如移动均线跟进止损、抛物线止损，这里不再赘述，更为详细复杂的介绍可以参考《外汇短线交易的 24 堂精品课》和《黄金短线交易的 24 堂精品课》两书的专题章节。

表 13-3　后位出场法要点

后位出场法四要点（初始止损和跟进止损）	主要作用
第一，关键水平外侧（做空止损放置在阻力线之上，做多止损放置在支撑线之下）	设定最小疆界，或者说止损的最小幅度；放大利润
第二，布林带异侧外（做空止损放置在布林带上轨之上；做多止损放置在布林带下轨之下）	
第三，符合资金管理比率要求（一般是 2% 到 8% 之内）	设定最大疆界，也就是说止损的最大幅度；截短亏损
第四，给予市场一定的回旋空间（一般只允许行情回撤前一波段的 1/2）	

前位出场点一般是将出场目标定在价格尚未发展到的水平，如图 13-17 所示，图中的 E 就是前位出场点。如图 13-7 中的左图所示，在做多交易中，我们设定一个预先的出场点（比如利润达到 20% 出场，或者说在 1.2750 这个价位出场，或者说达到某一阻力位置就出场），当汇价一达到这一价位我们就迅速了结多头头寸。

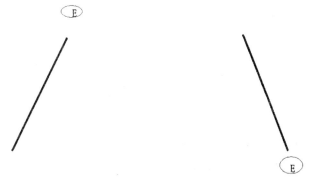

图 13-17　前位出场点模型

再来看做空的前位出场，如图 13-7 中的右图所示，在做空交易中，我们设定一个预先的出场点，当汇价跌至这一目标时我们立即了结空头头寸。由于出场点在现价发展的前方，所以被称为"前位出场点"。前位出场点和后位出场点的适用情况如表 13-4 所示，特别要注意的是市场趋势性质不同时再采用出场点上的倾向。

同位出场反映了交易者最美好的愿望：在最高点了结多仓，在最低点了结空仓，如图 13-18 所示，E 点表明了出场点。同位出场点不是预先设定的，而是当价格发展到某一非既定水平时才确认的出场点，一般而言同位出场点需要借助于特殊的手段，比如成交量确认。

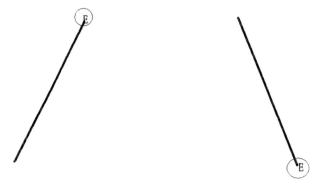

图 13-18　同位出场点模型

在外汇交易中经过改进的前位出场点可以成为很好的同位出场点，比如将 R/S 位置与反转 K 线形态结合起来，就可以做到"准同位出场"，在震荡市场中这种出场方法应该得到重视，如表 13-4 所示。

表 13-4　后位出场和前位出场的选择

交易的时间结构	市场趋势性质	账户规模	能承受浮动损失程度	出场方式
长	单边走势	大	大	后位出场
短	震荡走势	小	小	前位出场（同位出场）

除了后位出场点、前位出场点和同位出场点之外，还存在着第四种出场点，这就是进位出场点，如图 13-19 所示。做多交易的情形请看左图，当汇价高于进场点的时候就出场，低于进场点就持仓；做空交易的情形请看右图，当汇价低于进场点的时候就出场，高于进场点就持仓。这种操作态度是"倾向性效应"的表现，得到的最直接后果就是"截短利润，让亏损奔腾"，长期下来就是非常糟糕的风险报酬率。

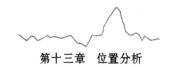

图 13-19 进位出场点模型

下面我们对有效的进场策略和出场策略做一些总结，请看表 13-5，这里面需要注意的是，随着行情的发展，风险报酬率和胜算率也在变化，如果胜算率或者是风险报酬率恶化，那么就存在两个选择：一是减仓或者平仓，二是缩减止损幅度。进场和出场是执行仓位管理的具体手段，而仓位管理的核心就是根据当下行情的胜算率和风险报酬率变化增减仓位和仓位的风险水平。

表 13-5 帝娜进出场三式

帝娜进场三式	见位进场	凯利原理 仓位微调	投入单位试探仓（震荡走势） 金字塔加仓（单边走势）	胜算率上升 风险报酬率上升
	破位进场			
	顶位进场			
帝娜出场三式	后位出场		撤出单位试探仓（震荡走势） 金字塔减仓（单边走势）	胜算率下降 风险报酬率下降
	前位出场			
	同位出场			

第十节 位置分析和仓位管理

进场和出场与位置分析的关系明显，这是表面的一层关系，深层关系则是仓位管理与位置分析的关系。仓位管理是围绕两率（胜算率和风险报酬率）展开的，而位置分析的根本对象就是两率，表面上看起来位置分析就是在找 R/S，其实是在找恰当的风险报酬率和胜算率结构。

胜算率和风险报酬率构成了交易的期望值，这个期望值可以说统率了整个交易流程。交易流程和手段中什么可以废除，什么需要保留，都是期望值说了算。

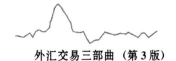

在主流的仓位管理理论中，期权这种产品本身就体现了一种高效率的期望值实现思路，这就是"截短亏损，让利润奔腾"。

请看图 13-20，利润最大化和风险最小化应该是其中的两大主题，R/S 提供了实现这两大主题的基础，这个图中的进场方式是见位进场，如果换成破位进场，道理还是一样的。

仓位管理的目的是通过进场和出场（减仓、平仓和移动后位出场点）来调整仓位的总体风险和潜在收益，以便于市场当下走势提供的风险报酬率和胜算率水平一致。这里需要注意的是，仓位管理的手段不光是"加减进出"，还包括"移动出场点和进场点"。

其实，在震荡走势中"利润最大化"的提法比"让利润奔腾"更具指导性。

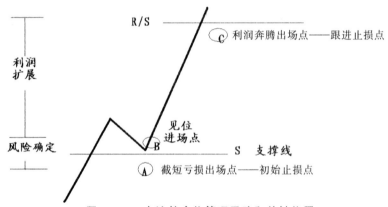

图 13-20　主流的仓位管理思路和关键位置

微调仓位是仓位管理中需要注意的一个原则，因为微调仓位既符合市场发展的特点，也符合人类的心理特点。行情的发展不光是我们眼睛看到的价格的变化，更重要的是深层的期望值结构变化，也就是两率变化，这种变化在一个时间段内不可能发生 180 度的变化，如果我们全仓进出则违背了这一特点，复合式头寸减少了我们犯错的成本。

另外，人类的心理特点也很难适应仓位的重大变化，一个广为人知的现实是股票被套的人很难接受全仓卖出，但是对分仓卖出却容易接受得多。下面我们看一个合理的

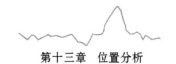

仓位管理模型，这就是帝娜仓位管理模型，这个模型暗含了主流假设（单边趋势），所以随着汇价上升，胜算率和风险报酬率并不下降反而上升，如图 13-21 所示，所以随着行情的发展应该金字塔加仓，当汇价跌破支撑线的时候就应该进行金字塔减仓。

关于做多交易中的仓位管理实例，可以参考图 13-22 所示的美元兑日元交易仓位管理示范。做空交易的仓位管理模型如图 13-23 所示，具体的实例则如图 13-24 所示。

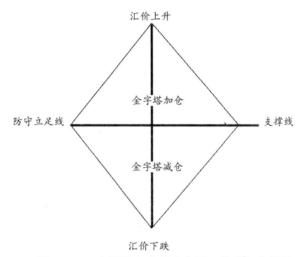

图 13-21　帝娜做多交易仓位管理模型和支撑线

图 13-22　帝娜做多交易仓位管理示范

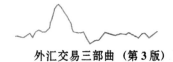
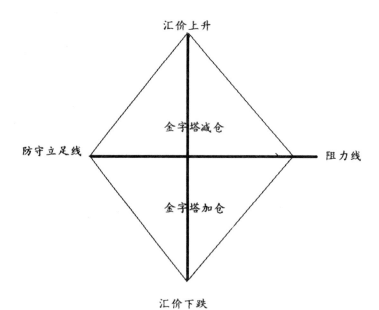

图 13-23　帝娜做空交易仓位管理模型和阻力线

图 13-24　帝娜做空交易仓位管理示范

第十四章　形态分析

趋势分析找出交易的方向，位置分析找出交易进出场的位置，而形态分析则是要确认交易方向和位置有效。趋势分析属于宏观分析，位置分析属于中观分析，而形态分析属于微观分析。

形态分析经常被乱用，特别是K线技术，因为很多交易者都倾向于根据K线来预测趋势和交易进出场点，这其实犯了交易的大忌。广义形态分析一般属于局部的东西，趋势属于整体的东西，如果以局部的东西去测度整体，难免挂一漏万，出现根本性的错误。

形态分析的方法太多了，有西方技术形态分析（较大级别的形态，甚至可以当作趋势识别技术来使用），有日本K线技术，有美国竹节线技术。但是，交易者往往将它们当作趋势分析工具，比如遇到一个早晨之星就认为下降趋势终结，上升趋势开始了。技术分析中妄图"一叶知秋"的做法是错误的，因为技术分析越是偏向局部，越是容易陷入调整反弹走势中而忽略了高胜率和报酬率的主流走势。

太多的形态分析方法让交易者莫衷一是，正如趋势分析的手段太多而无法选择一样。我们需要进行选择和精简，剔除一些形式上的繁复，把握本质，这样就可以万法归宗，做到少而精地运用形态分析。

在本章中，我们主要以敛散模式作为推荐的形态分析技术，同时给读者概括一下既有形态分析技术的特点。我们介绍的敛散模式是在日本K线技术的基础上发展起来的，同时牢牢把握K线技术的二元哲学，以此重新归纳K线技术。

在外汇交易中，整个市场的成交量是难以得到及时数据的，所以成交量一般不作为考虑的对象，但是这并不是说形态分析可以不考虑成交量。形态分析分为两个部分：价态分析和量态分析。价格和成交量都分为两种模式：发散模式和收敛模

式。围绕敛散模式来展开形态分析，就能更好地确认趋势和有效位置。

第一节 形态分析的主要手段：敛散模式

形态分析过于纷繁复杂，单单就 K 线形态而言就存在上百种模式，不光是初学者，即使是入行多年的老手也不认得其中的大部分模式。很多采用 K 线形态进行行情分析的交易者向我诉说了他们最为头疼的问题：由于记不清楚众多的形态，所以无法在行情走势中准确识别出它们。

如何解决这一问题？毕竟，高效地记忆和识别形态模式对于交易者提高交易效率而言非常关键，化繁为简的同时还能够不降低效率无疑是每个交易者对新形态分析技术的期望所在。敛散模式也许可以在某种程度上满足交易者的这一愿望。

市场走势具有二元性，也就是单边（发散）和震荡（收敛）交替夹杂出现。同时，一段走势中成交密集和稀疏状态也交替出现。更为微观地看，还可以发现蜡烛线呈现出大实体和小实体两种类型，大实体意味着发散状态，小实体意味着收敛状态，如图 14-1 所示。

图 14-1 收敛和发散

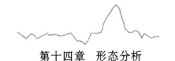

市场在所有方面都体现出二元性——收敛和发散，如表 14-1 所示。微观层次的收敛和发散意味着小实体 K 线和大实体 K 线；中观层面的收敛和发散意味着成交密集区和成交稀疏区；宏观层面的收敛和发散意味着区间震荡走势和趋势单边市场。

收敛和发散是一种形态范畴的因素，形态背后隐藏着参与者的群体心理以及博弈过程。收敛反映了市场的犹豫特征，而发散反映了市场的收敛特征，收敛表明市场参与者在此区域达成了一致性，市场处于均衡状态，而发散则表明市场参与者在此区域分歧很大，市场处于失衡状态。

广义的形态分析可以是宏观的（相当于是趋势分析），也可以是中观的（相当于位置分析），当然也可以是微观的（相当于狭义的形态分析）。我们这里主要介绍微观层面的形态分析，这种分析主要用于确认方向和位置的有效性。

一种反转形态可能确认了某个 R/S 水平有效，一个持续形态则可能确认了某个 R/S 水平无效。一个反转形态往往是由两根 K 线组成的，一个持续形态往往是由单根 K 线组成的，这是大家需要注意的。

价格线包括 K 线，分为两种形态：第一种是收敛形态（小实体 K 线），意味着市场在此价位达成均衡，市场参与者比较犹豫，这是一种提醒信号，提醒交易者注意趋势处于停顿状态。第二种是发散形态（大实体 K 线），表明市场给出了确认信号，确认了某一运动方向是市场新的方向（这个方向可能与停顿之前的方向相同，也可能相反）。

表 14-1　敛散二元性

敛散性	蜡烛线	价格密集度	走向特征	市场情绪	市场状态	交易含义
收敛	小实体蜡烛线	成交密集区	区间震荡市场	犹豫	均衡	提醒信号
发散	大实体蜡烛线	成交稀疏区	趋势单边市场	坚决	失衡	确认信号

比较常用的 K 线形态有好几十种，这也是大家比较重视的形态，如图 14-2 所示。从这个图中可以发现，经典的 K 线组合都体现出了敛散性。一旦从敛散性去把握这些 K 线形态，则可以更好地理解和掌握行情走势，更为重要的是利用它们去把握有效的进出场位置和市场方向。

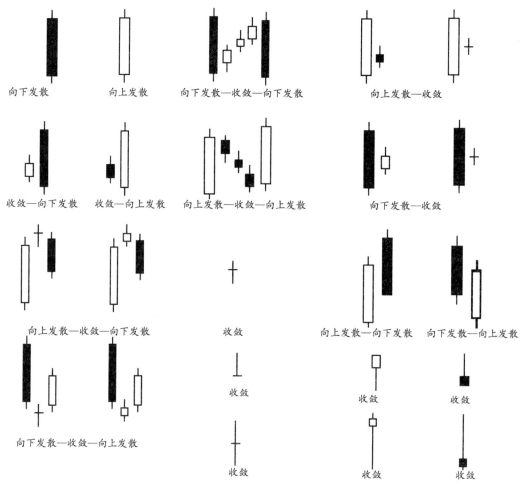

图 14-2　经典 K 线形态体现的敛散二元性

注：发散是确认进场的信号，收敛是提醒进场即将到来的信号。

市场一般会给出一个提醒信号，然后再给出一个确认信号，但是也可能在一个确认信号之后直接给出一个相反的确认信号。所以，我们可以得到基本的三种敛散模式：第一种是"正向发散—收敛—正向发散"，第二种是"正向发散—负向发散"，第三种是"正向发散—收敛—负向发散"，如图 14-3 所示。

敛散模式一的典型代表是下降三法和上升三法。敛散模式二的典型代表是刺透形态和乌云盖顶。敛散模式三的典型代表是早晨之星和黄昏之星。在下面的详细讲解中，我们将结合具体的实例来阐述这些理论和相应的操作技巧。

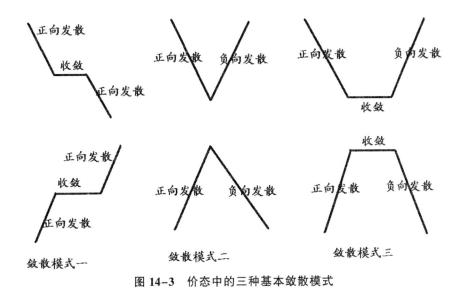

图 14-3　价态中的三种基本敛散模式

第二节　提醒信号、确认信号、交易信号

　　在具体介绍价格的三种基本敛散模式之前，我们先要对敛散模式对应的交易信号进行介绍，这是非常关键的一步，只有经过这一步大家才能在具体的交易实践中恰当地运用敛散模式。

　　在我们的形态理论中，交易信号主要有三种类型：第一种是提醒信号，一般小实体 K 线是提醒信号，这时候市场处于新方向的选择当中，它提醒交易者注意此后市场的走向；第二种是确认信号，一般大实体 K 线是确认信号，这时候市场已经选择了一个新的方向，它确认了或者否定了此前趋势分析和位置分析得到的假设。提醒信号和确认信号分别对应着收敛和发散形态，如表 14-2 所示。除了这两种信号之外，还有一种信号就是交易信号，通常而言当确认信号确认了趋势分析和位置分析的假设有效之后（同时符合仓位管理的基本要求）则确认信号的第一根价格线就是交易信号。由此看来，交易信号与价格线的形态没有什么关系，如果其他条件具备，确认信号之后的第一根价格线就是交易信号。

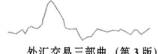

外汇交易三部曲（第3版）

表 14-2　敛散性和信号类型

敛散性	蜡烛线	市场情绪	交易含义
收敛	小实体蜡烛线	犹豫	提醒信号
发散	大实体蜡烛线	坚决	确认信号

为了便于大家更好地理解什么是提醒信号、确认信号和交易信号，下面我们多给出一些这方面的实例，通过这些实例大家可以更好地将敛散性和交易信号对上号。

首先来看第一个实例，请看图 14-4，这是欧元兑美元的日线走势图，汇价从高位下跌，跌到一定水平之后开始上扬，上扬途中又出现了再度的下探，这时候出现了小实体的提醒信号，提醒市场方向要重新选择，之后一根大阳线实体指向上升，这是一根确认信号，确认市场的方向向上。

如果结合前面的位置分析理论来看，前期的低点在此水平形成了一个支撑，而此提醒信号则在提醒交易者注意汇价在此支撑水平附近"可能"获得了支撑。紧接着的一根大阳线则确认了此支撑水平"确实"有效，这根大阳线就是确认信号。如果趋势分析表明此时的趋势向上，同时敛散信号又确认了支撑位置有效，假定此水平进场的风险报酬率和胜算率也合理，那么在大阳线之后的价格线进场，这根价格线就是交易信号。

图 14-4　信号实例（1）

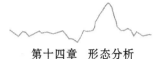

我们再来看第二个实例，请看图 14-5，这还是欧元兑美元日线走势图，图中标注了一个提醒信号，这是一根小实体 K 线，表明市场目前正处于犹豫情绪中，多空的力量对比处于均衡中，这是市场重新选择方向的特征。接着一根大实体阴线表明市场选择了向下的运动方向，这就是一个确认信号，确认市场运动方向向下。

图 14-5　信号实例（2）

第三个实例请看图 14-6，这幅图中标注了更多的信号，其实图中的每根 K 线都可以看作是一个信号（要么是提醒信号，要么是确认信号）。从图中左边开始的第一个标注是小实体阳线和小实体阴线，两者都是提醒信号，提醒市场在重新选择市场方向，有可能继续此前的走势，有可能选择转向，当然也提醒交易者注意此处可能存在一个 R/S 水平。

第二个标注是一根实体阳线，市场在停顿之后选择了向上的方向，这一信号也表明其下的支撑有效。第三个标注是两根小实体 K 线，这两根价格线也是提醒信号，表明此处之上可能存在阻力水平，但是此后的大阳线否定了这两个提醒信号，确认了此处的阻力无效或者不存在，市场继续向上运动。图中最后的两个标注分别是三个连续的提醒信号接着一个确认信号。

图 14-6　信号实例（3）

　　第四个实例请看图 14-7，图中只标注了四处，第一处是一根小实体阴线，这是一个提醒信号，它提醒交易者此处可能存在支撑，但是此后的大实体阴线表明此处的支撑无效，市场选择了继续向下的运动方向，（在趋势分析和位置分析满足的前提下）确认了做空的假设，而不是做多的假设。

图 14-7　信号实例（4）

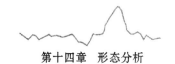

此后，市场再度停顿，发出了两个提醒信号，然后再度发出向下的确认信号。这里要强调的一点是图中的每根价格线要么是提醒信号，要么是确认信号，而不仅仅是标注出来的才算得上提醒信号或者是确认信号。

第五个实例请看图 14-8，价格先是一段上升走势，然后出现了小实体 K 线，从传统的 K 线理论来看，这根小实体 K 线与前后 K 线组成了黄昏之星。如果从敛散理论来看，这根小实体 K 线就是一个提醒信号，提醒交易者附近可能存在阻力水平，此后的大实体阴线则确认了此阻力水平的有效，如果趋势分析和位置分析也满足要求，则此后一根 K 线就是进场做空的交易信号。

图 14-8　信号实例（5）

最后一个实例请看图 14-9，欧元兑美元的汇率跌至 0.8705 附近出现了两根小实体 K 线，也就是两个提醒信号，提醒了前期低点的支撑可能有效，此后的一根大阳线则确认了此支撑有效，接着一根价格线则是进场做多的交易信号。

搞清楚敛散形态和信号之间的一一对应关系，就能够在解读 K 线走势的时候清楚明白，应付自如。下面我们将分别介绍敛散形态的三种基本模式，将这三种模式结合 R/S 水平结合起来就可以确认一些有效的可选择进场点和出场点。

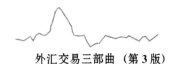

图 14-9　信号实例（6）

第三节　正向发散—收敛—负向岁散

前面提到的第三种敛散模式对于见位进场交易者非常重要，因为它们确认了有效阻力和支撑的存在。请看图 14-10，左边的是一段上升走势后出现的敛散模式，右边的是一段下降走势后出现的敛散模式。左边模式确认了阻力有效，而右边的模式则确认了支撑的有效。

假定之前通过趋势分析确认了趋势向下，然后通过位置分析确认了离现价较近的阻力位置，最后通过"向上发散—收敛—向下发散"模式确认了趋势向下和阻力有效，那么进场做空的扳机基本就可以扣动了。

假定之前通过趋势分析确认了趋势向下，然后通过位置分析确认了离现价较近的支撑位置，最后通过"向下发散—收敛—向上发散"确认了趋势向上和支撑有效，那么进场做多的扳机基本就可以扣动了。

通常而言，关键点位附近的形态才具有预判价值。

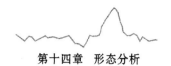

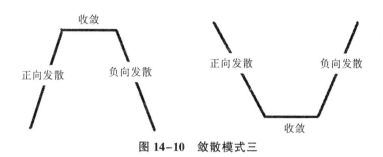

图 14-10 敛散模式三

K 线形态中最为典型的敛散模式三是"早晨之星、黄昏之星和它们的变异形态"。如果在做多交易中，潜在支撑附近出现了早晨之星或者它的变异形态，则表明此支撑的有效性得到确认。如果趋势又是向上的话，则可以见位进场做多。如果在做空交易中，潜在阻力附近出现了黄昏之星或者它的变异形态，则表明此阻力的有效得到确认。如果趋势又是向下的话，则可以见位进场做空。

下面我们来看一些"正向发散—收敛—负向发散"模式的实例。第一个实例是英镑兑美元的日线走势，请看图 14-11，英镑兑美元从低位上涨，涨到前期成交密集区附近出现了"正向发散—收敛—负向发散"模式，确认了前期成交密集区构筑的阻力有效。

实例中这个模式就 K 线组合来讲是典型的黄昏之星，确认了阻力有效，当然也提供了一个很好的见位进场做空机会。

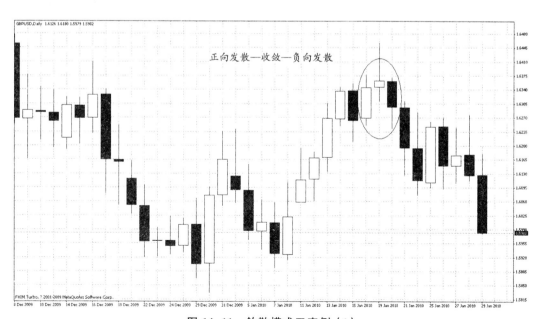

图 14-11 敛散模式三实例（1）

第二个实例如图 14-12 所示，这是一个变异的黄昏之星形态，因为中间的星体是两个而不是一个，即使如此，它仍旧是"正向发散—收敛—负向发散"模式，表明此模式之上存在一些压力，潜在的阻力是有效的。

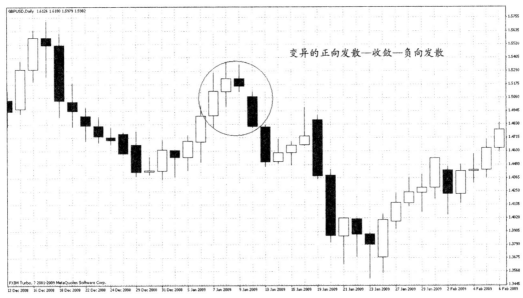

图 14-12　敛散模式三实例（2）

第三个实例如图 14-13 所示，这是欧元兑美元的日线走势，欧元兑美元从高位下跌，下跌之后出现了早晨之星，这是典型的"正向发散—收敛—负向发散"模式，确认了附近的支撑有效，如果能结合趋势分析，则此模式出现之后是一个很好的见位进场做多信号。

第四个实例如图 14-14 所示，英镑兑美元从高位逐步下跌，跌到 1.7500 附近出现了变异的早晨之星形态，确认了潜在的支撑有效，这个"正向发散—收敛—负向发散"模式提供了见位进场做多的机会。

总之，上涨趋势、支撑位置、"向下发散—收敛—向上发散"三者是紧密联系的，而下跌趋势、阻力位置、"向上发散—收敛—向下发散"三者是紧密联系的。

外汇行情分析的三部曲就是趋势分析、位置分析和形态分析。K 线形态是我们用得最多的形态分析工具，但是并不排除其他形态分析工具，比如 OX 图、西方技术分析形态（诸如双顶和双底之类）等。

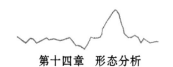

图 14-13　敛散模式三实例（3）

图 14-14　敛散模式三实例（4）

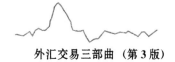
第四节　正向发散—负向发散

"正向发散—负向发散"代表了一种缺乏收敛形态的转向模式，请看图14-15，左边的是"向上发散—向下发散"，右边的是"向下发散—向上发散"。"向上发散—向下发散"确认了阻力的有效，而"向下发散—向上发散"则确认了支撑的有效。

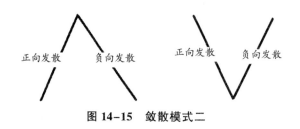

图 14-15　敛散模式二

敛散模式二是非常强劲的反转模式，"乌云盖顶"和"刺透形态"是典型的代表，当然敛散模式二并不局限于这两种形式。一种典型的"向上发散—向下发散"模式是"大实体阳线—大实体阴线"，一种典型的"向下发散—向上发散"模式则是"大实体阴线—大实体阳线"。

下面我们来看一些实例，第一个实例请看图14-16，英镑兑美元从低位大幅上涨，然后出现了上影线很长的大实体阳K线，之后一根大阴线下挫，这就构成了一个典型的"向上发散—向下发散"模式，确认了潜在的阻力有效，如果趋势分析表明方向向下，则此处是一个很好的见位进场做空点。

第二个实例请看图14-17，这是美元兑日元走势，汇价在高位筑双顶后暴跌，跌到94附近出现了大实体阴线紧接大实体阳线，出现了较为典型的"向下发散—向上发散"模式，确认了潜在的支撑有效，如果趋势分析确认方向向上，则此处就是极好的见位进场做多点。

敛散模式二不像敛散模式三那么可靠，所以需要结合更为强劲的趋势以及更为可靠的R/S水平才能使用，这是大家在实际交易中需要注意到的问题。典型的"向上发散—向下发散"与阻力水平和向下趋势密切相关，而典型的"向下发散—向上发散"则与支撑水平和向上趋势密切相关。总体而言，敛散模式二主要用于见位进场点的确认。

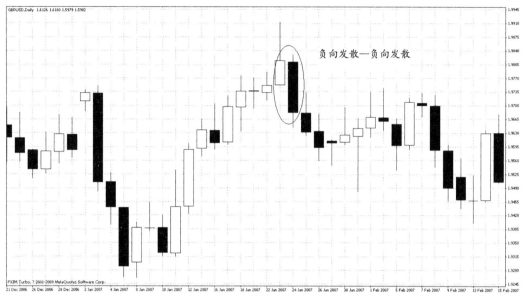

图 14-16 敛散模式二实例（1）

图 14-17 敛散模式二实例（2）

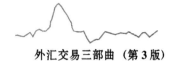

第五节　正向发散—收敛—正向发散

敛散模式三和敛散模式二都是反转模式，我们来看敛散模式一，这是一个持续模式，用于确认突破有效，一般与破位进场联系密切。我们来看图 14-18，左图是"向上发散—收敛—向上发散"，右图是"向下发散—收敛—向下发散"。当汇价上升后盘整，表明市场处于犹豫状态中，之后再度向上，则表明市场重新选择了上升方向，所以这一模式出现一般表明阻力无效，突破阻力有效；当汇价下跌后盘整，表明市场处于犹豫状态中，之后再度向下，则表明市场重新选择了下降方向，所以这一模式出现一般表明支撑无效，跌破支撑有效。

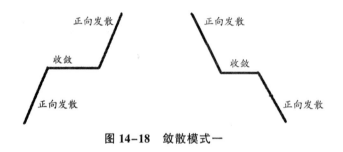

图 14-18　敛散模式一

在 K 线技术中，上升三法是典型的"向上发散—收敛—向上发散"模式，而下降三法则是典型的"向下发散—收敛—向下发散"模式。

我们来看一些实例，第一个实例请看图 14-19，这是美元兑日元的日线走势。汇价从低位逐步上扬，在途中出现了"向上发散—收敛—向上发散"模式，这表明市场仍然处于上升过程中，近期继续上涨的可能性很大。

第二个实例请看图 14-20，也是美元兑日元走势，汇价从高处下跌，开始跌势较缓慢，然后出现了"向下发散—收敛—向下发散"模式，此后继续下跌的可能性很大，不过在这个实例中汇价在敛散模式一之后又出现了收敛。

总之，"向上发散—收敛—向上发散"与突破阻力、趋势向上模式相关；"向下发散—收敛—向下发散"与跌破支撑、趋势向下模式相关。敛散分析是整个行情分析的最后一个工具，敛散三个模式在确认 R/S 水平是否有效上作用甚大。

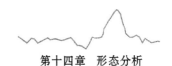

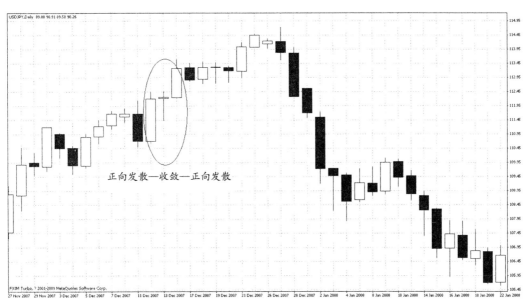

图 14-19　敛散模式一实例

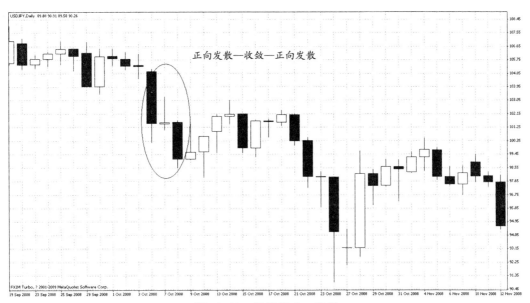

图 14-20　敛散模式一实例

　　你可以抛开主流的形态分析手段来运用敛散模式，也可以帮助你更好地认识和采用主流的形态分析手段。在本章接下来的几节中我们将扼要介绍下主流的形态分析手段，如果你不愿意采用敛散模式，则可以采用主流形态分析手段，但在采用的时候需要注意一些问题，不能像大众那样将局部的形态分析（诸如 3 根之内 K 线组成的形态）当作趋势分析来采用。

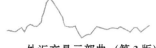

　　无论是东方的蜡烛图技术，还是西方的图表形态技术，都可以在我们的形态分析中发挥作用，而这个作用主题体现为"确认 R/S 的效力"，以便为见位进场或者破位进场提供信号。

第六节　传统的形态分析手段一：正统 K 线形态

　　传统形态分析手段主要是 K 线分析、美国线分析以及较西方技术形态分析。西方技术形态中一些较大的形态或者是以较大规模出现的形态则属于广义形态分析的范畴，也就是属于宏观趋势和中观位置的范畴。就狭义形态分析而言，我们一般采用 K 线技术。

　　K 线技术基于 K 线图。K 线图源于日本德川幕府时代（1603~1868 年），被当时日本米市的商人用来记录米市的行情与价格波动，后因其细腻独到的标画方式而被引入股市及期货外汇市场。

　　通过 K 线图，我们能够把每日或某一周期的市况表现完全记录下来，汇价经过一段时间的盘档后，在图上即形成一种特殊区域或形态，不同的形态显示出不同意义。

　　K 线图分析法在我国以至整个东南亚地区大为流行。由于用这种方法绘制出来的图表形状颇似一根根蜡烛，加上这些蜡烛有黑白之分，因而也叫阴阳线图表。

　　那么，为什么叫"K 线"呢？实际上，在日本的"K"并不是写成"K"字，而是写作"罫"（日本音读 kei），K 线是"罫线"的读音，西方以英文第一个字母"K"直译为"K"线，由此发展而来。还有一种说法是 candlesticks chart 的发音是 K。

　　它是以每个分析周期的开盘价、最高价、最低价和收盘价绘制而成。以绘制日 K 线为例，首先确定开盘和收盘的价格，它们之间的部分画成矩形实体。如果收盘价格高于开盘价格，则 K 线被称为阳线，用空心的实体表示；反之，称为阴线，用黑色实体或白色实体表示，如图 14-21 所示。

　　目前很多软件都可以用彩色实体来表示阴线和阳线，在国内股票和期货市场，通常用红色表示阳线，绿色表示阴线。但涉及欧美股票及外汇市场的投资者应该注意：在这些市场上通常用绿色代表阳线，红色代表阴线，和国内习惯刚好相反。用较细的线将最高价和最低价分别与实体连接。最高价和实体之间的线被称为上影线，最低价和实体间的线称为下影线。

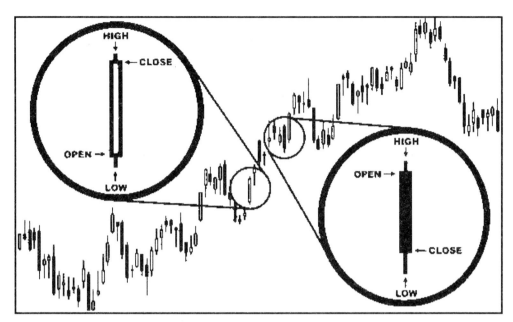

图 14-21　阳线和阴线

用同样的方法，如果用一分钟的价格数据来绘制 K 线图，就称为 1 分钟 K 线图。用一个月的数据绘制 K 线图，就称为月 K 线图。绘图周期可以根据需要灵活选择，在一些专业的图表软件中还可以看到 2 分钟、3 分钟等周期的 K 线图。

K 线图有直观、立体感强、携带信息量大的特点，蕴含着丰富的东方哲学思想，能充分显示股价趋势的强弱、买卖双方力量平衡的变化，预测后市走向较准确，是各类传播媒介、电脑实时分析系统应用较多的技术分析手段。

关于 K 线图的各种组合我们在丛书的其他专著中有所介绍，这里就不再赘述，最为重要的是大家要明白 K 线图背后的哲学，这就是二元哲学或者说二分法，如果能够以二分法的思维去分析市场行情和管理仓位，则与交易大师的境界也就相差不远了，最重要的是离丰富利润很近了。

第七节　传统的形态分析手段二：美国线形态

美国线又称柱线图，其构造则较 K 线简单。美国线的直线部分表示了当天行情的最高价与最低价间的波动幅度。右侧横线侧代表收盘价，绘制美国线比绘制 K 线

外汇交易三部曲（第3版）

简便得多，如图 14-22 和图 14-23 所示。

K 线所表达的含义较为细腻敏感，与美国线相比较，K 线较容易掌握短期内价格的波动，也易于判断多空双方（买力与卖力）和强弱状态，以便作为进出场交易的参考。而美国线偏重于趋势面的研究。另外，我们可以在美国线上更清楚地看出各种形态，例如反转形态、整理形态等。

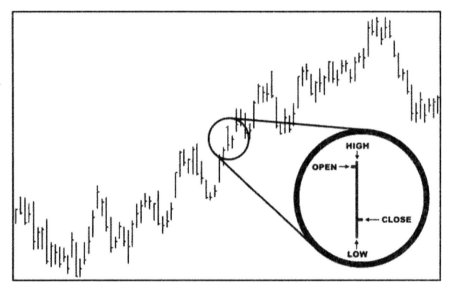

图 14-22　美国线的构造

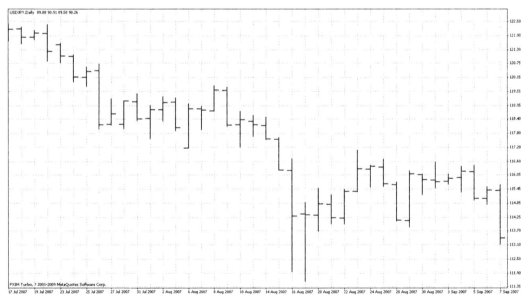

图 14-23　美元兑日元的美国线图

470

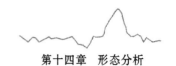

在美国线形态中，最为重要的是长钉日和关键反转日。长钉日的特征是某日交易区间高过或低于前后数日的价格区间。价格区间很宽，往往经过一段时间后才能发现。

关键反转日的特征是当日创出了新高，但收盘时却回到前日收盘附近。美国线的反转形态也可以用来帮助确认既定的 R/S 水平有效，当你进行完趋势分析和位置分析之后，接着就可以利用美国线来确认既定 R/S 有效，从而扣动进场的扳机。

除了长钉日和关键反转日之外，域内日也是比较重要的美国线形态，它是指在某天的价格运行中，低点高于前一日低点、高点低于前一日高点，即价格波动区间在前一天的价格波动区间范围之内的交易日。域内日与母子形态（喇叭形态的一种）类似，但是仍存在一些区别。

域内日与突破交易法的关系比较密切，关于域内日突破交易法的详细内容可以参考《黄金短线交易的 24 堂精品课》。

第八节　传统的形态分析手段三：西方技术形态

西方技术形态也是传统形态分析的主要手段，但是更多的是作为中观层面的分析工具，我们这里主要是在微观层次上运用，所以小型的西方技术形态才是我们关注的主题，比如小型的双顶和双底。

西方技术形态主要包括反转形态和持续形态，反转形态一般属于"正向发散—收敛—负向发散"或者是"正向发散—反向发散"，用于确认见位进场点，比如双顶和双底就是"正向发散—收敛—负向发散"的代表，如图 14-24 所示；而持续形态一般属于"正向发散—收敛—正向发散"，用于确认破位进场点。我们主要运用反转形态来分析见位进场点，毕竟持续形态的意义要小得多。

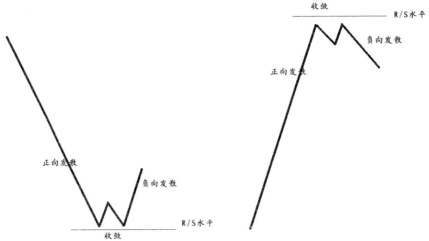

图 14-24　双峰形态和"正向发散—收敛—负向发散"模式

反转形态是指汇价走势逆转所形成的图形，亦即汇价由涨势转为跌势，或由跌势转为涨势的信号。常见的反转形态有头肩形、双头（底）形、三重顶（底）、圆形、V形、潜伏底等。

反转形态是一种能量转化的方式，是一个艰难的过程，需要充分的时间、空间舞台进行能量的交换。但正如能量守恒定律，时间可以换取空间，反之空间可以抵消时间。反转中既有激烈的单日V型反转，也有耗时颇巨的圆底与圆顶，V型反转直来直去，干净利落，无半点喘息时间。

分析形态存在一些前提，其中之一是市场必须事先存在某种走势，这是所有反转形态产生的前提。这里所指的某种走势只是上升或者下降这两种情况，至于横盘整理状况，很多市场分析人士把它总结成"无方向"。

按照这种理解，既然事先不存在走向，那也就谈不上反不反转的问题。当前的走势即将被反转的第一个信号通常是最重要的颈线被有效突破了。但是必须清楚一点，即使颈线被突破了，也仅仅意味着原来的走势正在发生改变，并不能说明走势肯定发生反转，有可能从原来的上升或者下降走势，变成横向整理的状况。图表形态规模的大小是从价格波动的幅度和时间这两方面来区分的。形态分

关于西方技术形态的更加专业的内容可以参考约翰·墨菲的相关专著，关于外汇市场图表形态的知识则可以参考《外汇交易进阶》。

析只是一个工具，而不是行情分析的全部，更不是交易的全部，这是大家需要注意的一点。

形态分析的主要技巧和理论我们已经介绍完了，在下一章我们要进入交易中最为关键的部分，对于纯技术分析者而言更是如此。

第十五章　仓位管理和凯利公式

仓位管理是整个交易环节中总被忽视的环节，因为仓位管理通常被看成是死板的东西，同时也是简单得不能再简单的环节，更为普遍的观点是将仓位管理看作是对交易绩效帮助不大的环节。上述这三种观点都是错误的，首先仓位管理不是固定和死板的技术策略。其次仓位管理非常复杂，涉及的领域非常多，掌握起来也没有真正的终点。

如果真要钻研，仓位管理也可以和技术分析一样搞得很高深和繁复。最后，仓位管理属于对交易效果影响比较大的技术环节，仓位管理属于后端，前端的失误可以靠后端弥补和缩小，而前端的效力可以靠后端发挥到极致。对于纯技术分析者而言，由于不能甄别出单边走势和震荡走势，所以一般靠特殊的仓位管理方法来应对走势的二元交替。

仓位管理非常重要，因为要达到"利润最大化，亏损最小化"的目的就必须牢牢将资金分配到最优风险报酬率和胜算率组合的市场和品种上，这是大家最需要明白和做到的地方，"截短亏损，让利润奔腾"的更恰当表述应该是"利润最大化，亏损最小化"，应该"让利润奔腾"的前提是利润真的可以奔腾，否则恰当的落袋可能更符合"利润最大化"。

大家有时候可能觉得我们的理论在不同书中有些许出入，其实并不矛盾，这叫"当机设教"。不同水平的书和章节针对不同水平的交易者。如果不根据交易者的水平来讲一些原理，只会让他们陷入更深的误解。比如，当交易者还停留在预测涨跌不重视进出场点的水平时，如果跟他们讲利用驱动—心理分析预测趋势性质就会被误解，使他们原本的错误观念更加深重。

仓位管理的最高境界就是在最大的机会上全力出击。在索罗斯看来，作为一个

宏观交易者，重大的盈利机会往往不多，每隔三至五年世界才会提供这样一次机会，所以必须好好把握。

通过把握这些重大的经济和政治变化，索罗斯可以将几年的总回报率水平提高很多，在量子基金的成立初期，他的年复合回报率超过了30%，这完全得益于这一思维，在1992年击败英格兰的战役中他获得了单笔最大交易利润，而在对中国香港政府的战役中，他损失过重。

但是此后，他还是保持了超过20%的年回报率。从这点我们可以得出两个结论：第一，索罗斯的宏观价值交易方法必须依靠把握几年一次的重大宏观变动才能提供较高的回报率。第二，要把握这些重大的交易机会，需要做到三点：一是要理性，二是要有一个良好的观察世界变动的工具，三是要全力出击把握机会。索罗斯借助"人类认识不完备性"理论和"可错性"思维来促成交易理性，而通过"反身性理论"和奥地利经济学来观察世界，通过集中资金于最大交易机会来做到"全力出击"，这就涉及仓位管理。

鹰的眼睛，豹的速度，熊的力量，这就是金融大鳄索罗斯的伟大之处。巴菲特像是一头大象，而索罗斯就像是一头猎豹，大象依靠的是稳健前行，而猎豹则是迅速制胜，无论是大象还是猎豹，都需要实力做证。

无论是巴菲特还是索罗斯在大学都是主修经济学专业，所以他们对于利润最大化和效用最大化的原理一定非常清楚。只有将稀缺的资源投入那些能够产生最大利润的地方，才能获得最大的收益，只有保持长期的最大利润化，风险才是最小的。

如果一味为了避免风险而分散投资，则会将资源浪费在那些获利甚少的机会上，长期下来必定造成收益损失。而这对于一个投资家而言，无疑是非常不利的，这其实也是仓位管理的内容。在索罗斯和巴菲特看来，集中投资就是为了避免分散投资的利润损失，就是为了扩大本金，攻击是最好的防守。

当然，凡事都有好坏两面，索罗斯的集中资金式交易使他的资金起伏很大。在一般人看来是不可承受的盈亏波动，而在金融理论学家们看来则是风险过高的交易，因为收益的标准差太大。

对于价值交易者而言，集中有集中的好处，比如巴菲特和索罗斯，分散有分散的好处，比如格雷厄姆和林奇，但是要注意前提，这四个大师的交易方法都有效，但是都存在一个局限范围，一旦忽视了大师方法的前提和适用环境就会犯错误，从而带来重大的损失。

所以，任何仓位管理方法都对应着特定的前提和适应环境。关于趋势性质和交易策略的对应关系，我们可以谈上好几大章的内容，不过在本章中我们将揭露交易界隐藏的最大秘密，这个秘密一旦被掌握，就可以做到青云直上，在《外汇短线交易的24堂精品课：面向高级交易者》一书中，我们曾经零散地谈到这一秘密，但是我们决定在本书的最后一章全面地阐释这一秘密。如果你是初学者或者是交易数年却鲜有自己独到见解的人，最好不要妄加评论这一秘密的价值，也不要自以为是地批判这一秘密，最好的态度是去实践检验。这个秘密就在本章三节中的一个小节里，大家自己寻找吧，再好的东西也得与勤奋的人分享。

第一节　外汇分析和交易的完整步骤

狭义的外汇分析和狭义的外汇交易是两个不同的范畴，分析永远都不能代替交易。分析针对的是行情走势，而交易针对的是仓位管理。仓位管理必须基于行情走势，但是绝不仅仅只考虑行情走势。

仓位管理是最容易被忽视的一个交易环节，但却是最终决定交易绩效的环节。在整个外汇交易中，驱动分析、行为分析和仓位管理都属于有形的部分，而心理管理则属于无形的部分。外汇交易的完整部分不仅囊括了行情分析和仓位管理，还包括交易者对自己身心的管理，而这恰恰是交易的基础。

任何交易都应该基于一个恰当的前提，这就是恰当的身心状态，所以我们应该把禅定作为每天交易的必要准备，既是"热身活动"，又是"放松活动"。作为世界上最挑战人性的活动，从事交易不能不进行世界上最古老的活动——禅定（见图 15-1）。

禅定的好处不是语言能够描述的，这里可以明确告诉

在《外汇短线交易的24堂精品课：面向高级交易者》一书中，我们有一章专门提到了交易者的心理控制术。

图 15-1　禅定

大家，无数的心理控制技巧中，禅定是最简单最有效的。

"禅"是外不着相（不执着一切境界相是禅），"定"是内不动心。"禅"者"佛之心"，当下这念心清清楚楚、明明白白，对外境不起攀缘染著，自内照而不昏沉无记是也。

禅定，又名"三昧"，所谓"念佛三昧，三昧之王"。"禅定"亦即"止观"，止是放下，观是看破。禅定是指"心一境性"，让混乱的思绪平静下来，外禅内定，专注一境。禅定必须先由"入静"开始，再到"至静"，而后才能达到"寂静"，此时已经是忘我的境界，从"身空""心空"而进入虚空法界。然而坐禅要进入禅定的境界，也必须要具备"超越的精神"，才能突破一切生理、心理及潜意识的障碍。

禅的意义就是在定中产生无上的智慧，以无上的智慧来印证，证明一切事物的真知实相的智慧，这叫做禅。《六祖坛经讲话·坐禅品》："禅定者，外在无住无染的活用是禅，心内清楚明了的安住是定，所谓外禅内定，就是禅定一如。对外，面对五欲六尘、世间生死诸相能不动心，就是禅；对内，心里面了无贪爱染著，就是定。参究禅定，那就如暗室放光了！"

科学地讲，禅定就是对"心"拥有超强力量的训练，而且是经过两千多年无数智者验证有效的训练。这种强大的"心力"获得，既让人们有能力深入思考问题获得聪慧，也会让人们用来控制生命机能而获得健康。在你1.4公斤的大脑内约有一千亿个神经元。每一个神经元的突触都是有意义的——都有自己的历史，有目的地连接不同的神经元。从大脑延伸出来的神经纤维充满着你体内细胞的每一处微细空间——没有孤立的细胞，所以你才能够瞬间感受到体内发生的细微变化。同时你也通过这些细小弯曲的神经纤维，控制每一个个体细胞的生物化学反应。

心灵不单单存在于"项上空间"，心与身是一个整体，即生命是一整体现象。从生理学上看，心意与神经系统是一个概念。大脑是按照神经电流程序工作原理进行运作的——程序引发程序，思想引发思想，一群原子的运动可以主动地激发另一群原子的运动。一个人从本质上——可以控制一切的生命机能。一个人终其一生也未能开发运用大脑潜在能力的 10% 以上，而科学禅定是深入那无限空间的"阶梯"。根据生命生理实际运作机制，运用禅定的力量，进而有效控制激活包括免疫系统在内的人体生理系统应有的各种生命机能，进而获得健康。

禅定的方法有很多，最为简单的就是脊柱保持正直的盘腿打坐。有了禅定的功夫，要学好用好有形的技巧就非常容易了，随着经验的不断积累，自然就能学会交易这门技能。

绝大多数书籍都在探讨有形的交易环节，而且常常集中于行情分析，特别是行情分析中的技术分析，这其实有害于交易绩效的切实提高。除去心理基础，完整的交易流程如图 15-2 所示。

行情分析是第一步，是后续几大步骤的基础，这是大家需要注意的。同时也要看到仓位管理是交易流程的枢纽和核心，连接着行情分析和执行交易。一般而言，大多数外汇交易者在进行行情分析之后，紧接着就执行了交易，对仓位谈不上管理。当然，没有设计过的仓位管理也属于仓位管理，只不过是最低效、最拙劣的仓位管理技巧。

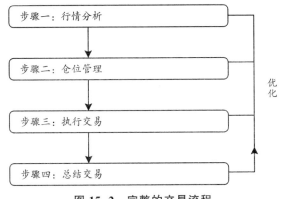

图 15-2 完整的交易流程

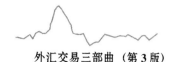

　　行情分析的要素是势、位、态，这在前面已经详细介绍过，势、位、态中最为关键的是位置分析，趋势分析主要是为了确认之前驱动—心理分析得到的结论，如表15-1所示。行情分析完之后，主要根据势和位两大要素对期望值进行分析，然后据此决定仓位规划。对于单次交易而言，从驱动分析到仓位管理再到执行就完成了一笔交易，但是对于持续业绩而言，单是行情分析和仓位管理还不够，还需要定期总结交易，在面向中级交易者的《外汇交易圣经》一书中，我们提供了一张督促和总结交易的表格，大家也可以仿照这张表格进行总结。

表 15-1　交易流程要点

第一步	第二步	第三步	第四步
驱动分析	心理分析	行为分析	仓位管理
重要因素确定性结构变化	市场新兴焦点	分形和 R/S	凯利公式
博弈的支付矩阵	博弈主体	博弈的行为分析	寻找占优策略
寻找潜在最强劲的单边市场和品种		确认单边市场和品种	把握单边市场和品种

没有复盘，遑论进步。

　　交易总结的关键在于一定要把走势图保存下来，同时在上面标注好进出点，同时也需要将进出场的理由以及结果记录下来，这样才便于复盘。一般而言，只有文字记录的总结是不完善的，在《外汇交易圣经》中我们只呈现了文字记录类型的总结，这其实是非常初级的总结，也是效率较低的总结，最好的总结应该附上相应的走势图。

　　交易的总结不能用一些不能证伪和不具可操作性的废话，比如由于贪心所以没能及时出场，这类总结都是无用的总结。有用的总结必然是从可操作的角度和具有统计基础的角度来分析问题和对待交易结果。

　　一般的交易总结都流于形式和抽象化，主要以盈亏论事，很少关注到整体操作的失误。不能因为这次交易结果是亏的，就寻找理由证明这次操作的思路是错误的，也不能因为这次交易的结果是赚的，就寻找理由证明这次操作的思路是正确的。

不能因为单次的交易结果来评判交易操作的对错和效率高低，必须根据足够的样本来评判，这就是说要从统计的角度来评判操作的优劣，这点是大家需要注意的一点。

总结其实相当于获取信息，最终目的是对交易流程进行控制，以便更加趋近于绩效目标，这个控制的过程就是交易流程优化。从系统论、控制论和信息论的角度来看，进步很快的交易者必然是那些能够对交易流程进行优化的人。要高效地对交易流程进行优化，就必须对交易流程有敏锐的洞察力，定期地统计结果以进行总结。

在很多交易软件中，比如 Metatrader 软件中，都有交易绩效统计功能，可以给出胜算率、风险报酬率、最大回撤幅度、账户净值走势图、交易账单等重要数据，这些数据对于总结交易进而获取准确的交易绩效信息非常重要。为了达到绩效目标，就需要对交易流程进行控制，这个控制的最根本对象是仓位，我们对市场的任何认识最后都作用于仓位。

第二节　仓位管理的三个要素和凯利公式

仓位管理的三个要素是胜算率、风险报酬率和周转率。短线交易的优势是周转率高，但是如果缺乏具有优势的胜算率和风险报酬率则弄巧成拙。所以，周转率是排在最后一位的。

根据我们前面介绍的知识，大家应该明白风险报酬率是第一位的，而胜算率是第二位的。从这一点来看，要做好仓位管理首先就应该获得一个较高的风险报酬率，其次是获得一个较高的胜算率，最后才是一个较高的周转率。仓位管理的最低目标是将破产风险降到最低，最高目标是实现资产增值的最大化。

很多技术分析派大师都破产过至少一次以上，但是这些破产都发生在他们从事金融交易的开始阶段。这类破产使部分菜鸟级的交易者很快成熟起来，开始领悟到"生存"两字的意义，然后开始注意止损和资金管理。但是，对于那些在交易初级阶段没有经历过破产，或者对破产认识不深的投资者而言，此后的交易行为往往是冒失而风险巨大的。

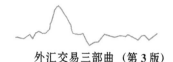
在交易的开始阶段，交易者投入的资金往往非常少，这时破产的教育价值胜过了损失的经济价值。但是，到了交易者开始投入大量资金的阶段时，破产则往往意味着"死亡"，因为本金在亏损后已经处于不能继续交易的状况，而且心理上也遭受到了重创，交易信心崩溃，要想在短期内重建几乎不可能。只是因为这一阶段的破产带来了资金和心理的双重巨亏，所以我们一定要避免因为遭受到这样的破产而过早地结束自己的交易生涯。

那么如何做到避免这样的破产出现呢？我们认为投资者只要按照下列步骤去操作就不会面临"死亡"。

第一个步骤是认识到破产的危害。要认识到破产的危害就必须清楚破产带来的长期影响，特别是对心理上的影响。通常而言，对破产危害的最有效认识来自于早期小规模交易的破产。早期的小规模破产就是在给交易者打疫苗。没有经历过破产和较大亏损的投资者是不会下定决心戒绝那些导致破产的习惯的。

场外资金管理对于投机者而言非常重要。

认识破产的危害除了经历破产本身之外，还需要得到理性上的认识，这就需要从概率论的角度来认识破产，关于这一方面的知识希望大家可以去认真读读《期货交易者的资金管理策略》这本书，重点看看"破产动态学"一章的数理分析。

第二个步骤是科学地管理风险。这就要求大家将风险放在首要位置予以考虑，其次才是收益问题。很多交易者在行情研判时往往只看到收益，看不到风险，或者是低估风险。

在交易的时候总是不停地盘算哪个交易品种的收益水平更高，而不管其对应的风险水平。这种思维习惯将极大危害本金的安全，交易者如果具有这种错误思维的话将不可避免地迅速走向破产。要科学地进行风险管理，就必须遵循我们将提到的凯利公式 $K = [(1+R)W - 1] / R$，其中 R 是风险报酬率，W 是胜算率。

　　第三个步骤是计划你的交易和交易你的计划。人的非理性是导致破产的根源所在，要避免破产，最为根本的办法是走向理性。但是，完全走向理性是不可能的，所以我们只能尽最大努力做到理性。

　　要成为一个理性的交易者，最为关键的一点是在交易前制定计划，在交易中执行计划，在交易后反省计划。索罗斯在每次交易前都会进行审慎的考虑，并据此制定一个交易计划。这一做法使索罗斯的绩效远远超过绝大多数投资者。但是，制定交易计划并不能保证成功，只有严格地执行既定的交易计划才能带来正确的交易行为，从而得到一个优良的交易结果。

　　通过上述三个步骤我们就能够部分避免破产带来的金融"死亡"了，但是知道做什么并不足够，还需要知道不做什么。下面我们就来看看什么做法会导致破产。

　　第一，情绪化的交易。所谓情绪化交易就是交易的目标函数并不是利润最大化，而是其他某种因素的最大化。比如在 2007 年末的期货市场上出现了一位将资金从 4 万元炒到 2000 万元的女中豪杰。媒体的宣传使她开始以名誉最大化为交易的目标函数。在此后的交易中，虽然遇到市场大幅度转折，但是她仍旧持仓不出，为的就是不愧对自己头上的光环，最终当资金又重新回到 4 万元附近时被期货公司强行平仓了。

　　交易的目的是利润最大化，而不是其他什么最大化，但是很多交易者并不是朝着利润最大化来的，或许是为了证明自己是股神，是高手而进行交易。凡是抱着错误的心态进行交易，必然为情绪所干扰，最后落得个郁郁寡欢的下场。交易中，虚名虚誉是最害人的东西，索罗斯虽然拥有不少市场大众给予的头衔，但是他并没有就此陷入"光环综合征"。

　　在中国 2007 年的权证市场上出现过一位权证高手，此人尽量不与媒体接触，后来干脆隐居退出，抱着从 7 万元到 3 亿元的业绩继续参与金融市场的游戏。要避免情绪化交易，就要做到"淡泊明志，宁静致远"。只要做到了这两句诸葛亮的修身警句，才可以轻易地避免情绪化交易。

　　第二，仓位过重的交易。想要快速致富的梦想加上对自己的能力估计过高，对收益估计乐观，而对风险完全忽视必然导致仓位过重的交易。当一个投资者以不合理的重仓介入一项交易时，他要么低估了风险，高估了收益，导致报酬率过高，要么是高估了胜率。

　　仓位过重的人似乎只看到了收益，看到了重仓的好处，却没有看到风险，没有看到重仓的害处。要避免重仓交易的冲动，需要做到两点：首先，不要超过一个单

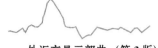

笔亏损上限，那就是5%；其次，要根据我们下节将要介绍的凯利公式来进行仓位计算。

第三，过度频繁的交易。过度频繁的交易来自于两种原因：一是交易者追求过高的资金增长率，对自己的盈利能力过度乐观；二是交易者急于扳回先前的亏损。过度频繁的交易使交易者陷入情绪化中，同时减少了每次交易花费的精力和时间，进而从整体上降低了交易绩效。更为重要的是频繁的交易还会累计大量的手续费，多次下来就会消耗投资者不少资金。

第四，疲劳状态下的交易。由于身体抱恙，或者心情低落，又或者是长时间持续工作导致的疲劳状态会使交易者无法做出理性和清醒的判断。我们见过许多外汇和期货交易者在长时间盯盘后注意力和思考能力出现了急剧的下降，此后的交易绩效一落千丈。所以，不要自负地认为你足以避免疲劳状态下的低效率决策，其实没有人能够逃过这一关。疲劳状态下继续交易经常会把先前赚到手的利润全部亏出去，甚至还会危及本金安全。

第五，没有止损设置的交易。不设置止损指令是许多交易者的通病，甚至那些多年从事交易的交易者也是如此。索罗斯认为这样做的交易者根本就没有搞清楚交易是一项概率优势，必须随时做好犯错的准备。交易者不设置止损主要有两个原因：一是交易者盲目地认为自己不会犯错，所以不必设置止损；二是交易者惧怕自己的止损被市场噪声波动触发，造成不必要的损失，这种想法是交易者根本没有搞懂止损意义的表现，建议有这样想法的读者好好想想"概率"一词的含义。

第六，抱着侥幸心理的交易。很多时候，交易者会因为亏损而拒绝退出，一直抱有回本的心理在市场中生存；也有一些交易者抱着一个不顾当前走势的过高盈利目标。前者因为亏损而抱有侥幸心理，后者因为盈利而抱有侥幸心理。其实，这两种交易者忘了最根本的一条：市场从来就不关心你在想什么。无论你是亏损还是盈利，无论你认为市场将回转还是认为市场将继续前进，这些都是你认为的罢了，市场不一定会按照你的设想走，你怎么能够为市场定下路线图。但是，可笑的是，市场中有很多这类抱着一厢情愿想法的投资者，他们认为市场会照顾他们的想法和心情，这真是特错大错了。

第七，没有交易计划，或者随意改动交易机会的交易。人的天性趋向于散漫，不喜欢规则和约束，这也正是绝大部分投资者不能长久在市场中生存下来的最关键原因。要在金融交易中生存，不是做自己喜欢的事情，不是做自己感到习惯的事情，而是要顺势而为，反其道而行之。

上面揭示了导致破产的七种情况，基本上"正常"的交易者身上都同时出现上面几种情况，而要在金融市场中成功就不要做"正常"的交易者。

索罗斯将价值投资以短线投机的形式展示给了世人，这使很多人都错误地认为索罗斯是一个非价值投资者，其实这是一个非常错误的认识。凯利公式运用的集大成者——索罗斯与巴菲特有过一次桥牌对局，索罗斯认为巴菲特是这个世界上少数几个能够在金融市场上熟练运用凯利公式的投资者。那么，什么是凯利公式？索罗斯与其又有什么关系呢？

所谓的凯利公式是指 $K=[(1+R)W-1]/R$，其中 K 代表此次交易动用的资金比率，而 R 则是此次交易的风险回报率，W 则是此次交易的胜率。无论是巴菲特这样的长期投资者，还是索罗斯这样的短期交易者，在运用凯利公式上都是一流的高手。索罗斯认为任何一次投资下注都涉及取胜概率和风险回报率两个方面，如果忽视其中的一个因素，连续几次交易之后必然犯下不可挽回的错误。

只有趋近于凯利公式的资金管理策略才能保证金融交易者在市场中站稳脚跟，长期生存。可以这样说：凯利公式首先是一个生存法则，其次才是一个盈利法则，当然生存和盈利在金融市场中是两位一体的。当你重视生存时，利润自然来到你的身边，但是当你只追求利润时，则死亡离你已经不远了。

索罗斯相当重视报酬率问题，他之所以选择在临界点正是因为这个原因。报酬率是风险和报酬的比率，也就是说以多大的风险去追求多大的潜在利润。在临界处，市场继续向前运动的幅度很小，但是回归运动的幅度很大，所以在临界点反向操作的风险较小，但是潜在利润却很大。比如，市场先前向上运动，数据和推理都显示市场目前位于临界点附近，此时我们入场做空，理由是市场继续上行的空间很小，但是下跌的空间却很大，做空的止损可以放置得很小，但是做空的盈利目标却较大，这样就得到了一个理想的风险报酬率。

在凯利公式中，风险报酬率还不是唯一的资金分配决定要素，胜率也很重要，索罗斯在临界点交易的另外一个原因是可以因此获得一个较高的胜率。比如市场先前的走势向下，现在位于临界点处，继续向下的概率小于反转向上的概率，因此做多的胜率高于做空的胜率。

通过临界点，索罗斯可以获得较高的报酬率和胜率，这样就可以动用较大份额的资金介入一项交易中。但是更多的交易者却在趋势继续向上的时候做空，在趋势继续向下的时候做多，或者是在临界点处跟随先前的趋势做交易，这样的交易只能带来较低的胜率和报酬率，但是这些交易者却没有相应地降低动用资金份额，其最

终结果当然是很快就在市场中破产了。

索罗斯很早就认识到动用资金份额应该随着当下交易的胜率和报酬率而相应变化，只有在胜率高和报酬率高的时候动用更多资金，在胜率低和报酬率低的时候动用更少资金才能够在市场中长期生存下来，利润自然也就随之而来了。但是，一般的投资者基本上没有听说过凯利公式，当然也没有几个人能够直觉地遵从凯利公式的引导。

财富的产生来自于确保本金，只有确保了本金才能带来增值。可以说巴菲特将复利原理的运用送上了顶峰，而索罗斯则是运用凯利公式的集大成者，因为他在短期交易中充分地考虑了胜率和报酬率在资金分配中的决定性作用。财富公式有两个，一个是复利公式，一个是凯利公式，凯利公式保证一个较高资金增长率的获得，而复利公式保证了长久下来财富能够得到指数式的增长。

生存是第一要务，复利公式中有一个本金项，有一个复利项，有一个交易年数，或者说交易次数项。只有遵循凯利公式的资金分配原则，才能保证本金，才能真正实现本金项的指数式增长。只有遵循了凯利公式的资金分配原则，才能保证一个较高的复利水平，从而保证一个出色的终值。只有遵循了凯利公式的资金分配原则，才能把握更多的高效能交易机会，从而得到一个较多的交易次数，形成更大的指数式增长。

对于复利原理，交易者只能被动地接受，它告诉我们了一个客观的规律和事实，一个实证的真相。而凯利公式则教导交易者要主动地处理交易仓位，通过明晰胜率和报酬率的影响来决定具体的仓位，主动控制自己的交易成败。复利原理是中性的，它可以让资本逐渐消失，也可以让资本不断增加。而凯利公式则是非中性的，它告诉交易者如何更久更好地在市场中生存。

索罗斯非常伟大，因为他明白凯利公式带来的积极意义，所以他总是在计算了胜率和报酬率后积极主动地管理自己的交易，在自然法度之内处理交易仓位。但是，又有几人知道积极管理仓位的重要性，他们都沉迷于判断行情的各类技巧，对于资金管理策略从不过问，最多关心下止损问题。

索罗斯不止一次地向自己的助手强调了概率的意义，他认为市场的运动并不在乎交易者的想法和利益，而交易者也无法确知市场下一刻的运动方向和幅度以及持续时间等。正是因为索罗斯对于交易的不确定性有充分的认识，才使他坚持以概率的思维和原则来把握交易，而凯利公式正是一个非常好的概率管理工具。

复利公式强调"与时间为友"，而凯利公式则强调"与概率为友"。一般的投资方法和投机方法都会随着时间而露出丑陋的面目，但是高效的时间方法却可以借助市场而日益发达。时间是宇宙优胜劣汰法则得以贯彻的保证，而复利公式则是进化论的一种体现。对于坏的交易方法而言，时间是最大的敌人，因为侥幸的成功将很快让位于不可挽回的失败；而对于好的交易方法而言，时间是最好的朋友，因为偶然的失败将很快让位于持续的成功。坏的交易方法总是将交易建立在确定性上，因此它忽略了失败的可能性，进而忽略了止损的必要性，结果可想而知；而好的交易方法则知道"谋事在人，成事在天"的道理，所以会积极应对糟糕的情况出现。

索罗斯认为一个好的交易方法必然具有两个特征，那就是：第一，这个方法一定是"与时间为友"的；第二，这个方法一定是"与概率为友"的。索罗斯建议那些想要从事金融交易者的年轻人们好好想想"与时间和概率为友"的问题，如果找不到符合这一要求的交易方法，那么就永远不要参与到交易中去。很多人在没有亲自确认某一方法能够持续获利之前就匆忙入市交易，交易中屡屡犯下违背"与时间和概率为友"的错误，很快就被市场淘汰了。

要想在市场中生存，就必须长期做正确的事情。要做正确的事情，就要以凯利公式为准绳；而之所以要长期做正确的事情，则是因为复利公式的缘故。仓位管理的最根本要求就是要"与概率为友，与时间为友"。

第三节　情景规划和交易

情景规划（Scenario Planning）是理清扑朔迷离的未来的一种重要方法。情景规划要求公司先设计几种未来可能发生的情形，接着再去想象会有哪些出人意料的事发生。这种分析方法使你可以开展充分客观的讨论，使战略更具弹性。

华尔街之狼—卡尔·伊坎最大的一个习惯就是推测各种可能情形。

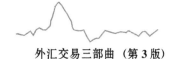

高明的棋手总是能清晰地想象下一步和下几步棋的多种可能的"情景"。而"情景规划"能提供预防机制，让管理者"处变不惊"——对突变既非阵脚大乱，也非无动于衷。它更接近于一种虚拟性身临其境的博弈游戏，在问题没有发生之前，想象性地进入可能的情景中预演，当想象过的情景真正出现时，我们将能从容和周密地加以应对。

情景规划最早出现在第二次世界大战之后不久，当时是一种军事规划方法。美国空军试图想象出它的竞争对手可能会采取哪些措施，然后准备相应的战略。在 20 世纪 60 年代，兰德公司和曾经供职于美国空军的赫尔曼·卡恩（HermanKahn），把这种军事规划方法提炼成为一种商业预测工具。卡恩后来成为美国顶尖的未来学家。

作为管理工具，情景规划由于荷兰皇家壳牌石油运用它成功地预测到发生于 1973 年的石油危机才第一次为世人所重视。1972 年，传奇式的情景规划大师，法国人皮埃尔·瓦克领导着壳牌情景规划小组。当时该小组设想了一个名为"能源危机"的情景。他们想象，一旦西方的石油公司失去对世界石油供给的控制，将会发生什么以及怎样应对。在 1973 年至 1974 年冬季 OPEC（石油输出国组织）宣布石油禁运政策时，壳牌有良好的准备，成为唯一一家能够抵挡这次危机的大石油公司。从此，壳牌公司从"七姐妹（指世界七大石油公司）中最小最丑的一个"，一跃成为世界第二大石油公司。

1982 年皮埃尔·瓦克退休，接任他的就是彼得·舒瓦茨（Peter Schwartz）。在 1986 年石油价格崩落前夕，壳牌情景规划小组又一次预先指出了这种可能性，因此壳牌并没有效仿其他的各大石油公司在价格崩溃之前收购其他的石油公司和油田扩大生产，而是在价格崩落之后，花 35 亿美元购买了大量油田，彼得·舒瓦茨说这一举措为壳牌锁定了 20 余年的价格优势。

正是因为情景规划在壳牌所取得的巨大成功，像戴姆勒—克莱斯勒、UPS、苏黎世金融服务公司（Zurich Financial Services）等许多其他的公司也开始运用这种管理方法，但没有一家公司能够像壳牌公司那样把这个方法运用得如此得心应手。2002 年 2 月，美国 BUSINESS2.0 杂志推出了一个关于风险管理的封面专题，其中特别提到了壳牌传奇式的情景规划："没有一个行业比石油行业对危机的理解更深刻，而石油行业里也没有一个公司具有比荷兰皇家/壳牌石油传奇式的情景规划小组更长远的眼光。"

因为情景规划在壳牌所取得的巨大成功，近年来，这种管理方法的应用和研究也逐渐在企业界和学术界流行起来，关于这个方法的介绍在美国的主流商业媒体上也频频出现。例如，1994 年，英国政府通过"科技发展计划"（Technology Foresight Program）针对各项产业领域，结合学术界、产业界与政府部门组成 15 个独立的产业智囊，运用"情境规划"分析来规划各产业在 2015 年的情况。

情景与通常的战略规划最大的不同，就是不以牺牲复杂性为代价来换取决策的速度。它不是从原则和信念出发，而是从对商业图景的敏锐、切身的感知出发。正如我们已说过的，它更像是一个博弈游戏。在游戏开始时，谁也不知道也不假定一个结果，在游戏别开生面的展开中，一种或几种意想不到的结果出现了。玩过"啤酒游戏"的人都能体会到这一点。因此，情景规划绝对不只是为了"好玩"或"游戏"，而是看到事物演进的趋势、形态，以及影响变化趋势的系统结构。

同时，进行情景规划不是充当占卜士和预言家的角色，而是基于一连串的逻辑和经验事实的推演。通过情景规划，管理者可以将其所关心的影响决策的各种因素做周密的全盘深入剖析，并避免狭隘的个人偏见。

情景规划是什么我们已经了解了，不过大家可能觉得情景规划与外汇交易没啥关系，其实很多交易者之所以失败就是因为缺少情景规划思维。我们以前一直强调概率思维，其实概率思维还是对比较初级的交易者使用的术语。

当你真正步入交易者的成功大门时，你才发现"情境规划思维"的重大实践价值。当下的市场在此后特定一段时间的发展可能性有两种以上，其中最有可能的是两种，比如我们首先查看了明天（以及接下来几天）要公布的重要信息，以及市场当前的反应和价格走势，据此对明天日内走势做各种推测，然后从支持和反对两个角度对各种走势假定进行概率上的排定，并为每种走势做出交易上的规划，最后选出能够适合大多数走势的占优策略。

外汇日内走势的情景很多，大家在实际交易中可能遇到几十种甚至上百种，我们这里没法一一呈现和归纳，但是有一个最基本的情景模型大家一定要掌握。情景规划的核心在于为情景配备相应的预案，在交易中，仓位管理策略就是相应于市场情景的预案。对于交易者而言，掌握最基本的情景模型是最为重要的，下面我们从交易机理的角度展开最基本的情景模型。

请看图 15-3，这是交易机理图，由于是我们对交易机理的理解，所以名为"帝娜交易机理图"。交易技能提高的陷阱在哪里？交易绩效提高的关键在哪里？交易的要点在哪里？交易中最基本的情景分为哪两种？这些在这张图中都有深入的揭示，在之前的书籍中我们谈到过随机强化对于交易者技能提高的限制，但是其中更深入的东西我们没有提到过。

我们平时只能窥一斑而无法见全局，这张图可以让你看到整个交易的机理，获取交易成功的无上密钥。如果你把这张图搞懂了并加以持续实践，不成为交易高手是不可能的。

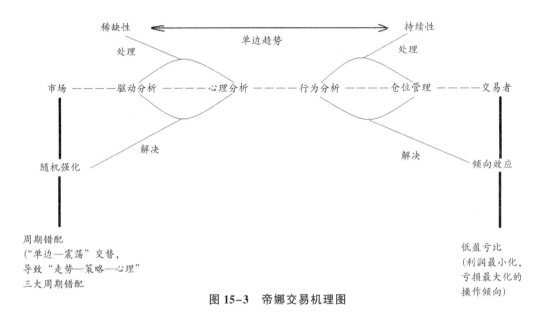

图 15-3　帝娜交易机理图

下面我们对图 15-3 进行分部解析，当然这里的介绍只能是简单扼要的，具体的还需要结合我们之前的内容和本系列丛书的其他书籍，特别是《黄金高胜算交易》和《外汇短线交易的 24 堂精品课》以及《黄金短线交易的 24 堂精品课》三本书。

在整个交易中涉及市场和交易者两个主体，交易之所以很难成功是因为市场的随机强化特性以及交易者的倾向性效应。市场会交替进行震荡走势和单边走势，而震荡走势和单边走势对应的交替策略基本是相反的，至少在是否设定止盈上两种走势的要求是相反的，这点在前面的章节中已经讲到过。

人很难学习到具有随机强化特性的技能，另外人本身的天性也使人在金融市场上的表现违背了期望值理论。人倾向于扩大损失同时缩小利润，这就是倾向效应，这种倾向会使交易者得到一个非常差的风险报酬率，也就是很低的盈亏比，最终会影响到期望值。

交易者一直在追逐着单边走势，因为相比震荡走势而言，单边走势的盈亏比更高，胜算率也高，所以最符合利润最大化原则和亏损最小化原则。但是，单边走势具备了两大基本特征，这就是稀缺性和持续性。

持续性是所有技术分析书籍中着墨最多的部分，正是因为单边趋势的持续性才

使我们的交易能够符合利润最大化原则和亏损最小化原则。虽然单边趋势对于交易十分重要，但是关键的问题是单边趋势的稀缺性。由于震荡走势和单边走势交替出现，而且震荡走势特别是不规则震荡走势一般会占到70%的比重，这样就使单边走势显得非常稀缺，而这正是绝大多数趋势跟踪交易者面临的最大难题。所以，交易者面临的主要问题有四个：第一是市场的随机强化特性；第二个是交易者的倾向效应；第三个是单边趋势的稀缺性；第四个是单边趋势的持续性。

要解决市场随机强化带来的问题，需要依靠驱动分析和心理分析来预测单边和震荡的概率；要解决交易者自身的倾向性效应，则需要依靠行为分析和仓位管理来克服"最大化亏损，最小化利润"的习惯；要对付单边走势的稀缺性特点，则必须利用驱动分析和心理分析来确认最可能出现单边走势的市场和品种；要把握好单边走势的持续性特点，则必须利用行为分析和仓位管理来最大化实现单边走势带来的潜在利润。

如果单就市场来讲，最基本的情景就是单边和震荡，而由此引发了交易者习得两种策略和心理，这就是单边交易策略和震荡交易策略。但是由于市场周期交替的特征不容易被交易者把握，所以交易者经常在单边走势中采用震荡交易策略，在震荡走势中采用单边交易策略，这就是周期错配。要想解决"周期错配"问题，就必须基于驱动分析和心理分析运用情景规划思维。将市场情景区分为单边和震荡两种，单边如何操作，震荡如何操作，然后找出占优策略，如表15-2所示。

表15-2　情景规划下的最优策略和占有策略

	单边走势	区间走势	收缩走势	发散走势	策略累计分数
不设定止损，不设定止盈	很难做到持续盈利（0分）	略微盈利（1分）	亏手续费（-1分）	很难做到持续盈利（0分）	0分
设定止损，不设定止盈	大赚小亏，长期盈利丰厚（5分）	小额亏损和大量的手续费（-1分）	亏手续费（-1分）	小亏损（-2分）	1分
设定止损，设定止盈	小赚小亏（0分）	小赚小亏（0分）	亏手续费（-1分）	小赚小亏（0分）	-1分
不设定止损，设定止盈	小赚大亏（-5分）	只赚不亏（4分）	亏手续费（-1分）	小赚（1分）	-2分
不介入	不亏不赚（0分）	不亏不赚（0分）	不亏不赚（0分）	不亏不赚（0分）	0分

　　仓位管理中存在单位仓和加减仓两种，而我们常用的加减仓是金字塔加仓和金字塔减仓。决定采用单位仓还是加减仓是基于情景规划，如果是震荡行情的话就应该采用单位仓，如果是单边行情的话就应该采用加减仓。

　　在不能预先区别单边和震荡行情的前提下，怎样运用行为分析和仓位管理来应付随机强化？这是绝大多数交易者面临的问题，解决办法其实一直秘密地在交易界高手中存在。这个解决方法在很多书中都没有讲明白，更多的情况是没有讲。

　　其实解决的办法如图15-4所示。杰西·利弗莫尔其实一直在介绍这种方法，不过说得很含糊，他和后来一些大师们的说法会让读者将"突破而作"等同于"趋势跟踪"。单边走势肯定以不断突破的方式发展，但是突破并不意味着单边走势，所以我们不能以是否创出新高和新低来判断单边走势是否发动。

　　单边走势的特点是持续性，所以我们预留一个空间幅度作为观察窗口，真正的趋势一般会通过这个窗口，而不是半路折返。而这个窗口是一个固定的价格幅度，这个需要统计下该交易品种尽可能多的数据，以便找到一个恰当的"观察窗口"。当行情没有通过观察窗口时（比如窗口A附近的行情走势），则交易者应该继续采用单位仓交易，同时设定止损和止盈；当行情通过观察窗口时（比如窗口B附近的行情走势），则交易者应该转而采用金字塔仓位管理方法。这种方法也是我们在几本专著中反复提到的仓位管理方法，这时候就应该采用跟进止损（后位出场法）管理出场，而不采用止盈法（前位出场法）。

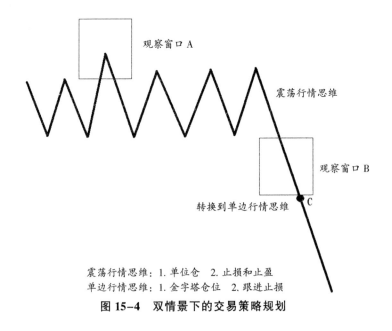

震荡行情思维：1. 单位仓　2. 止损和止盈
单边行情思维：1. 金字塔仓位　2. 跟进止损

图15-4　双情景下的交易策略规划

市场最基本的情景是震荡行情和单边行情。单就仓位管理而言，我们利用"观察窗口"来甄别这两种走势，当走势处于震荡时采用单位仓和止损叠加止盈，当走势处于单边时采用金字塔仓和跟进止损。

关于仓位管理的基本诀窍，我们在这里做了一些总结，希望大家在接下来的外汇交易实践（也可以延伸到股票交易和期货交易中）中"体悟"。交易的过程就是修炼的过程，我们也处在这个过程中，所以伴随着自身水平的不断提高，我们会及时将更加接近"真理"的东西补充到这一系列书中去，通过不断地修订和补充最新实例，与交易者一起提高。

附录一　外汇三步分析常用的网址

1. http：//www.forexfactory.com/　数据走势图（含预期和修正值）

2. http：//www.forexfactory.com/market.php　消息和价格对照走势图

3. http：//fxtrade.oanda.com/lang/cns/analysis/economic-news-effects 消息价格走势图

4. http：//fxtrade.oanda.com/analysis/forex-market-tracker　新闻影响多维分析

5. http：//fxtrade.oanda.com/analysis/economic-indicators/　经济指标

6. http：//www.fxstreet.com/fundamental/economic-calendar/　财经日历

7. http：//www.mataf.net/#en　外汇相关性分析

8. http：//fxtrade.oanda.com/analysis/currency-heatmap-sorted 外汇相对强弱表

9. http：//fxtrade.oanda.com/analysis/point-and-figure-charts　外汇点数图

10. http：//fxtrade.oanda.com/analysis/best-forex-trade-of-the-day　日内最佳交易

11. http：//fxtrade.oanda.com/lang/cns/analysis/currency-volatility　外汇波动率

12. http：//www.dukascopy.com/swiss/english/marketwatch/sentiment/　散户情绪

13. http：//www.dukascopy.com/swiss/english/marketwatch/COT/　期货持仓走势

14. http：//fxtrade.oanda.com/analysis/commitments-of-traders　期货持仓走势

15. http：//fxtrade.oanda.com/analysis/top-100-forex-traders-statistics　最佳交易员持仓统计

16. http：//au.oanda.com/analysis/top-100-forex-traders-statistics　最佳交易员持仓统计

17. http：//fxtrade.oanda.com/lang/cns/analysis/open-position-ratios　散户持仓

18. http：//www.forexfactory.com/trades.php#positions　散户持仓人数和头寸数量百分比

19. https：//plus.efxnews.com/app.php/login 大投行外汇仓位统计

20. http：//www.forexfactory.com/sentiment.php 散户情绪

21. http：//www.investing.com/traders/sentiment-outlook 外汇商品股指债券情绪调查

22. http：//fxtrade.oanda.com/lang/cns/analysis/ 订单和持仓分布

23. http：//fxtrade.oanda.com/analysis/historical-positions 历史多空持仓比率

24. http：//fxtrade.oanda.com/analysis/historical-value-at-risk-calculator 波幅概率分布

25. http：//www.treasury.gov/tic 美国国际资本流动数据（美国财政部）

26. http：//www.bls.gov/cpi/ 美国消费者物价指数

27. http：//www.federalreserve.gov/ 美联储

28. http：//economistsview.typepad.com/timduy/ 美联储观察

29. http：//cn.wsj.com/gb/ 华尔街日报

30. http：//www.bloomberg.com/quote/CCN12M：IND/chart 人民币NDF

31. http：//www.centralbanknews.info/ 全球央行动态

32. http：//www.economonitor.com/ 全球宏观

33. http：//www.alhambrapartners.com/ 大资产配置和经济周期

附录二　最佳进场时间

有一位网友同时也是汇友总结出了外汇日内交易的最佳进场时间，并给出了一定的说明。

1. 最佳进场时间：9：00~11：00　13：00~15：00

2. 次佳进场时间：15：00~17：00　20：00~21：00　23：00~24：00　1：00~2：00

3. 最糟糕进场时间：8：00~9：00　19：00~20：00　22：00~23：00

4. 次糟糕进场时间：12：00~13：00　17：00~19：00

5. 其他时间段好坏不宜，基本不适合进场。

8：00~9：00是日本开市时间，它承前启后，有可能是前一个交易日的回调，也可能是一个新趋势的开始，假动作比较多，此时进场，很容易被骗，不适合进场。9：00~10：00，日本开市后一个小时，行情渐趋明朗，比较适合交易。12：00~13：00，午休时间，行情不明朗，不适合交易。13：00~15：00，头一天行情结束后，经过隔夜走势，行情已经回调到位，顺前一个交易日趋势进场，效果很好。15：00~17：00和13：00~15：00类似，但是稍微晚一些，价位可能没有前面好，还是可以进场的。17：00~19：00，价位不好，欧洲开市早期，容易被日内的回调和争持忽悠。19：00~20：00，美国第一波数据出来前，此时进场，类似赌博，效果极差。20：00~21：00，美国第一波数据出来后，可以择机进场，效果尚可。22：00~23：00，美国第二波数据出来前，此时进场，同样类似赌博，效果极差。23：00~24：00，美国第二波数据出来后，可以择机进场，效果尚可。其他时段属于不痛不痒行情，不做也罢。

附录三　外汇交易三部曲图表总解

附表 3-1　上帝三问与三利公式

	上帝三问	三利公式
1	究竟什么是大部分交易者的盲点?	盲利公式
2	究竟什么是市场运动不变的根本结构?	复利公式
3	究竟什么是交易策略的根本不变因素?	凯利公式

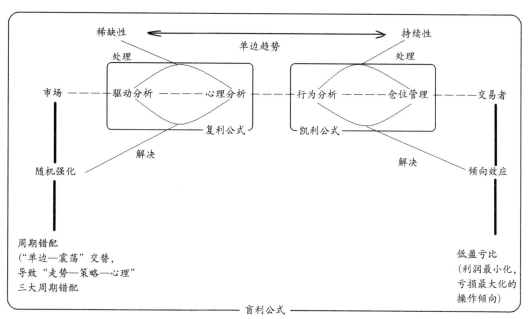

附图 3-1　帝娜交易机理图

附表 3-2 外汇交易四步骤

第一步	第二步	第三步	第四步
驱动分析	心理分析	行为分析	仓位管理
重要因素确定性结构变化	市场新兴焦点	分形和 R/S	凯利公式
博弈的支付矩阵	博弈主体	博弈的行为分析	寻找占优策略
寻找潜在最强劲的单边市场和品种		确认单边市场和品种	把握单边市场和品种

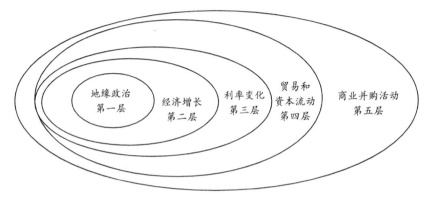

附图 3-2 外汇"铁五角"的逻辑层次

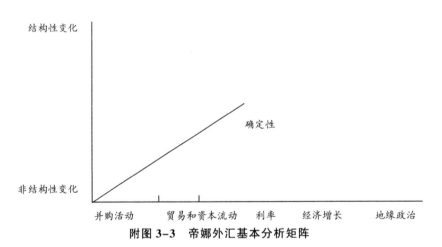

附图 3-3 帝娜外汇基本分析矩阵

附表 3-3 驱动分析

重要程度	驱动事件	结构水平	确定程度	得分总计
5. 地缘政治				
4. 经济增长				
3. 利率变化				
2. 国际收支				
1. 商业并购				

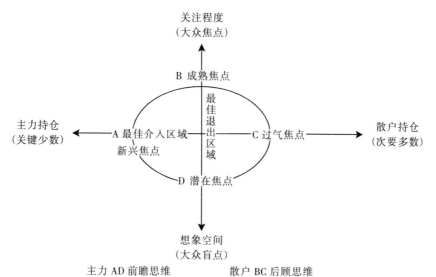

附图 3-4　心理分析的示意图

附表 3-4　心理分析的要素与工具

要素	工具	分析要素
参与主体	COT 和 IMM 持仓分析	关键的少数 VS 次要的多数
	SSI 投机者情绪指数	
关注程度	1. 价格走势图标注经济数据 2. 市场意见矩阵法	焦点 VS 盲点
想象空间	3. 风险偏好和收益偏好 4. 成交量	预期实现 VS 实际修正

附表 3-5　行为分析的三要素和相应的工具

要素	工具	分析要素
势	三 N 法则（N 字，N%，N 期）	向上 VS 向下
	两跨（跨时间分析，跨空间分析）	
	螺旋历法+波浪理论	
位	斐波那契水平线	支撑 VS 阻力
	中线（前日波幅中点）	
	波幅（日均波幅和离差）	
态	K 线（价态）	收敛 VS 发散
	成交量（量态）	

附表3-6　帝娜进场三式与出场三式

帝娜进场三式	见位进场	凯利原理仓位微调	投入单位试探仓（震荡走势）金字塔加仓（单边走势）	胜算率上升风险报酬率上升
	破位进场			
	顶位进场			
帝娜出场三式	后位出场		撤出单位试探仓（震荡走势）金字塔减仓（单边走势）	胜算率下降风险报酬率下降
	前位出场			
	同位出场			

附表3-7　破位进场和见位进场的选择

交易的时间结构	市场趋势性质	账户规模	能承受止损幅度	进场方式
长	单边走势	大	宽	破位进场（顶线进场）
短	震荡走势	小	窄	见位进场

附表3-8　后位出场法要点

序号	后位出场法四要点（初始止损和跟进止损）	主要作用
1	第一，关键水平外侧（做空止损放置在阻力线之上，做多止损放置在支撑线之下）	设定最小疆界，或者说止损的最小幅度；放大利润
2	第二，布林带异侧外（做空止损放置在布林带上轨之上，做多止损放置在布林带下轨之下）	
3	第三，符合资金管理比率要求（一般是2%到8%之内）	设定最大疆界，也就是说止损的最大幅度；截短亏损
4	第四，给予市场一定的回旋空间（一般只允许行情回撤前一波段的1/2）	

附表3-9　后位出场和前位出场的选择

交易的时间结构	市场趋势性质	账户规模	能承受浮动损失程度	出场方式
长	单边走势	大	大	后位出场
短	震荡走势	小	小	前位出场（同位出场）

附录四　在实践《外汇交易三部曲》时容易犯的三个关键错误

大约1/3的读者在看了《外汇交易三部曲》之后会积极投入交易实践中，但是很快其中一部分人就会因为忽略了某些关键问题而回到此前的老路上。其实，这些问题在本书中已经有所涉及，但是因为缺乏强调，交易者在使用本书的时候往往会陷入原来的窠臼中，进而怀疑方法本身。

在使用本书提供的框架时，如果你感觉到纷繁复杂，那么说明你没有注意框架本身，而太过于注重技术细节。这种情况下，你必须做到提纲挈领，也就是说要抓住关键。我们这里要讲到的第一个错误就是没有重点思维，企图将整本书的内容和技术都全面用起来。这样的实践会让实践者茫无头绪，感觉到很吃力。这样做的后果就是对市场的把握不是提高了，而是下降了。那么应该如何做呢？什么才是关键呢？

首先，必须明白分析环节的核心是什么，交易环节的核心是什么。分析环节的关键是找出驱动当前汇价走势的最重要因素。交易环节的核心是仓位。什么是心理分析？什么是驱动分析？什么是行为分析？所有的分析都是为了找出参与者的预期！如果你寻找的并不是预期，而是具体的事、具体的多空调查、具体的汇价走势，那么你就走偏了。我用手指着月亮，你却将注意力放在我的手指上，这就是错误，这就是丧失了重点。不论你在观察我的手指时多么地认真，你都丧失了本质和重点。我的手指只是一个引导，目的是将你引导到重点上去。你却停留在引导标志上，忘记了应该去的地方。

交易环节的核心是仓位，具体而言最重要的并不是进出，而是量，所以注意力并不是放在进出上，而是持有多大仓位，仓位的微调才是重点。如果你的注意力集

中于买卖，就无法很好地理解仓位与概率的关系。问题的关键并不是买或是卖，而是持有多大的仓位，空仓其实也是一种仓位状态。养成一个好习惯——掂量应该持有多大的仓位，而不是单纯地买还是卖。

其次，在把握关键环节的基础上对非关键环节的重点进行把握。相对于找出市场行情的逻辑和主题，相对于仓位多少，其他都属于兼顾的方面，能兼顾就兼顾，但是绝对做不到全部兼顾。如果你认为全部兼顾就是成功的关键，那就会疲于奔命。所以，全部的分析都是为了找出市场行情的灵魂，找出了市场行情的灵魂，那就可以停止分析了。如果你进行了所有的分析却找不出逻辑，那么你其实是在用功不用心。

第二个问题则涉及我们的一种天性，那就是均值回归的倾向，这种倾向会影响我们的分析，进而使我们进行了有选择的注意。什么是均值回归？涨得越高，越可能跌；跌得越低，越可能涨。这种思维是典型的散户思维，在这种思维的主导下，实践者更加关注趋势反转信号，而不是趋势持续信号。在震荡市场中，散户容易盈利。而在单边走势中，散户往往就会输大钱。为什么外汇各品种的持仓调查在震荡市是顺向指标，而在单边市成了反向指标？这是因为单边市行情越发展，散户越坚定地认为行情转折的可能性大。在趋势中转折点只有两个，就是趋势的开始和结束，也就是说抓住趋势转折的概率非常低。均值回归倾向会让我们在上涨趋势中不断有做空的冲动，在下跌趋势中不断有做多的冲动，结果就是胜率很低，即使偶有几次能有一点盈利，那都是微薄的。在实践本书的过程中，有些读者忽略了趋势的持续信号，只对趋势开始和结束的信号感兴趣，这种选择性注意使他们总是忽略趋势持续信号，结果就是不断地亏损，让他们不断与市场对抗。回过头来，他们会认为本书的讲解没有太大用处，殊不知是他们自己选择性注意的结果而已。所以，趋势持续交易机会远多于持续反转交易机会，如果你违背了这一规律，那么就会不断遭受亏损的痛苦。

如果说第二个问题涉及分析的有选择性注意，或者说偏见，那么第三个问题则涉及持仓的偏见，这就是倾向性效应。这个东西在书中自然已经有所涉及，但是在我们接触的初学者甚至老手中，都有不少人在实践本书的时候受制于此。这是一个通病，很多实践者在形式上按照本书操作，但是在仓位管理上仍旧具有很强的倾向效应。这里介绍几种简单的类型：第一种类型：实践三部曲分析体系的时候，他基本做到了，但是在仓位管理上仍旧是"截断利润，让亏损奔腾"。比如从分析中得出了欧元兑美元较为可能有一波上涨的大单边走势，在进场有初步盈利之后受制于

倾向效应，很快了结了盈利头寸。又比如，按照这一分析进场后出现了预期之外的一定程度反向运动，按照资金管理法则，这时候就应该快速出场了。但是，倾向性效应会让交易者承受较为显著的亏损而不愿意出场。这是第一种类型，分析部分做到了，但是仓位部分却被天性所影响。

第二种类型是并没有认真分析，没有得出明确的趋势结论，操作的时候往往是根据价格的最近运动方向进行追涨杀跌的操作，这样进场后胜率往往很低。持续一段时间后，交易者自信心受到严重的打击，最后变得不敢让盈利奔腾，急于兑现利润。这种类型的实践者往往在分析的时候用功不用心，只是机械地列出一大堆看多看空的驱动面因素、心理因素和行为面因素，根本没有理清行情的逻辑，没有将三个范畴的现象综合起来得出明确的逻辑。我们曾经看到有一个实践者花费了很大的功夫将所有数据列出，并探讨实际值与预期值的差别。其实这样的做法效率太低，更为重要的是影响了自己，不能够把握行情主题和逻辑。我们的精力是有限的，应该抓住最重要的新闻和数据去分析，看看市场如何对这一新闻和数据进行反应，这样其实就结合了驱动面和行为面的要素。提高分析的质量，一是要认真，二是要抓关键，三是要系统。系统的意义在于找出关键，避免大的错误。分析这步没有做到有效明确、有逻辑的结论，那么在操作的时候就容易被倾向效应所干扰。所以，有些实践者看了《外汇交易三部曲》之后觉得很简单，就是把书上提到的所有数据看一遍，罗列出来，进行多空计分比较，认为这样方向就出来了。这其实是没有把握到主要矛盾，长期下去与没有分析的区别不会很大。计分本身并没有错，这只是便于初学者入门的东西，目的是要大家最终能够更快地理出市场的逻辑。找到了市场逻辑这个灵魂，那么结论就明确了，操作起来就不会心中没底，自然也就可以很好地对抗倾向效应。

有一个朋友借用工作之便查看了那些做得最差和最好的账户交割单，他惊奇地发现一个规律，那就是"持续逆势，重仓，不止损"是典型的错误操作方式。为什么会持续逆势呢？这就是回归均值和倾向效应导致的。为什么会重仓呢？这个与不能很好地把握操作核心有关。操作的核心是什么？那就是恰当的仓位。如果你只注重进出，而忽略了仓位，那你就很可能仓位越来越重，因为在盈利后你倾向于无视风险，更加激进。在亏损后你倾向于捞回损失，也会更加激进。你应该知道仓位的轻重必须与概率相关，不是简单的进场或者出场的问题，仓位需要定量，而不是简单的定性，不是简单地持仓还是空仓的问题，而是多少仓位的问题！为什么会不止损呢？这个也与回归均值和倾向效应有关。本书讲得再好，如果你始终都被回归均

值和倾向效应所控制，那么无论如何只是一种理论上的说辞，难以成为指导你交易行为的准则。

深入地来看，回归均值和倾向效应其实是一枚硬币的两面，是同一种倾向在分析和操作两个领域的体现。赚大钱为什么难？就是这种倾向！因为赚大钱来自于单边走势，如果你受制于回归均值的主观判断，那么你就会逆势开仓。同时，因为你有倾向性效应，所以你会让亏损奔腾。为什么你赚不了大钱，为什么你总是大亏，罪魁祸首就是回归均值和倾向效应背后的天性。在实践本书的时候，你自以为不受它们的影响，其实它们无时无刻不存在。市场与它们共谋，让你始终陷于不断亏损的境地！在很多情况下，如果你没有注意到这点，当你学了更多的技术之后，这些技术反而会为你的这种天性辩护。比如，每当你在上涨趋势中看到一个反转 K 线组合，你就认为趋势要反转了，进而不断做空。我们的天性是很狡猾的，它总能将对它不利的东西变成维护它的工具。我们就是要让受惑的人觉悟，觉悟到这种隐藏至深的陷阱！